中国图书馆事业发展报告
（图书馆标准化卷）

饶　权　主编

中央编译出版社
CCTP Central Compilation & Translation Press

图书在版编目（CIP）数据

中国图书馆事业发展报告. 图书馆标准化卷／饶权主编. —北京：中央编译出版社，2019. 11
ISBN 978-7-5117-3746-5

Ⅰ. ①中… Ⅱ. ①饶… Ⅲ. ①图书馆事业-标准化-研究报告-中国 Ⅳ. ①G259. 2

中国版本图书馆 CIP 数据核字（2019）第 230294 号

中国图书馆事业发展报告. 图书馆标准化卷

出 版 人：葛海彦
出版统筹：贾宇琰
责任编辑：杜永明
执行编辑：周 毅
责任印制：刘 慧
出版发行：中央编译出版社
地 址：北京西城区车公庄大街乙 5 号鸿儒大厦 B 座（100044）
电 话：（010）52612345（总编室） （010）52612339（编辑室）
（010）52612316（发行部） （010）52612346（馆配部）
传 真：（010）66515838
经 销：全国新华书店
印 刷：三河市华东印刷有限公司
开 本：710 毫米×1000 毫米 1/16
字 数：484 千字
印 张：29. 25
版 次：2019 年 11 月第 1 版
印 次：2019 年 11 月第 1 次印刷
定 价：98. 00 元

网 址：www. cctphome. com **邮 箱**：cctp@ cctphome. com
新浪微博：@中央编译出版社 **微 信**：中央编译出版社(ID: cctphome)
淘宝店铺：中央编译出版社直销店(http: //shop108367160. taobao. com)
(010)55626985

本社常年法律顾问：北京市吴栾赵阎律师事务所律师 闫军 梁勤
凡有印装质量问题，本社负责调换，电话：（010）55626985

中国图书馆事业发展报告
图书馆标准化卷

主　编： 饶　权

编　委： 汪东波　申晓娟　柯　平　李东来
张智雄　周德明　田　颖　李　丹
张若冰　张孝天

序

标准是人类文明进步的成果。从中国古代的“车同轨、书同文”，到现代工业规模化生产，都是标准化的生动实践。伴随着经济全球化深入发展，标准化在便利经贸往来、支撑产业发展、促进科技进步、规范社会治理中的作用日益凸显。标准已成为世界“通用语言”。

早在公元前1世纪，罗马帝国时代的建筑师提出图书室建筑设计条件的要求，已经初步体现了标准化的建筑思想。工业革命后，随着近代图书馆事业的蓬勃发展，图书馆采访、编目、管理、服务等专业技术方法不断创新，并逐步成熟，在日益广泛的交流与合作中趋向规范化和标准化，为全球图书馆事业的快速发展和共建共享提供了重要基础。

在我国，西汉时期就有了第一部综合性的国家藏书目录《七略》，是古代先贤以标准分类规则管理国家藏书的重要例证。新中国成立后，随着全国信息与文献标准化技术委员会、全国文献影像技术标准化技术委员会、全国图书馆标准化技术委员会等标准化工作组织的成立，逐渐形成了较为完善的图书馆标准化工作机制和标准规范体系，为我国图书馆事业的专业化、现代化和国际化发展作出了积极贡献。

为全面梳理总结我国图书馆标准化工作发展历程，以及在这一历程中所取得的重要成果和成功经验，同时客观分析其中存在的问题，结合当前图书馆事业发展面临的新环境、新形势，研究提出未来图书馆标准化工作的发展目标、工作思路及实施策略，全国图书馆标准化技术委员会2017年5月主任委员办公会讨论决定，由国家图书馆研究院牵头，组织全国图书馆和标准化研究及实践领域的专家学者，联合编纂本书，作为《中国图书馆事业发展报告》（蓝皮书）的“图书馆标准化工作”专题卷，以为图书馆标准化工作的研究和实践提供参考借鉴。

本书重点关注我国图书馆标准化问题，同时，为使广大读者能够对这一问题有更加全面、深入的了解，书中也参考借鉴了一些国际组织和国外发达国家图书馆标准化工作的成果和经验。全书共六章，第一章为总报告，对本书涉及的重要概念进行了界定，并对图书馆标准化工作的起源和发展历程进行了梳理，总结了国内外图书馆标准化的现状；第二至五章分别论述了图书馆建设与管理、图书馆服务、图书馆资源建设与组织、图书馆文献信息资源保存四个专题领域的标准化工作；第六章介绍了我国图书馆标准化工作管理机制，并展望了我国图书馆标准化工作的未来发展。此外，书末还附有五个资料性附录，分别汇总梳理了我国现行图书馆领域国家标准和行业标准、国际标准化组织（ISO）图书馆领域相关标准、国际图书馆协会与机构联合会（IFLA）现行标准、美国国家信息标准组织（NISO）图书馆领域相关标准和英国标准协会（BSI）图书馆领域相关标准。

以图书馆标准化工作为研究对象，从历史的维度对我国图书馆标准化工作的成果和经验进行系统梳理和总结，同时对图书馆标准化领域一些长期引人关注的重点问题进行深入研究和思考，还是一个崭新的尝试。为确保研究成果能够代表当前业界的普遍共识，国家图书馆研究院和全国图书馆标准化技术委员会秘书处做了大量工作，邀请来自全国各级各类图书馆及学术研究机构的专家学者加盟。参与本书撰写的专家学者在图书馆建设、管理与服务的不同领域卓有建树，并曾亲历相关标准规范的研究、起草及推广应用，无论于图书馆事业，或是标准化工作，都有非常丰富的研究和实践经验。编纂工作自 2017 年 9 月启动，迄今逾两年，专家学者及其带领的研究团队悉心锤炼，细琢细磨，推敲反复，终于付梓。

“标准助推创新发展，标准引领时代进步。”当前，我国图书馆事业正处在从规模化建设向高质量转型发展的关键时期，标准化工作大有可为。我们真诚地希望能借本书引发业界同仁对图书馆标准化工作及其未来发展的更多关注与思考。国家图书馆和全国图书馆标准化技术委员会愿同业界同仁一道，深化标准合作，加强交流互鉴，共同完善图书馆标准体系，不断以标准化促进图书馆事业在新时代的创新发展。

国家图书馆馆长

全国图书馆标准化技术委员会主任

饶　权

2019 年秋于北京

目　录

表目录

图目录

第一章　图书馆标准与图书馆标准化

标准是“通过标准化活动，按照规定的程序经协商一致制定，为各种活动或其结果提供规则、指南或特性，供共同使用和重复使用的文件”，包括国家标准、行业标准、地方标准和团体标准、企业标准。本书将图书馆标准界定为图书馆领域的统一标准，主要指由国务院标准化行政主管部门批准发布的图书馆领域国家标准，国务院有关行政主管部门批准发布的图书馆领域行业标准和省、自治区、直辖市人民政府标准化行政主管部门批准发布的图书馆领域地方标准。而在探讨图书馆标准化工作时，本研究将那些不属于标准范畴的图书馆领域政策以及图书馆及其行业组织颁布的指南、规程、规范、规则等纳入研究范围，以便更为全面、清晰、系统地考察图书馆标准与标准化工作。

图书馆标准化的起源可追溯至古代，至19世纪，在工业革命的影响下，随着图书馆事业的迅速发展，在图书馆馆舍建设和图书编目方面已经开始出现了标准化的雏形。20世纪后，标准化组织的出现极大促进了图书馆标准化工作。ISO、IFLA和UNESCO是国际上图书馆标准化领域非常重要的国际组织，其所制定的图书馆标准规范数量众多，涵盖面广，影响力大。英、美两国则是世界上较早开始图书馆标准化工作的国家，迄今已形成了较为完善的图书馆标准规范体系，国际上图书馆领域的许多重要标准都出自这两国的标准化组织。在我国，承担标准起草和技术审查工作的主要是标准化技术委员会，与图书馆领域密切相关的3个标准化技术委员会是全国信息与文献标准化技术委员会、文献影像技术标准化技术委员会和全国图书馆标准化技术委员会。自20世纪70年代至2018年底，我国正式发布实施的图书馆领域相关标准共计188项。

本章主要对书中所涉主要概念的内涵与外延作了界定，梳理了中外图书馆标准化发展历史，对与图书馆有关的主要国际标准化组织及英、美两国的图书馆标准化工作进行了梳理介绍，对我国主要图书馆领域标准化技术委员会和当前图书馆标准规范体系建设作了总结分析。

第一节　基本概念界定与研究现状

一、基本概念

根据《标准化工作指南 第1部分：标准化和相关活动的通用词汇》（GB/T 20000. 1—2014）规定，标准是“通过标准化活动，按照规定的程序经协商一致制定，为各种活动或其结果提供规则、指南或特性，供共同使用和重复使用的文件”[1]。2017年新修订的《中华人民共和国标准化法》规定，“本法所称标准（含标准样品），是指农业、工业、服务业以及社会事业等领域需要统一的技术要求。标准包括国家标准、行业标准、地方标准和团体标准、企业标准。国家标准分为强制性标准、推荐性标准，行业标准、地方标准是推荐性标准”[2]。根据上述规定，本研究将图书馆标准界定为关于图书馆领域，包括图书馆建设、工作、技术、设备与管理的统一标准，主要指由国务院标准化行政主管部门批准发布的图书馆领域国家标准，国务院有关行政主管部门批准发布的图书馆领域行业标准和省、自治区、直辖市人民政府标准化行政主管部门批准发布的图书馆领域地方标准。其他由国家、地方文化和旅游行政主管部门颁布的图书馆领域政策，各级各类图书馆、图书馆行业组织及重大工程项目组织管理机构颁布的指南、规程、规范、规则等带有一定标准性质和内容的文件，虽然也在一定范围内得到共同遵循，但并非如上文所说由标准化主管部门发布，无统一标准号，因此不列入本研究所称“标准”范畴。标准文件包括很多类型，除了基础标准外，还有规范和规程、技术性指导文件等标准文件，所以人们通常用“标准规范”这个更为宽泛的术语来指代“标准”。标准规范体系则指“一定范围内的标准按其内在联系形成的科学的有机整体”[3]，图书馆标准规范体系则是图书馆领域标准按其内在联系形成的科学的有机整体。

根据《标准化工作指南 第1部分：标准化和相关活动的通用词汇》（GB/T 20000. 1—2014）规定，标准化是指“编制、发布和实施标准的过程”[4]。2017年新修订的《中华人民共和国标准化法》进一步规定，“标准化工作的任务是制定标准、组织实施标准以及对标准的制定、实施进行监督”。据此，本书将图书馆标准化界定为图书馆领域标准的制修订、发布、实施和宣贯的过程。在实践中，上文所说图书馆领域政策、指南、规程、规范、规则等，虽不属于严格界定的标准范畴，但与我们所说的标准有着密不可分的联系，它们通常会在实施过程中演变为标准，可被视为是标准制定前的预研与实践过程；或是由标准实施过程演变而来，可被视为是标准宣贯的一种形式。正如著名图书馆学家黄宗忠所指出的那样，“标准化是一个相对的概念。标准化在深度和广度上是没有止境的。标准化的过程是一个由非标准到标准，再到非标准，又到标准的相互转化过程”[5]。因此，本书在探索图书馆标准化工作时，将图书馆领域政策、指南、规程、规范、规则等纳入研究范围，以便更为全面、清晰、系统地考察图书馆标准与标准化工作。

二、我国图书馆标准与标准化研究综述

笔者以“主题 = 图书馆 OR 题名 = 图书馆”并且“主题 = 标准 OR 题名 = 标准”为检索条件，在 CNKI 中进行检索，共检中 5504 条记录（截至 2018 年 8 月 31 日），相关研究文献的时间分布详见图 1 – 1。其中研究重点主要集中在数字图书馆领域标准研究（1252 条，占 22.7%）、公共图书馆领域标准研究（986 条，占 17.9%）和大学图书馆领域标准研究（947 条，占 17.2%）。总体上看，现有图书馆领域标准及标准化研究主要集中在以下几个主题。

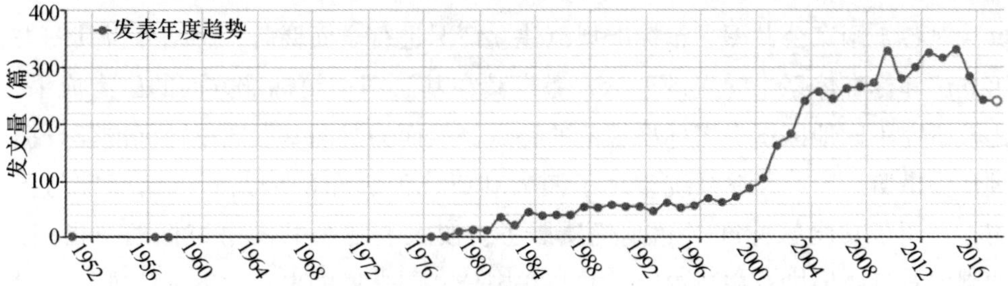

图 1 – 1　我国图书馆领域标准研究文献年度分布

（一）对国外图书馆标准与标准化的介绍与评价

乔欢较早介绍了国外图书馆标准化工作的整体状况。[6] 刘兹恒、孟晨霞对

比了我国和IFLA、ISO的图书馆标准规范内容体系，认为相比于IFLA、ISO，我国图书馆标准规范体系在内容层面还存在着服务标准不够丰富、专门图书馆标准缺乏、在业务工作标准方面对实际工作内容的系统性还不够规范等问题。[7]周文杰探讨了图书馆标准体系构建的理论依据，分别从“三个世界理论”“图书馆学五定律”和“社会认识论”方面分析了图书馆标准体系构建的可能性、必要性和现实性，并以ISO和IFLA在制定相关标准中体现的理念为例，分析了我国图书馆标准体系构建的参照指标。[8]

美国是世界上图书馆法制建设较为完善的国家之一，对美国公共图书馆相关标准的介绍与研究是学界研究的重要内容之一。川崎良孝较全面地介绍了美国图书馆标准的历史变迁。[9]高华较早介绍了美国伊里诺斯州公共图书馆标准实践的运作体系。[10]张丽等围绕管理、人员、馆藏、服务、设备等5个方面，介绍美国威斯康星州公共图书馆标准的主体内容，通过对中美两国标准差异的比较，提出我国公共图书馆相关标准的发展方向，并建议制定公共图书馆服务标准。[11]刘璇也以《威斯康星公共图书馆标准》为例，指出在服务人口的测算、馆藏标准、工作人员标准和设施标准等方面可供我国图书馆标准工作借鉴。[12]顾健则对美国高校图书馆的标准强调读者受图书馆馆藏与服务影响“成效”的特色作了研究。[13]王春生介绍了2011年版的美国高校图书馆标准。[14]

此外，也有部分文献着眼于对其他发达国家图书馆标准与标准化工作的研究。王萱、徐珊详细介绍了英国、澳大利亚、日本公共图书馆的建设指标和各自特色。[15]邵燕等选取美国、英国、澳大利亚和日本等国家和地区作为调研对象，对各个国家公共图书馆标准规范建立情况进行全面调研，总结分析其图书馆立法和标准体系中的先进理念，考察其在基层图书馆标准方面的已有成果，比较研究不同地区图书馆标准规范的特点，从而为我国基层图书馆标准建设提供经验借鉴。[16]王秀香系统整理了澳大利亚已经颁布的公共图书馆标准与指南，介绍了其国家标准《超越优质服务：澳大利亚公共图书馆标准与指南》的制定背景、原则及主要内容，并与我国公共图书馆的事业发展现状进行了对比分析，在此基础上，总结了该标准的主要特点及对我国图书馆标准化工作的启示。[17]周玉红详细论述了英国《公共图书馆服务标准》的发展过程。[18]

在国外标准规范体系的研究方面，殷剑冰、冼君宜在对美国和日本图书馆标准规范体系进行梳理的基础上，总结出美国图书馆标准规范体系具有标准的制定和管理科学合理、标准分类中重视特殊群体服务、技术标准的兼容性良好等特点，日本的图书馆标准规范体系具有主体清晰、机构完整、内容全面的特点。[19]张文亮、彭媛媛梳理了IFLA现行的标准体系，总结出IFLA现行标准体系可供我国借鉴之处，包括：IFLA对现行标准体系有一套可行的审查方法；标准储存多样，标准访问和维护方便；体系完善，涉及内容覆盖面广等。[20]宋文、朱学军梳理了信息资源描述领域的标准规范，对比分析了国内外标准研制的现状，从语义网信息组织的角度，指出国外信息组织领域标准已形成一个严密的标准体系，体系中的标准相互依存，共同支撑语义网的发展，而我国相关标准的研制尚未形成体系，提出了对构建我国信息资源描述标准体系的思考和建议。[21]李建霞针对图书馆投入资源和产出效益的分析与比较，梳理了国际图书馆界较有影响的绩效评价指标体系，如ISO图书馆绩效评价与统计系列标准，针对电子资源服务评价的EQUINOX（欧洲）、ARL E-Metrics（美国）等标准体系。[22]

总体来看，上述研究者在介绍和研究国外图书馆标准和标准化的同时，大多注重与本国情况进行比对，从而为我国图书馆标准与标准化工作提供借鉴。

（二）对我国图书馆标准与标准化工作的研究

在讨论我国图书馆标准与标准化工作之前，对图书馆标准相关概念的界定进行研究是十分必要的。黄宗忠认为，“图书馆标准化，就是在图书馆实践成果的基础上，对重复事物与概念，通过制定、颁布、实施标准的活动过程，使图书馆的业务技术方法、设备、管理等达到统一和规范化，以获得最佳的工作秩序和社会效益”[23]。“标准化是图书馆管理的一种重要方法，是实现图书馆现代化的一个基本前提。没有标准化，就没有图书馆的现代化和专业化。……图书馆标准化，是高速发展图书馆事业，提高图书馆服务质量和工作效率，充分利用图书馆的资源，提高图书馆经济效益与社会效益的一种重要手段”[24]。吴慰慈等认为，“图书馆工作标准，是指图书馆工作、技术、设备等的数量和质量的规格和要求，这种标准是经过国际标准组织、国家标准机构或有关部门鉴定和认可并予以颁布的”；“所谓图书馆工作标准化，就是对图书馆业务工作的技术方法及设备等实行统一的原则和规范”；“图书馆事业的现代化必然要求相应地发展图书馆工作的标准化，而图书馆工作的标准化又将促进图书馆事业的现代化”。[25]

索传军、田颖简要回顾了我国图书馆标准化，尤其是1978年恢复为ISO

成员国以后的发展历程，介绍了全国图书馆标准化技术委员会的概况，提出积极吸取国际先进标准经验、培养建设图书馆标准化队伍、加大标准宣贯力度是当前我国图书馆标准化工作亟待展开的工作重点。[26]蒋鸿标对图书馆引进全面质量管理 TQM 或 ISO 9000 质量管理的必要性和可行性进行了研究，通过分析企业生产流程和图书馆服务过程的不同、质量管理研究存在的问题、申请质量认证的动机、图书馆服务质量的控制措施，以通过质量认证的 A 馆和 B 馆的业务流程和质量现状为例，指出图书馆实施 TQM 或申请质量认证可以规范文件管理，但难以提高服务水平和质量，只有实行严格的职业准入制和科学的绩效考核制，才能从根本上提高馆员的业务水平和工作效率，为提高服务水平和质量奠定基础。[27]

《公共图书馆服务规范》（GB/T 28220—2011，以下简称《规范》）是我国历史上首个公共图书馆服务领域的国家标准，2011 年 12 月 30 日发布，2012 年 5 月 1 日起实施，是公共图书馆服务标准化工作的重要成就之一。对《规范》的研究作为我国图书馆标准与标准化工作研究的重要内容，一度成为研究热点。《规范》制定过程中，王世伟等标准起草小组成员陆续撰文对标准起草思路和主要内容进行说明[28]；《〈公共图书馆服务规范〉应用指南》细致讲解了《规范》的意义、特色与文化内涵，并对《规范》条文予以深入解读[29]。董敏红指出《规范》较原有地方标准大幅进步[30]。东方认为《规范》有利于将新形式引入未来图书馆工作[31]。黄琥等指出《规范》是对图书馆人文精神的制度固化[32]。黄海明对基于《规范》的文献资源建设绩效进行了实证分析[33]。此外，也有一些学术论文在分析《规范》特色、理念及积极影响的同时，对其进一步改进提出建议。如沈光亮认为《规范》在术语表述及馆藏资源质量、免费服务内容确定和服务环境等方面的内容尚不全面；[34]李丹从编制过程、内容架构、指标设定 3 个方面详细列举了《规范》存在的一些不足之处，并提出了可供参考的修正意见；[35]王秀香则比较《规范》与美、英等国的公共图书馆服务标准，指出《规范》在计算机设备配备、工作人员数量、馆藏文献建设等 6 个指标的设计上都有所欠缺；[36]胡洁等结合公共图书馆第五次评估定级标准（少儿馆部分），指出了《规范》存在的局限。[37]

（三）关于数字图书馆标准和标准化的研究

张晓林等人较早从理论层面对数字图书馆的标准规范进行了全面系统的研

究，指出：数字信息资源建设涉及的标准规范应分为内容创建、描述、组织、管理、服务、长期保存和项目建设标准等；面对分布、异构、变化和开放的数字信息资源与服务环境，各类数字信息系统需要建立自己的标准规范描述体系，按照统一原则、框架和基本方式，规定应遵循的各个层次的标准规范，从而支持在整个数字信息环境中有效使用、广泛获取和长期保存信息；各国数字图书馆建设，在项目启动初期都致力于建立数字信息资源建设的标准规范描述体系，指导、协调和约束参与项目建设的各个单元对标准规范的选择和采用，我国应参照各国的成功经验。[38]段莹、秦云也在综述数字图书馆建设过程中涉及的相关标准基础上，指出我国在数字图书馆标准建设过程中存在的问题，并提出解决措施。[39]潘薇等较为系统地论述了网络环境下，国内外数字图书馆相关技术领域标准规范的现状，重点介绍了信息资源组织技术领域各种元数据标准、信息资源描述语言、检索语言标准；论述了数字图书馆支撑技术领域标准规范及其发展，主要包括信息传递标准、数据库管理标准、信息服务标准和数据保存与安全标准等。[40]齐洋、汤珊红对国内外相关标准组织以及行业组织在数字图书馆标准规范方面的最新研究进展进行了深入全面调研，高度概括和提炼了国内外数字图书馆标准规范应用情况，总结了国内外数字图书馆标准规范建设思路与特点，提出今后数字图书馆标准规范核心建设内容应包括数字资源加工标准规范、数字资源唯一标识符应用标准规范、基本数字对象元数据规范、专门数字对象元数据规范、资源集合元数据规范5个方面。[41]王秀香从数字图书馆标准规范内容的角度梳理了我国数字图书馆标准规范建设的主要成果，涵盖数字资源建设与加工标准，数字资源内容描述、组织和整合标准，数字图书馆服务标准，数字图书馆系统互通互联的互操作标准，数字资源长期保存标准，以及数字图书馆体系化发展标准6个方面，并总结了我国数字图书馆标准规范建设的主要特点。[42]卢艳兰从当前数字图书馆知识体系分类研究入手，引入细粒度知识体系的概念，以细粒度知识体系的原理和重要性，尝试构建数字图书馆细粒度知识体系标准。[43]

为了实现国家图书馆二期工程暨国家数字图书馆工程建设目标，在国家数字图书馆建设过程中逐步完善数字图书馆理论模型、管理体系、标准规范、业务流程、资源建设和资源服务等方面的业务，国家图书馆从2004年6月开始对数字图书馆相关标准进行跟踪研究。例如，富平就国家数字图书馆标准规范体系建设和实施中的问题作了探讨。[44]赵悦、申晓娟介绍了国家数字图书馆工程的标准规范体系框架，该标准规范体系主要包括数字内容创建、数字对象描述、数字资源组织管理、数字资源服务、数字资源长期保存 5 个方面的内容，具体建设的标准规范包括汉字处理规范、唯一标识符规范、对象数据规范、元数据规范、资源统计规范、知识组织规范、长期保存规范 5 个部分。[45]赵悦、申晓娟等人还介绍了数字图书馆推广工程标准规范体系的建设实践，包括标准规范体系的建设原则、体系框架、重点建设领域等，并提出了标准规范体系进一步完善的思路。[46]

在数字图书馆标准规范体系研究方面，早在 2002 年，科技部科技基础性工作专项资金支持中国科学技术信息研究所、中国科学院文献情报中心、国家图书馆等多家单位联合设立“我国数字图书馆标准与规范建设”（CDLS）项目，形成“我国数字图书馆标准规范总体框架与发展战略”，涵盖数十个子项目的标准规范体系。2003 年，张晓林、肖珑等就提出应建立中国数字图书馆标准与规范框架体系，其建设内容包括：数字资源加工标准规范，数字资源唯一标识符应用规范，基本数字对象元数据规范，专门数字对象元数据规范，资源集合元数据规范及数字资源搜索、检索、调度和使用的标准规范。[47]赵悦将数字图书馆标准规范体系定义为数字图书馆领域相关标准按照一定逻辑结构组建而成的标准集合，认为我国数字图书馆标准体系应划分为国家层级、行业层级、地方层级 4 个层级，并将标准体系的内容概括为资源、服务、管理和技术四个方面，并提出了标准体系中应重点建设的领域和内容。[48]李月婷对比分析了中国国家数字图书馆、中国科学院国家科学数字图书馆、中国高等教育数字图书馆的标准规范体系框架和标准规范建设的具体内容，指出其特点为注重体系建设、结合自身特点建设标准规范、注重合作与共享及成果数量不一等。[49]彭绪庶、蒋颖认为，数字图书馆需要所有标准之间相互联系和协调，从而形成一个有机的整体，即数字图书馆标准规范体系；在此基础上，实现各个数字图书馆的互联互通、信息资源的共建共享、资源管理的可靠有序和信息利用的便捷迅速；提出数字图书馆标准规范体系也是一种标准，是比各种具体标准更高一级的标准，指导各种标准的使用、制定；数字图书馆标准规范体系需要解决两方面的问题：面对众多的标准，要选择、使用哪些标准规范，还需要制定、完善哪些标准规范。[50]此外，国家社会科学基金在 2012 年资助了汪东波的“我国数字图书馆标准规范体系及其构建机制研究”科研项目。

（四）关于图书馆标准规范体系的研究

随着越来越多的标准规范出台，标准规范体系的构建逐渐受到业界关注。目前，我国学术界对图书馆标准规范体系构建的研究主要集中在以下几个方面：

一是关于标准规范体系概念的研究。严贝妮、曹娟将公共图书馆标准体系定义为公共图书馆标准按其内在联系形成的科学有机整体，并指出公共图书馆标准之间存在着内在联系，相互依存、相互制约、相互补充，构成标准体系。[51]曹娟从体系的内容层面出发，认为公共图书馆标准体系是由建设标准、管理办法、服务规范、评估标准、行业规范等标准要素，以及各标准要素之间的相互关系而构成的一个体系。[52]田颖认为，标准规范体系是一定范围内标准按照其内在联系形成的有机整体，是由一系列标准组成的系统，一个构建合理、科学、成熟度高的标准规范体系应具有集合性、目标性、可分解性、相关性、整体性和动态适应性等特性。[53]

二是关于标准规范体系构建主体的研究。殷剑冰等研究了美国和日本的图书馆标准规范体系，总结了美国和日本图书馆标准规范建设的主体[54]；曹娟指出我国公共图书馆标准体系建设主体包括中央政府机构、地方政府机构、行业协会组织和公共图书馆个体，并分析了不同主体在公共图书馆标准体系建设中应该发挥的作用[55]；申晓娟探讨了我国基层图书馆标准规范体系的构建机制，提出很有必要成立专门的基层图书馆标准化组织，研究基层图书馆的特点和发展趋势，制定基层图书馆标准化体系构建规划，起草基层图书馆工作所需标准，并建议依托全国图书馆标准化技术委员会，在其下设立基层图书馆标准化分技术委员会。[56]

三是关于标准规范体系内容的研究。王秀香、李丹提出图书馆标准规范内容体系包括建设标准、资源标准、服务标准、管理标准和技术标准5大类[57]；李晓娜在刘国钧先生“图书馆学五要素”的基础上，构建了我国公共图书馆标准规范体系的内容框架[58]；王秀香、申晓娟等构建了基层图书馆的标准规范体系框架[59]；沈玉兰、张爱霞总结了我国信息与文献的标准体系[60]；李珍提出了数字参考咨询的标准规范体系[61]；谢强、毛雅君等提出图书馆残疾人服务标准规范体系[62]；张文亮、尚奋宇构建了古籍数字化标准体系[63]；刘炜、刘圣婴基于智慧图书馆体系结构参考模型构建了智慧图书馆标准规范体系[64]；巫倩、孟晨霞[65]和郑丹丹、黄佩[66]分别归纳了 IFLA 和 ISO 现有图书馆标准规范的内容体系。

四是关于构建原则和方法的研究。王秀香、李丹认为图书馆标准规范体系构建应当把握完整性、可扩展性、协调性和先进性的原则[67]；王秀香、申晓娟等提出基层图书馆标准规范体系的构建应当坚持公益性原则、因地制宜原则、定期更新原则和逐步推进原则[68]；谢强、毛雅君等提出我国图书馆残疾人服务标准规范体系建设应当遵循分级分类、循序渐进、与时俱进和共建共享的原则[69]；沈玉兰、张爱霞提出信息与文献标准体系构建应遵循与国际体系一致的原则、信息资源生命周期的原则和开放建设的原则[70]。此外，严继东、刘元珺研究了我国图书馆标准规范体系建设的法律环境，分别从标准化法律环境和图书馆法律环境的角度梳理了相关的法律、法规、政策等，在此基础上分析了我国图书馆标准规范体系建设的主要需求，提出应当加强顶层设计和整体规划，加大上位法支撑力度，平衡各方利益，提升可操作性。[71]

总体来看，我国学者对各类型图书馆标准及标准化工作均有一定程度的研究，但研究的深度及对实践的指导方面都有欠缺，特别是对标准化领域理论与方法的引入还很不足。例如，在公共图书馆标准化研究方面，目前研究成果主要集中在服务对象和服务资源、服务效果的研究，特别是《公共图书馆服务规范》等具体标准的制定和内容的解读与分析，相比之下，系统性较为缺乏。[72]在高校图书馆标准化研究方面，邱均平等分析 290 篇相关论文后指出，我国高校图书馆标准化研究的文献量不多，增长较为缓慢。虽然研究内容基本覆盖了高校图书馆的资源、技术、管理、服务等几个大的方面，但研究深度和指导意义有限。[73]

第二节　图书馆标准化起源与发展

一、图书馆标准化起源

古代世界的图书馆事业尚没有现今意义上的标准化工作，不过，在图书馆漫长的发展历程中，的确形成了若干可以视作今天图书馆标准化滥觞的因素与特色。

西方古典世界的图书馆事业很早便十分发达，公元前 14 世纪前后的古埃及 18、19 王朝和公元前 7 世纪的亚述帝国都出现了相当大规模的图书馆。希腊文明兴起之后，出现了大量公共和私人图书馆，尤其公元前 3 世纪埃及托勒密王朝的亚历山大图书馆更是古典世界最负盛名的图书馆。可惜现存有关这些图书馆的文献非常有限，涉及图书馆标准的文献就更为稀见。

公元前 1 世纪，罗马帝国时代的建筑师维特鲁威（Marcus Vitruvius Pollio）撰写了著名的《建筑十书》，其中第六书谈到私人建筑时讨论了图书室的建筑设计，认为图书室应当满足光线充足、便于阅读和利于纸草纸保存等条件，这相当于提出了图书馆的建筑标准。维特鲁威写道："卧室和图书室应当朝向东方。因为早晨使用要求光线，又在图书室中书籍不会腐蚀。实际上，朝向南方和西方时，经常由于虫蛀和湿气书籍受到损坏。因为含有湿气的风吹来，就要生育虫类，又如有湿气进入，书籍就要变色霉烂。"[74]不过，他在第五书中记载了他"头脑中所能想到的城市中所有公共场所的必要事项"[75]，包括广场、会堂、元老院、剧场、浴室、体育场，并没有图书馆，可见那时的思想世界中对图书馆尚没有比较谨严的定位。古罗马博学的作家瓦罗（Marcus Terentius Varro）建有一所庞大的私人图书馆，并写过一部二卷本的《论图书馆》（已佚），无法确定其中是否有关于图书馆标准的论述。

中世纪的图书馆和私人藏书都会收藏《圣经》等核心馆藏。[76]一般而言，中世纪修道院图书馆的目录仅仅表现为财产登记簿之类的形式，分类也只是按照类别或是文种，甚至对开本大小进行粗略的划分，因为那时的藏书数量普遍较少，不必应用复杂的目录学编排就能应付。不过，13 世纪，英格兰圣方济各会修士调查了英格兰 99 家图书馆的馆藏，编就一部名为《英格兰图书登记册》（*Registrum Librorum Angliae*）的联合目录。[77]编制联合目录的举措显示出当时可能出现了统一的著录标准，不过我们尚无切实的证据证明这些圣方济各会修士对此有比较自觉的认识。但在图书借阅方面，14 世纪的英国主教理查德·伯利（Richard de Bury）在他的著作《书之爱》（*The Philobiblon*）中声称，"遵照精明人的劝告，规定了具体的实施方法，意欲使我们书籍之交流和使用仅仅限于为了学生的利益"，其具体方法是规定牛津大学学者具有使用所有图书的权利，无论他是否属于教会人员；只有当书籍有副本时才能出借，否则只能馆内阅览；选定 5 名学者负责图书管理，借书时应有至少 3 人经手；借书人必须交付保证金，并严格记录借书人、出借人和出借日期，对于借阅期限似较宽松，但借书人须每年一次向图书管理人出示图书；丢失图书则要补偿书价。该书并指出："每一位保管员在开始正式管理书籍之前将起誓遵守所有这些规定。所有借阅者也要相应起誓，他们将不把这些书用作除了查询或研究之外的其他用途，并且不将所借之书带出牛津城市和郊区之外。"[78]可惜无法确认伯利的这些规定在多大范围内得到了推行。

文艺复兴时期，教皇尼古拉五世指导梵蒂冈图书馆获得了巨大发展，他提出了一套系统的馆藏图书分类方法，这种方法也在意大利其他图书馆中推广开来。由荷兰人文主义者雨果·布洛修斯在维也纳组建的奥地利帝国图书馆，于1575年开放，他决定制定特定的规章制度，并对读者开放，以适应时代需要，但皇帝马克西米连二世并不鼓励宫廷外的人士使用这些书籍和抄本，布洛修斯显然没有成功。不过布洛修斯做了许多努力来增进收藏，"尤其是他试图获得帝国特许出版的每一本书的一个复本：特许出版的书籍要向官方图书馆呈缴样本"[79]。1537年9月28日法国国王弗兰西斯一世发布的《蒙彼利埃敕令》，规定凡是在法国境内出版的出版物，必须呈缴一部给皇家图书馆；在国外印刷但在法国境内出售的出版物也要呈缴一部给皇家图书馆，1617年法国国王下令国内一切出版物必须向皇家图书馆交纳两册，这被认为是现代出版物交存制度的起源。

中国的图书馆事业也有着悠久的历史。伴随宫廷藏书、书院藏书和私家藏书楼的出现与发展，标准化的意识早已体现在图书管理和保存的实践之中，但与西方一样，图书馆标准的出现却是非常晚近的事。图书管理方面，汉代刘向刘歆父子整理皇家藏书，早已经开启了典校秘书、写定叙录和分类编目的义例，极大地方便了图书的管理和保存，刘向主持编纂的我国第一部综合性国家藏书目录《七略》，可称为我国最早的一部图书分类法。[80]降至明代，祁承㸁《澹生堂藏书约》中有读书、聚书、藏书三训，藏书又包括购书、鉴书，虽为对自家子孙的教训，但其中已经蕴含着图书采编的模糊标准。[81]清前期的孙从添《藏书纪要》则更增加了装订、编目等方面的规则，对书库划分、图书排列保护均提出了见解。[82]因为书院藏书日渐发达，购书及借阅的规则也必然随之出现，晚清安徽、河南、江苏等地书院的藏书、借书规章制度，目前仍有流传，其中如"每次取书，每人只取一种，不得过五卷。至迟十日交还，不得逾期。交还后再取""每月给司书吏银三两，司阍吏银一两，俾资照管，如书籍损失，必分别责赔"等内容[83]，已与现代图书借还标准十分相近，体现了前人在图书管理和保存方面寻求理论规范和实践统一的努力。古代学者们编订藏书目录、规定收录标准、明确分类体系、介绍图书保存管理的原则和方法、说明藏书建筑的优势、规定各种借读限制和许可，这些行为虽然还不能称为自觉的设立图书馆标准的行为，但应当说古人已经具备了“标准化”的意识。[84]

上述思想、措施与经验，是与当时当地图书馆发展的业态相适应的。古代的图书馆事业尚未发展到今日的程度，因此自然也不会有相当于当代图书馆标准化工作这样的标准出现。然而正是这些在图书馆发展历程中出现的现象，反映着图书馆工作自身不断严格精细的诉求，在现代图书馆服务出现之后，标准化便成为必然的趋势。

二、19 世纪的图书馆标准化发展

“近代标准化是产业革命以后，和大机器工业一起产生和发展的。”[85] 19 世纪，随着工业革命从英国向欧洲大陆、北美地区乃至全球范围的不断扩散，经济技术迅速发展，各行业因分工合作的需求，都对标准化工作产生了前所未有的巨大需求，图书馆标准化工作的发展自然不能不处于工业革命无远弗届的影响笼罩之中。

这一时期，人类对知识的渴求程度显著增长，大众阅读的时代开始来临。与此同时，生产工具的大幅度进步也使得书籍的生产达到了前所未有的高度，在这样的背景下，19 世纪下半叶，近代意义上的公共图书馆在英美两国几乎同时出现。英国自 1850 年《公共图书馆法案》（*Public Library Act*）颁布之后，公共图书馆事业取得了长足进展，1853 年，该法案延伸到了苏格兰和爱尔兰地区。这一法案先提出人口 1 万人以上的英格兰各城市，有权建立公共图书馆，对每英镑固定资产予以半便士的课税，以支付公共图书馆的建造费和地租；其后又提出修正案，即 5000 人以上的城镇即可设立公共图书馆，课税额度增加值 1 便士/镑，税收可以购买图书。[86] 这部法案被认为是世界上第一部国家公共图书馆法，也是目前所见最早提出的公共图书馆经费保障标准。

此外，随着统计资料不断完善，越来越多的图书馆发布业务报告，越来越多的教育工作者和图书馆管理者、图书馆委员会委员和众多馆员“表达了对现有图书馆的数量和规模以及它们的组织计划、资金来源等信息的需求，并提出关于图书馆经营和管理，图书选择、排列、编目、装订和保存，图书馆建筑以及有关公共图书馆的咨询和信息”，因此，重新对全国公共图书馆发展的现状进行一场全面的调查研究就显得异常的必要和紧迫。[87]在此情况下，以图书馆的经营和管理为主要论述对象的全美公共图书馆于1876年发布的调查报告《美国公共图书馆：历史、现状与管理》（*Public Libraries in the United States of America: Their History, Condition, and Management: Special Report*）顺势而出。这份报告的作者对许多图书馆管理、发展方面的问题提出了见解，比如对于图书馆管理人员选任与图书馆员的资质，对于图书购置流程、编目规则、馆舍建设与租赁，还有在那个年代特别重要的图书排架方式等各种图书馆组织运营中遇到的问题都有详细的讨论、建议。[88]尽管如此，该报告讨论的内容与今日的图书馆标准仍有很多不同，比如该报告认为应当从“最聪明、有教养并有影响力的那些市民中选取”图书馆管理层，但却并未提出比较具体的标准；该报告讨论了书架摆放所遇到的具体问题，但也没有提出应当遵守的标准。不过，这份报告初步确立了以馆藏为核心的图书馆统计体系，囊括了诸如馆藏量、年增长量、年使用量、年收入、年支出等方面，以便展开不同图书馆之间的横向比较。[89]这实际上为实现图书馆管理标准化奠定了基础。

国际知名的《杜威十进分类法》的最初版本也在1876年发表。此书原名《图书馆图书编目排架用分类法及主题索引》（*A Classification and Subject Index for Cataloguing and Arranging the Books and Pamphlets of a Library*），由美国图书馆学家麦维尔·杜威（M. Dewey）编制。在此之前，虽然美国图书馆事业获得了很大的发展，但是由于没有行业组织的引导和协调，各个图书馆在图书的分类、编目、排架等方面标准不一，阻碍了图书馆专业化的形成。《杜威十进分类法》采用英国哲学家培根以来的知识分类体系，将之加以实用化，一改此前图书馆编目大多依照作者姓氏顺序来编排图书的做法，提高了图书馆的工作效率，促进了国际编目合作和资源共享，对此后图书分类与图书馆编目工作的发展影响极大。[90]1908年，英美两国的图书馆协会共同制定了《英美编目条例》（*Anglo-American Code*），分别以英国版（*Cataloguing Rules: Author and Title Entries*）和美国版（*Catalog Rules, Author and Title Entries*）两种版本发表。[91]图书编目的国际化也引发了标准化的诉求。

与图书馆编目同期逐渐走向标准化的是图书馆的建筑设计。长期以来，美国不同城镇上的公共图书馆的形式往往比较单一，均为一间带有壁龛的小房间和一间带壁炉的阅读室，这是从英国复制来的。但是在图书馆协会成立以后，图书馆管理员纷纷指出，这种馆舍并不实用，贮藏书籍的空间和预留给今后扩展馆藏的空间都不够充裕，过于狭小的窗户对于阅读来说十分不便，通往楼廊的楼梯狭窄盘旋，具有安全隐患。伦敦市法团图书馆（City of London Corporation Library）的欧佛奥（W. H. Overall）甚至声称“图书馆两个最大的敌人就是建筑师和汽灯”，因为以往图书馆馆舍的建筑设计并未充分考虑图书馆的专业用途。[92]图书馆协会的成立与图书馆专业化的势头有力地扭转了这一局面。19 世纪末，美国钢铁大王安德鲁·卡内基（Andrew Carnegie）设立基金，积极资助、兴建公共图书馆。直至 1917 年，卡内基基金会为 2811 所公共图书馆提供了资金，其中 1946 所在美国，660 所在英国，余下的广泛分布于其他英语国家。卡内基基金会不仅为图书馆购买图书，还大力兴建图书馆建筑。这些图书馆的建筑规格全部要得到该基金会的认可，到 1911 年卡内基基金会发布《图书馆建筑说明》（*Notes on the Erection of Library Buildings*），如此公共图书馆的建筑规格就更加规范了。

综上所述，19 世纪图书馆事业迅速发展，对图书馆标准化的需求日益扩大，尤其是在图书馆最基础的硬件——图书与馆舍两方面的工作，已经出现了标准化的雏形。这种情形在英美两国最为显著，这也与近代公共图书馆运动起源于英美两国、两国图书馆事业最为发达的客观状况是相符合的。

三、20 世纪的图书馆标准化发展

进入 20 世纪，随着全球化趋势的出现，原本各自为政的各国图书馆标准经相互沟通，日渐取得共识。国际性组织的出现更将图书馆标准化工作带向了新的高度。

“1901 年英国成立了全国性的标准机构，即技术标准委员会（BSI），它是世界上第一个国家标准化团体。1906 年，成立了国际电工委员会（IEC），这是世界上最早的国际标准化团体。继英国之后，不少国家纷纷成立国家标准化机构……从 1917 年到 1932 年，共有 24 个国家成立了国家标准化机构。”[93]德国标准化协会（DIN）成立于 1917 年，开始时是一家注册的民间组织，1975 年与联邦政府签订协议，成为政府认定的唯一一家国家级标准化权威机构，其任务是专门制定和颁布满足市场需求的标准，并在欧洲和国际标准化活动中代表德国。法国标准化协会（AFNOR）于 1926 年根据法国民法成立，并由政府承认和资助，1941 年 5 月 24 日，由法国政府颁布法令确认为全国标准化主管机构，并在政府标准化管理机构——标准化专署领导下，按政府指示组织和协调全国标准化工作，代表法国参加国际和区域性标准化机构的活动。

在亚洲，“二战”后，日本的标准化工作由日本标准化协会（日本规格協会，JSA）负责，该会成立于1945年12月6日，是由日本航空技术协会和日本管理协会合并而来，是致力于标准化和质量管理知识技能开发和宣传普及的公益性民间组织，其业务涉及日本工业标准的制定和ISO、IEC等国际标准的推广等。韩国标准协会（KSA）于1962年依据产业标准化法第32条正式成立，是韩国产业通商资源部下属的非营利公益法人，50年来始终活跃于标准、认证、培训及社会振兴领域，是提供综合性知识服务的大型专业机构，是韩国唯一一家具有KS认证培训资格的机构。

从20世纪中叶起，图书馆标准化问题日渐成为受到瞩目的国际性议题，国际标准化组织（International Organization for Standardization，ISO）、国际图书馆协会及机构联合会（International Federation of Library Associations and Institutions，IFLA）、联合国教科文组织（United Nations Educational, Scientific and Cultural Organization，UNESCO）及其他国际机构都开始致力于这方面工作[94]，对各国图书馆事业产生了广泛而深远的影响。其中，ISO成立于1947年，是一个专门从事标准化工作的非官方国际组织，其主要任务是协调世界范围内的标准化工作，制定和发布国际标准并采取措施以便在世界范围内实施，同时组织各成员国和技术委员会进行信息交流并与其他国际组织共同开展有关标准化课题的研究，其中与图书馆最为相关的文献信息领域国际标准主要由第46技术委员会（Information and Documentation，ISO/TC 46）和第171技术委员会（Document Management Applications，ISO/TC 171）承担。IFLA成立于1927年，1929年6月前名为国际图书馆和书目委员会（International Library and Bibliographical Committee），其标准规范的制定由40多个专业组负责，同时设置标准化管理委员会，统筹协调各专业组的标准制定工作，迄今在图书采访、编目、服务、信息资源的长期保存、古籍保护等多个领域制定了100余项标准，形成各专业领域分工明确、互不交叉的规范体系[95]，在国际图书馆界产生了深远影响。UNESCO成立于1946年，是联合国下属的致力于促进教科文方面国际合作的专门机构之一，致力于在教育、科学、文化、传播与信息等领域制定国际准则性文件，如公约、议定书、建议书、宣言等。在图书馆领域，曾专门委托英国学者威瑟斯（F. N. Withers）主持开展图书馆标准化工作调查，先后于1970年和1974年发布两份调查报告：《图书馆服务标准》(*Standards for Library Service*)[96]和《图书馆服务标准: 国际调查报告》(*Standards for Library Service: An International Survey*)。其《关于图书、报刊、期刊的印制和发行统计国际标准化的建议书》《关于图书馆统计国际标准化的建议》等文件，也对现代图书馆标准化工作的发展发挥了积极促进作用。[97]

20世纪90年代以后，随着信息技术等高新技术应用速度的加快，一些网络化、数字化资源组织在国际标准化方面取得了长足的进展。不少国际组织都采取设立专家工作组、全程开放、吸收多方意见和建议等方式，积极推进标准规范的完善与推广工作。对图书馆界来说，最主要的是数字图书馆的标准化建设。数字图书馆建设涉及信息资源数字化、可互操作性、数据交换等许多内容，统一的标准为数字图书馆实现资源共建共享提供了可靠保障。在国外数字图书馆建设中，非常重视标准的选择和应用，标准选择恰当与否直接关系到数字图书馆的可持续发展。美、英、法、日等积极建立数字图书馆信息存储、标引、检索和传输的标准。美国国家标准学会（ANSI）下设全国信息技术标准委员会，从事有关元数据的命名、标识、定义、分类和注册等工作。欧盟在信息与传播技术标准化方面也作了很大努力。1998年创建的标准化组织——信息社会标准化系统（Information Society Standardization System，ISSS)，负责提供全面的标准化服务及产品，提高用户的标准化意识。随着数字图书馆的进一步发展，更为广泛和系统化的标准规范体系逐步确立。如英国分布式国家电子资源项目（DNER）标准体系、加拿大文化在线项目（CCOP）标准与指南、IMLS数字资源建设指南框架、美国RLG/CMI数字化指南以及美国国家信息标准局（NISO）的图书馆系统标准指南、新西兰国家图书馆元数据标准框架等，对数字资源管理、传播、利用和保存进行了系统规范。国际上一些主要数字图书馆建设项目中都建立了一系列的标准规范或指南性文件以指导和规范数字资源建设与服务。如美国国家信息标准协会（NISO)、美国国会图书馆、数字图书馆联盟（DLF)、博物馆及图书馆服务协会（IMLS)、联机计算机图书馆中心（OCLC)、加州数字图书馆等机构或项目在数字资源建设方面均发布了相关的标准或指南。英国的电子图书馆计划发布了eLib标准指南（eLib Standards Guidelines)，在该指南中对应用服务、数据交换、元数据、安全认证和支付服务等方面进行了规范；加拿大文化在线项目发布了其技术要求及推荐指南等；另外，澳大利亚、新西兰、日本等国家在数字图书馆建设中也建立了一系列标准规范文件。一些国际性标准化组织近年来在数字图书馆标准规范方面也有了很大进展，如国际标准化组织（ISO）、万维网联盟（W3C）均已发布了一批与数字图书馆建设密切相关的标准，并广泛应用于数字图书馆建设中，成为数字图书馆建设的主流标准。[98]

与此同时，国际社会关于图书馆标准的认识也开始发生转变。随着时代的发展，世界范围内的图书馆管理与服务都已应用相关标准，但是通常已不再强调具体标准的指标设置，因为各个图书馆所面对的环境千差万别，很难一概而论，因此，更加注重基于产出和服务的评价，注重以“指南”（guideline）来引导。国际图书馆协会及机构联合会1973年的《公共图书馆标准》（*Standards for Public Libraries*）对馆藏、员工、建筑规模和行政管理、开馆时间等内容均有许多数量上的标准，并且其导论中指出：“由于各个国家的总的目标是一致的，所以我们认为并不需要不同的标准，需要调整的因素只是发展的速度。”但在20世纪80年代的图书馆标准中（Guidelines for Public Libraries，1986），不但删除了许多具体数量指标，而且名称用词也从“Standards”改成了“Guidelines”，并且认为“由于需求和资源是如此不同，因此不可能有共同的服务标准……我们所能提供的不是规则而是建议，这些建议来源于不同国家的实践经验，具有通用性……那些基于不同情况下获得的经验而提出的有关数量标准的建议将会是不可靠的、误导的”[99]。此后，国际图书馆协会及机构联合会的图书馆标准大多采取“Guidelines”一词，全球图书馆标准化工作从单纯的建筑、馆藏标准向综合性服务标准过渡，从单纯的数量标准向兼顾质量与数量的综合性标准过渡。

这种改变与图书馆绩效评估工作思路的变化有关。20世纪40年代起，全球图书馆界开始引入绩效评估（performance assessment）方法以加强图书馆的管理与服务，随着图书馆事业的发展进步，图书馆绩效评估的重点不断调整、转移。20世纪50至60年代，图书馆绩效评估侧重对图书馆资源的投入，包括对馆舍面积、馆藏、人员、设备与经费数量的评估。之后，随着图书馆事业的不断发展和图书馆管理理念的进步，对图书馆的社会服务功能渐重视。20世纪70至80年代，便转向以投入资源通过图书馆业务程序调整和优化而转化成的各项直接产出和服务作为绩效评估重心，包括采访、编目、流通、检索、阅览、参考咨询、馆际互借以及社区服务等等。20世纪90年代后，绩效评估强调面向用户需求，以产出的直接效果为重点，进一步强调读者品质，强调对读者需求的满足。图书馆绩效评估重点的转移，也影响到国家标准和国际标准的制定。[100]

各国自己制定的图书馆标准也是如此，如美国图书馆协会在20世纪70年代中止了全国标准的制定与推广，转而试图基于各地区的实际状况制定有针对性的计划、规范；澳大利亚各州也都有相对独立的图书馆标准。美国早期学校图书馆标准“注重对学校图书馆图书资料、建筑设备、人事经费和组织运营等方面的规定，其作用是奠定了学校图书馆的物质基础。标准强调模块划分和数量控制，通过对图书馆面积、馆藏数量和人均读物数量等一些指标实现标准化管理”，“更接近于图书馆建设标准，然而从美国学校图书馆服务标准化进程来看，建设标准一直被视为实现图书馆服务标准的物质条件，随着标准化程度的加深，建设标准的独立性逐步减弱，成为宏观意义上服务标准的一部分”。[101]

国际图书馆界对图书馆标准性质的看法之所以发生变化，与图书馆业态的发展有关，其中很大程度上是由图书馆技术进步所带来的区域发展不平衡所致。

第三节 国外图书馆标准化历史与现状

一、主要国际组织的图书馆标准化工作

在世界图书馆标准化工作发展中，国际组织发挥了不可替代的作用。一些国际组织制定的图书馆领域标准规范对世界各国的图书馆标准化事业产生了深远影响，为国家和地区之间图书馆的交流与合作奠定了良好基础。其中，ISO、IFLA和UNESCO发挥着尤为重要的作用，上述3个组织所制定的图书馆标准规范数量多、涵盖面广且国际影响力大。因此，本文特对这3个国际组织的图书馆标准化工作成果作一梳理介绍，以便从中管窥国际图书馆标准化事业现状。

（一）ISO及其制定的图书馆领域标准

1. 国际标准化组织（ISO）概况

1947年2月23日，国际标准化组织（ISO）宣告正式成立，美国标准协

会常务委员会主席霍华德·孔利（Howard Goonley）被选为第一任主席。ISO是一个专门从事标准化工作的非官方国际组织，其中央秘书处设在瑞士日内瓦，前身是国家标准化协会国际联合会（ISA）。国家标准化协会国际联合会是为了协调各国的标准，于1926年成立的，到第二次世界大战爆发停止活动为止，曾以公报形式发布过32项标准。但由于成员国不多，在推动国际标准化方面影响不大。1944年成立的联合国标准协调委员会（UNSCC），为其后国际标准化组织的成立奠定了基础。

国际标准化组织的缩写“ISO”与机构英文全称首字母无关，而源于希腊语，表示“平等”“均等”之意。到目前为止，已成为拥有161个成员国家的国标准化协会。国际标准化组织与世界350多个国际组织就标准化问题进行紧密合作，每年有一万多份文件周转。在20世纪50年代，国际标准化组织平均每年制定20个标准，60年代平均每年制定120个标准，20世纪70年代平均每年制定300个标准，20世纪80年代平均每年约制定700—800个标准。到2019年3月底，国际标准化组织已经颁布了22572个国际标准及相关文件。

国际标准化组织的主要任务是协调世界范围内的标准化工作，制定和发布国际标准并采取措施以便在世界范围内实施，同时组织各成员国和技术委员会进行信息交流并与其他国际组织共同开展有关标准化课题的研究。1983年，国际标准化组织拥有163个技术委员会（TC）、639个分委员会、1387个工作组。如今，国际标准化组织的专业技术委员会和分委员会归并为780个。国际标准化组织各项标准的制定与协调工作主要由技术委员会和分委员会承担。

在国际标准化组织最初的设定中，承担文献领域标准化工作的是第46技术委员会，其起源可以上溯至1938年德国图书馆工作技术委员会向国家标准化协会国际联合会提交的提案。ISO/TC 46直属国际标准化组织中央理事会领导，具体从事图书、情报、档案、缩微和出版业务的标准化工作，设有缩微摄影技术、书面语言转换、文献工作术语、文献工作自动化、单语种与多语种词表及有关标引实践、手检与机检目录著录、出版物外观等7个分委员会和17个工作组。其中缩微摄影技术分委员会于1979年从TC 46中独立出来，成为第171技术委员会。目前，TC 46、TC 171是ISO中与图书馆领域标准化工作最为密切相关的分委员会。

中国是国际标准化组织创始成员国之一，也是最初的5个理事国之一。1978年9月，中国以“中国标准化协会”的名义恢复国际标准化组织成员身份。1999 年 10 月和 2016 年 9 月，第 22 届、第 39 届国际标准化组织全体大会两度在北京召开。

2. ISO 现有图书馆标准规范分析

如表 1－1 所示，截至 2018 年底，ISO 制定的图书馆相关标准规范达 253 项，其中，已经发布的现行标准 214 项（见附录二），正在制定中的标准 39 项；由 TC 46 制定的标准 144 项，由 TC 171 制定的标准 109 项。

表 1－1 TC 46 和 TC 171 标准数量及主题

制定机构	涉及标准主题	现行	制定中	总数
TC 46 信息与文献技术委员会	摘要、题名、书名页、期刊工作、文献描述、书脊规则、名称代码、不同语言转写、书目归档原则	32	5	37
TC 46/SC 4 技术互操作分委会	馆际互借、RFID 在图书馆中的应用、MARC、书目管理、元数据、检索命令集、信息检索应用服务、信息交换、馆藏信息架构、组织注册服务、标识符	26	2	28
TC 46/SC 8 质量统计和绩效评估分委会	国际图书馆统计、国际博物馆统计、图书馆绩效指标、图书馆评估方法、网页存档统计和质量、价格指数、生产发行统计、图书馆建筑的统计	9	2	11
TC 46/SC 9 标识和描述分委会	参考文献、索引、主题词表、标题和标题缩写、标准书号、视听资料编码、标识符、数字对象标识系统、目录、馆藏说明	25	7	32
TC 46/SC 10 文献存储要求与保存条件分委会	文献用纸的耐久性要求、纸质书写、打印和复印的持久性要求、图书装订方法和要求、文献存储的材料要求、文献存储要求、纸张脱酸工艺	10	2	12
TC 46/SC 11 档案/记录管理分委会	记录过程、记录数字化、数字记录转换和变迁、记录管理的原则、记录元数据管理、记录管理系统	18	6	24

（续表）

制定机构	涉及标准主题	现行	制定中	总数
TC 171 文献管理应用技术委员会	缩微摄影技术操作规程、质量要求和控制、测试图的描述和使用、特殊图纸的缩微摄影、胶片尺寸、设备、应用、性能测试	49	1	50
TC 171/SC 1 信息的质量、存储与完整性分委会	电子成像、办公文献黑白扫描用的测试标板、彩色办公文献扫描的质量控制、电子归档、数字保存、清除记录	22	4	26
TC 171/SC 2 信息的文档文件格式、电子文档管理系统与可信性分委会	用于长期保持的电子文献格式、工程文档格式、便携式文献格式、XML 表格数据格式、电子文献格式扩展、电子文献管理系统、策略标记语言、产品标识协议格式	23	10	33
合计		214	39	253

TC 46 发布的现行有效标准共计 144 项，涉及范围包括：信息描述、文献交换、记录管理、标识符、绩效评估、馆际互借、文献存储、语言音译转换等。有研究表明，TC 46 制定的标准内容最初主要针对传统文献的信息描述，随着技术的发展，1991 年后增加了馆际互借、信息检索、语言音译转换等内容，而到 2000 年以后，内容更多地从传统文献领域迁移到了数字资源处理，制定的标准开始涉及编码、标识符、元数据、记录管理等等。[102]

TC 171 发布的标准主要涉及缩微摄影技术、电子文献管理、电子成像、文献管理应用等。TC 171 成立之初，制定的标准规范主要围绕缩微摄影技术开展，具体包括相关词汇和术语、设备、阅读器性能、缩微胶片封套等。1997 年起，其工作重心已经从缩微摄影技术转移到电子文献管理上，开始制定电子成像相关标准，先后制定了电子文献管理系统、电子成像、电子文献保存格式、电子归档等标准。

统计 2006—2018 年间 ISO 发布的标准规范，可知其重点关注的主题主要包括：电子文献管理、记录管理、馆际互借、绩效评估、标识符、RFID 在图书馆中的应用等，如表 1 - 2 所示。

表1-2　2006—2018年标准规范涉及主题范围

时间	主题范围
2006	记录管理、缩微摄影技术
2007	版本标识符、电子文献格式、缩微摄影技术、不同语种转写、视听资料编码、媒体价格指数
2008	文献格式、信息交换格式、发行统计、记录工作过程
2009	元数据、图书馆绩效、记录管理、电子文献管理系统、电子成像、缩微摄影、存储技术、文献扫描、目录、馆藏、编码
2010	电子文献管理、记录管理、业务流程管理、引文分析、组织注册服务
2011	标识符、主题词表、电子文献管理、记录管理
2012	图书馆建筑统计、数字记录、电子文献管理、标识符、标识系统
2013	国家及其地区名称代码、国际图书馆统计、MARC、主题词表、网页存档
2014	馆际互借、RFID、文化遗产信息、图书馆评估、记录管理、电子文献管理、电子成像
2015	记录管理系统、策略标记语言、缩微摄影、馆际互借、标识符、文献存储
2016	国际博物馆统计、纸张脱酸工艺、记录管理、XML
2017	电子存储、文件格式、馆藏管理、馆际互借、数据交换协议
2018	电子文献长期保存、馆藏环境、RFID

（二）IFLA及其所制定的图书馆领域标准

1. 国际图书馆协会及机构联合会（IFLA）概况

国际图书馆协会及机构联合会（IFLA）前身是成立于1927年的国际图书馆和书目委员会，1929年6月改为现名。国际图联的标准化工作始于编目领域。1947年，国际图联第13次大会通过了采纳国际统一的编目卡片格式的决议，1969年又根据国际编目专家会议的建议制定了《国际标准书目著录》（*International Standard Bibliographic Description, ISBD*）。1974年，国际图联正式宣布启动世界书目控制（UBC）计划。1986年，国际图联执行委员会决定将UBC和国际机读目录计划（IM）合并为世界书目控制和国际机读目录计划（UBCIM），在发展各国国家书目、促进国际书目控制、发展国际通用机读目录、促进图书馆编目标准化和国家书目自动化等方面发挥了强有力的推动作用。

国际图书馆协会及机构联合会先后在图书采访、编目、服务、信息资源的长期保存、古籍保护等多个领域制定了 100 余项标准，在国际图书馆界产生了深远影响。2012 年，IFLA 专门建立了标准化委员会（Committee on Standards），其工作职责是全面协调 IFLA 内部与外部的标准化工作。可以预计，未来 IFLA 将在图书馆标准化工作领域发挥更为积极的作用。

2. IFLA 现有图书馆标准规范分析

（1）整体情况

IFLA 发布的图书馆标准规范共包括两类 5 种文件，一类是规范性文件，包括概念模型、数字格式编码、资源描述规则 3 种，另一类是信息/技术文件，包括指南和最佳实践两种。[103] 规范性文件为文献信息的组织和加工提供了通用的基础性标准，是 IFLA 标准化工作的重点；指南和最佳实践与图书馆的业务活动和具体实践紧密相关，是 IFLA 标准规范体系的特色所在。IFLA 设置了专门工作组对其标准进行维护和更新，以满足图书馆不断变化的需求。

经过调查统计（见表 1 – 3），截至 2017 年 10 月，IFLA 现行标准规范共计 100 项。其中编目理论和实践、资源保存和保护以及图书馆服务是 IFLA 标准化工作的重点关注领域。[104] 在编目理论和实践领域，已有标准包括规范描述、国际标准书目著录、国际机读目录、国际编目原则、书目记录功能需求等子类，呈系列分布，数量多，更新快，研发及时，影响广泛。仅在 2016、2017 两年内，IFLA 就发布了 3 项书目记录功能需求标准，分别是《FRBRoo 的定义：面向对象的书目信息模型》《PRESSoo 的定义：关于连续出版物和其他连续性资源书目信息的概念模型》《IFLA 图书馆参考模型》）和 1 项国际标准书目著录标准（《国际图联 ISBD 在 RDF 中的命名空间之翻译指南》），并对国际编目原则进行了修订；在资源保存和保护领域，IFLA 于 1984 年启动了资源保存与保护战略项目，还成立了资源保存与保护专业组。其现行资源保存和保护标准规范涉及电子出版物呈缴、报纸缩微保存、图书馆材料的保护和处理、呈缴本立法、照片保护和储存、数字遗产保存、灾害预防等，有效规范了图书馆的资源保存和保护行为；在图书馆服务标准规范领域，特别是针对特殊需求人群的服务，IFLA 相关现行标准多达 10 项。在其近 3 年发布的标准规范中，有 3 项都与图书馆服务相关。

表 1－3　IFLA 现行标准规范各类别数量分布情况一览表（单位：项）[105]

类别	数量	类别	数量	类别	数量
缩微技术	1	分类与标引	3	图书馆多元文化服务	2
图书馆建筑和设施	2	保存和保护	7	珍稀图书与手稿	2
术语	1	报纸编目	1	参考咨询与信息服务	1
资源采访与馆藏发展	5	国际机读目录	14	学校图书馆	1
视听与多媒体	1	信息检索	1	图书馆协会管理	7
书目	4	终身学习/信息素养	4	政府图书馆	1
国际编目原则	1	文献传递与资源共享	2	议会图书馆	2
书目记录功能需求	6	教育与培训	1	国家图书馆	3
规范描述	7	图书馆少年儿童服务	4	移动图书馆	1
国际标准书目著录	4	图书馆特殊需求人群服务	10	公共图书馆	1
总计	100				

IFLA 的图书馆标准规范体系（见图 1－2）由基础标准、业务工作标准、管理标准、服务标准和专门图书馆标准等 5 类标准构成。[106]

a）基础标准包括《分类术语和概念的多语言词典》《缩微数字化和光学特性识别》《IFLA 图书馆建筑指南：发展和反响》《建筑设计的关键问题：如何开始计划一个工程》4 项。其中《分类术语和概念的多语言词典》是术语标准，旨在为编目标准和相关文件提供权威翻译；《缩微数字化和光学特性识别》是技术标准，旨在将缩微处理与数字化技术相结合，以延长保存时间；后两项标准是图书馆建筑指南，旨在为图书馆基础设施建设提供参考。

b）业务工作标准是整个 IFLA 标准规范体系的重点，包含 11 个子类共 53 项标准，占 IFLA 标准总量的一半以上，主要为图书馆资源采访与馆藏发展、视听与多媒体资源、书目、编目、分类标引、保存与保护等具体工作提供指导。其中，资源采访与馆藏发展的 5 项标准分别是连续出版物的管理、捐赠馆藏和电子资源馆藏的管理以及馆藏政策的制定；《多语言叙词表准则》为多语种的信息获取提供了指南；《图书馆及其他机构视听和多媒体资料指南》为图书馆解决音像资料剧增导致的保存和管理问题提供了帮助；书目的 4 项标准对现有国家书目的注释和书目信息的共享，以及国家书目在数字时代的发展选择进行了规范。编目标准包括编目原则、书目记录的功能需求、规范描述、国际标准书目著录、报纸编目、国际机读目录 6 个子类。

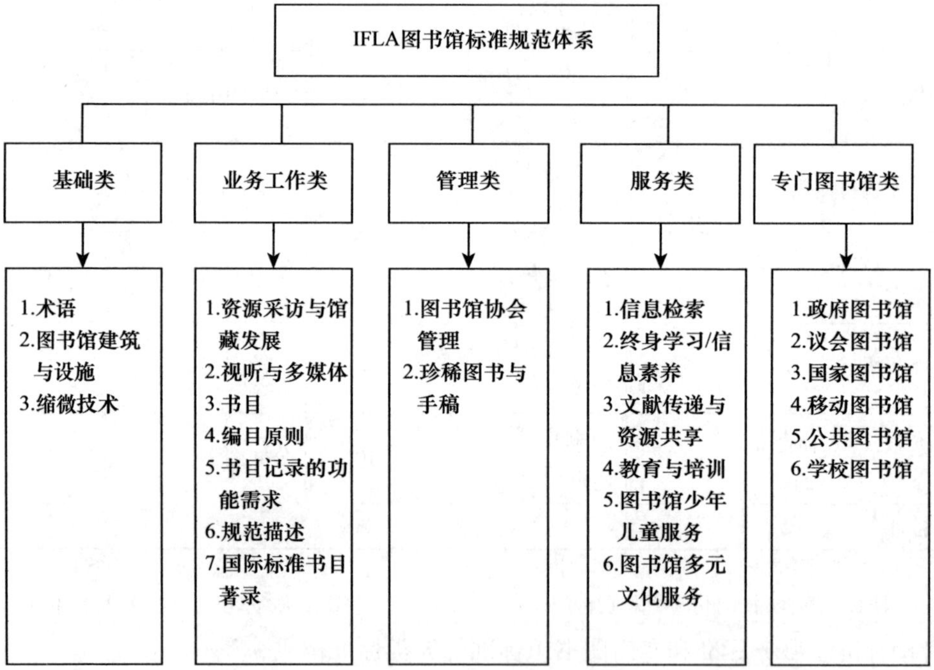

图 1－2　IFLA 图书馆标准规范体系

c）管理标准涉及图书馆协（学）会管理、珍稀图书与手稿管理两个方面，图书馆协（学）会管理的 7 项标准为图书馆协会的组织结构、政策制定、工作计划、运营模式和财务管理等提供了指南；而珍稀图书与手稿的 2 项标准关注的是其租借流程和数字化规划。

d）服务标准涉及图书馆提供的通用性服务及面向特定人群的服务，前者包括信息检索、终身学习/信息素养、文献传递与资源共享、教育与培训、图书馆多元文化服务、参考咨询与信息服务，后者包括图书馆少年儿童服务和特殊需求人群服务。后者包括《聋人图书馆服务指南》等十余项标准。

e）专门图书馆标准是专为某种类型的图书馆制定的标准，包括政府图书馆、议会图书馆、国家图书馆、公共图书馆、学校图书馆和移动图书馆等。这类标准一般涉及的内容十分广泛，囊括采访编目、馆藏设施、管理评估、内部建设、财务计划、服务营销等多方面。

（三）联合国教育、科学及文化组织（UNESCO）及其所制定的图书馆领域标准

联合国教育、科学及文化组织（UNESCO）于 1946 年 11 月 4 日成立，是联合国下属的致力于促进教科文方面国际合作的专门机构之一，总部设在法国巴黎。中国是联合国教科文组织的创始国之一，1971 年恢复在联合国的合法地位后，次年恢复在该组织的活动。

联合国教科文组织在教育、科学、文化、传播与信息等领域设立了十多个政府间机构及大型合作计划，以推动国际合作，并致力于制定国际准则性文件，如公约、议定书、建议书、宣言等。联合国教科文组织在图书馆领域多有建树，联合国际图联共同开展过一些图书馆标准化工作。

1948 年，联合国大会通过并颁布了著名的《世界人权宣言》，其中关于人人享有信息自由权利的主张，直接催生了 1949 年联合国教科文组织通过的《公共图书馆宣言》（*Public Library Manifesto*）。[107] 国际图书馆协会及机构联合会于 1972 年和 1994 年两次修订《公共图书馆宣言》，将“促进不同文化之间的对话，支持文化多样性的发展”列为公共图书馆的使命之一。1970 年 2 月，联合国教科文组织公布了英国学者威瑟斯（F. N. Withers）主持撰写的调查报告《图书馆服务标准》（*Standards for Library Service*）。这份报告是由联合国教科文组织委托国际图联，对英、美、法、联邦德国、意大利、匈牙利、丹麦、比利时、波兰、瑞士、挪威、南非、加拿大、澳大利亚、新西兰、日本以及印度等国的公共图书馆、中小学图书馆、大学图书馆、专业图书馆和国家图书馆的标准化工作进行了详细调查，对一些发展中国家也做了简要调研，同时还附录了前苏联等国家的标准数据，在相当程度上反映了当时国际图书馆标准化状

况。[108] 1974 年，威瑟斯受联合国教科文组织委托又进行了一次调查，并出版了《图书馆服务标准：国际调查报告》(*Standards for Library Service: An International Survey*)。在这次调查中，联合国教科文组织为发展中国家制定了图书馆标准范本框架。

联合国教科文组织发布的其他文件，如 1964 年通过、1985 年修订的《关于图书、报刊、期刊的印制和发行统计国际标准化的建议书》，1970 年通过的《关于图书馆统计国际标准化的建议》等，都对现代图书馆标准化工作的发展起到了积极促进作用。尤其是后者，提出了一整套关于图书馆统计数据的定义、分类和列告的规定。[109]

二、英、美图书馆标准化工作

英、美两国是世界上较早开始图书馆标准化工作的国家，迄今已形成了较为完善的图书馆标准规范体系，国际上图书馆领域的许多重要标准都由英、美两国的标准化组织所主导。本部分着重梳理了两国的图书馆标准化组织及其标准成果，以为我国相关工作提供借鉴参考。

（一）美国图书馆标准化现状

美国是世界上图书馆事业比较发达的国家，其图书馆标准化水平也处于世界领先地位。美国的标准体系具有分散、独立、民间为主导等特点[110]，图书馆标准亦是如此。按照标准制定主体的不同，目前美国参与图书馆标准化的组织主要有图书馆行业协会、专业标准化机构、图书馆和政府部门。

1. 主要标准化工作组织

美国图书馆协会（American Library Association，简称 ALA）是世界上历史最悠久、规模最大的图书馆协会，成立于 1876 年，目前下设 11 个子协会，包括特定图书馆类型子协会（Type-of-library divisions），如公共图书馆协会、学校图书馆协会等，以及特定活动类型子协会（Type-of-activity divisions），如图书馆馆藏和技术服务协会等。此外，ALA 还包括圆桌会议、委员会等组成单位。ALA 的标准化工作依据《ALA 标准手册》开展，不同的 ALA 组成单位制定标准和指南的权限不同，其中特定图书馆类型子协会可以评估和制定其领域内的各类型标准；特定活动类型子协会可以制定和采用技术类标准，但不能直接发布非技术类标准，只能配合特定图书馆类型子协会开发相关标准[111]；所有 ALA 的组成单位都可以在其关注的领域内制定和采用相关的指南[112]。很多子协会专门设有标准委员会，负责本领域内的标准化工作，例如大学与研究图书馆协会的"标准委员会"，参考与用户服务协会的"规范、指南和技术标准委员会"等。除了 ALA，美国各州的图书馆协会和地方图书馆委员会也根据本地情况制定了图书馆标准。

美国国家信息标准组织（National Information Standards Organization，简称 NISO）成立于 1939 年，是一个非营利性标准制（修）订组织，是被美国国家标准协会（American National Standard Institute，简称 ANSI）认可的专门从事识别、开发、维护，以及发布自愿的、基于共识的管理信息标准的组织。NISO 的标准化工作充分吸纳利益相关者参与，其成员包括"投票成员"和"图书馆标准联盟"，其中投票成员包括大型出版商、科研机构、行业协会、图书馆等各类型组织，投票成员选举董事并对标准进行评论和投票；图书馆标准联盟主要是大学图书馆和大型公共图书馆。[113] 目前，NISO 下设"信息创建和管理""信息发现和交换""信息政策和分析"三个主题委员会，分别负责指导不同领域的标准制定。NISO 还非常重视标准的国际化，被 ANSI 指定为 ISO/TC 46 中代表美国的技术咨询小组（Technical Advisory Group，TAG），并承担"信息与文献 识别与描述分技术委员会"（ISO/TC 46/SC 9）秘书处工作。

美国一些影响力较大的图书馆在标准制修订中也发挥着重要的作用，如成立于 1976 年的美国国会图书馆网络发展和 MARC 标准办公室（Network Development and MARC Standards Office），承担着制定和维护 MARC 等图书馆领域重要标准的工作。一些州立图书馆制定了符合本州实际情况的图书馆标准。一些州的政府部门也出台了图书馆领域标准，州公共教育部门制定出台了公共图书馆标准，州教育部门制定出台了学校图书馆标准等。

2. 主要标准化工作成果

美国标准化工作主体非常多元，不同主体发布的标准化成果各有侧重，其中 NISO 主要以技术类标准为主，ALA 则更多聚焦于服务和管理，各州图书馆协会和政府部门发布的地方标准则主要为综合类标准，国会图书馆是很多国际标准的研制和维护机构，但一般不直接发布标准。从标准化成果的形式来看，除了标准文件，指南、推荐做法、技术报告等其他规范性文件也占有较大比重。

NISO发布的标准化成果类型包括标准（Standards）、推荐做法（Recommended Pratice）、技术报告（Technical Reports）、白皮书（White Papers）、入门书（Primer）等（见图1－3），其中标准是文件效力和产生程序要求最高的，需要经过NISO投票成员和利益相关方严格的同行评审，最后还要经过美国国家标准协会（ANSI）的验证，通过验证和批准后，即成为美国国家标准；推荐做法是NISO发布的指南性文件，通常代表着前沿、杰出模型或者成熟的行业实践，用户可以根据具体需要采用或修改采用；技术报告对与NISO标准化利益相关的问题或主题的研究结论进行描述，一般不包含合规性要求或者最佳实践推荐，其产生和通过无需通过NISO投票成员达成共识；白皮书可以被看做是标准的预调研，定义或者探讨正式标准化工作开始前的一些问题，或者确认标准开发的机会并提供可能的方法；入门书则是指导标准应用的文件。

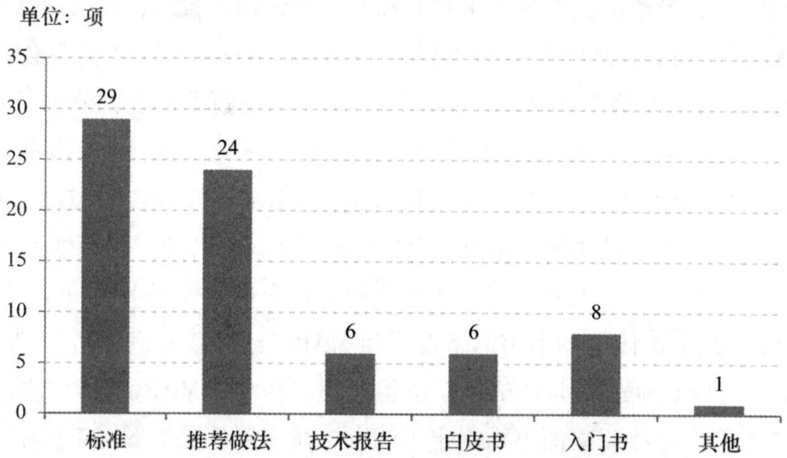

图1－3　NISO各类型标准化文件数量

目前，NISO发布的标准共计30项，多为技术标准，内容主要集中于3个领域（见图1－4），其中信息创建与信息管理领域21项，主要是关于内容和馆藏的开发、描述、提供访问和维护的标准，如都柏林核心元数据元素集等；信息发现和信息交换领域7项，主要关注信息发现和信息分发，如索引发现、关联数据、开放链接等；信息政策和信息分析领域2项，主要是关于信息获取、许可、购买和分析相关的标准，例如在线使用数据、访问管理等。

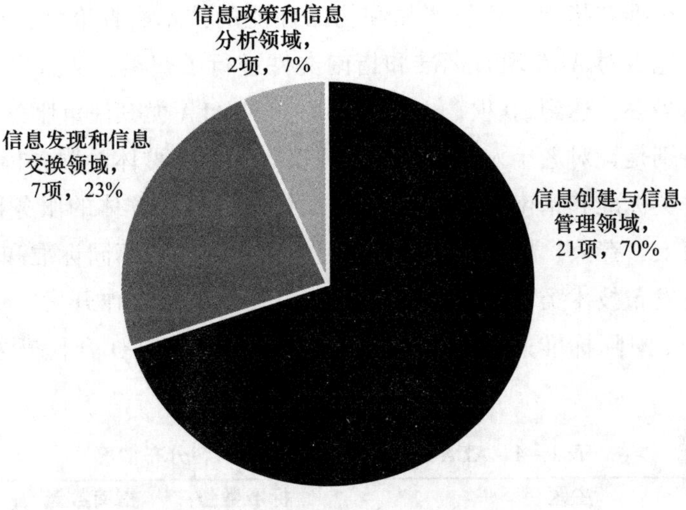

图 1－4　NISO 现行标准主题比例分布

ALA 所发布的标准文件中（见图 1－5），以标准命名的仅有 15 项，所占比重最低；指南和其他规范性文件分别为 34 项和 61 项，比重相对更高。这一分布情况与上文所述国际图书馆协会及机构联合会的图书馆标准化发展理念一致，即更多地通过指南等指导性文件帮助图书馆提升其服务。

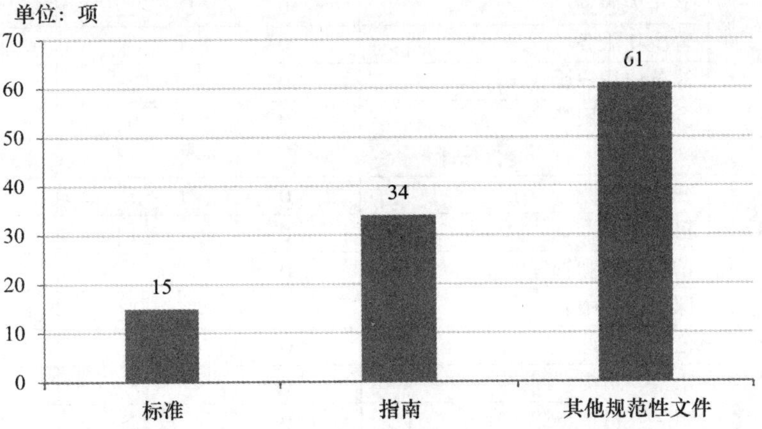

图 1－5　ALA 各类型标准化文件数量

ALA 将图书馆标准和指南划分为四大类（见表 1－4）：定义图书馆服务水平的服务类标准和指南（通常针对某一类图书馆或某一类图书馆用户）、描述完成特定图书馆活动或任务方式的程序类标准和指南、描述图书馆教育项目要求的教育类标准和指南、衡量产品和物品性能的技术类标准和指南。[115] 根据这一划分，笔者对 ALA 现有标准和指南文件进行了归类，从数据看，服务类标准和指南最多，达到 20 项，占 40.8%。可见 ALA 尤其注重服务领域的标准化工作，特别是针对老年人、青少年、残疾人等特殊群体的服务标准，达到 9 项，占服务类标准和指南的 45%，其中仅针对残疾人群体的服务标准就包括分别针对盲人、聋人、精神疾病及智力迟钝用户服务的不同标准和指南。ALA 一般不独自发布技术类标准和指南，而是与其他组织合作开发，例如《书目交换格式》《国际标准连续出版物号》等，均是与 NISO 合作开发的技术类标准。

表 1-4　ALA 发布的标准和指南内容分布情况

主题		标准数量	指南数量	合计
服务类标准和指南	大学图书馆	2	1	3
	学校图书馆	0	1	1
	远程学习	1	0	1
	盲人和残疾人服务	1	0	1
	聋人服务	0	1	1
	精神疾病用户服务	0	1	1
	智力迟钝用户服务	0	1	1
	老年人服务	0	1	1
	青少年服务	0	2	2
	非英语用户服务	0	2	2
	参考咨询服务	0	6	6
总计				20
程序类标准和指南	视听资料	0	1	1
	目录	0	1	1
	馆藏发展和管理	0	1	1
	课程资料中心	0	1	1
	伦理	0	1	1
	宗谱、历史	0	3	3
	馆际互借	0	2	2
	特殊馆藏	0	3	3
	人力资源问题	1	1	2
	图书馆获取	0	1	1
总计				16

（续表）

主题		标准数量	指南数量	合计
教育类标准和指南	图书馆服务教育	2	0	2
	大学图书馆信息素养	6	3	9
	学校图书馆信息素养	2	0	2
总计				13

数据来源：www. ala. org。

美国国会图书馆在图书馆标准化领域发挥着重要作用，其标准化工作成果主要集中在资源描述格式、数字图书馆、信息资源检索3个领域。[116]其中，资源描述格式领域主要有书目和编码描述、基于MARC 21的相关标准等；数字图书馆领域主要为元数据相关标准，例如音频、视频、图像元数据，编码和传输元数据，保存元数据，技术元数据等；信息资源检索领域主要有检索协议，例如Z39. 50、语言名称代码、MARC交换格式等。国会图书馆的标准化工作主要集中在标准的开发和维护上，而不直接发布标准，其标准的发布一般通过专业的标准化组织，例如ISO、NISO等。

美国很多州也发布了地方图书馆标准。据笔者统计，在全美50个州中，有超过40个州制定了地方标准，这些标准以公共图书馆和学校图书馆标准居多。其中，公共图书馆地方标准主要由各州公共图书馆行业组织和图书馆管理机构制定，例如佛罗里达州、伊利诺伊州、俄亥俄州等州的公共图书馆标准由这些州公共图书馆协会发布和维护；威斯康星州、北达科他州等州的公共图书馆标准由这些州政府公共教育部门发布；一些州立图书馆本身作为政府部门的组成机构也制定相关标准，例如纽约州立图书馆制定了《纽约州公共图书馆最低标准》[117]；还有一些州的公共图书馆标准由多个组织联合发布，例如《肯塔基州公共图书馆标准》[118]由州公共图书馆协会与州图书和档案部联合发布，《北卡罗来纳州公共图书馆标准》[119]由州文化资源部与北卡罗来纳州立图书馆联合发布。

美国公共图书馆地方标准多为综合性标准，内容涵盖管理、资源、服务、财务、人员、技术等各个方面。也有一些州将公共图书馆标准与资助经费挂钩，例如北达科他州《公共图书馆标准》就将是否达标列为公共图书馆参加北达科他州图书馆协调委员会（NDLCC）资助计划的主要资格条件。[120]很多州的公共图书馆标准编制体现了分级分类的思想，例如《威斯康星公共图书馆标准》按照服务水平的高低将标准分为3级，并提出了每一级标准下对图书馆管理、经费、人员、馆藏资源等各方面的具体要求[121]，《路易斯安那州公共图书馆标准》也类似地将标准划分为基本、增强、全面3个等级[122]。除公共图书馆标准外，美国还有一些州发布了学校图书馆标准，发布主体主要是各州的学校图书馆协会和政府教育部门，例如马萨诸塞州学校图书馆协会发布的《幼儿园至12年级学生信息素养技能推荐标准》[123]，南卡罗来纳州教育部发布的《南卡罗来纳州学校图书馆资源收集标准》[124]等。

（二）英国图书馆标准化现状

和美国类似，英国图书馆标准化参与主体也非常多元，包括政府部门、专业标准化机构、图书馆行业协会、图书馆等，多主体参与保证了在图书馆标准化过程中各方利益均得以体现，也能够充分发挥不同主体的优势。

1. 主要标准化工作组织

英国标准协会（British Standards Institute，BSI）是英国国家标准机构，是政府确认并支持的全国性民间标准化机构，代表英国参加国际标准化组织ISO、IEC和欧洲标准化组织CEN、CENLEC，目前承担了ISO 4个TC和SC的秘书处工作。现行ISO标准中的30%和现行欧洲标准中的70%，都是由BSI的专家负责起草和组织制定的。[41] BSI拥有1200个技术委员会和分技术委员会[42]。

英国主管公共图书馆事务的中央政府行政部门为数字、文化、媒体和体育部（Department for Digital，Culture，Media & Sport），该部门下设图书馆工作组（Libraries Taskforce），其职能之一就是提供分步指导以支持可持续的图书馆服务。但是中央政府并不直接制定标准，图书馆工作组发布的《英国2016—2021公共图书馆发展草案》报告中明确提出“图书馆工作组无权为地方政府制定标准”，并且中央政府并不认为全国范围内的图书馆标准是行之有效的。[125]但威尔士、苏格兰、北爱尔兰等地区政府仍然负责制定并维护本地区的图书馆标准。

图书馆和信息专业人员认证协会（Chartered Institute of Library and Information Professionals，简称CILIP）是英国全国性的图书馆行业协会，成立于2002年，由原英国图书馆协会（Library Association，简称LA）和信息科学家协会

(Institute of Information Scientists) 合并而成。CILIP“标准和创新”作为五大战略重点之一,《CILIP 2016—2020 年行动计划》提出其标准化策略为:投资于标准以提升专业技能,与英国及国际标准组织展开合作,制定新的标准以促进创新,鼓励开放标准的应用。[126] CILIP 在图书馆标准化方面承担着重要的工作,例如,主持国际 RDA 标准管理委员会,并与 BSI 合作开发知识管理领域的 ISO 标准[127];设立编目和索引组(Cataloguing and Indexing Group)致力于元数据标准和格式的开发等。CILIP 在威尔士、苏格兰、爱尔兰地区都设有分支机构,支持当地的图书馆标准化工作。此外,成立于 1937 年的学校图书馆协会(School Library Association,简称 SLA)也制定了不少支持学校图书馆事业发展的标准和指南等文件。

英国国家图书馆(British library)也是图书馆标准化工作的重要参与者,对 RDA、MARC 21 等一些重要国际标准的制定、维护和传播有着重要贡献。此外,英国国家图书馆还是国际标准名称标识符(International Standard Name Identifier,简称 ISNI)注册机构、国际连续出版物编号(International Standard Serial Number,简称 ISSN)英国中心、国际标准标识符(International Standard Identifier,简称 ISIL)英国国家机构。[128]

2. 主要标准化工作成果

英国国家图书馆标准主要由 BSI 发布,其标准号一般以“BS”开头,代表英国标准(British Standard),大多数标准号中还包含 ISO 或 IEC,表示该标准对应相应编号的国际标准。笔者统计了目前 BSI 发布的图书馆相关标准(见图 1-6),共计 52 项,主要包括建设标准、管理标准、技术标准、资源标准。其中,资源标准共计 32 项,涉及资源的揭示与描述、信息交换等;管理标准共计 10 项,涉及图书馆馆藏管理、质量和绩效评估等;技术标准共计 8 项,涉及射频识别装置等图书馆技术设备;建设标准共计 2 项,涉及图书馆建筑设计规范。BSI 发布的绝大多数图书馆标准都与 ISO 的标准相对应,可见其标准有较高的国际标准转化率。

除 BSI 发布的国家标准外,英国各地政府均制定了地方公共图书馆标准。例如,威尔士政府制定的公共图书馆标准至今已更新到第 5 版,最近一版《互联和有愿景的图书馆——2017—2020 年威尔士公共图书馆第 6 个标准质量框架》更新于 2017 年[129];苏格兰图书馆与信息委员会作为苏格兰政府的咨询

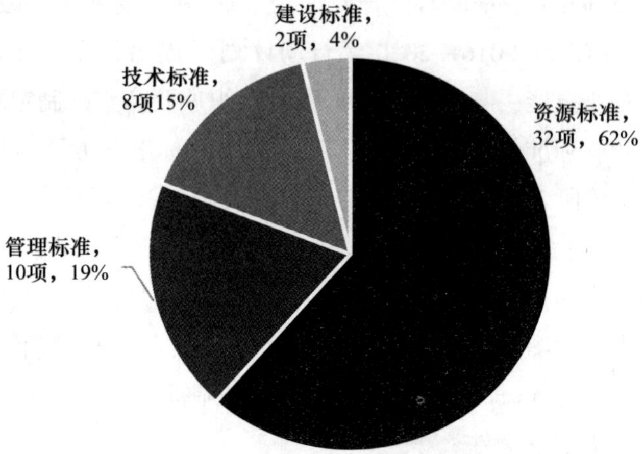

图1-6　BSI发布的图书馆标准中各主题占比

机构，制定了标准《我们的公共图书馆服务有多好：苏格兰公共图书馆改进模式》（*How Good is Our Public Library Service: A Public Library Improvement Model for Scotland*，简称HGIOPLS）[130]，用以帮助苏格兰地区公共图书馆展示其服务质量及对社区的影响；2014年，原北爱尔兰文化、艺术与休闲部（Department of Culture Art and Leisure，DCAL）制定了《传递未来的图书馆：2014—2019年公共图书馆标准》[131]，2016年该部门撤销，与图书馆相关的职能被转移到社区部（Department for Communities，DFC）后，仍然每年发布标准实施情况，以此考察公共图书馆的发展是否达到标准。例如，2018年发布了《传递未来的图书馆：公共图书馆标准2016—2017年表现情况》。[132]除此之外，英国国家图书馆发布了一系列指南文件，指导图书馆具体业务工作。例如，其保存咨询中心发布的许多馆藏保护方面的指导手册，涵盖书籍装帧、文献清理、馆藏文献迁移、保存政策制定等各个领域。[133]英国学校图书馆协会（School Library Association，简称SLA）出版了《学校图书馆协会 中学图书馆标准》[134]以及一系列应用指南[135]。

第四节　我国图书馆标准化现状

随着中国图书馆事业的快速发展和专业化程度的日益提高，图书馆标准化工作越来越受到重视，许多图书馆都有较为完整的内部业务和管理标准规范，一些跨地区、跨系统、跨机构的图书馆合作项目或合作组织也制定了相应标准规范，而与图书馆密切关联的三个标准化技术组织则进一步将图书馆标准化工作上升到整个行业甚至国家的标准化工作体系中，围绕图书馆的建设、资源、服务、管理和技术等方面制定了一系列标准，这些标准对推动我国图书馆事业的标准化、规范化发展起到了十分积极的作用。

一、主要标准化工作组织

根据《中华人民共和国标准化法》的规定，“制定推荐性标准，应当组织由相关方组成的标准化技术委员会，承担标准的起草、技术审查工作。制定强制性标准，可以委托相关标准化技术委员会承担标准的起草、技术审查工作”。本部分介绍主要承担我国图书馆领域标准起草和技术审查工作的三个标准化技术委员会。

（一）全国信息与文献标准化技术委员会（TC 4）

全国信息与文献标准化技术委员会成立于1979年，是国际标准化组织（ISO）文献工作标准技术委员会TC 46的国内对口单位，其工作范围与国际标准化组织TC 46信息与文献工作的工作范围完全一致，负责与其工作领域相关的国家标准起草与审查、国外标准翻译转化、国家标准的修订与宣贯、标准制修订工作的阶段性管理及参与国际标准化工作等。该技术委员会现为第七届委员会，由来自专业图书馆、公共图书馆等方面的25位委员组成，[136]下设档案工作（TC 4/SC 1）、文字音译、转写（TC 4/SC 2）、自动化（TC 4/SC 4）、信息文献统计（TC 4/SC 8）、识别与描述（TC 4/SC 9）等5个分技术委员会，秘书处承担单位为中国科学技术信息研究所。

全国信息与文献标准化技术委员会是我国最早成立的图书馆工作相关标准化技术组织。截至目前，由该技术委员会组织制定的国家标准已超过100项，内容涉及信息与文献、档案工作、新闻出版、识别与描述、编码等，其中相当一部分与图书馆工作密切相关，特别是关于文献著录、分类与主题标引的系列标准对图书馆工作产生了较大影响。

（二）全国文献影像技术标准化技术委员会（TC 86）

全国文献影像技术标准化技术委员会原为全国文献工作标准化技术委员会

于1980年3月设立的缩微摄影技术分技术委员会，1984年分出，成为与ISO/TC 171相对应的“全国缩微摄影技术标准化委员会”，1999年改为现名，是国际标准化组织（ISO）文献工作标准技术委员会TC 171的国内对口单位，其工作范围与国际标准化组织TC 171完全一致，负责与其工作领域相关的国家标准起草与审查、国外标准翻译转化、国家标准的修订与宣贯、标准制修订工作的阶段性管理及参与国际标准化工作等。该技术委员会第六届委员会于2016年7月19日正式成立，由25名委员组成，下设质量（TC 86/SC 1）、缩微摄影技术应用（TC 86/SC 4）、电子影像技术应用（TC 86/SC 5）、技术绘图应用（TC 86/SC 6）、一般问题（TC 86/SC 7）等5个分技术委员会，秘书处承担单位为国家图书馆[137]。

截至目前，由全国文献影像技术标准化技术委员会组织制定的文献影像技术领域国家标准近百项，其中既有基础标准、质量标准、和设备标准，也有指导性技术文件，对图书馆缩微复制工作的标准化、规范化发挥了重要作用。

（三）全国图书馆标准化技术委员会（TC 389）

全国图书馆标准化技术委员会成立于2008年10月，其工作范围是“图书馆管理、服务，图书馆古籍善本的收藏、定级、维修、保护，图书馆环境等领域的标准化工作”，与国际标准化组织信息及文献工作技术委员会（ISO/TC 46）相关联。该技术委员会目前是我国唯一一个专门以图书馆领域标准化工作为其工作范围的标准化组织，负责图书馆领域国家标准的起草与审查、公共图书馆领域行业标准的起草与审查、图书馆标准化研究。该技术委员会第二届委员会于2015年5月20日成立，由来自全国各级各类图书馆、高等院校、政府机构、行业协学会的41名专家组成，秘书处承担单位为国家图书馆。

2012年和2016年，全国图书馆标准化技术委员会先后制定发布了《全国图书馆标准化工作“十二五”规划纲要》和《全国图书馆标准化工作“十三五”规划纲要》，对“十二五”和“十三五”时期的图书馆标准化工作进行部署。截至2018年底，全国图书馆标准化技术委员会共立项图书馆领域国家标准31项，其中颁布实施16项；制修订行业标准50项，其中颁布实施30项；行业标准化研究项目21项，其中已结项15项。内容涵盖图书馆服务、管理、数字图书馆建设、基层图书馆建设、古籍保护等领域。

二、主要标准化工作成果

自20世纪70年代至2018年底，我国正式发布实施的图书馆领域相关标准共188项（现行177项），包括强制性或推荐性国家标准151项（现行147项）、推荐性行业标准37项（现行30项），[138]详见附录一。同时，在国家标准和行业标准未涉及的领域，也有一些地方标准、社会团体标准和企业标准出台，如安徽省文化厅2013年发布《安徽省图书馆服务标准》[139]；2015年中国图书馆学会发布书香城市（县级）、书香社区标准指标体系[140]；上海嘉定区2016年以来先后制定《公共图书服务延伸点准入标准》《24小时智慧街区图书馆借阅管理规定》等标准。这些标准从内容看，主要包括建设标准、资源标准、服务标准、管理标准和技术标准等类型。已发布的国家和行业标准中，包括建设标准5项、资源标准101项、服务标准5项、管理标准9项、技术标准68项，如图1－7。经过四十余年的发展，目前，我国图书馆领域标准规范体系已经渐趋完整，由最初仅以编码、术语等基础标准和微缩技术标准，分类标引、文献著录等文献资源组织加工标准为主，发展到建设标准、服务标准、管理标准和技术标准等各类标准相互衔接，国家标准、行业标准、地方标准、社会团体标准和企业标准互相补充的标准体系。

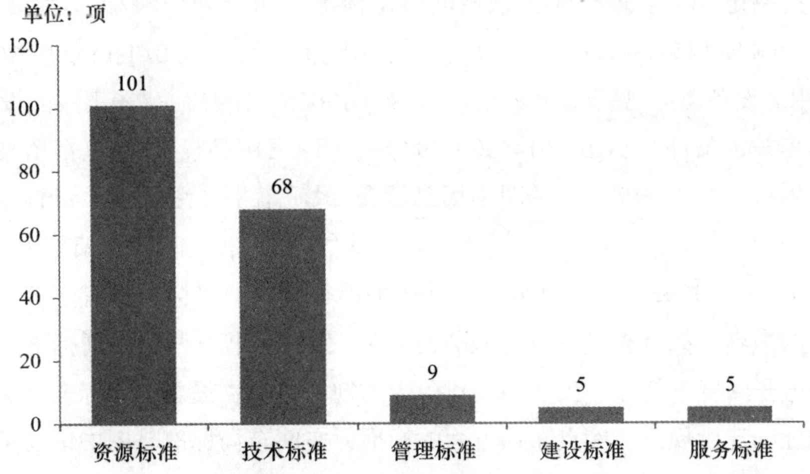

图1－7　我国已发布不同类型的图书馆国家标准和行业标准数量

（一）图书馆建设标准

在公共图书馆建设领域，住房和城乡建设部、国家发展和改革委员会、国土资源部和文化部等部门都曾先后发布过一些专门标准，包括《公共图书馆建设用地指标》（建标［2008］74 号）、《公共图书馆建设标准》（建标［2008］150 号）和《图书馆建筑设计规范》（JGJ 38-2015）等，对公共图书馆建设用地、规模分级、项目选址、业务布局、环境设施、建筑功能设计等作了规范要求。此外，2012 年发布实施的《公共图书馆服务规范》（GB/T 28220—2011），2015 年 1 月中共中央办公厅和国务院办公厅发布的《国家基本公共文化服务指导标准 2015—2020》，2015 年 4 月 1 日施行的《公共图书馆评估指标》系列标准（WH/T 70-2015）以及各地颁布的公共图书馆服务规范和服务标准中也有涉及图书馆建设的相应内容。这些标准中涉及图书馆建设的主要是 3 个方面的内容，即基础设施、设施布局和空间布局。

基础设施标准即为保障图书馆运营而配备的物理空间和设施设备的有关标准，主要包括图书馆建筑给水排水、暖通空调、电气电路、采光照明、防噪隔音、防火防烟、园林绿化等设施设备标准，以及用于文献资源加工和保存、读者服务、业务办公等的家具、数字化设施设备等的标准。这类标准图书馆大多无需专门制定，可以遵循相关领域的通用标准。如《办公家具 阅览桌、椅、凳子》（GB/T 14531—2008）、《办公家具 木制柜、架》（GB/T 14532—2008）、《图书用品设备产品 型号编制方法》（GB/T 13666—1992）、《图书用品设备 木质目录柜技术条件》（GB/T 14530—1993）、《图书用品设备 阅览桌椅技术条件》（GB/T 14531—1993）、《图书用品设备 木质书柜、图纸柜、资料柜技术条件》（GB/T 14532—1993）、《图书用品设备 木质书架、期刊架技术条件》（GB/T 14533—1993）等。此外，公共图书馆领域的一些标准也有部分涉及设施设备的内容，如《公共图书馆服务规范》、公共图书馆评估系列标准中均包括有关电子阅览室终端、无线网络覆盖等的规范要求；设置布局标准即关于图书馆选址、建设规模、网点布局方面的标准，空间布局标准是图书馆为了履行职责、提供服务而对馆舍空间进行合理布局的标准。在这方面比较重要的标准是《图书馆建筑设计规范》和《公共图书馆建设标准》，《公共图书馆服务规范》等标准中也有涉及图书馆设置布局方面的内容。

（二）图书馆资源标准

图书馆资源标准是为了规范图书馆馆藏文献资源的采集、组织、保存保护等工作而制定的相关标准，主要包括文献采集与建设标准、文献组织加工标准和文献保存保护标准3类。目前尚无专门的文献采集标准，只是《公共图书馆服务规范》等标准中对省级馆、地级馆、县级馆的馆藏量、年新增藏量、电子文献入藏量等文献采集指标做了规定。文献建设标准主要集中在馆藏资源数字化领域，如《图书馆馆藏资源数字化加工规范》系列标准。文献组织加工标准是图书馆领域出现较早且数量较多的资源标准，目前已有标准主要涉及文献著录、分类标引、数字资源加工等方面。此外，由各级各类图书馆牵头实施的国家数字图书馆工程、数字图书馆推广工程、中国高等教育文献保障系统（CALIS）、中英文图书数字化国际合作计划（CADAL）等重点工程项目也制定了工程实施标准，其中较为成熟、影响力较大的一些工程标准已经转化为国家标准或行业标准。例如，国家数字图书馆工程制定了《汉字属性字典》《计算机中文信息处理规范》《国家图书馆数字资源唯一标识符规范》《国家图书馆数字资源对象管理规范》《国家图书馆元数据应用规范》《知识组织规范》等35个标准。[141]文献保存保护标准主要集中在古籍领域，如《图书馆古籍书库基本要求》（GB/T 30227—2013）、《古籍定级标准》（WH/T 20-2006）、《古籍普查规范》（WH/T 21-2006）、《古籍特藏破损定级标准》（WH/T 22-2006）、《古籍修复技术规范与质量要求》（WH/T 23-2006）等。

（三）图书馆服务标准

图书馆服务标准主要用于解决图书馆为谁服务、如何服务，以及服务过程的质量控制、目标管理和效能提升等问题。目前关于图书馆服务的综合性标准和基础性标准主要有2011年发布的《公共图书馆服务规范》（GB/T 28220—2011）；关于特殊群体服务的标准主要有2018年发布的《图书馆视障人士服务规范》《公共图书馆少年儿童服务规范》；关于特写类型图书馆服务的标准主要有2015年发布的《图书馆参考咨询服务规范》（WH/T 71-2015）。此外，在《公共图书馆评估指标》系列标准中，对图书馆服务的考查也是主要内容之一。一些地方也制定出台了区域性公共图书馆服务规范，在总分馆建设比较发达的地区，也出台了一些总分馆服务的地方标准，如2015年嘉兴出台《嘉兴市公共图书馆中心馆——总分馆服务体系标准》。

（四）图书馆管理标准

图书馆管理标准主要用于规范图书馆中各工作环节的计划、组织、协调、控制和反馈以及图书馆内各类设施设备、环境的管理等问题。在业务管理方面，现有标准主要集中在业务统计、评估、业务工作质量要求等领域。业务统计标准包括 2009 年颁布的国家标准《信息与文献 图书馆统计》（GB/T 13191—2009），2012 年颁布的文化行业标准《图书馆数字资源统计规范》（WH/T 47-2012）等；评估标准包括 2015 年颁布的文化行业标准《省级公共图书馆评估指标》《市级公共图书馆评估指标》《县级公共图书馆评估指标》《省级少年儿童图书馆评估指标》《市级少年儿童图书馆评估指标》《县级少年儿童图书馆评估指标》，2003 年教育部制定的《普通高等学校图书馆评估指标》（征求意见稿）；业务工作质量要求标准包括湖南省文化厅 1988 年颁布的《湖南省市、县图书馆业务工作规范（试行）》，以及已经立项正在起草中的文化行业标准《公共图书馆业务规范》和《公共图书馆总分馆业务规范》。

在设施设备和环境管理方面，主要有《公共图书馆建筑防火安全技术标准》（WH 0502-96）、《图书馆、博物馆、美术馆、展览馆卫生标准》（GB 9669—1996）等。此外，《图书馆古籍书库基本要求》（GB/T 30227—2013）、《图书馆古籍特藏书库基本要求》（WH/T 24-2006）中包括书库设施设备和卫生等环境管理方面的内容。

（五）图书馆技术标准

图书馆技术标准关于图书馆信息技术开发、信息产品研制和信息系统建设、运行与管理的标准。图书馆的硬件技术、软件技术、网络与信息安全技术等标准大多可直接采用信息技术领域的通用标准，例如《信息技术设备用不间断电源通用规范》（GB/T 14715—2017）、《信息技术 电子书 第 1 部分：设备通用规范》（GB/T 18787. 1—2015）、《信息技术 开放系统互连 网络服务定义》（GB/T 15126—2008）、《信息技术 中文编码字符集》（GB 18030—2005）、《信息技术 软件工程术语》（GB/T 11457—2006）、《信息技术 软件维护》（GB/T 20157—2006）、《信息技术 信息安全管理实用规则》（GB/T 19716—2005）、《信息技术 信息技术安全管理指南 第 1 部分：信息技术安全概念和模型》（GB/T 19715. 1—2005）、《信息技术 信息技术安全管理指南 第2部分：管理和规划信息技术安全》（GB/T 19715. 2—2005）等。

同时，图书馆也结合事业发展需要，制定了一些专用设备与技术标准，如《流动图书车车载装置通用技术条件》（WH/T 76-2016）、《图书馆 射频识别 数据模型 第1部分：数据元素设置及应用规则》（WH/T 43-2012）、《图书馆 射频识别 数据模型 第2部分：基于ISO/IEC15961规则的RFID的数据元素编码方案》（WH/T 44-2012）、《图书冷冻杀虫技术规程》（GB/T 35661—2017）、《古籍修复技术规范与质量要求》（GB/T 21712—2008）、《古籍函套技术要求》（GB/T 35662—2017）等。此外，与图书馆缩微复制工作有关的技术标准占比较大，主要有关于缩微摄影的操作程序、质量控制、技术规范、性能特征等55项国家标准。

注释：

[1] 全国标准化原理与方法标准化技术委员会：《标准化工作指南 第1部分：标准化和相关活动的通用词汇（GB/T 20000. 1—2002）》，中国标准出版社2002年版。

[2]《中华人民共和国标准化法》（2017年修订），http://www.sac.gov.cn/xw/bzhxw/201711/t20171106_318463.htm（访问时间：2017年11月30日）。

[3] 中国标准化研究院：《标准体系表编制原则和要求（GB/T 13016—2009）》，中国标准出版社2002年版。

[4] 全国标准化原理与方法标准化技术委员会：《标准化作指南 第1部分：标准化和相关活动的通用词汇（GB/T 20000. 1—2002）》，中国标准出版社2002年版。

[5] 黄宗忠：《图书馆管理学》，武汉大学出版社1992年版，第420页。

[6] 乔欢：《国外图书馆标准化综览》，载《图书馆学研究》，1994年第2期，第45—48页。

[7] 刘兹恒、孟晨霞：《ISO和IFLA的图书馆标准规范体系对我国图书馆标准化工作的启示》，载《图书情报研究》，2015年第1期，第4—11页。

[8] 周文杰：《图书馆标准体系构建的理论依据、参照指标与建设基础》，载《图书与情报》，2016年第2期，第40—46页。

[9] 川崎良孝：《美国公共图书馆标准的历史变迁》，载《图书馆杂志》，2011年第7期，第2—7页。

[10] 高华：《公共图书馆标准与州政府的资助挂钩——美国伊里诺斯州公共图书馆的

实践》，载《图书馆建设》，1990 年第 1 期，第 65—66 页。

［11］张丽等：《美国威斯康星州公共图书馆标准对我国公共图书馆相关标准的启示和影响》，载《图书馆建设》，2008 年第 7 期，第 24—28 页。

［12］刘璇：《美国公共图书馆标准概况及启示——以〈威斯康星公共图书馆标准〉为例》，载《图书馆建设》，2009 年第 7 期，第 72—76 页。

［13］顾健：《美国高校图书馆标准及其自评》，载《大学图书馆学报》，2006 年第 1 期，第 18—23 页。

［14］王春生：《美国〈高校图书馆标准〉简析》，载《情报资料工作》，2013 年第 4 期，第 106—109 页。

［15］王萱、徐珊：《英国、澳大利亚、日本的公共图书馆建设指标》，载《中国图书馆学报》，2009 年第 1 期，第 26—33 页。

［16］邵燕、姜晓曦：《国外公共图书馆标准化工作对我国基层图书馆标准制定的启示》，载《图书情报工作》，2012 年第 21 期，第 22—26 页。

［17］王秀香：《澳大利亚公共图书馆标准规范建设概况及特点》，载《新世纪图书馆》，2016 年第 10 期，第 80—84 页。

［18］周玉红：《英国公共图书馆服务标准调整及其启示》，载《图书馆杂志》，2009 年第 1 期，第 57—63 页。

［19］殷剑冰、冼君宜：《国外图书馆标准规范体系研究——以美国及日本为例》，载《图书馆》，2017 年第 9 期，第 17—24 页。

［20］张文亮、彭媛媛：《IFLA 现行标准体系及其启示》，载《情报资料工作》，2015 年第 5 期，第 53—57 页。

［21］宋文、朱学军：《〈资源描述〉国家标准及对我国信息资源描述标准体系的思考》，载《数字图书馆论坛》，2016 年第 12 期，第 21—27 页。

［22］李建霞：《图书馆绩效评价国际标准体系分析》，载《图书馆杂志》，2012 年第 11 期，第 38—41 页。

［23］黄宗忠：《图书馆管理学》，武汉大学出版社 1992 年版，第 420 页。

［24］黄宗忠：《论图书馆标准化》，载《武汉大学学报》（社会科学版），1990 年第 5 期，第 105 页。

［25］吴慰慈、董焱：《图书馆学概论》（修订 2 版），国家图书馆出版社 2008 年版，第 241—242 页。

［26］索传军、田颖：《我国图书馆标准化的现状与图标委工作的思考》，载《中国标准化》，2008 年第 9 期，第 9—11 页。

［27］蒋鸿标：《我国图书馆引进 ISO 9000 标准体系研究述评》载《图书情报知识》，

2012 年第 2 期，第 46—54 页。

[28] 王世伟：《关于〈公共图书馆服务规范〉编制的若干问题》，载《中国图书馆学报》，2011 年第 3 期，第 25—37 页。

[29] 王世伟、张涛：《〈公共图书馆服务规范〉应用指南》，国家图书馆出版社 2013 年版。

[30] 董敏红：《我国公共图书馆服务标准内容比较》，载《图书馆论坛》，2012 年第 4 期，第 6—9 页。

[31] 东方：《公共图书馆发展的新思维——基于〈公共图书馆服务规范〉的分析》，载《四川图书馆学报》，2013 年第 2 期，第 7—11 页。

[32] 黄琥、陈曦：《图书馆人文精神制度化研究——以〈公共图书馆服务规范〉为例》，载《科技情报开发与经济》，2013 年第 1 期，第 69—70 页。

[33] 黄海明：《基于〈公共图书馆服务规范〉的文献资源建设绩效评价实证分析》，载《黑龙江教育学院学报》，2013 年第 10 期，第 198—201 页。

[34] 沈光亮：《〈公共图书馆服务规范〉的内容重点、亮点与不足》，载《图书馆》，2012 年第 4 期，第 12—15 页。

[35] 李丹：《〈公共图书馆服务规范〉评述》，载《图书馆》，2013 年第 2 期，第 10—13 页。

[36] 王秀香：《〈公共图书馆服务规范〉指标内容分析——与美国、澳大利亚、英国公共图书馆服务标准的对比研究》，载《图书馆建设》，2014 年第 6 期，第 16、17—20 页。

[37] 胡洁等：《公共图书馆第五次评估定级标准（少儿馆部分）释读》，载《中国图书馆学报》，2013 年第 2 期，第 18—26 页。

[38] 张晓林等：《数字图书馆建设的标准与规范》，载《中国图书馆学报》，2002 年第 6 期，第 7—14 页。

[39] 段莹、秦云：《数字图书馆相关标准探讨》，载《现代情报》，2005 年第 9 期，第 87—88 页。

[40] 潘薇、喻浩：《数字图书馆相关技术领域标准规范综述》，载《标准科学》，2008 年第 6 期，第 40—43 页。

[41] 齐洋、汤珊红：《国内外数字图书馆标准规范建设研究》，载《情报理论与实践》，2010 年第 12 期，第 12—15 页。

[42] 尹洪琪：《论数字图书馆参考咨询服务的质量标准和发展方向》，载《图书馆工作与研究》，2003 年第 2 期，第 44—46 页。

[43] 卢艳兰：《数字图书馆细粒度知识体系标准研究》，载《图书馆学刊》，2016 年第 7 期，第 44—47 页。

［44］富平：《我国数字图书馆标准规范建设内容及特点分析》，载《数字图书馆论坛》，2016年第9期，第14—19页。

［45］赵悦、申晓娟：《国家数字图书馆标准规范建设》，载《数字图书馆论坛》，2008年第8期，第37—42页。

［46］赵悦等：《数字图书馆推广工程标准规范体系建设规划与实践》，载《国家图书馆学刊》，2012第5期，第46—53页。

［47］张晓林等：《我国数字图书馆标准与规范的建设框架》，载《图书情报工作》，2003年第4期，第7—11页。

［48］赵悦：《我国数字图书馆标准规范体系构建研究》，载《数字图书馆论坛》，2016年第9期，第9—13页。

［49］李月婷：《我国三大体系数字图书馆标准规范建设比较研究——以中国国家数字图书馆、CSDL、CADLIS为例》，载《图书馆学研究》，2014年第12期，第23—26页。

［50］彭绪庶、蒋颖：《资源数字化标准问题研究》，北京图书馆出版社2005年版，第43—51页。

［51］严贝妮、曹娟：《中外公共图书馆标准体系比较研究》，载《图书馆工作与研究》，2015年第10期，第9—13页。

［52］曹娟：《我国大陆地区公共图书馆标准体系研究——基于层次与维度的解构》，载《图书馆》，2016年第4期，第38—43页。

［53］田颖：《我国数字图书馆标准规范建设与推广应用——以全国图书馆标准化技术委员会标准化工作为例》，载《数字图书馆论坛》，2016年第9期，第20—27页。

［54］殷剑冰、冼君宜：《国外图书馆标准规范体系研究——以美国及日本为例》，载《图书馆》，2017年第9期，第17—24页。

［55］曹娟：《我国大陆地区公共图书馆标准体系研究——基于层次与维度的解构》，载《图书馆》，2016年第4期，第38—43页。

［56］申晓娟：《标准化视角下的我国基层图书馆事业发展研究》，国家图书馆出版社2015年版，第180—181页。

［57］王秀香、李丹：《我国图书馆标准规范体系构建研究》，载《图书馆》，2017年第9期，第9—12页。

［58］李晓娜：《我国公共图书馆标准规范内容体系构建》，载《图书情报导刊》，2016年第1期，第158—160页。

［59］王秀香等：《我国基层图书馆标准规范体系构建》，载《图书情报工作》，2012年第21期，第27—31页。

［60］沈玉兰、张爱霞：《信息与文献标准体系研究及其框架构建》，载《图书情报工

作》，2008 年第 12 期，第 28—30 页。

[61] 李珍：《数字参考咨询的标准规范体系》，载《大学图书馆学报》，2004 年第 1 期，第 37—40 页。

[62] 谢强等：《图书馆残疾人服务标准规范体系研究》，载《图书馆建设》，2017 年第 2 期，第 53—58 页。

[63] 张文亮、尚奋宇：《我国古籍数字化标准体系现状调查及优化策略》，载《国家图书馆学刊》，2015 年第 6 期，第 83—89 页。

[64] 刘炜、刘圣婴：《智慧图书馆标准规范体系框架初探》，载《图书馆建设》，2018 年第 4 期，第 91—95 页。

[65] 巫倩、孟晨霞：《IFLA 图书馆标准规范内容体系研究》，载《图书情报研究》，2015 年第 1 期，第 26—33 页。

[66] 郑丹丹、黄佩：《ISO 图书馆标准规范内容体系研究》，载《图书情报研究》，2015 年第 1 期，第 20—25 页。

[67] 王秀香、李丹：《我国图书馆标准规范体系构建研究》，载《图书馆》，2017 年第 9 期，第 9—12 页。

[68] 王秀香等：《我国基层图书馆标准规范体系构建》，载《图书情报工作》，2012 年第 21 期，第 27—31 页。

[69] 谢强等：《图书馆残疾人服务标准规范体系研究》，载《图书馆建设》，2017 年第 2 期，第 53—58 页。

[70] 沈玉兰、张爱霞：《信息与文献标准体系研究及其框架构建》，载《图书情报工作》，2008 年第 12 期，第 28—30 页。

[71] 严继东、刘元珺：《图书馆标准规范体系建设法律环境需求分析》，载《图书馆》，2017 年第 9 期，第 13—16 页。

[72] 邱均平、韩瑞珍：《 我国公共图书馆标准规范研究的现状及展望》，载《图书情报工作》，2015 年第 3 期，第 140—145 页。

[73] 邱均平、李小涛：《高校图书馆标准化研究的回顾与展望》，载《图书情报工作》，2015 年 2 期，第 131—135 页。

[74] [古罗马] 维特鲁威：《建筑十书》，高履泰译，知识产权出版社 2001 年版，第 172 页。

[75] [古罗马] 维特鲁威：《建筑十书》，高履泰译，知识产权出版社 2001 年版，第 154 页。

[76] [美] 查尔斯·霍默·哈斯金斯：《十二世纪文艺复兴》，张刚、刘疆译，上海三联书店 2012 年版，第 51—53 页。

[77] [英] L. D. 雷诺兹、N. G. 威尔逊：《抄工与学者：希腊、拉丁文献传播史》，苏杰译，北京大学出版社2015年版，第116页。

[78] [英] 伯利：《书之爱》，肖瑗译，辽宁教育出版社2000年版，第99—102页。

[79] [美] 桑德拉·塞德尔：《文艺复兴欧洲社会生活》，徐波译，商务印书馆2016年版，第173—174页。

[80] 姚名达：《中国目录学史》，上海古籍出版社2002年版，第29—46页。

[81] [明] 祁承㸁等：《澹生堂藏书约（外八种）》，上海古籍出版社2005年版。

[82] 方万曦、孙庆增：《〈藏书纪要〉对图书馆学的贡献》，载《宜宾师专学报》，1991年第2期。

[83] 李希泌、张淑华：《中国古代藏书与近代图书馆史料（春秋至五四前后）》，中华书局1995年版，第74页。

[84] 索传军、田颖：《我国图书馆标准化的现状与图标委工作的思考》，载《中国标准化》，2008年第9期，第9页。

[85] 黄宗忠：《图书馆管理学》，武汉大学出版社1992年版，第415页。

[86] 杨威理：《西方图书馆史》，商务印书馆1988年版，第192—197页。

[87] 郑永田：《美国公共图书馆思想研究（1731—1951）》，社会科学文献出版社2015年版，第59页。

[88] Bureau of Education (United States), *Public libraries in the United States of America: Their History, Condition, and Management*, Part I, 1876, pp. 476 – 504.

[89] Bureau of Education (United States), *Public libraries in the United States of America: Their History, Condition, and Management*, Part I, 1876, p. 1010.

[90] 郑永田：《麦维尔·杜威与美国公共图书馆运动》，载《图书馆》，2011年第4期。

[91] *A Brief History of AACR*, http: //rda-jsc. org/archivedsite/history. html#5.

[92] [英] 詹姆斯·W. P. 坎贝尔：《图书馆建筑的历史》，万木春、张俊译，浙江人民美术出版社2016年版，第243页。

[93] 黄宗忠：《图书馆管理学》，武汉大学出版社1992年版，第415—416页。

[94] 乔欢：《国外图书馆标准化综览》，载《图书馆学研究》，1994年第2期。

[95] 刘兹恒、孟晨霞：《ISO和IFLA的图书馆标准规范体系对我国图书馆标准化工作的启示》，载《图书情报研究》，2015年第1期。

[96] F. N. Withers, *Standards for Library Service*, Paris: UNESCO, 1970.

[97] *Recommendation Concerning the International Standardization of Library Statistics*, http: //portal. unesco. org/en/ev. php-URL_ID = 13086&URL_DO = DO_TOPIC&URL_SECTION =

201. html, Jan. 30, 2018.

[98] 方晓红、郭晓丽：《数字图书馆研究》，天津科学技术出版社 2014 年版，第 425—426 页。

[99] [英] 菲利普·吉尔主持的工作小组代表公共图书馆专业委员会编：《公共图书馆服务发展指南》，林祖藻译，上海科学技术文献出版社 2002 年版，第 1—2 页。

[100] 王世伟主编：《国际大都市图书馆指标体系研究》，上海科学技术文献出版社 2009 年版，第 326—328 页。

[101] 柴会明：《美国学校图书馆服务标准化进程述评》，载《中国图书馆学报》，2015 年第 1 期，第 116 页。

[102] 刘兹恒：《ISO、IFLA 图书馆标准规范体系研究》，国家图书馆出版社 2016 年版，第 30—31 页。

[103] 张文亮、彭媛媛：《IFLA 现行标准体系及其启示》，载《情报资料工作》，2015 年第 5 期，第 55 页。

[104] 刘兹恒：《ISO、IFLA 图书馆标准规范体系研究》，国家图书馆出版社 2016 年版，第 85 页。

[105] 刘兹恒：《ISO、IFLA 图书馆标准规范体系研究》，国家图书馆出版社 2016 年版，第 77 页。

[106] 刘兹恒：《ISO、IFLA 图书馆标准规范体系研究》，国家图书馆出版社 2016 年版，第 88 页。

[107] 吴晞：《西方公共图书馆的发展历程》，海天出版社 2014 年版，第 60 页。

[108] F. N. Withers, *Standards for Library Service*, Paris: UNESCO, 1970.

[109] *Recommendation concerning the International Standardization of Library Statistics*, http: //portal. unesco. org/en/ev. php-URL_ID = 13086&URL_DO = DO_TOPIC&URL_SECTION = 201. html, Jan. 30, 2018.

[110] 张明兰、蔡冠华：《美国标准体系及其对公共管理的支撑》，载《质量与标准化》，2012 年第 3 期，第 40—43 页。

[111] *ALA by Laws*, http: //www. ala. org/aboutala/governance/constitution/bylaws#committees, Dec. 29, 2018.

[112] *ALA Policy Manual Section A: Organization and Operational Policies*, http: //www. ala. org/aboutala/governance/policymanual/updatedpolicymanual/section1/governing-structure#A. 4. 3. 5. 3, Dec. 29, 2018.

[113] *What is NISO*, http: //www. niso. org/what-we-do, Jan. 22, 2018.

[114] *NISO Membership Roster*, http: //www. niso. org/about/roster, Jan. 22, 2018.

[115] *ALA Standards Manual*, http://www.ala.org/tools/guidelines/standardsmanual/manual#3, Dec. 29, 2018.

[116] *Standards*, https://www.loc.gov/librarians/standards, Aug. 26, 2018.

[117] *Minimum Standards for New York's Public Libraries*, http://www.nysl.nysed.gov/libdev/ministan.htm, Aug. 30, 2018.

[118] *Kentucky Public Library Standards: Direction and Service for the 21st Century*, 6th ed., http://kpla.org/wp-content/uploads/Standards-6th-edition-2016-2017-final.pdf, Aug. 24, 2018.

[119] *Public Library Standards*, https://statelibrary.ncdcr.gov/ld/resources/management/public-library-standards, Aug. 30, 2018.

[120] *North Dakota Library Coordinating Council*, http://www.library.nd.gov/publications/NDLCCstandards.pdf, Aug. 30, 2018.

[121] *Wisconsin Public Library Standards*, https://dpi.wi.gov/pld/boards-directors/library-standards, Aug. 31, 2018.

[122] *Standards for Louisiana Public Liberaries*, https://llaonline.org/Documents/public-standards2010.pdf, Aug. 24, 2018.

[123] *Recommended Standards for PreK-Grade* 12 *Information Literacy Skills*, https://www.maschoolibraries.org/uploads/5/7/2/2/57223027/msla_standards_revision_for_2nd_printing.pdf, Aug. 24, 2018.

[124] *South Carolina Standards for School Library Resource Collections*, https://ed.sc.gov/educators/school-and-district-administrators/certified-support-specialists/library-media-specialists/standards-for-school-library-resource-collections/standards-for-school-library-resource-collections-pdf/, Aug. 31, 2018.

[125] *Corporate Report Libraries Deliver: Ambition for Public Libraries in England* 2016 *to* 2021, https://www.gov.uk/government/publications/libraries-deliver-ambition-for-public-libraries-in-england-2016-to-2021/libraries-deliver-ambition-for-public-libraries-in-england-2016-to-2021, Aug. 30, 2018.

[126] *Action Plan* 2016-2020, https://archive.cilip.org.uk/about/action-plan-2016-2020, Aug. 30, 2018.

[127] *Trustees' Report and Financial Statement*, https://archive.cilip.org.uk/sites/default/files/media/document/2018-07/cilip_2017_statutory_report_03-07-18.pdf, Aug. 30, 2018.

[128] *Metadata Standards*, https://www.bl.uk/bibliographic/service.html, Sep. 3, 2018.

[129] *Welsh Public Library Standards*, https://gov.wales/topics/culture-tourism-sport/mu-

seums-archives-libraries/libraries/public-library-standards/? lang = en, Aug. 30, 2018.

[130] *How Good is Our Public Library Service? A Public Library Improvement Model for Scotland*, https://scottishlibraries.org/media/1084/hgiopls-landscape-web - 2017.pdf, Aug. 30, 2018.

[131] *Delivering Tomorrow's Libraries: Public Library Standards* 2014 *to* 2019, https://www.communities-ni.gov.uk/publications/delivering-tomorrows-libraries-public-library-standards - 2014 - 2019, Aug. 30, 2018.

[132] *Delivering Tomorrow's Libraries: Public Library Standards* 2016/17 *Performance Position*, https://www.communities-ni.gov.uk/sites/default/files/publications/communities/delivering-tomorrows-library-public-library-standards - 2016 - 17.pdf, Aug. 30, 2018.

[133] *Guidance Booklets*, https://www.bl.uk/aboutus/stratpolprog/collectioncare/publications/booklets/index.html, Sep. 3, 2018.

[134] *SLA Standards for Secondary School Libraries*, https://www.sla.org.uk/standards.php, Sep. 3, 2018.

[135] *Guidelines and Case Studies*, https://www.sla.org.uk/guidelines.php, Sep. 3, 2018.

[136]《国家标准委办公室关于全国信息与文献标准化技术委员会及其3个分技术委员会换届及组成方案的批复》, http://www.sac.gov.cn/sgybzeb/jswyhgl_2133/201703/t20170301_229887.htm（访问时间：2018年10月17日）。

[137] 全国文献影像技术标准化技术委员会：《全国文献影像技术标准化技术委员会章程》，载《数字与缩微影像》，2004年第4期，第11—14页。

[138] 申晓娟：《图书馆业务工作相关标准规范概览》，北京师范大学出版社2018年版，第12页。

[139]《安徽省图书馆服务标准》，http://www.ahwh.gov.cn/zwgk/bzgf/22948.shtml（访问时间：2018年11月17日）。

[140]《中国图书馆学会关于发布书香城市（县级）、书香社区标准指标体系的通知》，http://www.lsc.org.cn/contents/1129/9116.html（访问时间：2018年11月17日）。

[141]《国家数字图书馆工程标准规范》，http://www.nlc.cn/newstgc/gjsztsggc/bzgf/（访问时间：2018年11月17日）。

（执笔人：申晓娟　刘兹恒　张　涛　李　丹
张若冰　张孝天　王秀香　刘晓慧
蔡泽满）

第二章　图书馆建设与管理标准化

本章在对国内外图书馆建设与管理标准化进行整理和概述的基础上，围绕图书馆建筑与设施设备标准化、各类型图书馆建设标准化、图书馆管理标准化展开论述。

其中，图书馆建筑与设施设备标准化强调图书馆实体建设的标准化和规范性，主要涉及图书馆建筑设计、空间布局、设施设备配备、安全防范、环境调节等方面，国家标准包括《图书馆建筑设计规范》（JGJ 38-2015）等。

各类型图书馆建设标准化包括公共图书馆、高等院校图书馆、中小学校图书馆、专业图书馆、其他类型图书馆。其中公共图书馆建设标准化着重于公共图书馆设施建设和总分馆体系建设，高校图书馆建设标准化主要包括普通高等院校图书馆和高职高专图书馆，其他类型图书馆则主要是残疾人图书馆（室）和党校图书馆。

图书馆管理标准化主要涉及图书馆业务流程管理、业务统计、馆员能力评价、安全管理和评估等工作。图书馆业务流程是指涵盖搜集、分类、著录、标引、目录组织、典藏等环节的业务管理流程；图书馆业务统计主要为图书馆各形态资源统计；图书馆馆员能力评价主要涉及职业资格认证；图书馆安全管理包含图书馆实体安全管理和虚拟网络安全管理；图书馆评估标准化为评估定级与指导标准、绩效评估标准两个方面。

第一节　图书馆建设与管理标准化现状

一直以来，图书馆建设与管理的标准化就是图书馆领域的重要议题。很多国家都出台了一系列图书馆建设与管理的标准化成果，从适用范围来看，既包括国家层面又包括地方层面；从成果类型来看，既包括专门的标准规范文件，又包括各种政策制度文件中包含的标准化要求。本节将简要介绍国内外图书馆建设与管理的标准化现状，梳理图书馆建设与管理领域的一些重要标准化成果。

一、国内图书馆建设与管理标准化现状

（一）图书馆建设与管理标准化成果

1. 国家层面

为满足图书馆事业的发展，促进公共图书馆设施建设，使图书馆建筑设计符合建筑功能要求、具有良好的经济效果、符合总体规划要求，1999 年由中华人民共和国建设部等多部委批准实施 中华人民共和国行业标准《图书馆建筑设计规范》（JGJ 38-99）。2015 年 8 月《图书馆建筑设计规范》（JGJ 38-2015）发布，自 2016 年 5 月 1 日起实施，《图书馆建筑设计规范》（JGJ 38-99）同时废止。

2008 年 4 月，住房和城乡建设部等多部委发布《公共图书馆建设用地指标》（建标［2008］74 号），主要解决我国公共图书馆建设用地指标以及城市规划中公共图书馆的网点分布问题。《公共图书馆建设用地指标》（建标［2008］74 号）对各级公共图书馆的建筑面积、藏书量等指标做了具体量化，还给出了读者集散用地、绿地率、停车场面积等相关控制指标，提出通过公共图书馆的服务人口、服务半径来合理确定建设用地规划布局和用地规模，这也是该指标的最大亮点，适用于包括新建、改建和扩建在内的公共图书馆的规划与建设等工程。

2008 年 8 月，住房和城乡建设部等多部委发布《公共图书馆建设标准》（建标［2008］150 号），自 2008 年 11 月 1 日起施行。[1] 主要解决“单馆报批”也就是“怎么建”的问题，就公共图书馆建设项目的规模分级、项目构成、选址及布局问题作出了说明，规定了公共图书馆总面积及分项面积的控制指标，总藏书量和总阅览座席数量的控制指标，还涉及设备配置、采光、照明、供暖等方面。这是我国关于公共图书馆的第一个建设性标准，是国际上唯一指

导全国各地公共图书馆面积规划工作的官方文件和专门用于指导公共图书馆面积规划的权威性文件。

2012 年 5 月正式实施的《公共图书馆服务规范》，是我国第一个图书馆行业的国家标准，对公共图书馆的资源建设以及馆舍建筑等方面作出了具体规定，为检验公共图书馆的管理、服务效能等提供了依据。

2. 地方层面

公共图书馆服务地方标准和规范对图书馆的建设与管理提出了要求，如 2011 年制定出台的《安徽省公共图书馆服务标准（试行）》，内容涉及图书馆服务设施与环境、文献资源建设；2013 年颁布的《江苏省公共图书馆服务规范》，对图书馆的服务设施和环境、服务管理和监督等提出了要求，并以此作为考核图书馆绩效的依据；2014 年制定的《江西省公共图书馆服务标准（试行）》（征求意见稿），对公共图书馆服务设施、环境以及服务管理等方面进行了全面的规定；《山东省基本公共文化服务实施标准（2015—2020）》，在图书馆的建设管理上结合本省实际，提出了更为具体的量化标准；2015 年制定出台的《嘉兴市公共图书馆中心馆——总分馆服务体系标准》，就公共图书馆的总分馆建设问题进行了全面系统的总结，推动了中心馆——总分馆建设的标准化，成为规范内部管理的有力保障，与建设管理标准相关的重要文件还包括《公共图书馆中心馆——总分馆服务体系建设管理规范》等。

香港公共图书馆参照现行的《香港规划标准与准则》规定了公共图书馆的馆舍面积和设施设备标准，并根据联合国教科文组织发布的《公共图书馆宣言》精神开展馆藏建设。香港《图书馆规例》作为管理公共图书馆的依据，于 2003 年 5 月 26 日实施。

台湾公共图书馆管理标准相对比较健全。早在 1965 年台湾地区即颁布了一系列公共图书馆管理标准，对公共图书馆管理的方方面面均作了详细规定，如（台）《图书馆建筑设备标准》、（台）《公共图书馆标准》等。对各级公共馆的最低建筑面积、各级公共馆图书基本面积、建筑基准等都有详尽而完备的数量规定。1991 年 7 月，由台湾图书馆学会拟定的《公共图书馆设施标准草案》获得台湾地区教育主管部门通过，并以《公共图书馆营运管理要点》之名颁布实施，2001 年 1 月，台湾正式通过《图书馆法》。此外，台湾地区教育主管部门于 2002 年分别制定颁布《大学图书馆设立及运营基准草案》《公共图书馆设立及运营基准》等，对不同类型图书馆的建立、馆藏资源建设、馆址与设备、运营管理等作出了更加详细、具体的规定。台湾县市、乡镇级图书馆主管机关制定的图书馆组织规程如《嘉义县图书馆使用管理自治条例》，针对基层图书馆的组织设置和人员配置作出了具体规定。

（二）图书馆建设与管理领域其他标准化工作

1. 国家层面

2010 年 12 月发布的《国家公共文化服务体系示范区（项目）创建标准》，分东、中、西部对图书馆的建设和管理作出了要求，如示范区创建标准东部的要求："市、县两级图书馆达到部颁二级以上标准；公共图书馆人均占有藏书 1 册以上；市、县两级图书馆平均每册藏书年流通率 1 次以上；人均年增新书在 0.04 册次以上；人均到馆次数 0.5 次以上。"[2] 2011 年 1 月发布的《文化部、财政部关于推进全国美术馆、公共图书馆、文化馆（站）免费开放工作的意见》中明确规定"到 2011 年底，全国所有公共图书馆、文化馆（站）实现无障碍、零门槛进入，公共空间设施场地全部免费开放"[3]。2012 年 2 月，原文化部、财政部印发《"公共电子阅览室建设计划"实施方案》，内容包括对公共图书馆在信息化环境建设中基础设施构建的要求。

2011 年 12 月，全国图书馆标准化技术委员会发布《全国图书馆标准化工作"十二五"规划纲要》提出将数字图书馆建设、基层图书馆建设中的乡镇（社区）图书馆管理标准制定、公共图书馆服务体系建设中的服务网点布局相关标准制定等管理类标准列为图书馆标准化工作重点领域，要求加快制修订一批事业发展亟需的标准。[4] 2012 年 7 月国务院公布《国家基本公共服务体系"十二五"规划》，提出的国家基本标准里面涉及公共图书馆建设与管理标准，如：各级公共图书馆设立盲人阅览室，配置盲文图书及有关阅读设备；农村行政村建立农家书屋等。

2015 年 1 月，中共中央办公厅、国务院办公厅印发《国家基本公共文化服务指导标准（2015—2020 年）》，与建设、管理标准相关的内容包括：公共图书馆（室）配备图书、报刊和电子书刊，并免费提供借阅服务；设施开放中，要求公共图书馆等公共文化设施免费开放，基本服务项目要健全；文化设施中，要求县级以上（含县级）在辖区内设立公共图书馆；关于流动设施，要求为每个县配备用于图书借阅等服务的流动文化车，开展流动文化服务。[5]

2007 年 3 月新闻出版总署、中央文明办、国家发展和改革委员会等 8 部委印发《农家书屋工程实施意见》，“农家书屋”工程开始在全国范围内实施。[6] 报告对农家书屋的建设主体、管理主体等作出了规定。2009 年 9 月原文化部颁布《乡镇综合文化站管理办法》，以公共文化体育设施条例和关于进一步加强农村文化建设的意见、关于加强公共文化服务体系建设的若干意见等为依据，从规划和建设、人员和经费、检查和考核等方面对乡镇综合文化站的建设和管理提出了要求。[7]

2015 年 12 月，教育部印发《普通高等学校图书馆规程》，对高等学校图书馆的体制和机构、经费、馆舍、设备、管理等相关内容作出了规定。[8]

2. 地方层面

目前为止，我国已有多个省级及副省级以上的地方性公共图书馆有了自己的图书馆立法，如深圳经济特区、内蒙古自治区、湖北省、北京市、四川省、广州市的图书馆，还有部分省市发布了地方性的公共图书馆政府规章，立法和政府规章成果涵盖了图书馆管理与建设的相关内容，相关立法和章程简要列举如下表 2－1：

表 2－1　我国省级及副省级以上的地方性公共图书馆立法及政府规章[9]

类型	名称	颁布时间
省域地方性公共图书馆立法（共计 6 部）	深圳经济特区公共图书馆条例（试行）	1997 年 7 月
	内蒙古自治区公共图书馆管理条例	2000 年 8 月
	湖北省公共图书馆条例	2001 年 7 月
	北京市图书馆条例	2002 年 7 月
	四川省公共图书馆条例	2013 年 7 月
	广州市公共图书馆条例	2015 年 1 月
省域地方性公共图书馆政府规章（共计 4 部）	浙江省公共图书馆管理办法	2003 年 8 月
	河南省公共图书馆管理办法	2002 年 7 月
	上海市公共图书馆管理办法	1996 年 11 月（2002 年 11 月修订）
	山东省公共图书馆管理办法	2009 年 4 月

各省市先后发布《关于加快构建现代公共文化服务体系的意见》，具体内容对于图书馆的建设与管理标准规范均有涉及。2015 年 10 月宁夏回族自治区发布的《关于加快构建现代公共文化服务体系的实施意见》，对公共文化设施建设指标、公共图书馆发展指标和加强基层文化队伍建设等内容作出了明确指示。[10]2015 年 10 月四川省《关于加快构建现代公共文化服务体系的实施意见》，内容涉及总分馆制建设、公共文化设施建设指标和县级图书馆发展指标等。[11]

2007 年 3 月，由深圳市委宣传部与文化局联合制定的《深圳市建设“图书馆之城”（2006—2010）五年规划》公布，深圳市开始探索符合自身特点的总分馆制。[12]随后，安徽、浙江、苏州、嘉兴等不同省市也相继发布总分馆制建设的相关文件或标准，在总分馆制建设中一些卓有成效的经验开始上升为政府层面的文件与规定。

东莞图书馆的总分馆制建设成效显著，如《东莞图书馆总分馆工作条例》《东莞图书馆分馆建设标准》，对总分馆制的建设条件、馆舍、经费等均作出了明确规定与要求。《东莞市公共图书馆管理办法》于 2016 年 12 月 13 日审议通过，自 2017 年 3 月 1 日起施行，要求市、镇（街）公共图书馆的建筑面积不得低于国家最低标准，公共图书馆的少年儿童阅览区域面积不低于全馆借阅服务区域面积的 20%，还对市级公共图书馆、镇（街）公共图书馆与村（社区）图书馆（室）建筑面积标准作了要求与规定，是继《公共文化服务保障法》颁布后首个出台的地方性图书馆政府规章。

二、国外图书馆建设与管理标准化现状

国际图书馆协会与机构联合会图书馆现行标准规范中，关于图书馆建筑标准和管理标准的主要有采访和馆藏建设，以及建筑设备方面的标准，主要有《馆藏建设政策规范：利用概要模型》（2001 年）、《图书馆捐赠馆藏管理指南》（2008 年）、《电子资源馆藏建设的关键问题》（2012 年）、《IFLA 图书馆建筑指南：发展和反响》（2007 年）、《建筑设计的关键问题：如何开始设计一个工程》（2009 年）。IFLA 和 UNESCO 联合颁布的《公共图书馆服务发展指南》中对公共图书馆的管理及馆藏建设等作了重要阐述，如“在图书馆建筑空间设计中，方便公众和员工活动的空间，包括 15%—20% 公共空间和 20%—25% 员工活动空间”等。

美国图书馆协会在图书馆建设方面出台的标准/指南主要有：1987 年的《公共图书馆计划与功能设计：选项与程序指南》，还有 2001 年颁布的《如何通过馆舍建设设计功能性图书馆空间》、2007 年颁布的《以服务空间最优化为导向管理图书馆设施》、2009 年颁布的《图书馆馆舍设计参考清单》。关于馆藏建设与管理方面出台的标准或指南主要有：《信息资源预算管理指南》(2001)、《馆藏建设与管理指南：管理、组织与人员》(2002)；图书馆管理方面发布的图书馆标准或者指南主要有：《以结果为导向的管理——公共图书馆如何有效配置资源》(2000)、《以结果为导向开展新的图书馆规划——流水线法》(2001)、《以结果为导向进行人员管理——高效工作指南》(2002)、《图书馆理事完全手册》(2010)、《管理图书馆志愿者（第二版）》(2011)。

澳大利亚昆士兰州的《图书馆建设标准》，对图书馆的建设规模、空间和乡村外借服务图书馆以及分馆的馆舍面积作出了要求，选址方面提出图书馆具有知名度和显著性是图书馆资源得以充分利用的最大前提，并列出了图书馆的选址六原则。《公众空间：新南威尔士州公共图书馆建筑指南 2005》为图书馆选址列出了 12 项条件或注意事项，并提出了依据预测人口、馆藏规模和服务功能确定公共图书馆建筑面积的两种方法。2001 年和 2005 年威尔士先后颁布了《全面、高效和现代的公共图书馆——标准与评估》和《全面、高效和现代的威尔士公共图书馆——推动更高的服务标准（2005—2008)》，对公共图书馆的布局、建筑物和空间等指标作出了具体的规定。[13]

日本图书馆协会 1989 年 1 月制定《公立图书馆任务和目标》，于 2004 年 3 月进行了修订，指出应根据各自治体的人口规模、人口密度来设置公立图书馆及其移动图书馆的规模，为日本公共图书馆的建设提供了详细标准。[14]《公立图书馆设置与运营的期望标准》主要用于对日本全国公立与私立图书馆的设置管理，内容包括管理理念、建设要求等，关于必要的设施面积和服务设备也作出了具体的规定，以上两项标准共同规范着日本图书馆的建设标准。此外，还有大量关于学校图书馆的行业标准，如《学校图书馆设施标准》，对不同类型、规模的学校图书馆的建筑、设施设备等内容进行了极为细致的规定，对建筑面积有量化标准，对建筑设计也有详细要求。日本各个区立、町立、村立图书馆也颁布了很多与管理、建设相关的标准，如《津幡町立图书馆管理运营规则》对图书馆的开馆时间、外借资料的册数和时间等作了说明。

第二节 图书馆建筑与设施设备标准化

建设良好的实体图书馆空间，优化图书馆建筑设计，提供更具安全性、新颖性和人性化的设施设备是图书馆建设的重要方面。无论是国内还是国外，图书馆建筑与设施设备的标准化体系建设一直是研究热点。国内外纷纷出台了诸多有关图书馆建筑与设施设备的标准规范，既有综合性的图书馆建设标准，对图书馆建筑与设施设备建设进行总体性引领，也有更为专门精细的标准，如RFID类标准，对图书馆建设的具体设备设施予以规范。

相比较而言，国外在图书馆建筑与设施设备标准化方面起步较早，发展较为完善，综合性和专门性的相关标准数量较多，能够在图书馆建设方面起到较好的引领作用。我国图书馆的建筑、建筑设计及建筑设备方面建立了较为全面的标准，但是针对图书馆设施设备标准化方面还有很多地方存在空白，大多包含在综合性的标准规范中，如针对图书馆这一特定使用主体的电子计算机、网络设备和相关外围设备和视听及音像控制设备的标准缺失，无法满足我国快速发展的数字图书馆建设需求。图书馆建筑与设备的与时俱进与标准化，是公共图书馆实现标准化建设的重要一环。本节主要就公共图书馆的选址与建设用地标准、建筑设计标准、建筑设备标准及设备标准进行了分析和总结，使图书馆的建设与设施设备标准更加清晰和明确。

一、图书馆建设与设施标准体系

（一）图书馆选址与建设用地标准

1. 选址

图书馆的选址问题直接关系着建馆的成功与否，是建设一座图书馆首先要考虑的问题。图书馆的选址要有利于发挥图书馆作用及使用效率，方便读者，保护图书，节省建设成本。

我国《公共图书馆建设标准》（建标［2008］150号）第十七条规定了公共图书馆选址的具体要求：一是宜位于人口集中、交通便利、环境相对安静、符合安全和卫生及环保标准的区域；二是应符合当地建设的总体规划及公共文化事业专项规划，布局合理；三是应具备良好的工程地质及水文地质条件；四是市政配套设施条件良好。《图书馆建筑设计规范》（JGJ 38-2015）关于选址的规定有四个方面：一是馆址的选择应符合当地总体规划的要求；二是馆址应选择位置适中、交通方便、环境安静、工程地质及水文地质条件较有利的地段；三是馆址与易燃易爆、噪声和散发有害气体、强电磁波干扰等污染源的距离，应符合有关安全卫生环境保护标准的规定；四是图书馆宜独立建造，当与其他建筑合建时，必须满足图书馆的使用功能和环境要求，并自成一区，单独设置出入口。

据此，在选择馆址时，一定要坚持以下原则：第一，位置适中，交通便捷。图书馆的核心是提供服务，应当紧扣读者为中心的思想，选址应当位置适中。理想的馆址，最好坐落在城市交通方便的适中地区，以便各区读者往返。此外，在选址时，位置适中与否也要有发展的观点。高校馆在考虑建馆选址问题时，尤其要注意选址和生活区及教学区的距离以及各类读者的流量与流向问题。第二，环境安静。公共图书馆为了取得适中和方便的位置，一般将馆址选在城市的中心地带，城区中心位置佳，但往往繁华热闹，因此在选址时需兼顾环境是否安静的问题，要注意避开噪声和噪声源，确实无法避开时，则应通过建筑设计、环境设计及其他措施加以补救，以求“闹中取静”。第三，适宜的自然环境及地址条件。选址要有利于藏书保护，避免水淹、潮湿、有害气体、火灾等。因此，馆址应选在地势高，日照通风良好，空气清新的地段，忌在低洼潮湿地段建馆；选址要远离易发生火灾的部门和易燃品、危险品的仓库；选址要尽量避开各种有害气体的污染源，对产生强烈有害气体和有污染的工厂、化验室、医药室、锅炉房、食堂等要保持一定的距离。第四，留有改建和扩建余地。由于人类社会知识量不断增长，无论是公共图书馆还是学校图书馆，扩建和改建都不可避免。因此，在选址时需要充分考虑发展和扩建的可能。

2. 总平面布置

《图书馆建筑设计规范》（JGJ 38-2015）关于总平面布置主要包括六个方面，包括总平面布置、交通组织、少年儿童阅览区的图书馆入口设置、图书馆的室外环境、停车场地及停放设施、绿化设计等。《公共图书馆建设标准》也在总平面设置、少儿阅览区、成人阅览区、老龄阅览室和视障阅览室、停车场所、建筑层数、基本用房、抗震要求、室内环境设计、建筑热工设计和暖通空调设计、噪声级等各方面进行规定。由于是综合性标准，其具体指标不够清晰，多采用描述性话语进行规定，在指导上不够明确。总平面设置关系到整个图书馆是否能够顺利开展活动以及读者使用舒适度，间接影响着读者对图书馆的利用率，因此这块的标准还需要更加细化，以满足实际需求。

(二) 图书馆建筑设计标准

我国现行的图书馆建筑与设施方面的主要标准有《图书馆建筑设计规范》(JGJ 38-2015) 和《公共图书馆建设标准》(建标 108—2008)。此外，全国文献信息标准化技术委员会、全国图书馆标准化技术委员会等单位也制定了许多和建设设计有关的标准，其中既包括国家标准，也包括文化行业标准。目前我国图书馆建筑设计的标准主要参考中华人民共和国住房和城乡建设部于2015年颁布的《图书馆建筑设计规范》。

1987 年，我国颁布了第一部图书馆建筑设计规范，该规范是在原有的“以藏为主”的建馆模式下制定的，对于指导我国当时的图书馆的建筑设计工作起到了很好的作用。但随着我国图书馆事业的发展，原有的闭架模式被开架模式所取代，原有的规范已不适应现在的办馆模式，于是我国在 1999 年颁布了修订版的《规范》，该规范对图书馆的选址、总平面布置、建筑设计规范、文献资料防护、消防疏散等方面进行了详细的规定。在建筑设计方面，该规范阐述了图书馆建筑设计的一般规定，并分别对藏书区域、阅览空间、目录检索以及出纳空间，公共活动区域以及辅助空间，行政办公、业务及技术设备用房分别进行了具体规定。

2015 年，我国再次颁布了修订版的《图书馆建筑设计规范》，本次修订规范的技术内容主要包括总则、术语、基地和总平面、建筑设计、防火设计、文献资料防护以及室内环境、建筑设备等方面。与 1999 年的《规范》相比，2015 年的《规范》主要修改了适用的范围，对一些不适合于现今图书馆发展的规定进行了删减，对一些不合适的术语进行了相应的修订，并根据相关规定新增了无障碍设计的相应要求，补充、修改了与消防相关的规定。并增加了关于室内环境数字化、智能化和节能减排的相关内容。2015 年颁布的《规范》在公共活动及辅助空间中加上了办证处、培训场所、咨询服务处，并且规定报告厅应设置无障碍轮椅席位，另外还增加了“图书馆的公共活动空间或辅助服务空间内应设置饮水供应设施”和“供读者使用的厕所卫生洁具数量应符合现行行业标准《城市公共厕所设计标准》（CJJ 14）”的规定。

2015 年修订的《规范》对建筑设计标准的规定更加适应目前图书馆的管理模式，专门提出了图书馆的建筑设计应该结合图书馆的性质、特点及发展趋势，并适应现代化服务、管理的要求，并应为读者、工作人员创造良好的工作环境和条件。该规范的特点在于较以往的规范增加了无障碍设施的规定以及关于智能化设备和节能设施的规定，体现了随着我国经济社会的发展以及图书馆事业的发展，对于现代化、可持续发展的重视，符合公共图书馆免费向所有社会公众开放的原则，体现了更多的人文关怀。

总体而言，图书馆的建筑设计标准应该与各个图书馆具体的性质、特点和未来发展趋势相结合，并且与现代化的服务与管理的需求相结合，遵循美观、大方的原则，与周边的环境相协调，重点要满足图书馆的基本功能：外借功能、阅览功能、管理功能、藏书功能。

（三）图书馆建筑设备标准

我国现行的图书馆建筑设备主要分为给水排水，采暖、通风与空气调节、电气设备，建筑智能化 4 个方面。我国曾经先后颁布过 3 个图书馆建筑设计规范，分别是：《图书馆建筑设计规范》（JGJ 38-99）（现已废止）、《公共图书馆建设标准》（建标 108—2008）、《图书馆建筑设计规范》（JGJ 38-15）。现行的《图书馆建筑设计规范》在给水排水，采暖、通风与空气调节，电气设备，建筑智能化 4 个方面给了详细的规定，如排水系统和消防给水系统、珍善本书库水管安置、特殊房间的管道问题、室内温湿度设计参数、空气调节系统室内设计参数、电气系统、用电负荷、照明配置、防雷与接地设计、建筑智能化系统设计、计算机网络系统、信息发布及信息查询系统、图书馆建筑火灾自动报警系统等内容均给予了规范化。

国外公共图书馆的建筑设备标准与国内的最大区别就是，大多使用描述性的语言，而不像我国的各类标准会对温湿度等具体设计参数有明确指标。以新南威尔士公共图书馆为例，由新南威尔士麦格理街图书馆委员会出版的《公众空间：新南威尔士州公共图书馆建筑指南 2005》中，对建筑设备的照明有以下要求[15][16]：（1）采光应均匀地照亮所有书架区域，不要有光线和暗区的变化；（2）天花板和墙壁表面应该是光的反射而不是光的吸收；（3）灯具应易于接近（不要太高，易于维护和清洁）；（4）彩色或特色照明增加了建筑物在天黑后的视觉冲击力。该指南在声音方面要求，必要时对墙壁和天花板进行隔音处理，有助于达到舒适的声音水平。在供暖与通风上，要求在新南威尔士州的图书馆内控制内部气候以使工作人员和用户感到舒适，并使收集的材料达到最佳的温度和湿度水平，要努力降低能源成本。并指出应参考《澳大利亚建筑规范》和《澳大利亚标准 1668：建筑物中的空调和通风》。在安全方面，该指南针对读者和工作人员进行了较为详细的规定，比如栏杆需有足够高度、手推车的使用等。另外，该指南还对电子监视器、报警装置、墙体颜色等进行了规定。在书架方面，《指南》中规定成年人书架的推荐高度、儿童书架的推荐高度、书架最低一格的离地高度、书架间的过道宽度、非书籍类馆藏书架等具体内容。

现有建筑设备标准主要取得了如下成效：提高了图书馆的服务质量，保证了读者的利益；为图书馆的科学管理以及图书馆的正常运营奠定了基础；确保了图书馆建筑与设备标准的实施；保障了图书馆自身以及工作人员和来访读者的安全。但是还存在一些问题：目前只有国家标准，各个省市以及地区缺少相关标准，应当结合实际需求，各个省市和地区制定符合当地实际情况的相关标准；制定标准之外，也应当考虑相关单位能否严格执行，标准施行的监督体系理应同步。

（四）图书馆技术设备标准

《公共图书馆建设标准》（建标 108—2008）中指出，公共图书馆的技术设备包括电子计算机、网络设备和相关外围设备，视听及音像控制设备，文献数字化加工与复制设备，图书防盗设备，文献消毒设备，流动图书车，缩微制品摄制、冲洗及阅读设备，视障和老龄阅读设备，装裱及文献修复设备，自助借还设备，书架、阅览桌椅、目录柜、出纳柜台等家具设备，其它设备等 12 类。这 12 类设备中，部分设备国内外已经出具了具体的标准要求，但仍然存在很多设备没有具体的标准规范，后续需结合各图书馆实际情况，完成图书馆设备的标准化建设。

1. 书架、阅览桌椅等家具标准

1993 年，国家技术监督局批准颁布了《阅览桌椅技术条件》（GB/T 14531—1993）（已废止）、《图书用品设备 木制书架、期刊架技术条件》（GB/

T 14533—1993）（已废止）、《木制书柜、图纸柜、资料柜技术条件》（GB/T 14532—1993）（已废止）、《木制目录柜技术条件》（GB/T 14530—1993）（已废止），1993 年制定的标准是我国对于图书馆家具设备制定的第一套标准，为了实现标准的宣传贯彻和落地实施，标准的主要起草人在全国多个城市进行宣讲。这些标准后来被废止，由中华人民共和国国家质量监督检验检疫总局、中国国家标准化管理委员会发布的新的标准所取代。现行标准如下：《办公家具 阅览桌、椅、凳》（GB/T 14531—2017），该标准规定了阅览桌、椅、凳的要求、试验方法、检验规则、使用说明、产品标志、包装、运输和贮存，适用于图书馆、档案馆、阅览室等办公场所使用的阅览桌、椅、凳类产品。《办公家具 木制柜、架》（GB/T 14532—2017），该标准规定了木制柜、架类产品的分类、要求、试验方法、检验规则、产品标志、使用说明、包装、运输、贮存，适用于图书馆、档案馆及阅览室等办公场所使用的木制柜、架类产品。现行的两个标准中引用 50 多项其他行业的国家标准，包括木家具、金属件、家具力学性能试验等。

图书馆家具设备标准从理论基础、规范业务等多个方面体现其科学性，标准的理论基础包括图书馆的建筑设计规范、阅读心理学等，规范内容包括建筑的平面布局、读者服务。另外，针对钢制书架的标准有《钢制书架 第 3 部分：手动密集书架》（GB/T 13667. 3—2013），规定了手动密集书架的术语和定义、分类与命名、要求、试验方法、检验规则、标志、包装、运输及贮存，适用于手动密集书架。《钢制书架 第 4 部分：电动密集书架》（GB/T 13667. 4—2013），规定了电动密集书架的术语和定义、分类与命名、要求、试验方法、检验规则及标志、包装、运输及贮存，适用于电动密集书架。

2. 流动图书车及自助借还系统标准

针对流动图书车，国内已经出具相应标准，现有标准为原文化部全国图书馆标准化技术委员会组织国家图书馆出版社出版发行的《流动图书车车载装置通用技术条件》（WH/T 76-2016），该标准自 2016 年 11 月 1 日起实施。该标准规定了流动图书车的基本功能和扩展功能、流动图书车的分类，规定了流动图书车专用设备的配置范围、术语、规范性引用文件、总则、产品型号编制、技术要求、试验方法、检验规程及其他要求，并对专用要求涉及的车体改装部分和改装后的车辆性能提出特殊的安全要求。由于目前国内的流动图书车都是采用合格的车辆生产企业的车辆底盘改装而成，因此常规汽车不适用流动图书车的相关标准。自助借还系统主要是指基于计算机网络技术、数据技术和自动识别技术及其之间的相互联系，减少人工工作量和出错率，提升借还效率的读者自助式设备集成。按其不同的自动化程度可分为自助借还服务系统和具备自动分拣借还书系统；目前图书资料具有两种自动识别模式：条码（Barcode）识别模式和无线射频（RFID）识别模式。目前，国内外已有一系列RFID在图书馆应用的相关标准。其中国际标准主要为ISO发布的《信息与文献 图书馆无线射频识别（RFID）第1部分：数据元素及实施通用指南》（ISO 28560-1: 2014）、《信息与文献 图书馆无线射频识别（RFID）第2部分：基于ISO/IEC 15962规则的RFID数据元素》（ISO 28560-2: 2014）、《信息与文献 图书馆无线射频识别（RFID）第3部分：固定长度编码》（ISO 28560-3: 2018）和《信息与文献 图书馆无线射频识别（RFID）第4部分：基于ISO/IEC 15962规则在具有分区内存的RFID标签中对数据元素进行编码》（ISO 28560-1: 2014）4项系列标准，这4项标准分别从标签模式、互操作框架、数据元素和通用指南、数据模型和编码规则、编码技术要求等各方面规定了RFID在图书馆应用中的要求。国内针对图书馆RFID设备和技术的标准主要是《信息与文献 图书馆射频识别（RFID）第1部分：数据元素及实施通用指南》（GB/T 35660. 2—2017）和《信息与文献 图书馆射频识别（RFID）第2部分：基于ISO/IEC 15962规则的RFID数据元素》（GB/T 35660. 2—2017）两项国家标准，两项标准均采标了ISO 28560相对应的标准。

3. 电子计算机、网络设备和相关外围设备标准

电子计算机、网络设备和相关外围设备标准建设情况，目前国内尚未出台针对图书馆这一特定使用主体的电子计算机、网络设备和相关外围设备的标准规定。我国在《公共图书馆服务规范》（GB/T 28220—2011）（2012年5月1日实行）中对不同级别的公共图书馆计算机的数量、网络带宽接入的速度、信息节点分别作了规定，具体规定如下：

（1）公共图书馆应配备一定数量的计算机专供读者使用

各级政府应支持图书馆配备与经济和技术发展水平相适应的信息技术设备。所需计算机数量见表2-2：

表 2－2 公共图书馆应配备计算机数量表

等级	计算机总数量（台）	其中：读者使用计算机数量（台）	其中：OPAC 计算机数量（台）
省级馆	100 以上	60 以上	12 以上
地级馆	60 以上	40 以上	8 以上
县级馆	30 以上	20 以上	4 以上

表 2－2 中省级馆包含省（自治区、直辖市）、副省级市（计划单列市）级图书馆；地级馆包含地（市、地区、盟、州）级图书馆；县级馆包含县（市）级图书馆。OPAC（Online Public Access Catalogue）指在线公共检索目录。

（2）网络与宽带接入

公共图书馆网络与宽带接入是为读者提供网络信息服务的基础。网络与带宽接入指标见表 2－3：

表 2－3 公共图书馆网络与宽带接入指标表

等级	互联网接口	局域网主干	局域网分支
省级馆	≥100 兆	≥千兆	≥百兆
地级馆	≥10 兆	≥千兆	≥百兆
县级馆	≥2 兆	≥百兆	≥百兆

（3）信息节点

信息节点指在馆内与局域网或互联网连接的计算机网络接口，阅览室的信息点设置应不少于阅览座位的 30%，电子阅览室的信息点设置应多于阅览座位数，有条件的可提供互联网无线网络接入服务。

原文化部 2011 年 9 月 14 日印发了《“数字图书馆推广工程”省级、市级数字图书馆硬件配置标准》的通知，对省级及市级图书馆的电子计算机、网络设备和相关外围设备，如服务器、磁盘阵列、防火墙设备、磁带库、网络设备、多功能扫描仪、电源设备、PC 机、移动硬盘等都作了详细规定，包括每个设备的配置和相关特性、配置数量、是否必配都作了要求。《省级数字图书馆硬件配置标准》部分节选内容如表 2－4：

表 2－4 省级数字图书馆硬件配置标准表（部分）

序号	设备名称	配置及关键特性	单位	类别	数量
1	低配 PC 服务器	2 颗 Intel Xeon 四核 E5620 或 2 颗 AMD 4100 系列四核 CPU，4 * 4GB DDR3 内存，2 × 500GB SATA 热插拔硬盘，千兆以太网口 2 个，支持远程管理，DVD-ROM 驱动器，Raid 卡，配操作系统，双电源，原厂商 3 年以上免费现场质保，省内提供备件功能	台	必配	8
2	SAN 磁盘阵列	控制器≥2 个，缓存≥8GB；主处理器采用多核处理器，总核数不少于 4 个，至少可扩展到 112 块磁盘；至少提供 16 个以上主机接口；磁盘阵列支持快照功能，单个卷快照个数≥255 个；磁盘阵列支持复制功能，存储系统与主机系统（包括小型机和 PC 服务器）具有完全匹配的互连互通性和其他兼容性配合；配置自动精简功能，支持不停机扩容；如需多路径软件，也需一并提供	套	必配	1
3	网络安全设备	具备 IPS（入侵防御）、流量控制以及上网行为管理功能，根据需要可采用集成的 UTM 设备或分别采用专用设备实现。相关应用协议库、威胁库和 URL 网址库必须可更新。上网行为日志能够在线保存 3 个月以上	套	选配	1

国内与电子计算机设备相关的标准且现行的有：《计算机通用规范 第 1 部分：台式微型计算机》（GB/T 9813.1—2016）、《计算机通用规范 第 2 部分：便携式微型计算机》（GB/T 9813.2—2016）等，这些标准对计算机的设计和制造提出了要求。

国内现行针对网络设备的全部国家标准、推荐标准、行业标准、专业标准大部分为通信行业标准，如《IPv6 网络设备技术要求——宽带网络接入服务器》（YD/T 1916—2009）、《IPv6 网络设备安全技术要求——宽带网络接入服务器》（YD/T 1905—2009）、《IPv6 网络设备安全技术要求——具有路由功能的以太网交换机》（YD/T 2042—2009）、《HFC 网络设备管理系统规范》（GB/T 20030—2005）等。

国外对于图书馆采购的计算机、网络设备和相关外围设备应该达到什么样的标准亦尚无具体规定出台，与这类设备相关的针对计算机、网络设备和相关外围设备大类的部分标准如表 2－5：

表 2 – 5　国外图书馆数字设备采购标准一览表

序号	标准号	标准名称
1	ANSI INCITS 131-1994	美国国家标准 信息系统 小型计算机系统接口 2（SCSI-2）
2	ANSI INCITS 131-1994	美国国家标准 信息系统 小型计算机系统接口 2
3	ANSI Z94. 3-1998	美国国家标准 计算机和信息系统
4	ANSI/IEEE 90003-2008	美国国家标准 软件工程 计算机软件关于 ISO 9001: 2000 的应用指南
5	BS CWA 14921-2004	英国国家标准 网络设备 技术和标准化特性

4. 视听及音像控制设备标准

原文化部 2011 年 9 月 14 日印发了《“数字图书馆推广工程”省级、市级数字图书馆硬件配置标准》的通知，针对图书馆这一特定使用主体的视听及音像控制设备做了相关标准规定，包括视频会议设备、数码广播级摄录像机等。节选部分《省级数字图书馆硬件配置标准》标准内容如表 2 – 6：

表 2 – 6　省级数字图书馆硬件配置标准表（部分）

序号	设备名称	配置及关键特性	单位	类别	数量
1	视频会议设备	视频终端支持双显示器，可以将双流图像进行独立显示。支持 16:9 的宽屏显示功能，以方便连接等离子等外设，并且可以无失真地显示高清 720P 图像。同时支持单屏双显功能，可以在单显示器下同时显示双流图像，以适应各分会场的不同需求和情况。系统必须支持 HD 720P，在 1M 带宽以上实现 720p 30fps；可实现标清向高清的过渡，系统应支持 448P、576P、W288P、W448P、W576P、1280 * 720P 等显示格式，并且可以根据会议呼叫速率自动调节；可实现自适应全双工回声抑制，采用自动背景噪声抑制，提高声音质量；支持在任何终端上传输双路视频信号（能与 MCU 配合实现多点双流功能），能播放 PC 的 VGA 界面和声音	套	选配	1

（续表）

序号	设备名称	配置及关键特性	单位	类别	数量
2	数码广播级摄录像机	具备60万像素以上3＊影像传感器（CCD或CMOS），记录格式达到DVCPRO50、DVCPRO HD同等水平，高清、标清、DV格式全程记录，具备HD/SD-SDI输出，USB和IEEE1394接口，能够与非线编系统上载，具备16:9和4:3幅面可选，专用三脚架，不低于3小时的备用电池3块等附属设备	台	选配	2

国内外其他一些与之相关的现行标准，如表2－7：

表2－7 国外图书馆数字图书馆硬件配备标准相关标准表

序号	标准号	标准名称	标准内容
1	GB/T 15157.14—2007	频率低于3MHz的印制板连接器 第14部分：音频、视频和音像设备用低音频及视频圆形连接器详细规范	适用于相关的两件式印制板用连接器。该组连接器范围从高密度接触件的低电压连接器（品种B和C）到具有较少接触件的大电流和高电压连接器（品种D、E、F、G和H）
2	BS EN 61606-1:2009	音频和视听设备 数字音频部分 音频特性的基本测量方法 总则	——
3	BS 8590:2014	视听设备安装实施规程	——

这些标准针对视听和音像控制设备的制作、安装等进行了详细规范，是图书馆在采购或者安装验收这类设备时可以参考的标准。随着视听资料格式的多样化，为满足读者日益丰富的视听需求，图书馆设备应朝着全面支持MPEG-1、MPEG-2、MPEG-4、VCD、DVD、WMV、ASF、DivX、Xvid等视频编码标准和MPEG Layer I and II、MP3、AC3、LPCM、ADPCM、MPEG-4 AAC-LC 2.0等音频编码标准的方向发展。图书馆除了为读者提供高质量视听文献外，还应该给读者提供高质量欣赏环境与设施，让各类馆藏视听文献以高质量的声音与图像

呈现给大读者，成为广大读者日常文化生活、娱乐休闲、阅读与学习中的重要工具。

5. 缩微制品摄制、冲洗及阅读设备标准

自1984年开始，全缩微摄影技术标准化技术委员会和中国标准化与信息分类编码研究所，联合研制、发布了缩微摄影技术标准汇编，涉及缩微摄影技术制作、质量控制、相关设备等各个环节，标准类型包括全部现行缩微摄影技术国家标准、推荐标准、行业标准、专业标准。其中提及的设备标准阐述了缩微品复制、冲洗、阅读、复印等相关设备的生产标准，对镜头、检验片、技术条件和性能测试的标准方法，以及相关产品的命名规则。主要包括：《透明缩微品阅读器镜头技术条件》（GB 9219—1988）、《透明缩微品阅读器检验片技术条件》（GB 9220—1988）、《缩微阅读复印机检验片 A3》（GB 10245—1988）、《缩微摄影镜头技术条件》（GB 11156—1989）等。1999年，“全国缩微摄影技术标准化技术委员会”更名为“全国文献影像技术标准化技术委员会”（简称“文影标”）。现行缩微摄影技术相关的国家标准共56项，其中有49项采用了ISO、IEC等国外组织的标准①，涵盖缩微摄影技术的各个领域，主要由文影标归口管理，部分标准由全国技术产品文件标准化技术委员会归口管理。

英国也针对图书馆缩微设备和技术制定了标准，具体如下：《测量缩微阅读器屏幕亮度、对比度和反射率的方法》（BS 6354: 1983）规定了缩微阅读机屏幕亮度、对比度和反射率测量方法；《缩微摄影技术 透明缩微胶片阅读器特性测量》（BS ISO 7565: 1994）对透明缩微胶片阅读器的特性测量进行了规定。

6. 其他设备标准建设情况标准

图书馆技术设备除上述介绍的设备外，还包括一些标准建设均未完成的设备：

a）装裱及文献修复设备、文献消毒设备。2001年，原文化部发表的《古籍修复技术规范与质量要求》（WH/T 14-2001）已废除，由《古籍修复技术规范与质量要求》（WH/T 23-2006）替代，标准中提到了三种古籍修复机械：

① 数据来源：国家标准全文公开系统。

书芯压平机（用于压平书叶的机械）、切纸机（裁切纸张或纸板的机械）、纸浆补书机（使用纸浆修补书叶的专用机械）。但国内外尚无对装裱及文献修复设备、文献消毒设备的标准建设，后期需结合图书馆实际情况对此建立标准，规范化采购需求设备。

b）视障和老龄阅读设备。目前，只有中华人民共和国工业和信息化部针对通信行业出具了《信息无障碍视障者互联网信息服务辅助系统技术要求》（YD/T 3076—2016）标准，此标准于2016年7月1日实施。本标准为信息无障碍技术系列标准之一，但目前尚无具体结合图书馆用户需求及使用情况出具的关于视障及老龄阅读设备应具备的技术要求。全国图书馆标准化技术委员会正在制定《视障人士图书馆服务规范》，该项目于2014年启动，标准将在文化信息资源内容、资源形式、服务项目和服务形式、服务设施和服务设备等方面进行规范要求，更好地保障视障人士享受基本文化的权益。因此该项标准会对设备进行标准化规范。

c）文献数字化加工与复制设备。现有的标准更多地是针对文献数字化加工与复制的过程及成品的要求制定，比如《图书馆馆藏资源数字化加工规范系列》（GB/T 31219）标准，标准针对文本资源、图像资源、音频资源等规定了加工成品要求，但对于设备应该具备的标准尚未明确。

d）图书防盗设备。国内关于防盗设备的标准很多，但就图书馆这一特定使用主体出具的防盗设备标准仍是空白。笔者找到了与防盗设备相关的标准，如中华人民共和国公安部出具了《防盗报警控制器通用技术条件》（GB 12663—2001），其在1990年出具的《防盗报警控制器通用技术条件》（GB 12663—1990）的基础上作了进一步完善，该标准由公安部安全与警用电子产品质量检测中心负责起草，规定了用于建筑物内及其周围的防盗报警控制器的功能、性能和试验要求，适用于有线系统的防盗报警控制器的生产和检验。

二、我国图书建筑与设施设备标准化成效和问题

从古代的藏书到现如今的图书馆，从夹板、函套到《百衲本二十四史》书柜，我国图书馆建筑与相关设施设备发展历史可以说是我国藏书用书史，图书馆建筑与设施设备设计格局的优劣，又很大程度上影响图书馆是否安全、便于利用等。进入现代社会，公共服务标准化正日益受到重视，近年来我国图书建筑与设施设备标准化发展的成效突出，但随之而来的问题也值得我们关注。

（一）图书建筑与设施设备标准化成效

1．标准化工作体系日臻完备

2008年，经国家标准委审批，图书馆行业专业标准化技术委员会——全国图书馆标准化技术委员会（以下简称“图标委”）成立，负责“图书馆管理、服务，图书馆古籍善本的收藏、定级、维修、保护，图书馆环境等领域的标准化工作”。我国的图书馆标准化工作体系日臻完善，构建起由标准化工作领导小组领导、标准化专家委员会指导、科研单位和标准化技术委员会为载体、图书馆行业积极参与的工作体系。

图书馆标准化技术委员会组织研究了中国图书馆标准体系框架，明确图书馆建筑标准、图书馆设备标准、图书馆环境标准为图书馆基础标准。[17]图书馆建筑标准包括：图书馆建筑设计规范、公共图书馆建筑用地标准、公共图书馆建筑防火安全技术标准、图书馆古籍特藏书库基本要求、图书馆密集书库基本要求、图书馆机房建设标准；图书馆设备标准包括：图书用品设备（阅览桌椅技术条件）、图书用品设备（木质书柜、图纸柜、资料柜技术条件）、图书用品设备（木质书架、期刊架条件）、图书馆用品设备（读者存包柜条件）、图书馆书车技术要求、图书用品设备（钢制书架、期刊架条件）、图书用品设备（磁带、磁盘、光盘柜、缩微胶片条件）、图书馆用品设备（密集架技术要求）。并先后制定发布或修订了多项具体标准，都为我国图书建筑与设施设备标准化奠定了坚实的基础。

2．标准化政策措施日趋完善

1988年，中华人民共和国第七届全国人民代表大会常务委员会审议通过了《中华人民共和国标准化法》，第一次明确了我国标准化范围，对标准制定、标准组织实施和对标准监督管理进行了详细的规定，为标准化推广、运用提供了法律支撑。[18]1998年，国家质量技术监督局出台《国家标准化指导性技术文件管理规定》，1990年，《中华人民共和国标准化法实施条例》《中华人民共和国标准化法条文解释》《国家标准管理办法》《行业标准管理办法》《地方标准管理办法》等一系列有关标准化的法律法规相继出台，中国标准化建设开始迈向法制化轨道。

党的十八届三中全会将构建现代公共文化服务体系、促进基本公共文化服务标准化均等化作为全面深化改革的重点任务之一。[19]国务院颁布的《国家基本公共服务体系“十二五”规划》，标志着标准化在中国公共文化服务领域开始普遍使用。《国家标准化体系建设发展规划（2016—2020 年）》中，也将“加强文化建设标准化，促进文化繁荣”作为专门类别予以论述，表明了从国家层面鼓励支持文化标准化建设的重要导向。[20]

图书馆率先在公共文化服务领域采纳和使用标准化，其目的在于保障和推进图书馆建筑设施标准化工作。原文化部先后制定、出台的一系列政策文件中也都有相关的图书馆标准化内容，如《“十三五”时期全国公共图书馆事业发展规划》提出了公共图书馆设施网络建设、文献信息资源保障能力建设、数字图书馆建设等设施设备要求[21]。

3. 标准制定和修改步伐不断加快

标准化工作主要包括标准的制修订以及标准的监督和实施，标准的制修订是标准化工作的前提，是标准化工作的基础环节。从《公共图书馆建设标准》（建标 108—2008）到《图书馆建筑设计规范》（JGJ 38-2015），图书馆建筑与设施设备标准逐步加快。2018 年刚刚获批的《图书馆视障人士服务规范》国家标准就对特殊群体服务相关的设施设备标准进行了规范。这些标准的制定、修订工作基本涵盖了图书馆事业的各领域，建筑与设施设备作为图书馆的基础元素，在既有的专项标准之外，围绕图书馆服务体系建设、数字化建设与服务、特殊群体服务、文献保存与保护等重点领域，也有诸多条款为具体图书馆类型或服务提供技术依据。

全国各省、市、自治区根据各地的实际需要也编制了许多地方标准。例如，浙江省现有地方公共文化标准 35 项。温州市出台的《城市书房服务规范》、嘉兴市出台的《公共图书馆中心馆——总分馆服务体系建设管理规范》，对图书馆建筑及其设施设备都提出了明确标准。

（二）标准化推进过程中的问题

图书馆服务模式从传统的以藏为主发展至如今的开放借阅，读者在馆内阅览更为自由、便捷。这也要求图书馆建筑与设施设备更关注人的体验。近年来，我国图书馆建筑与设施设备标准化工作在这一理念下高速推进，标准化工作成效显著，但在快速推进标准化的过程中，有一些问题也值得我们关注。

1. 图书馆建筑与设施设备标准体系还有待健全

标准化体系尚不健全主要表现在图书馆建筑及设施设备领域中的国家标准尚有缺失，相关标准化实施体系方面尚待完善。相比同属于文化服务领域的全国网络文化标准化技术委员会和全国文化娱乐场所标准化技术委员会，图书馆专用设施设备标准化的执行、实施还有待提升。2018 年出台的《互联网上网服务营业场所服务等级评定》《歌舞娱乐场所服务规范》，对公共文化服务场所的分级评定对社会产生了重要影响，是值得图书馆标准化体系建设过程中参考的。

在地方，图书馆标准化技术委员会更是少之又少，即便在将标准化确立为发展战略的省份也很少有文化服务领域的标准化技术委员会。浙江省早在 2007 年就已经确立了标准化发展战略，现有 50 余个省级专业标准化技术委员中，未涉及图书馆社会管理和公共服务领域。上文列举的该省发布的各类文化标准多由高校、标准化事务所有限公司支持研制，缺少地方一线图书馆标准研究者参与。同时在现代图书馆建筑设计与设施设备采购过程中，也要警惕过度追求标准，忽视实际可操作性。

2. 图书馆建筑与设施设备标准化意识与能力尚有提升空间

随着社会管理的日益现代化，标准化开始日益渗入社会管理和公共服务领域。但是在我国标准化意识方面，特别是公共文化服务的标准化意识还有待提升，很多图书馆人对标准化一直存在认识误区，一听标准化就联想到工程、生产，没有想过图书馆建筑设施设备其实更需要标准化的质量保证。标准是微观的法律，是保障个体权益、规范市场秩序的重要手段，提升标准化意识可以更好地保证图书馆建筑与设施设备安全、高效、集约成本，为政府文化主管部门进行图书馆行业管理、质量监督和认证提供技术依据。它不仅有利于保障民生，有利于推进政府职能转型，更重要的是它可以实现公共服务均等化。

当然标准化意识的提升不仅仅需要图书馆从业者自我提高，在国家技术监督局颁布的《中华人民共和国标准化法条文解释》中，对标准技术范围解释依然是传统的，只有在标准化概念定义时才将其拓展到社会管理和公共服务领域，公共文化服务过程中涉及的标准化意识还有待建设。

图书馆行业标准化工作为图书馆各项业务开展提供了支持，更有利于争取行业主管部门的关注与投入，完善图书馆设施设备标准，有利于尽快建立起图书馆行业协同合作机制。目前的图书馆标委会尚有增加建筑与设施设备标准化专业研究的人才缺口，组织机构也有进一步完善之潜力。适时成立图书馆建筑与设施设备相关分技术委员会，制定和完善标准化研究项目工作组绩效评估与考核等管理办法，势在必行。

针对图书馆建筑与设施设备标准化的具体需要，规范相应的标准化工作流程，推动既有标准的修订，监管新标准制定流程，实施标准评估，提升图书馆建筑与设施设备标准化应用意识，确保标准制修订更为科学、合理。同时注重吸收培养图书馆标准化工作新生力量，积极鼓励开展建筑、工业设备相关的专业学术交流与国际合作，培养理解图书馆建筑与设施设备需求的标准化专业人才，完善标准化工作队伍。

三、我国图书馆建筑与设施设备标准化发展重点

（一）弥补建筑与设施设备标准空白

目前我国图书馆在建筑、建筑设计及建筑设备方面建立了较为全面的标准，但是针对图书馆设施设备标准化方面还有很多地方存在标准的空白，例如装裱及文献修复、文献消毒等设备的标准建设。《公共图书馆建设标准》（建标 108—2008）标准文件中将公共图书馆的技术设备分为了电子计算机、网络设备和相关外围设备，视听及音像控制设备，文献数字化加工与复制设备，图书防盗设备，文献消毒设备，流动图书车，缩微制品摄制、冲洗及阅读设备，视障和老龄阅读设备，装裱及文献修复设备，自助借还设备，书架、阅览桌椅、目录柜、出纳柜台等家具设备，其他设备等 12 类。建议根据 12 个大类，梳理图书馆中的核心关键设备，就目前标准的空白领域，结合部分设备已有的国家标准、行业标准及国外标准等建立适用于图书馆的设备标准。

（二）加强各类别图书馆（室）建筑和设施设备标准化

现有的有关图书馆建筑和设施设备标准大多着重于公共图书馆建设，而对高校图书馆、中小学图书馆、少儿图书馆、医院图书馆等其他类别图书馆的针对性标准较少。因而还需加强面向其他类别图书馆的建筑和设施设备标准建设，针对不同类别图书馆性质制定相应标准，如强调少儿图书馆的设施安全标准，以促进各类别图书馆建设的规范性。同时，街道图书馆、社区图书馆、农

家书屋、草原书屋等基层图书馆（室）的标准化发展也尤为重要和迫切。由于经费投入不足、监管欠缺等问题，基层图书馆（室）建设尚存在问题，因而需要制定基层图书馆（室）的标准文件，以标准文件指导基层图书馆建设，规范基层图书馆（室）的选址、面积、空间布局、设施设备和技术准入等各方面发展，使基层图书馆建筑和设施设备方面有标准可依，保证相关空间和设施设备的投入。一方面，鼓励科研单位和科研人员就基层图书馆建筑和设施设备标准化的科研立项，加强对各地方基层图书馆建筑和设施设备标准的研究；另一方面，开展基层图书馆建筑和设施设备情况普查活动，为相关标准建设提供论证基础。

（三）国家标准、行业标准与地方标准相配套

图书馆标准化建设不是仅仅只与图书馆相关的独立工程，而是一项涉及全局的系统工程，所以必须站在全局的高度考虑问题，在标准化的原则指导下进行。在我国各地区图书馆建设不均衡的现状下，东部、中部、西部地区图书馆建筑面积、空间布局及面积、设施设备投入数量等有所差异，为加强对各地方的实际指导和规范效果，标准还需考虑地区实际情况，包括经济基础、图书馆经费投入等。目前图书馆建筑和设施设备标准多为国家标准和行业标准，此外，各地方也陆续出台了一些地方标准，如四川省质监局发布的《中小学图书馆（室）信息化建设及管理规范》（DB51/T 2117—2016）、深圳市市场监督管理局发布的《公共图书馆统一服务技术平台应用规范》（SZDB/Z 168—2016）等。国家标准和行业标准更多考虑行业整体的宏观指导和规范，还需要鼓励各地方结合自身特点建立切实可行的地方标准文件。横向上，促进各地区地方标准建设和实施；纵向上，建设和完善各级别图书馆建筑与设施设备标准，构建国家标准、行业标准和地方标准相结合的标准体系，在国家标准和行业标准的指导下，切实发挥地方标准的可操作性和应用性。

（四）建设面向人和环境友好型的图书馆标准化

当前图书馆建筑与设施设备标准多为建筑面积、设施设备数量、消防要求、光照要求等硬性规定。此外，还需加强图书馆建筑与设施设备对人的设计，增添以人的角度对建筑和设施设备的要求，强调空间布局以及设施设备的安排应适合图书馆员和读者的活动和行动，使空间布局和设施设备安排更为人

性化，建设对图书馆员和读者友好的图书馆。图书馆建设的最终目的是为人服务，适当增加软性标准，强调图书馆设计、多样性和密度等元素，使图书馆形貌不影响人们的观感，能够与读者产生共鸣或体现文化历史特征；使图书馆各种功能相融合，尤其是针对当前所提倡的公共图书馆为居民的“第三空间”，建设时应结合阅览学习、休闲、展览、创意、绿色等元素；使图书馆空间不令人感到逼仄，保证在一定人群数量时内部空间的通达性，尤其是基层图书馆设施数量达标但实际空间面积较小的情况下。

图书馆建筑不仅需加强内部空间和设施建设，作为城市的文化标志，图书馆还需推动外部空间建设，推进与周围环境、城市环境、自然和谐共生。当前，国内外也在不断强调图书馆生态建设，鼓励图书馆在绿色、环保、生态方面的发展。图书馆标准需引入建筑和设施设备方面的环保和生态的规定，结合建筑所在地域的气候、环境、资源、经济及文化等特点，规范建筑节能、节地、节水、节材、保护环境等性能，最大限度地节约资源（节能、节地、节水、节材）、保护环境、减少污染，为人们提供健康、适用和高效的使用空间，建设生态友好型的绿色图书馆。[22]

第三节　各类型图书馆建设标准化

不同类型图书馆的建设有着不同的要求和特点，对标准化工作也有着不一样的需求。现实中，不同类型图书馆的建设有着不同的适用标准，本节将分别探讨公共图书馆、高校图书馆、中小学图书馆、专业图书馆和其他类型图书馆建设的标准化问题，梳理各类型图书馆建设标准化的成果，以便为更多的图书馆提供参考。

一、公共图书馆建设标准化

公共图书馆建设的其中一个重要方面是推进公共图书馆服务体系建设，建立并完善公共图书馆总分馆建设，以整体合力提高基层分馆的服务能力，促进区域内公共图书馆总体服务成效的提升。尤其是针对经济不发达地区，公共图书馆体系化建设与总分馆建设对提高公共图书馆服务效果和满足人民需求更为重要。《中华人民共和国公共图书馆法》明确规定“县级人民政府应当因地制宜建立符合当地特点的以县级公共图书馆为总馆，乡镇（街道）综合文化站、村（社区）图书室等为分馆或者基层服务点的总分馆制”。因而，该小节主要围绕公共图书馆体系化建设与总分馆建设标准化，阐述当前公共图书馆建设标准化取得的阶段性成果。

（一）公共图书馆体系化建设

目前，我国还未出台国家层面的针对公共图书馆规划布局与体系化建设的专门标准文件，但在现有的规范性文件当中有相关要求和规定。2017 年 7 月 7 日，原文化部印发的《“十三五”时期全国公共图书馆事业发展规划》提出要统筹推进区域之间和城乡之间公共图书馆均衡发展，建立覆盖全社会的公共图书馆服务体系。当前地方的图书馆体系化建设工作已取得一定成效，在体系化实践进程中，结合地方发展特色和图书馆体系化建设经验，地方政府出台了行之有效的公共图书馆规划布局与体系化建设的相关文件。

2004 年 6 月，佛山市图书馆提出了旨在“整合全市图书馆资源，搭建覆盖全城、服务全民的文献信息资源共享网络和服务体系，保障市民享受更加充分和平等的文化权利”的《佛山市联合图书馆实施方案》。该方案以“政府指导，属地实施；政策扶持，各方联动；稳步推进，市民受益”的思路，通过打造“统一标识、统一平台、统一资源、分级建设、分级管理、分散服务”的联合图书馆体系，推动佛山地区图书馆资源的共建共享。

2008 年 2 月 25 日，嘉兴市人民政府办公室印发《嘉兴市构建城乡一体化公共图书馆服务体系的实施意见》[23]，推进城乡一体化公共图书馆服务体系建设过程中，不仅要继续加强市、县两级图书馆总馆、图书馆乡镇分馆、村（社区）图书室、图书流动车建设，还要重视专题馆建设，有条件的部队、企业、学校等单位或系统可以建立公共图书馆专题馆，专题馆要突显特色，为不同群体提供个性化的服务。

2015 年 12 月 18 日，《克拉玛依市“公共图书馆联建共享一体化”建设提升计划》发布，提出成立市、区两级公共图书馆总分馆体系联建共享协调机构，建立联建共享长效机制，对全市图书设施网络布局进行梳理，并对未纳入体系的学校和企事业图书设施点进行评估定级，根据评估结果以不同方式纳入联建共享体系等。并且，从组织、经费、人员 3 个方面加大投入和强化保障，同时实行考核监督机制，保证公共图书馆联建共享一体化进程有序有效进行。

2015年发布的《广州市公共图书馆条例》[24]当中规定，公共图书馆的设立要考虑人口分布、交通等多种因素，要达到安全、环保、卫生的标准和服务半径合理的要求，在人口密集区域如学校、企业、汽车站、地铁站、航空港、火车站可以设立图书室或服务网点。市、区人民政府应当在综合考虑本地区经济、社会、文化发展情况和人口分布状况的基础上进行统筹规划，建立起覆盖城乡的布局合理的公共图书馆体系。2015年12月30日，广州市文广新局印发的《广州市"图书馆之城"建设规划（2015—2020）》[25]，就图书馆体系建设提出了总体目标；构建地区信息资源共建共享平台，实现资源合理配置，形成纸质与数字信息资源相结合的、多层次的、快捷优质高效的图书馆文献信息资源服务体系；形成与广州市经济社会发展水平相称、向世界先进城市和地区图书馆事业看齐、需求与服务主导型的、可持续发展的现代公共图书馆服务体系。

2016年4月，深圳市宣传部和深圳市文体旅游局联合印发《深圳市"图书馆之城"建设规划（2016—2020）》[26]，规划提出，到2020年深圳市图书馆建设核心指标达到或超过国内同等城市发展水平，基本建成覆盖全市、布局均衡、资源丰富、技术领先、互联互通、便捷高效的一体化、现代化、智慧型"图书馆之城"，并且规定了"十三五"期间图书馆建设的主要任务，规划为未来五年深圳市建设"图书馆之城"部署了具体任务，而且为各项工作的开展提供了政策依据和保障。

2016年7月29日，江苏省镇江市人民政府办公室印发《关于构建全市图书馆服务体系工作方案》，提出为整合公共图书馆、学校图书馆和社会、行业图书馆等公共阅读资源，为全市居民营造便捷、高效的阅读服务和环境，要在全市建立起具有3个层级的图书馆服务体系。

（二）公共图书馆总分馆建设标准化

1. 国家层面的总分馆建设

2015年1月14日，中共中央办公厅、国务院办公厅印发《关于加快构建现代公共文化服务体系的意见》，强调要"以县级文化馆、图书馆为中心推进总分馆制建设，加强对农家书屋的统筹管理，实现农村、城市社区公共文化服务资源整合和互联互通"。为进一步推动城乡公共文化服务资源整合与互联互通，2016 年 12 月 29 日，原文化部、新闻出版广电总局等联合印发了《关于推进县级文化馆、图书馆总分馆制建设的指导意见》[27]，明确县级图书馆总分馆建设要以县域为范围，以乡村为重点；确定责任主体，明确以政府为主导开展总分馆建设；明确总分馆制以及总馆、分馆的功能与运行机制，划定现阶段的核心任务；强调各地应因地制宜，有计划、有步骤地开展总分馆建设；引导和鼓励社会力量广泛深度参与总分馆体系建设。为保障总分馆建设的高质量和高成效，《意见》着重强调了政府责任、设施投入、资金投入、图书馆人员建设、评估和考核机制。《意见》指出“到 2020 年，全国具备条件的地区因地制宜建立起上下联通、服务优质、有效覆盖的县级文化馆、图书馆总分馆制”。《意见》的出台为县级图书馆总分馆制建设绘就了蓝图，使图书馆总分馆制建设有章可循，指导和推动全国各地开展有序的建设步伐。

2. 地方层面的总分馆建设

关于地方层面的总分馆建设，制定和发布者涵盖省级、市级到县级各级政府部门，总分馆建设规定同样涉及全省、特定市域、特定县域等不同区域范围。早在 2004 年，广东省东莞市人民政府便印发了《东莞地区图书馆总分馆制实施方案》，提出了图书馆总分馆建设的总体目标、总体要求、实施模式等，明确了总馆和分馆职责、统一标识系统、总分馆制的实施步骤等。自《关于加强公共文化服务体系建设的若干意见》《关于推进县级文化馆图书馆总分馆制建设的指导意见》等政策文件发布之日起，全国各地为加快落实总分馆制建设任务和目标，安徽省、湖南省、山东省、黑龙江省、广东省、内蒙古自治区、天津市等各省市陆续出台了一系列具体的实施方案和相关标准。如，2016 年 12 月 19 日，江西省文化厅印发《江西省县级公共图书馆总分馆制建设方案》[28]，决定从 2017 年起在全省范围内分批推进县级图书馆总分馆建设试点，建立以市级图书馆为中心馆、县（市、区）级图书馆为总馆、乡镇（街道）综合文化站为分馆、村（社区）综合文化服务中心（文化室）为服务点的总分馆体系。2017 年 11 月，由苏州市吴江区图书馆起草，苏州市吴江区文化广电新闻出版局和苏州市吴江区市场监督管理局联合发布了《苏州市吴江区图书馆总分馆建设管理标准》，包括范围、规范性引用文件、术语和定义、建设原则、总馆、镇分馆、社区（村）支馆、行业分馆和智能图书馆、流动图书馆、图书网借和二维码阅读、服务管理、制度及经费保障共 11 个部

（续表）

序号	时间	发布者	文件名
13	2017年8月	山西省朔州市应县人民政府办公室	应县文化馆图书馆总分馆制建设实施方案
14	2017年9月	陕西省安康市汉阴县人民政府办公室	关于切实做好文化馆、图书馆总分馆制建设工作的通知
15	2017年10月	重庆市巫溪县文化委员会	巫溪县文化馆图书馆总分馆制建设实施方案
16	2017年11月	山东省莱芜市文化广电新闻出版局、市体育局、市发展和改革委员会、市财政局	关于推进文化馆图书馆总分馆制建设的实施意见
17	2017年11月	内蒙古自治区党委宣传部、文化厅、新闻出版广电局、体育局、发展改革委员会、财政厅	内蒙古自治区全面推进文化馆图书馆总分馆制建设的实施意见
18	2017年12月	天津市文化广播影视局、市新闻出版局、市体育局、市发展改革委、市财政局	关于推进天津市区级文化馆图书馆总分馆制建设的实施意见
19	2017年12月	河南省濮阳市南乐县人民政府办公室	南乐县文化馆、图书馆总分馆制建设工作实施方案

此外，为进一步规范、鼓励和促进社会力量参与图书馆总分馆建设，山东省东营市文化广电新闻出版局于2017年4月颁布了《东营市“黄河口悦读书社”建设和服务规范》，这是全国首个社会力量参与图书馆总分馆制建设的标准，为社会力量参与图书馆总分馆制建设、完善图书馆总分馆服务体系提供了重要依循。

二、高校图书馆建设标准化

（一）普通高校图书馆建设标准化

为适应高等学校图书馆事业发展的需要，更好地对高等学校图书馆工作进行指导和规范，教育部对2002年发布的《普通高等学校图书馆规程（修订）》开展修订工作[29]，并于2015年进行发布最新修订的《规程》，分为总则，体制和机构，工作人员，经费、馆舍、设备，文献信息资源建设，服务，管理，附则等八章。其中，明确高等学校图书馆的体系化建设，“高等学校可根据学校校区分布或学科分布设立相应的总图书馆、校区分馆、学科分馆和院（系、所）分馆（资料室），分馆（资料室）受总图书馆领导或业务指导”。

2006 年 8 月，湖南省教育厅印发了《湖南省高等学校数字图书馆建设管理办法》，旨在通过增强数字图书情报资源的共建共享以及促进发挥数字图书馆投资效益等方式，实现湖南省高等学校数字图书馆的可持续发展目标。北京市教育委员会于 2011 年 9 月印发了《北京市属高等院校图书馆建设项目管理办法的通知》[30]，其目的在于规范北京市属高等院校图书建设项目的管理，促进实现高校图书馆建设和发展目标，提高专项资助经费的使用效益。2012 年 12 月，江苏省教育厅发布了《省教育厅关于进一步加强全省高等学校图书馆工作的意见》[31]，为进一步加强全省高等学校图书馆工作提出六点意见，并提出全省高校图书馆建设的指导思想和主要目标。海南省教育厅于 2016 年 12 月 15 日印发了《海南省高等学校图书馆“十三五”发展规划》[32]，就“十三五”期间海南省高等学校图书馆的建设和发展作出综合部署和安排。该规划在总结“十二五”时期建设主要成就的基础上，明确了当前高等学校图书馆建设与发展存在的问题和困难。这些政策文件都对高校图书馆的规范化建设和标准化建设提出了要求。

（二）高职高专院校图书馆建设标准化

为进一步加强全国各级各类高职院校和高等专科院校图书馆科学化、规范化、信息化建设，提高图书馆服务质量与水平，教育部高等学校图书情报工作指导委员会高职高专工作组于 2011 年 12 月发布了《全国高职高专院校图书馆建设指南》[33]。该《指南》分为编制目的、适用范围、建设原则、建设要求、规范性引用文件等 5 个部分。《指南》明确了高职高专院校图书馆建设的建设目标和任务，对高职高专院校图书馆建设工作的发展和提升起到了重要的推动作用。

近些年来，地方各级政府也陆续发布了各类有关高职高专院校图书馆建设的相关文件。

2011 年 1 月，广东省教育厅印发《广东省高职高专院校图书馆建设指南》（试行）。《指南》[34]包含总则，管理体制与组织机构，文献资源建设，自动化、网络化及数字化建设，读者服务与评价，科学管理与学术研究，附则等7章30条，为广东省高职高专院校图书馆提供了统一规范的建设标准，在提升广东省高职高专与民办院校图书馆整体办馆水平方面具有促进作用。为平衡高职高专院校图书馆投入水平、完善文献资源结构、增强现代化管理水平、提高专业队伍人员素质等，浙江省教育厅高教处制定了《浙江省高职高专院校图书馆建设指标体系》[35]。该指标体系共设三级，一级指标和二级指标主要为办馆条件、文献资源建设、自动化、网络化、数字化建设等7个方面，旨在为高职高专院校图书馆建设提供指导和参考依据，进一步促进浙江省高职高专院校图书馆建设。

三、专业图书馆建设标准化

我国在20世纪末期便已针对专业图书馆建设制定了一系列标准，早在1994年，为提高全军各医学图书馆文献资源的利用率和联合制定文献资源采购计划，在全军范围内协调医学文献资源分布，全军医学图书馆文献资源共享协作网领导小组制定了《全军医学图书馆文献资源共享条例》[36]。1995年，广东省卫生厅制定发布了《广东省医院图书馆（室）管理规范》，以实现医院图书馆管理的现代化和规范化。近年来，各地建立起了医院图书馆建设规范和评价机制，不断促进医院图书馆事业的健康发展。浙江省医院图书管理指导中心于2004年协助卫生厅起草了《浙江省医疗机构图书馆工作规范》，制定了《浙江省等级医院图书馆评估标准》，其中《浙江省医疗机构图书馆工作规范》明确提出医疗机构图书馆对医疗机构的作用，即“医疗机构图书馆是医疗机构的文献资源中心，是建设现代化医疗机构不可缺少的重要组成部分，是为医疗、教学、科研、管理提供服务的专业部门，它的建设和发展应与医疗机构的建设和发展相适应”[37]。同时规定了医疗机构图书馆的建设范围，即“二级以上医疗机构应当设置与其规模相适应的图书馆”。河南省医院协会经济专业委员会于2013年发布了《三级医院图书馆设施规程》，提出应有一名院长分管图书馆工作，尽可能向医院患者开放，可根据材料和劳动的消耗或服务成果的实际效益收取适当费用。[38]近些年来，面向全国范围的专业图书馆建设标准化文件制定和发布的数量较少，由于专业图书馆各自的性质、工作内容的不同，专业图书馆内部制定了适用于自身的标准化文件。据不完全统计，2013年度，中国版本图书馆完成图书馆岗位设施方案，起草制定了《中国版本图书馆岗位设置实施办法》，另外修订颁布了《人力资源管理制度（修订）》，规范人事管理，促进队伍建设。[39]中国地质图书馆制定并实施了《图书馆文化建设实施方案》，从物质文化、行为文化、制度文化和精神文化等方面推动图书馆文化建设。[40]

国际图联（IFLA）在2013年发布了由政府图书馆专业组和政府信息与官方出版物组参与制定的《政府部门图书馆指南》（*Guidelines for Libraries of Government Departments*）[41]，该《指南》将政府图书馆定义为由政府建立并提供全部支持、服务于政府的图书馆，具体包括司法机关图书馆、行政机关图书馆、立法机关图书馆，以这三类图书馆为对象，旨在为其提供行动的建议、行为规范和最佳实践等。该《指南》的主要内容为16个部分，涵盖政府图书馆的综合管理、图书馆馆藏建设、实体与电子馆藏的组织获取、政府图书馆与其他图书馆的合作等方面。

除国际图联制定的专业图书馆相关标准外，其他国家也制定了本国的相关标准以指导专业图书馆实践。美国医学图书馆协会在2002年发布了《医院图书馆标准》，该《标准》作为医院管理者、图书馆员和认证机构的指南，用以确保医院拥有资源和服务，能够有效满足他们对基于知识的信息（Knowledge-based Information，KBI）的需求，修订版已于2005年发布。2007年MLA理事会批准并发布了新标准即《医院图书馆标准2007》（*Standards for Hospital Libraries* 2007），新《标准》明确了医学图书馆员的角色定位、KBI和其他职能（如病人护理、患者教育、绩效改进和教育）之间的关系，还涉及KBI需求评估和计划的制定和实施、KBI服务的推广和宣传、物理空间和人员配备要求，并概述了医院图书馆咨询顾问的角色、资格和职能。另外，面对互联网和新技术的发展变化，该《标准》作为指导方针，要确保IT资源可以为医院图书馆提供KBI资源和服务。[42]

美国法律图书馆协会（American Association of Law Libraries，AALL）的政府法律图书馆部门（Government Law Libraries Section，GLL）认为，各郡的公共法律图书馆是法律界不可或缺的重要组成部分，也是公民获得法律信息和支持的重要渠道。AALL在2015年4月批准了《郡公共法律图书馆标准》（*County Public Law Library Standards*），涉及郡政府、法院、执政部门等利益主体，涵盖管理和行政、预算、人员、建筑和设施、获取和信息服务、技术服务、馆藏共7个部分，为公共法律图书馆建设提供指导，以确保美国各州郡公共法律图书馆拥有高质量的人员、馆藏和服务。[43] 另外，2016 年 4 月，AALL 批准发布了《上诉法院图书馆和国家法律图书馆标准》（*Appellate Court Library and State Law Libraries Standards*），用以作为上诉法院或国家行政当局应遵循的指导原则，确保上诉法院图书馆和州法律图书馆拥有高质量的人员、馆藏和服务，共包括管理、预算、人员、设施、司法获取、信息服务、技术服务、馆藏共 8 个方面。[44]

四、中小学图书馆建设标准化

在中小学图书馆建设方面，教育部早在 1991 年便印发了《中小学图书馆（室）规程》，其中明确了中小学图书馆（含图书室，下同）的职责定位、馆藏资源、管理使用、队伍建设、条件保障等 5 个方面要求。2003 年，教育部对该《规程》进行修订，印发《中小学图书馆（室）规程（修订）》，在各方面对中小学图书馆（室）建设提出进一步要求。2011 年，教育部、新闻出版总署印发《关于进一步加强中小学图书馆（室）图书配备和管理工作的通知》，规范了中小学图书采购管理和市场准入。2015 年教育部、原文化部和国家新闻出版广电总局三部门联合印发了《关于加强新时期中小学图书馆建设与应用工作的意见》，提出了新时期中小学图书馆建设的具体任务。

2003 年 3 月 25 日，教育部颁布了《中小学图书馆（室）规程（修订）》[45]，该规程对《中小学图书馆（室）规程》（1991 年）进行了修订。《规程》分为总则、管理体制和人员、管理与使用、条件保障、附则共 5 章 21 条，并附有小学、初级中学、高级中学、完全中学的图书馆（室）藏书量标准，以及中小学图书馆（室）藏书分类比例表。在资金投入方面，图书馆建设应以政府投入为主，同时提倡和鼓励社会和个人捐助图书馆建设。2018 年 5 月 28 日，根据新的形势发展需要，教育部对 2003 年发布的《中小学图书馆（室）规程（修订）》进行了修订和印发，提高了相关标准，进一步推动全国中小学图书馆（室）建设。

2011 年，教育部、新闻出版总署印发《关于进一步加强中小学图书馆（室）图书配备和管理工作的通知》[46]，对中小学图书馆（室）图书配备工作提出五点要求，旨在通过规范中小学图书馆（室）图书采购活动，加强中小学图书馆（室）的建设和管理，充分发挥中小学图书馆（室）促进中小学生的健康成长和学校文化建设的作用。

2015 年 5 月，印发《关于加强新时期中小学图书馆建设与应用工作的意见》[47]，将推进基础条件建设等列为新时期中小学图书馆建设的重点任务。对落实经费保障、强化队伍建设、纳入督导评估、加强组织领导等方面提出具体措施，以保障和推动图书馆建设，并且提出中小学图书馆建设目标。

浙江省、云南省、广东省、安徽省、江苏省等省市参照国家相关要求制定发布了中小学图书馆建设的相关标准，对中小学图书馆各方面建设提出了更加具体的要求，在一定时期内为促进各地区中小学图书馆发展发挥了重要作用。例如，《浙江省中小学图书馆（室）建设标准》（2003 年）对高级中学、初级中学、小学的文献资源建设、馆舍建设、配套设施、人员、管理、文献利用等方面提出了要求。《云南省中小学图书馆（室）建设标准与管理规范》（2003 年）分为小学、初中、高中 3 部分，并将装备标准分为必备标准和较高标准两类，使每一类学校有其可实现的阶段性目标，有步骤和有阶段地提高建设水平，在馆（室）建设标准、馆藏图书标准、配套设施、人员配备、管理要求、文献信息资源利用 6 个方面提出了建设要求。《广东省中小学图书馆（室）建设标准》（2004 年）[48]就各级各类小学、初级中学、高级中学的藏书刊量、馆室要求、基础设施、人员配备、管理、书刊使用等作出了具体规定，涵盖文献信息资源量、面积规模、环境条件、设施配备、人员职称和数量等。贵州省教育厅印发的《贵州省中小学图书馆（室）管理办法（试行）》（2008 年）[49]，包括管理机构和人员、管理与使用、条件保障、经费来源、附则等共 5 章 26 条，对中小学图书馆（室）的人员建设、藏书量、藏书质量、活动开展等方面作出了规定，而且要求小学的每学期人均借阅量达到 4 册以上，初中达到 6 册以上，以继续加强贵州省中小学图书馆（室）规范化、科学化、现代化建设和管理。

近些年来，各地方政府部门又发布了更加贴近当前社会发展、文化发展、技术发展的政策文件，以进一步应对和满足中小学图书馆新的建设要求。例如，2016 年，上海市教育委员会发布了《上海市普通中小学图书馆规程》[50]，目的是要进一步提高本市中小学图书馆的建设、管理和服务水平，充分发挥中小学图书馆在深化基础教育改革、全面推进素质教育、助推学习型社会建设过程中的作用。该《规程》包括性质和任务、机构和人员、文献资源的建设、管理和利用服务、条件保障、其他等 5 章 25 条。

在国际和国外的学校图书馆标准的发展方面，2002 年，国际图联和联合国教科文组织出版了由图书馆部（时称学校图书馆和资源中心部）编制的《国际图联/联合国教科文组织 学校图书馆指南》，为世界各国学校图书馆提供了统一的指导方针。为适应新的环境变化，2015 年 6 月，国际图联通过批准了《国际图联/联合国教科文组织 学校图书馆指南（第二版）》（*IFLA/UNESCO School Libraries Guidelines*, *2nd Edition*），为各国中小学图书馆提供更为全面均衡的指导性意见。《指南》中明确了学校图书馆的使命和目的，提出法律和经济框架，并对学校图书馆的人力资源、实体和数字资源、活动、评估和公共关系作出了规定，旨在协助学校图书馆专业人员和教育决策者致力于保障所有学生和教师都能使用由符合资质的学校图书馆工作人员所提供的、有效的学校图书馆活动和服务。[51]

美国加利福尼亚州教育部于 2010 年 9 月 16 日通过并开始采用了《加州公立学校图书馆标准范本》（*Model School Library Standards for California Public Schools*）[52]，共分为学校图书馆面向学生的标准和学校图书馆专门标准两个方面，该《标准》描述了幼儿园至十二年级各年级水平或年级段的学生应做和能做的事情，旨在引导学生不断学习以成为终身学习者，帮助学生在校期间、接受更高教育时以及在未来工作中获得成功，此外，该标准还确定了职工、资源和基础设施的基本要求，以提高学校图书馆效率。该《标准》作为面向幼儿园至十二年级的学校图书馆的指导方案，鼓励当地的决策者及教育工作者使用标准来制定图书馆政策、课程及教学策略，以快捷高效的方式向学生传递知识。

五、其他类型图书馆建设标准化

（一）党校图书馆建设标准化

党校图书馆工作是党校工作的重要组成部分，在《中国共产党党校工作条例》（2008 年）中，要求“党校要重视图书馆（室）建设。中央党校和省、自治区、直辖市委党校图书馆要办成多功能、现代化的综合性文献资料中心，要创造条件，不断提高图书馆（室）的数字化水平”。为适应新技术形式下的党员领导干部阅读和学习需求，不断加强文献信息资源建设，改善党校教学科研服务，由中央党校牵头，陆续出台了一系列政策文件和标准规范性文件。

2006 年 7 月 14 日，中共中央党校办公厅印发了《全国党校图书馆数字资源建设规划（2006—2010）》及《全国党校图书馆数字资源共建共享工作条例（试行）》，其中《工作条例（试行）》分为总则、组织工作、资源共建、资源共享、附则，共5章18条，规范了党校图书馆在数字资源共建共享过程中的组织、协调、承建单位责任等事项，以便形成一定规模的数字资源，更好为党校教学科研开展服务。2007年，中央党校图书馆还印发了《全国党校图书馆数字资源共建共享基本标准与规范（试行）》，对党校图书馆数字资源建设提出了具体要求，为加快图书馆数字化建设，提供高质量的数字资源服务提供保证。

2010年，全国党校数字图书馆理事会制定发布了《全国党校数字图书馆资源建设指南》[53]。该《指南》共列有14条规定，指出了全国党校数字图书馆资源建设的目标。《指南》还规定了全国党校数字图书馆资源的建设原则、建设方式、建设工作内容、建设策略、建设经费、建设管理等方面的内容，以规范和促进全国党校数字图书馆资源建设工作，不断提高图书馆的信息化和数字化服务水平。

2016年7月，在全国党校系统图书馆工作会议上，中央党校发布了《关于进一步发挥党校图书馆功能的若干意见》《党校图书馆工作规程》《全国党校系统数字资源建设规划（2016—2020年）》。《关于进一步发挥党校图书馆功能的若干意见》明确了新形势下党校图书馆的定位，即"为党校教学、科研与智库建设提供信息服务与资源保障"，并围绕这一定位提出了应发挥好的3个方面的功能。[54]《党校图书馆工作规程》（2010年）分为总则、管理体制和组织机构、信息资源建设与信息服务、科学研究、人才队伍建设、经费和设备设施、附则，共7章32条。2016年7月，在全国党校系统图书馆工作会议上，中央党校发布《全国党校系统图书馆数字资源建设规划（2016—2020年）》。此前，中共中央党校已制定发布了多份《建设规划》，以推动全国党校系统图书馆适应社会进步要求不断发展，如中共中央党校办公厅已于2006年7月14日印发的《全国党校系统图书馆数字资源建设规划（2006—2010）》、中央党校图书馆已于2010年12月制定发布的《全国党校数字图书馆资源建设规划（2011—2015）》。

2017年，中共中央党校图书馆制定了《全国党校系统图书馆"四大专题数据库"建设实施方案》以及《全国党校系统数字资源建设技术标准规范》，力图在未来5年，通过"四大专题数据库"建设，进一步完善数字资源服务体系建设，增强党校图书馆支持党校工作的服务能力。

（二）残疾人图书馆（室）建设标准化

2012 年 3 月，中共中央宣传部、中国残联等 11 个部门联合制定《关于加强残疾人文化建设的意见》。要求“中国盲文图书馆要充分发挥示范性、指导性和综合性盲人文化资讯服务中心作用；各级公共图书馆要建立盲人阅览室，配置盲文读物及相关设备；支持乡（镇、街道）、村（社区）设立残疾人阅读专柜（角）”。“全国残疾人读书指导委员会”要进一步发挥各级图书馆的专业指导作用，指导残疾人更好地阅读学习，提高残疾人的文化素质。随后，浙江省、江西省、河南省等各省陆续发布文件，立足各省情况推动残疾人文化建设和图书馆建设。例如，浙江省发布的《浙江省关于加强残疾人文化建设的实施意见》[55]。2015 年，中国残疾人联合会、教育部、国家语委、国家新闻出版广电总局联合制定印发的《国家手语和盲文规范化行动计划（2015—2020 年）》，要求“在推动各级公共图书馆建立盲人阅览室、做好盲人阅读服务工作的同时，推广国家通用盲文”。2016 年 8 月，国务院印发《“十三五”加快残疾人小康进程规划纲要》，要求“有条件的市（地）、县（市、区）公共图书馆设立盲人阅览室，配置盲文图书、有声读物、大字读物及阅读辅助设备。开展残疾人文化周、残疾人阅读推广等群众性文化活动”，“继续建设中国残疾人数字图书馆和移动数字图书馆，通过建设中国盲人数字图书馆构建盲文数字出版和数字有声读物资源平台”。

相关法律法规的出台为图书馆（室）开展残疾人服务提供了法律保障。2012 年出台的《无障碍环境建设条例》规定“设区的市级以上人民政府设立的公共图书馆应当开设视力残疾人阅览室，提供盲文读物、有声读物，其他图书馆应当逐步开设视力残疾人阅览室”[56]。地方政府颁布的《深圳市无障碍环境建设条例》（2009 年）、《陕西省实施〈无障碍环境建设条例〉办法》（2015 年）、《山西省实施〈无障碍环境建设条例〉办法》（2015 年）、《吉林省无障碍环境建设管理办法》（2016 年）、《广东省无障碍环境建设管理规定》（2016 年）等文件也对视力残疾人阅览室的设立、文献信息资源配备、设施配备、技术等作出了规定。

此外，各级政府还颁布了以特殊教育学校图书馆（室）建设为对象的政策性文件和标准。2011 年，国家住房和城乡建设部、国家发展和改革委员会下发的《特殊教育学校建设标准》对盲校、聋校、培智学校图书阅览室的使用面积等提出了要求。国家建设部、教育部发布的《特殊教育学校建筑设计规范》（JGJ 76-2003）对图书室（阅览室）的图书设备的配置作出了规定。

地方政府发布的特殊教育学校图书馆（室）政策文件如成都市教育局《成都市特殊教育学校装备标准（试行）》（2014 年）[57]，其中对图书室图书、各类设施设备的数量提出了具体标准。在 2017 年 8 月 22 日，上海市教育委员会制定并发布了《上海市特殊教育学校图书馆建设指南（试行）》[58]，这是针对盲校、聋校、辅读学校、特殊职业教育学校的图书馆建设的专门性文件，表明图书馆在特殊教育学校中的地位愈发重要。该文件旨在通过提高图书馆的装备、管理与服务水平，规范并促进特殊教育学校图书馆装备的配置与管理，充分发挥图书馆在学校教书育人中的作用，创设有利于残疾学生成长的良好环境。该《指南》包括总则、设施设备、文献资源、管理与服务、其他等 5 部分，涉及文献资源数量和结构、设施设备配备、建设面积、人员建设等各方面，不仅给出了盲校、聋校、辅读学校的图书馆使用面积具体标准，而且文献资源采购既要根据学生特点选购各类书籍，而且重视学生的教育学习和素质拓展，充分突出了各类特殊教育学校图书馆的建设需求。

第四节　图书馆管理标准化

为了提升图书馆管理的效率和水平，实现图书馆发展的现代化，需要对图书馆管理的内容、流程和方法等方面建立统一的原则和规范，它是现代图书馆管理的一项重要的组成部分和基础工作。本节在对图书馆管理标准化发展回顾、总结的基础上，提出建立图书馆管理标准体系，指出我国图书馆管理标准化成效和问题，以明确我国图书馆管理标准化的发展重点。

一、图书馆管理标准化现状

图书馆管理标准化涉及图书馆的业务流程、业务统计、图书馆员能力评价、安全管理以及图书馆评估标准化等部分的标准化内容。

19 世纪 50 年代，美国在图书馆领域开始实行统一编目，这代表了图书馆业务流程管理标准化的初步开始。到 20 世纪 70 年代初期，《国际标准书目著录》（初稿）出版、美国图书“在版编目”出现，图书馆业务流程管理的标准化在国际上经历了100余年的发展历程。我国图书馆业务流程管理标准化起步较晚，20世纪50年代后期开始了中、西、俄文统一编目，70年代初期出版了《中国图书馆图书分类法》。全国信息与文献标准化技术委员会（1979年12月2日成立）在图书馆业务流程管理标准化方面有突出贡献，到目前已陆续起草、上报、批准了大量相关标准，主要包括著录总则、著录规则、标引规则、各种代码等标准，对我国信息交流、文献利用、工作标准化、联机、联网、资源共享，都起到了十分重要的作用。

业务统计标准化方面，我国成立有全国信息与文献标准化技术委员会统计分会，该分会自1986年开始研制相关标准，主要涉及信息与文献机构的职能划分、文献类型划分、藏书量统计方法等领域的标准化工作。1992年5月1日，我国开始实施《情报和文献工作机构统计标准》（GB/T 13191—91）。2009年7月1日，国家标准化管理委员会发布《信息与文献 图书馆统计》（GB/T 13191—2009）新标准，代替原有《情报和文献工作机构统计标准》（GB/T 13191—91）。此外，我国公共图书馆界也实行有《全国文化、文物统计报表制度》，它同样是公共图书馆界的行业规范。此标准由原文化部制定、经国家统计局批准，于1996年10月1日起实施，现使用的最新版本从2007年11月1日起开始执行。

馆员能力评价标准化方面，我国至今尚未建立起全国统一的图书馆员能力评价标准。20世纪80年代，我国初步开始了图书馆员专业技术职称的评审工作，虽然经过30多年的发展，在全国实行统一的评价标准仍面临着很多问题，如今图书馆领域的馆员职称评审仍然由各省负责。2005年国家劳动和社会保障部、原文化部联合制定并颁布了《国家职业标准·图书资料馆员（试行）》办法，此标准作为图书馆从业人员职业资格认证的具体依据，仅仅是对图书馆员基本能力和知识的要求，同时缺少对馆长等管理者层面的具体规定。直到现在，这一图书馆职业准入制度基本没有贯彻实施。[59]

国家层面的针对图书馆安全管理的专门标准化文件，我国至今还尚未出台，但在现有的标准规范性文件当中有相关要求和规定，与自然隐患、建筑设备隐患等相关的传统图书馆安全管理标准相关的内容，在前文图书馆建筑设计标准和图书馆建筑设备标准中已有所阐述，这里不再赘述。

图书馆评估标准化方面，我国图书馆界于20世纪80年代开始研究和引进，评估工作主要集中在公共图书馆和高校图书馆两大系统，教育部和原文化部分别制定了对高校图书馆和公共图书馆的评估制度。我国图书馆界的评估工作最早开始于高校图书馆领域，1986 年，全国多个地区曾针对本地区内的高校图书馆展开过评估工作；1991 年，国家教委提出在“八五”期间（1991—1995 年）举行一次全国性的高校图书馆评估，出台了《关于开展普通高等学校图书馆评估工作的意见》；2003 年，教育部高等学校图书情报工作指导委员会对全国 700 多所本科院校、约 1100 多所高职高专院校进行了评估。有关公共图书馆的评估制度是每 4 年 1 次的全国范围内的公共图书馆评估定级工作，原文化部先后于 1994 年、1998 年、2004 年、2009 年、2013 年和 2017 年 6 次对全国县以上公共图书馆进行评估定级，成为促进我国公共文化事业发展和推动公共图书馆建设的重要推手。

二、图书馆管理标准体系

（一）图书馆业务流程管理标准

图书馆业务流程是一个结合搜集、分类、著录、标引、目录组织、典藏等不同环节的业务管理流程，因此可以从业务流程的不同环节对图书馆业务流程管理标准化的现状进行划分和梳理。

1. 搜集标准

在高校图书馆领域，教育部高等学校图书情报工作指导委员会文献资源建设工作组组织编写了《普通高等学校图书馆文献集中采购工作指南》，鉴于文献资源发展政策涉及图书馆工作的多个方面，文献资源建设工作组同时组织制定了《文献采选原则与标准编制指南》《文献资源发展协作指南》《文献经费预算与分配方案编制指南》《电子文献发展政策编制指南》《文献集中采购工作指南》《馆藏评价指南》和《馆藏复选指南》等。为进一步提升本馆的业务流程管理标准化、明确本馆的文献采集标准，有大量图书馆制定了本馆的《图书馆文献资源采购工作管理办法》《图书馆采购工作管理制度》等文件。以华中农业大学为例，首先出台了《华中农业大学图书采购工作管理办法》，同时结合电子资源采购工作的特点，制定了本馆的《图书馆电子资源采购制度及规范》。但也有大量的图书馆至今尚没有文献采访标准的明确规定，一方面原因是图书馆的文献采访原则与标准可能不对外公开，而只作为内部文件传阅和执行，另一方面是因为图书馆的采访工作多依靠馆员的工作经验和能力，没有规范的文字表述。[60]

2. 分类标准

20 世纪 70 年代初，国家有关部门组织了“中国图书馆图书分类法编辑委员会”负责编制一部具有代表性的大型综合性分类法新分类法，在 1973 年出版了试用版后，《中国图书馆图书分类法》于 1975 年科学技术文献出版社出版第 1 版，1980 年书目文献出版社出版修订第 2 版，1990 年出版修订第 3 版，1999 年出版的第 4 版改名为《中国图书馆分类法》，除此之外还有简版和专用版、维吾尔文版、日文版等。到 2010 年，国家图书馆出版社出版了《中国图书馆分类法》（第 5 版）。1981 年 10 月，国家标准总局转发了《全国分类法、主题法检索体系标准化会议纪要》，主要针对《中国图书馆图书分类法》和《汉语主题词表》两个标准，国家标准局在 1981 年发文推荐为国家标准试用本，推广其在全国的使用，目前已为我国图书情报界普遍使用，并成为出版界在版编目所使用的分类法。《中国科学院图书馆分类法》《中国人民大学图书馆图书分类法》《中国图书资料分类法》等也是我国图书分类的重要依据，现在国内用的较多的图书分类法为《中国图书馆分类法》和《中国科学院图书馆分类法》。

国际上，美国国会图书馆分类法（Library of Congress Classification，LCC）、国际十进分类法（Universal Decimal Classification，UDC）、美国国会图书馆标题表（Library of Congress Subject Headings，LCSH）、冒号分类法（Conlon Classification，CC）、日本十进分类法（Nippon Decimal Classification，NDC）、布利斯书目分类法（Bliss Bibliographic Classification，BC）等均为图书整理分类的重要依据。

3. 著录标准

从 1983 年起，全国情报文献工作标准化技术委员会先后制定了系列《文献著录》国家标准（GB/T 3792）、《检索期刊条目著录规则》（GB 3793—83）、《文献主题标引规则》（GB 3860—83）、《文后参考文献著录规则》（GB 7714—87）、《文摘编写规则》（GB 6447—86）等著录标准。《文献著录总则》（GB 3792.1—83）及各分则的颁布与实施，是我国文献著录工作走向标准化的重要标志，使我国文献著录规则趋于系列化。[61] 目前现行的著录国家标准主要为 GB/T 3792 系列，包括：《文献著录 第 1 部分：总则》（GB/T 3792. 1—2009）、《普通图书著录规则》（GB/T 3792. 2—2006）、《文献著录 第 3 部分：连续性资源》（GB/T 3792. 3—2009）、《文献著录 第4 部分：非书资料》（GB/T 3792. 4—2009）、《测绘制图资料著录规则》（GB/T 3792. 6—2005）、《古籍著录规则》（GB/T 3792. 7—2008）、《文献著录 第 9 部分：电子资源》（GB/T 3792. 9—2009）。此外，还有《信息与文献 参考文献著录规则》（GB/T 7714—2015）、《检索期刊条目著录规则》（GB/T 3793—1983）等。

国际上，20 世纪二三十年代欧洲大陆各国多采用《普鲁士规则》、《英美编目条例》（AACR）等规则，对著录方法尤其是著录标目的选择作了区域性的标准化规定。为构建世界各国普遍接受的统一著录规则，编制统一的国际机读目录，国际图书馆协会联合会编目委员会对目录著录格式逐步作出国际性的标准化规定，1971 年该委员会在英国伦敦发表《国际标准书目著录格式（ISBD)》（初稿），后又连续出版有著录总则（ISBD［G］）、专著的著录规则（ISBD［M］）、连续出版物著录规则（ISBD［S］）、图谱资料著录规则（ISBD［CM］）等。

4. 标引标准

在各图书馆及各大联合编目中心中文文献主题标引中，《中国分类主题词表》《汉语主题词表》《文献主题标引规则》等规则中被普遍应用。但也存在联合编目中心自行编制主题标引手册的情况，如《中国社会科学院图书馆社会科学文献分类主题标引手册》。而在西文文献主题标引中，各图书馆及联合编目中心普遍使用《美国国会标题表》及《美国医学主题词表》。同时，编目机构在著录和标引工作中还会应用相应的规范控制规范。大陆地区各联合编目中心中文书目规范控制普遍遵循《中国机读规范格式》《中国文献编目规则》和《中国机读规范格式使用手册》来进行，有些联合编目中心也根据实际工作需求自行制定了规范控制规范。西文文献规范控制规则上，各联合编目中心普遍应用《UNIMARC/规范格式》和《规范款目与参照款目指南》。如今，MARC 已经成为我国图书馆的编目工作行业数据交换的标准格式，但国内还没有实现行业间编目标准的统一。[62] 此外，还有书目数据元目录系列标准（GB/T 19688）、《信息与文献 信息交换格式》（GB/T 2901—2012）、《文献主题标引规则》（GB/T 3860—2009）、《文字条目通用排序规则》（GB/T 13418—1992）等采标的标准。

5. 目录组织和典藏标准

图书馆目录组织和典藏是图书馆业务流程的最后一个环节。在目录组织方面，《目录组织规则（图书部分）》由北京图书馆（现国家图书馆）编目部编辑、书目文献出版社于 1984 年出版，是北京图书馆的中、西、俄、日文图书目录组织规则，该规则规定了目录的组织工作和目录体系。典藏工作包括书库划分、图书排列、图书装修、图书清点等。我国目前已有的相关标准，例如《中国机读书目格式》（GB/T 33286—2016）、《索引编制规则（总则）》（GB/T 22466—2008）、《馆藏说明》（GB/T 24424—2009）、《书目信息交换用希腊字母编码字符集》（GB/T 13141—1991）、《书目信息交换用拉丁字母代码字符扩充集》（GB/T 13142—1991）、《文献管理 长期保存的电子文档文件格式 第 1 部分》（GB/T 23286. 1—2009）、《基于文件的电子信息的长期保存》（GB/T 23283—2009）等采标的标准。

（二）图书馆业务统计标准

1992 年 5 月 1 日，我国图书馆业务统计标准《情报和文献工作机构统计标准》（GB/T 13191—91）由国家技术监督局发布并开始实施。我国国家标准化管理委员会于 2009 年 7 月 1 日发布《信息与文献 图书馆统计》（GB/T 13191—2009）新标准，代替原有《情报和文献工作机构统计标准》（GB/T 13191—91）标准。2013 年，ISO 又进一步更新标准为《信息与文献 国际图书馆统计》（ISO 2789: 2013），文标会第八分会也持续跟踪研究。1996 年原文化部制定了《全国文化、文物统计报表制度》（2017 年修订），为公共图书馆统计提供了重要的规范。2010 年，我国乡镇图书馆标准体系研究提上日程，国家质检总局启动公益性行业科研项目“我国乡镇、社区图书馆管理标准研究”。《乡镇图书馆统计与评估指南》作为该项目中的文化行业标准，其成果含《乡镇图书馆评估指南》和《乡镇图书馆统计指南》两个标准文本。《乡镇图书馆统计指南》对于乡镇图书馆基础设施、现代化技术设备、人员、经费、馆藏资源、普通服务、社会教育活动均逐条作了详细规定，对指导乡镇图书馆的业务统计工作发挥着重要作用。2012 年 10 月 25 日，《图书馆数字资源统计规范》（WH/T 47-2012）正式发布，此规范由国家图书馆、原文化部全国文化信息资源建设管理中心、安徽省图书馆三家单位联合起草，广泛借鉴国内外已有的研究成果，同时兼顾国际、国家和行业同类标准，针对数字资源统计特性，细化了与数字资源相关的统计指标和方法，在《信息与文献 图书馆统计》指标体系中进行了有效的拓展。[63]

此外，在数字资源统计方面，国家图书馆制定了《国家图书馆数字资源统计标准》，标准还配套提出《国家图书馆数字资源统计标准应用指南》。为了规范全国高校图书馆的数字资源计量、统计工作，中国高等教育文献保障系统（CALIS）在《高等学校图书馆数字资源计量指南》（2004 年）的基础上，修订提出《高等学校图书馆数字资源计量指南》（2007 年），规定了数字资源的定义、分类、计量方法等。[64]全国文化信息资源共享工程以国家“十一五”规划对文化共享工程的量化指标为依据，对资源、服务、队伍、培训、资金进行指标细化，并以月报表形式由各级中心逐级向上汇总上报。

国际上，国际标准化组织（ISO）与国际图书馆协会联合会（IFLA）为了促进图书馆统计和图书馆界的交流，出台有《信息与文献 国际图书馆统计》（ISO 2789: 2013）。[65]该标准在 1974 年第 1 版的基础上，先后经历了 1991 年、2003 年、2006 年、2013 年的 4 次扩充和修订，最新的一版是 2013 年 9 月出版的第五版即 ISO 2789: 2013[66]。现行的标准将统计的项目分为图书馆、图书馆服务和使用、馆藏、获取和设备、管理、经费和支出、图书馆员工六大类。除此之外，ISO 下属分技术委员会 TC 46/SC 8 还发布了《图书、报纸、期刊和电子出版物的生产和销售量的统计》（ISO 9707: 2008）、《网页存档的统计与质量问题》（ISO/TR 1487: 2013）等图书馆统计标准[67]。美国制定了《信息服务和使用：图书馆和信息服务机构统计指标 数据字典》（NISO Z39. 7-2004），并多次修改。其他国家制定的统计标准还包括英国采用 ISO 出版的 ISO 9230、ISO 9707 与 ISO 2789 等 3 个标准、加拿大图书馆统计标准草案（1988）、德国图书馆统计标准 DIN 1425: 1981、瑞典图书馆统计标准（1989），这些标准几乎完全采用 ISO 2789: 1974 的内容。[68]

（三）图书馆馆员能力评价标准

1981 年，国务院颁布《图书、档案、资料专业干部职称暂行条例》，将图书资料专业人员分为高（研究馆员、副研究馆员）、中（馆员）、初（助理馆员、管理员）三级，这符合图书馆多层次知识构成的工作性质。[69] 2004 年 7 月，国家劳动和社会保障部与原文化部为进一步规范对图书资料馆员、古籍馆员以及文物修复师 3 种职业的管理，联合颁布了《图书资料馆员》《古籍馆员》和《文献修复师》等 3 个国家职业标准。我国图书馆界从 21 世纪初开始了图书馆职业认证标准化的探索征程，各级图书馆学会发挥了重要作用，其中以中国图书馆学会贡献最为突出。中国图书馆学会从 2001 年起草有《关于中国图书馆学会申请图书馆员职业资格认证的报告》《关于中国图书馆学会承担全国性行业学会职业培训的报告》等，2002 年通过《中国图书馆员职业道德准则（试行)》，2003 完成《世界主要国家图书馆的职业资格认证制度》的调研报告，2004 年成立了《文化行业国家职业标准·图书资料馆员》职业资格培训教材编写小组，并向原文化部递交了《关于申请承担图书资料馆员职业资格认证培训工作的函》。此后，中国图书馆学会积极协助国家劳动和社会保障部和原文化部完成了《文化行业国家职业标准·图书资料馆员》(试行)、《文化行业国家职业标准·古籍馆员》(试行）和《文化行业国家职业标准·文献修复师》(试行）3 个教学大纲的编写工作[70]。

（四）图书馆安全管理标准

图书馆的安全管理不仅包括传统的实体安全管理，还包括图书馆非传统的虚拟网络安全管理。传统的实体安全管理主要包括对馆舍建筑、仪器设备、人员安全、馆藏书籍资料等的安全管理，如馆舍建筑的选址、设计和布局安全问题，火灾、水灾、温、湿、光照等自然因素产生的安全隐患，书架载重等设施设备设计或者使用过程中存在的安全问题，包括老人、儿童等特殊群体与馆员在内的人员的安全问题以及馆内的突发性事件危机应急管理问题，这些都是图书馆传统安全管理的应有之义。

新媒体信息时代的大背景下，图书馆向数字化、信息化、智能化方向发展，使得图书馆网络安全管理即图书馆非传统的虚拟网络安全管理问题凸显。2017 年 9 月，由原文化部牵头的“全国数字图书馆建设与服务联席会议”审议通过了上海图书馆主持编写的《数字图书馆安全管理指南》[71]。目前国内尚未有专门针对图书馆安全管理的标准发布，数字图书馆信息安全管理标准也多集中在技术类标准规范的信息安全。[72]

（五）图书馆评估标准

图书馆评估是推动图书馆服务提升的可靠保证，是彰显其价值的有效手段。因此，越来越多的图书馆重视评估工作，通过评估发现自身不足，促进图书馆工作的改进和提升。目前有关图书馆的评估标准化主要集中在公共图书馆评估定级标准和图书馆绩效评估标准两个方面。

1. 图书馆评估定级与指导标准

（1）公共图书馆评估定级标准

公共图书馆评估制度的缘起，最早可以追溯到20世纪80年代由天津市公共系统26个图书馆率先开展的以优质服务为中心的创“文明图书馆”竞赛活动。[73]随后，全国多个省市开展这一活动，活动成效显著，因此受到原文化部的重视，随之原文化部出台专门的文件在全国范围内推广该活动，并且公布相关标准和条件。原文化部先后于1994年、1998年、2004年、2009年、2013年和2017年对我国县级以上公共图书馆展开过评估定级工作，每次评估都发布有相应的评估标准，目前该项评估定级工作已形成了一项具有长效性和稳定性的评估制度。2017年1月5日，原文化部办公厅正式下发《关于开展第六次全国县级以上公共图书馆评估定级工作的通知》（办公共函［2017］5号），并发布了评估定级的6套标准：《省级（副省级）图书馆等级必备条件和评估标准》《地市级图书馆等级必备条件和评估标准》《县级图书馆等级必备条件和评估标准》《省级（副省级）少年儿童图书馆等级必备条件和评估标准》《地市级少年儿童图书馆等级必备条件和评估标准》《县级少年儿童图书馆等级必备条件和评估标准》（详见附件一到附件六），同时在原文化部官网上进行信息公开发布。[74]第六次全国公共图书馆评估定级标准，以科学理论为指导，全方位分类分级设置评估指标，创新构建了“服务效能、业务建设、保障条件”三位一体的评估指标体系，且增加了很多以创新与效能为导向的新指标。充分考虑事业发展和全国东中西现实差异，设置加分项，是本次评估定级标准的最大亮点。

（2）公共图书馆评估指导标准

我国颁布的首个针对公共图书馆评估的文化行业标准是2015年1月9日发布的公共图书馆评估指标系列文化行业标准，于同年4月1日正式实施。该系列标准共包括 6 个部分：《公共图书馆评估指标 第 1 部分：省级公共图书馆》(WH/T 70.1-2015)、《公共图书馆评估指标 第 2 部分：市级公共图书馆》(WH/T 70.2-2015)、《公共图书馆评估指标 第 3 部分：县级公共图书馆》(WH/T 70.3-2015)、《公共图书馆评估指标 第 4 部分：省级少年儿童图书馆》(WH/T 70.4-2015)、《公共图书馆评估指标 第 5 部分：市级少年儿童图书馆》(WH/T 70.5-2015) 和《公共图书馆评估指标 第 6 部分：县级少年儿童图书馆》(WH/T 70.6-2015)，该系列标准为开展公共图书馆评估定级工作提供了一套具体的指标体系和标准方法，从行业层面对公共图书馆的评估定级工作作了规范和引导。

（3）高校图书馆评估标准

进入 21 世纪以来，我国高校图书馆评估在教育部的指导和管理之下逐步推进。2003 年，教育部发布《普通高校图书馆评估指标（征求意见稿）》及关于评估办法的说明，2006 年教育部公布《普通高等学校图书馆评估指标(修改稿)》，我国高校图书馆评估走向了制度化和规范化轨道。同时，教育部将图书馆的等级标准列入了普通高等学校本科教学评估指标体系，这有效地保障了高校图书馆的经费建设，开创了高校图书馆发展的新格局。2017 年 7 月由教育部高校图书情报工作指导委员会战略规划组主办的全国高校图书馆统计与评估研讨会在安徽医科大学召开，会议紧紧围绕“高校图书馆统计与评估”核心主题，通过政策解读、国外先进实践分享等环节有效推动了高校图书馆评估工作实践，同时，该研讨会是教育部高校图工委主持召开的第一次图书馆统计评估专题研讨会，对我国高等学校图书馆的转型发展具有重要指导意义。经过 20 多年的有效建设，国内高校图书馆评估从个别院校试点走向区域评估，再到全国范围的整体评估，并最终走向全国统一的普通高等学校本科教学水平评估，我国高校图书馆评估实践稳步拓展，标准体系逐步完善，在很大程度上保障了高校图书馆的资源、管理和服务的提升，促进高校图书馆事业稳步协调发展。

2. 图书馆绩效评估标准

绩效评估，最初源于企业管理领域，20 世纪六七十年代，在美国图书馆界首次引入绩效评估方法，从而开辟了图书馆界对于绩效评估的研究和实践发展。有关什么是图书馆绩效，国内外图书馆领域不同学者都有着各自的定义和理解，目前并未形成一个统一的定义，ISO 对于图书馆绩效下了一个定义：图书馆绩效是图书馆提供服务的效能以及拨款和资源利用在提供服务中的效率。简言之，该定义认为绩效是效能与效率的有机结合。国内有关图书馆绩效评估的研究始于 2000 年以后，2001 年国家图书馆借鉴国际标准，结合国家图书馆的特点制定了《国家图书馆绩效评估指标体系》。此外，图书馆具体业务领域也有相关的绩效评估标准和标准化成果。例如在文献资源绩效评估标准方面，国内很多公共图书馆和学术图书馆参照《信息与文献 图书馆绩效指标》（ISO 11620: 2014），结合本馆实际工作制定了文献资源绩效指标，如国家图书馆制定《图书馆绩效评估指标——文献资源绩效评估指标》，吉汉强等人撰写了《文献资源建设绩效评价指标体系构建的实践研究》等。

三、我国图书馆管理标准化成效和问题

近年来，现代公共文化服务体系逐步完善，我国图书馆管理标准化建设取得了一定的成效，初步形成了包括业务流程、业务统计、馆员能力评价、安全管理和评估 5 个方面的管理标准体系，形成了一系列图书馆管理领域重要的标准化成果，但仍然存在着一些值得注意的问题：

第一，图书馆管理标准化发展不平衡。虽然我国图书馆标准化工作不断完善，但目前就图书馆管理领域标准化的发展还存在很大的不平衡，比如我国现有的图书馆绩效评价标准已经有国家标准和行业标准，但在实践应用中，行业标准仍然不健全，高校图书馆绩效评估考核并未涉及。总体来说，图书馆业务流程管理标准发展情况较好，而图书馆业务统计标准和职业资格认证标准发展缓慢，绩效评估研究起步较晚，国家层面的针对图书馆安全管理的专门标准化文件缺乏，急需加快制定相关标准，以丰富和进一步完善图书馆标准化体系。

第二，图书馆管理标准化更新不及时。相关标准更新普遍较慢，据调查多数标准的更新周期都在 10 年以上，有些标准更是发布了 20 多年都未曾更新过。在数字化、网络化的新环境之下，许多传统的指标体系和方法已经不适应新时期图书馆管理的要求，如：馆藏概念的变化，包括电子文献采购数量增加等；各馆关于借阅率和到馆率统计等统计标准方面的差异。这些情况导致各馆的统计数据在某些方面因缺乏统一标准，不具备可比性。这与快速发展的图书馆事业不相适应，也为图书馆标准化健康发展埋下了隐患。

第三，我国图书馆管理标准化水平与发达国家存在差距。我国图书馆业务

管理领域的相关标准虽然在逐年递增，但整体数量还相对较少，采用国际标准数量少；我国与发达国家相比，图书馆服务效益评价指标、方法和体系方面存在差距，呈现出理论研究方面大量引进国外先进经验，而实践应用研究略显不足的特点，虽然目前我国高校和公共图书馆已形成了较完整的指标体系，并开展了较大规模的评估实践，但是在实践操作层面还存在不足[75]；图书馆绩效评估研究还处于一个相对薄弱的阶段，虽然与国际接轨，但很多研究还只是对国外理论、方法的引入，这意味着我国图书馆标准化工作还有待进一步加强。

四、我国图书馆管理标准化发展重点

如今，计算机和互联网技术已经广泛应用于图书馆业务工作的很多领域，如果没有全国范围内统一的文献信息分类法、主题标引规则、文献著录条例、机读目录格式、图书馆业务技术规格，以及统一的图书馆现代化设备和技术标准、网络数据传输协议、信息存储和处理标准，图书馆难以实现真正的自动化、现代化和智慧化。通过梳理图书馆各个模块的管理标准，为进一步促进和提升图书馆管理工作质量，图书馆管理标准化发展主要在以下几方面还有待加强：

（一）完善图书馆管理标准体系，提升图书馆业务标准化水平

随着我国图书馆事业的蓬勃发展，图书馆应着手建立和完善图书馆管理标准，完善图书馆标准化发展格局。

第一，建立图书馆安全管理标准。出台国家层面的针对图书馆安全管理的专门标准化文件，考虑到现有数字图书馆信息安全管理标准也多集中在技术类标准规范的信息安全方面[76]，针对新媒体信息时代的大背景下，图书馆朝数字化、信息化、智能化方向发展，使得图书馆网络安全管理即图书馆非传统的虚拟网络安全管理问题也日益凸显，势必需要加快建立相应的安全管理标准。

第二，加强基层图书馆的统计标准。基层图书馆的建设是未来公共图书馆建设的关键，其统计工作是公共图书馆业务统计和新兴业务工作的重点。根据基层图书馆业务统计的实际情况，逐步建立并完善基层图书馆统计标准，提升基层图书馆业务标准化水平，规范图书馆统计指标设定。统一地方统计年鉴统计标准，国家统计局应该规范省、市级统计指标及统计口径，解决各城市统计年鉴不统一的现状，并且由文化部指导图书馆的统计工作。[77]

第三，完善图书馆员职业资格认证标准体系。要完善图书馆员职业资格认证标准体系，应逐渐完善相应的制度法律保障体系。2018 年 1 月 1 日起施行的《中华人民共和国公共图书馆法》并没有对图书馆职业资格认证标准有明确的规定，因此在以后图书馆法修订中可增加相应内容，明确图书馆员的任职条件，规范图书馆员的工作责任，确立图书馆员的社会地位。图书馆员职业资格认证制度的实施需要相关法律的配套和支持，如图书馆员职业资格认证制度的职业回报政策、解决图书馆的行业自律的财政法等。[78] 从我国图书馆馆员职业认证标准发展的进程来看，已有的相关政策和标准都离不开专业协会的积极作用。我国 2013 年“国务院机构改革方案”明确规定，“减少资质资格许可，对不符合行政许可法规定的，一律予以取消；按规定需要对企业事业单位和个人进行水平评价的，改由有关行业协会、学会具体认定”[79]。同时，中国图书馆学会越来越多地承担起了政府职能转移的部分事项，已经在第六次全国县级以上公共图书馆评估中发挥了重要作用，并制定了评估的具体标准，此外，强调图书馆员职业资格认证的标准、模型和实施方案的制定。[80]

（二）及时更新和修订工作机制，适应图书馆管理发展新要求

社会环境的巨大变化要求图书馆业务工作时刻紧跟时代步伐，及时更新和修订业务流程管理标准能够保证图书馆业务工作的先进性和规范性。主要从以下几方面来适应图书馆管理发展的新要求：

第一，及时更新和修订相关业务标准。标准修订的任务主要是在原有基础上对相关标准的修改、补充和完善，包括增加新的内容、删除陈旧过时的条款、更新指标、补充细则等[81]。图书馆标准化的要求包括两个方面：一是建立新的标准，二是更新已有标准。图书馆业务管理工作新的需求要求建立新的相应的标准，但同时不可忽视社会环境的变化对原有标准新的要求。从已有标准更新的现状来说，大部分的标准更新缓慢，有些标准更新间隔时长二十多年，有些标准自出台以来至今也没有更新。当然也不是说每一个标准固定几年就一定要更新，或者出台新的标准来代替它，但却需要标准的管理部门建立相应的标准更新管理机制，时刻关注图书馆业务管理领域环境的新变化，从图书馆业务管理和服务读者的角度，及时关注国际相关标准的更新变化，同时让现行标准更好地满足当下社会环境发展的新要求。

第二，及时完善和更新统计标准体系。信息化背景下，统计指标不应局限

于传统的体系，而应根据工作的实际需要有所变化，及时增加新的统计内容，完善体系的基础上制定新的统计标准。读者服务方面，应加强读者咨询、电子资源建设、开发、利用及共享方面的统计。确定统计标准和指标的情况下，加强统计分析与研究。[82]以《情报和文献工作机构统计标准》为例，该标准于1991年颁布，但直到2009年才对其进行修订和更新并颁布新的版本，统计标准的更新缓慢影响了统计项目设置的完整性和先进性[83]。图书馆统计标准应根据不同的图书馆分类制定，根据图书馆的实际需求不断发展。[84]同时，定期进行信息反馈，收集一线统计人员意见，根据各种复杂的业务情况不断更新与修订，实现统计口径规范化。

第三，及时修订图书馆绩效评估标准。图书馆绩效评估标准应遵循发展性原则，紧跟图书馆实践工作发展不断更新和完善指标。绩效评估的发展需要紧随图书馆工作发展而持续更新，现有的国家标准提供了已经被图书馆界公认或验证的绩效指标，但是并没有完全涵盖。新时代背景下，不断出现新的绩效指标和评估方法，并可能被纳入该标准之外的版本中。因此，图书馆在进行绩效评估时，不排除使用尚未列入本标准的绩效指标。

（三）建立图书馆评估长效机制，加强推动图书馆管理标准化

图书馆绩效评估既是对图书馆服务的监督与评估，也是向社会展示图书馆自身价值的有效途径。[85]随着我国图书馆事业的快速发展，图书馆应重视建立图书馆评估长效机制，促使图书馆服务成效和预期目标相接近，推动图书馆管理标准化。

第一，借鉴发达国家先进经验，完善图书馆绩效评估指标。图书馆事业的国际化发展要求我们与国际接轨。发达国家的图书馆绩效评估体系已很成熟，但我国图书馆管理标准化水平与其相比还有一定的差距，因此影响了我国图书馆员的国际地位和中外图书馆之间的有效交流。在制定和实施我国图书馆管理标准的过程中可以借鉴发达国家已有的相关标准和经验，并结合我国图书馆事业发展的具体实际，制定出适合我国图书馆界绩效评估的长效机制。国外的绩效评估标准在2014年就发布了最新版本的ISO标准，国内的标准化工作不能停滞不前，需要瞄准整个行业发展态势，及时作出更新和调整。

第二，充分发挥图书馆评估对管理标准化的推动作用。我国图书馆统计指标体系研究现状与图书馆事业的发展不统一，这要求我们利用图书馆评估的良

好机遇，充分发挥图书馆评估“以评促建”的作用。如今，社会日益重视图书馆的服务效益评价。自20世纪90年代初国家教委发布“关于开展普通高等学校图书馆评估工作的意见”起，各地教育主管部门、高校图工委也陆续进行了一些针对高校图书馆的专项评估。特别是1994年以来，6次全国公共图书馆评估工作中使用的一些评估指标，就是对图书馆的投入、产出和服务效益的定量揭示。历次评估标准在业务管理规范化方面的要求不断加强，评估定级为图书馆工作规范化打下基础。对图书馆而言，应根据评估标准对本馆业务工作采取相应的整改措施，促进工作标准化水平的提升，提高图书馆办馆水平。[86]公共图书馆评估和高校图书馆评估不能代表我国图书馆事业评估的全部内容，但是可以起到带动和引领示范的作用，为其他种类和体系的图书馆评估提供借鉴，带动整个图书馆事业的发展。

第三，以国家标准为基础，凸显特色的地域和行业标准。我国现有的图书馆绩效评价标准已经有国家标准和行业标准，但在实践应用中，行业标准仍然不健全，如高校图书馆绩效评估考核并未涉及。图书馆管理的标准化不是一概而论的标准化，可以根据具体实际情况体现出具体的特点。图书馆质量评价标准是以图书馆统计标准为基础的。但我国对图书馆统计却没有给予应有的重视和系统深入的研究。[87]因此在标准设置过程中，应以国家标准为依据，根据地方或行业领域图书馆的具体发展情况，制定适合本地区、本行业、本馆自身的业务统计标准，同时与国家标准形成良好的对接。同时，建立完整的图书馆指标体系反映图书馆工作的全貌，应从数量方面来反映图书馆管理过程。此外，除了评估全馆的绩效，体系中还应包含全方位的指标，以便能分别评价图书馆各部门的绩效。同时，指标的设置如果过于繁琐，反而不利于管理，应突出核心指标。

第五节 总结与展望

一、总结

本章重点围绕图书馆建设和管理标准化展开调研和分析，借鉴国外涉及图书馆建设和管理的相关标准，从4个方面展开论述，即建设和管理标准化概述，建筑与设施设备、各类型图书馆建设、各类型图书馆管理标准化等角度，从标准化发展、标准化成果、标准化建设成效、标准化问题、标准化发展重点进行论述，较为全面地收集和整理了我国图书馆建设和管理的相关标准及政策文件，并且较为系统地展现了当前我国图书馆建设和管理标准化进展、成果、存在问题及发展方向等。

本章共分为4个小节，图书馆建设和管理标准化概述部分概括了我国、美国、澳大利亚、英国、日本等国的相关标准。图书馆建筑与设施设备标准化部分总结了图书馆建筑设计、空间布局、设施设备配备、安全防范、环境调节等方面标准。各类型图书馆建设标准化部分覆盖了公共图书馆、高校图书馆、中小学图书馆、专业图书馆、党校图书馆等各类图书馆建设的相关标准。图书馆管理标准化部分主要涉及图书馆业务流程管理、业务统计、馆员能力评价、安全管理和评估工作的标准整理。

二、未来展望

我国图书馆建设与管理标准化历经多年建设，已取得了一定成效，但通过对图书馆的建筑与设施设备、各类型图书馆建设以及管理等方面标准的整理、汇总和分析，发现目前我国图书馆建设与管理标准化尚存在一些问题，还需在标准更新、新标准制定、标准体系完善等方面加强工作：

（一）及时更新和修订相关标准

现有图书馆建设与管理相关的部分标准发布年限较长，标准内容落后于实际建设与管理情况，已无法起到标准的规范和指导作用。为保证标准的科学、规范、时效、高质，根据新的时代要求增加新的内容，删除与实际不相适应的内容，对其加以更新调整是必然之举。标准的制修订工作既要符合当前我国图书馆建设与管理的进展，定期开展图书馆建设与管理普查工作，为制修订标准提供实践和论证基础，使标准能更好满足当下社会环境发展的新要求。同时也要及时关注国际相关标准的更新变化，加强以标准为内容的国际对话，推动标准内容逐渐趋近于国际标准，使在标准规范下的图书馆建设与管理工作也能不断发展，逐渐与国际建设与管理要求接轨。

（二）制定新标准，规范相关管理工作

当前面向图书馆建设与管理的标准还尚有欠缺，相关建设和管理的工作内容还未有标准来予以规范，如图书馆员职业资格认证制度与标准目前尚且空白，很大程度阻碍我国图书馆职业发展，其他则如数字图书馆安全管理标准、基层图书馆统计标准等，都尚未形成完善的标准，影响具体工作的开展。高等学校图书馆、高职高专院校、中小学图书馆（室）等学校图书馆虽然拥有指南、规程、意见等政策性文件作为建设指导，但还未形成真正意义上的标准文件，同时，我国各类型专业图书馆标准也较少。因此，一方面，还需要针对图书馆某一工作内容制定新的标准，弥补图书馆标准的领域空白，给予相关工作内容统一建设指导。此外，还需厘清各级各类学校图书馆建设发展中需要规范化统一性建设的方面，加以制定相应的标准化文件作为发展依据。以使图书馆各方面建设与管理工作都能够有标准可依，规范工作内容的开展和进行。

（三）完善标准化体系，推进各级别标准建设

《中华人民共和国标准化法》将我国标准分为以下几类，分别是国家标准、行业标准、地方标准和团体标准、企业标准，图书馆领域较常进行制定的标准是国家、行业、和地方三种。当前，国家和行业两类标准在图书馆建设与管理方面发挥着较好的作用，但地方标准则有所欠缺，尚不能满足需求。国家和行业这两类标准因具有强有力的执行力和指导力，能够指导全国公共图书馆整体的规划统筹，相较而言，地方标准因区域的特殊需要，则会具有较强的实践力。因而，在图书馆建设与管理标准化进程中，有标准制定条件的区域，可以根据地方条件和图书馆实际情况，制定符合本区域图书馆建设与管理的相关标准，使标准更符合地方实际，有利于标准的贯彻执行。

（四）环境适应性和可操作性当兼顾

科学性和前瞻性是图书馆标准体系的必备性质，一个好的标准体系应当在制定后能够保持一段时期的相对稳定。当然，在不断发展的社会中，环境的变化和管理体制改革也不断深入，要求标准体系在设定后一成不变是不现实的。因此必然需要提高图书馆建设与设备标准的环境适应性，即在制定过程中，既要保证标准的系统与整体性质，也要兼顾标准的灵活与可扩充性质。

制定的标准若要能够长久高效地发挥作用，定期依据实际实施情况加以修订和更新是必要的，由此方能保证其有效地服务于图书馆事业发展。目前有的现行标准制定时间较早，使用时间较长，随着环境的变化，已和现实有些脱离，有关部门应当加以重视，并及时根据现实环境的变化对不适合当前情形的准则予以修改完善，从而能够保证其操作的连续性。

（五）统一标准与自定标准相结合

面对我国当前标准化基础工作尚薄弱的情况，要想实现以标准化手段建设图书馆，必须强调标准的统一与自定灵活结合，即图书馆标准化建设是一项全局性质的工作，而非图书馆行业的独立工程，要做好这项全面性的系统工程，必须在标准化的原则之下，立足于全局高度思考问题。目前很多出台的标准是一刀切的标准，没有考虑到整体的多样性，而图书馆在实际操作中，需要结合自身特点建立实际可行的标准文件，所以统一标准与自定标准存在一定差异性。因此建立统一标准时需要调查全国图书馆的实际情况，建立较为完善的、科学合理的标准体系，比如标准横向要涉及图书馆建筑、设备等各个细节的方面，而在纵向上，应全面兼顾各个层级，对国家级、地区级以及单个图书馆的标准予以区分，各个地区在具体实行时，应当围绕地区标准开展工作，国家级标准则用以借鉴和参考。标准建设时进行指标扩充，就所有图书馆进行细化和分层，实现多样性与统一性的平衡。

注释：

[1]《住房和城乡建设部、国家发展和改革委员会关于批准发布〈公共图书馆建设标准〉的通知》，http://www.mohurd.gov.cn/wjfb/200902/t20090226_186362.html（访问时间：2018 年 3 月 18 日）。

[2]《关于开展国家公共文化服务体系示范区（项目）创建工作的通知》，http://www.gov.cn/zwgk/2011-02/14/content_1803050.htm（访问时间：2019 年 3 月 26 日）。

[3]《文化部、财政部关于推进全国美术馆、公共图书馆、文化馆（站）免费开放工作的意见》，http://zwgk.mct.gov.cn/auto255/201102/t20110210_465998.html? keywords =（访问时间：2019 年 3 月 26 日）。

[4]《全国图书馆标准化工作“十二五”规划纲要》，http://www.nlc.cn/tbw/bzwyh_

gywm. htm（访问时间：2019 年 3 月 26 日）。

[5]《中共中央办公厅、国务院办公厅印发〈关于加快构建现代公共文化服务体系的意见〉》，http://www.gov.cn/xinwen/2015-01/14/content_2804250.htm（访问时间：2019 年 3 月 26 日）。

[6]《新闻出版总署等八部委发布〈农家书屋工程实施意见〉》，http://www.gapp.gov.cn/news/1838/113834.shtml（访问时间：2019 年 3 月 26 日）。

[7]《中华人民共和国文化部令》，http://www.gov.cn/flfg/2009-09/15/content_1418306.htm（访问时间：2019 年 3 月 26 日）。

[8]《教育部关于印发〈普通高等学校图书馆规程〉的通知》，http://www.moe.edu.cn/srcsite/A08/moe_736/s3886/201601/t20160120_228487.html（访问时间：2019 年 3 月 26 日）。

[9] 李国新：《我国地方性公共图书馆立法的新进展》，载《图书馆论坛》，2015 年第 8 期，第 1—5 页。

[10]《关于开展〈关于加快构建现代公共文化服务体系的实施意见〉贯彻落实情况督查工作的通知》，http://www.nxwh.gov.cn/new/zhengwugongkai/tingfawenjian/news_2012.html（访问时间：2018 年 3 月 18 日）。

[11]《我省出台〈关于加快构建现代公共文化服务体系的实施意见〉》，http://www.sc.gov.cn/10462/10464/10797/2015/10/27/10356835.shtml（访问时间：2018 年 3 月 18 日）。

[12]《深圳市建设"图书馆之城"（2006—2010）五年规划》，http://www.sz.gov.cn/whj/ghjh/zh_3/201109/t20110919_1730681.htm（访问时间：2018 年 3 月 18 日）。

[13] 王萱、徐珊：《英国、澳大利亚、日本的公共图书馆建设指标》，载《中国图书馆学报》，2009 年第 1 期，第 26—41 页。

[14] 张广钦：《公共图书馆面积规划实践分析（下）》，载《国家图书馆学刊》，2009 年第 3 期，第 54—58、87 页。

[15] *People Place: A Guide for Public Library Buildings in New South Wales*, http://pandora.nla.gov.au/pan/63420/20060919-0000/www.sl.nsw.gov.au/pls/publications/pdf/peopleplaces_2ndedition.pdf, Mar. 19, 2019.

[16] 张广钦：《国外公共图书馆建设标准与规范概览》，国家图书馆出版社 2009 年版。

[17] 图书馆标准化技术委员会：《图标委成立以来立项标准一览表》，http://www.nlc.cn/tbw/bzwyh_bzhxd.htm（访问时间：2018 年 3 月 18 日）。

[18]《中华人民共和国标准化法》，http://www.npc.gov.cn/npc/xinwen/2017-11/04/content_2031446.htm（访问时间：2018 年 3 月 18 日）。

［19］雒树刚：《人民要论：加快构建现代公共文化服务体系》，载《人民日报》，2015年7月8日，第7版。

［20］《国务院办公厅关于印发国家标准化体系建设发展规划（2016—2020年）的通知》，http://www.gov.cn/zhengce/content/2015-12/30/content_10523.htm（访问时间：2018年1月18日）。

［21］《"十三五"时期全国公共图书馆事业发展规划》，http://www.gov.cn/xinwen/2017-07/07/content_5230578.htm（访问时间：2018年1月18日）。

［22］中华人民共和国住房和城乡建设部：《住房城乡建设部关于发布国家标准〈绿色建筑评价标准〉的公告》，http://www.ccsn.gov.cn/xxbz/ShowFullText.aspx? Guid=96d91f6a-52bb-416e-992c-c8731883f8b3（访问时间：2018年1月18日）。

［23］《关于印发嘉兴市构建城乡一体化公共图书馆服务体系的实施意见的通知》，http://www.jiaxing.gov.cn/zwxx/szfxx/zcwj_9983/jzbf/200802/t20080225_174285.html（访问时间：2018年1月16日）。

［24］《广州市公共图书馆条例》，http://www.gzlib.gov.cn/policiesRegulations/78168.jhtml（访问时间：2018年1月16日）。

［25］《广州市"图书馆之城"建设规划（2015—2020）》，http://www.gzlib.gov.cn/policiesRegulations/148307.jhtml（访问时间：2018年1月16日）。

［26］《深圳市"图书馆之城"建设规划（2016—2020）》，http://www.sz.gov.cn/wtlyjnew/xxgk/ghjh/zxgh/201605/t20160504_3615698.htm（访问时间：2018年1月16日）。

［27］《文化部、新闻出版广电总局、体育总局、发展改革委、财政部关于印发〈关于推进县级文化馆图书馆总分馆制建设的指导意见〉的通知》，http://zwgk.mcprc.gov.cn/auto255/201701/t20170118_477688.html（访问时间：2018年1月16日）。

［28］江西省文化厅：《省文化厅关于做好全省县级图书馆总分馆制建设试点工作的通知》，http://www.jxwh.gov.cn/zwgk/tzgg/201612/t20161220_1305158.htm（访问时间：2018年1月16日）。

［29］教育部高等学校图书情报工作指导委员会：《教育部关于印发〈普通高等学校图书馆规程〉的通知》，http://www.scal.edu.cn/gczn/sygc（访问时间：2018年1月16日）。

［30］国家图书馆研究院编：《我国图书馆事业发展政策文件选编（1949—2012）》，国家图书馆出版社2014年版，第430页。

［31］《江苏省教育厅发布〈省教育厅关于进一步加强全省高等学校图书馆工作的意见〉》，http://www.moe.gov.cn/s78/A08/gjs_left/moe_736/s3886/s6978/201212/t20121204_145113.html（访问时间：2018年1月16日）。

［32］《海南省教育厅关于印发〈海南省高等学校图书馆"十三五"发展规划〉的通

知》, http: //xxgk. hainan. gov. cn/hi/HI0108/201612/t20161215 _ 2186432. htm（访问时间：2018 年 1 月 16 日）。

[33] 教育部高等学校图书情报工作指导委员会：《全国高职高专院校图书馆建设指南》, http: //www. scal. edu. cn/gczn/gzzn/gzgzjs/201205211446（访问时间：2018 年 1 月 16 日）。

[34]《关于印发〈广东省高职高专院校图书馆建设指南〉（试行）和〈广东省高职高专院校图书馆评估指标体系〉（试行）》, http: //tsg. fspt. net/info/1072/1084. htm（访问时间：2018 年 1 月 16 日）。

[35] 浙江省高校图书情报工作委员会：《浙江省高职高专院校图书馆建设指标体系》, http: //gxtgw. zju. edu. cn/commlib/redir. php? catalog_id = 121854&object_id = 124068（访问时间：2018 年 1 月 16 日）。

[36] 资源共享协作网领导小组：《全军医学图书馆文献资源共享条例》，载《医学图书馆通讯》，1994 年第 1 期，第 2—3 页。

[37]《浙江省医疗机构图书馆工作规范》, http: //www. zjmqce. zjwst. gov. cn/news – 372. html（访问时间：2018 年 11 月 30 日）。

[38] 河南省医院协会经济专业委员会：《三级医院图书馆设施规程》, http: //www. hnyyjj. org. cn/NewsDetail. aspx? id = 64（访问时间：2018 年 11 月 30 日）。

[39] 中国图书馆学会专业图书馆分会：《中国专业图书馆发展报告（2014）》，国家图书馆出版社 2015 年版，第 163 页。

[40] 中国图书馆学会专业图书馆分会：《中国专业图书馆发展报告（2014）》，国家图书馆出版社 2015 年版，第 117 页。

[41] *The International Federation of Library Associations and Institutions*, https: //www. ifla. org/files/assets/hq/publications/professional-report/106 – zh. pdf, Jan. 16, 2018.

[42] Bandy, M. , etal. , "Standards for Hospital Libraries 2007: Hospital Libraries Section Standards Committee", *Journal of the Medical Library Association*, 2008 (2), pp. 162 – 169.

[43] American Association of Law Libraries, *County Public Law Library Standards*, https: //www. aallnet. org/about-us/what-we-do/policies/public-policies/county-public-law-library-standards/, Apr. 16, 2018.

[44] American Association of Law Libraries, *Appellate Court Library and State Law Libraries Standards*, https: //www. aallnet. org/about-us/what-we-do/policies/public-policies/appellate-court-libraries-and-state-law-libraries-standards/, Apr. 16, 2018.

[45]《教育部关于印发〈中小学图书馆（室）规程（修订）〉的通知》, http: //www. moe. gov. cn/srcsite/A06/jcys_jyzb/200303/t20030325_88596. html（访问时间：2018 年 1 月 16

日）。

[46] 陕西省教育厅：《转发教育部、新闻出版总署关于进一步加强中小学图书馆（室）图书配备和管理工作的通知》，http://wwww.snedu.gov.cn/news/jiaoyutingwenjian/201103/17/3539.html（访问时间：2018年1月16日）。

[47]《教育部、文化部、国家新闻出版广电总局关于加强新时期中小学图书馆建设与应用工作的意见》，http://www.moe.gov.cn/srcsite/A06/jcys_jyzb/201505/t20150520_189496.html（访问时间：2018年1月16）。

[48]《广东省中小学图书馆（室）建设标准》，http://www.lizhong.net/Main/HTML/20051217160854.html（访问时间：2018年1月16）。

[49]《贵州省中小学图书馆（室）管理办法（试行）》，http://www.yanhe.gov.cn/bsfw/ztfw/gyfw/cgwt/40516.shtml（访问时间：2018年1月16）。

[50] 上海市人民政府：《市教委关于印发〈上海市普通中小学图书馆规程〉的通知》，http://www.shanghai.gov.cn/nw2/nw2314/nw2319/nw12344/u26aw49680.html（访问时间：2018年1月16）。

[51] 国际图书馆协会联合会：《学校图书馆指南》（第2版），https://www.ifla.org/files/assets/school-libraries-resource-centers/publications/ifla-school-library-guidelines-zh.pdf（访问时间：2018年1月16）。

[52]《加州公立学校图书馆标准范本：幼稚园至十二年级》，https://www.cde.ca.gov/ls/pf/c4/documents/chinesetraditional1.pdf（访问时间：2018年1月16）。

[53]《全国党校数字图书馆资源建设指南》，http://www.qddxlib.cn/viewinfo.asp?id=31637（访问时间：2018年1月16）。

[54] 黄文冰：《党校图书馆的空间规划与功能布局》，http://www.swdx.dl.gov.cn/portal/info!view.action?info.uuid=3310a01cb28f4b0e8e0869b30ee418cc（访问时间：2018年1月16）。

[55]《浙江省关于加强残疾人文化建设的实施意见》，http://www.zgmx.org.cn/html/default/6/NewsDefault-65784.html（访问时间：2018年1月16）。

[56] 国务院新闻办公室：《无障碍环境建设条例》，http://www.scio.gov.cn/xwfbh/xwbfbh/yg/2/Document/1443027/1443027.htm（访问时间：2018年1月16）。

[57] 成都市教育局：《关于印发〈成都市特殊教育学校装备标准（试行）〉的通知》，http://www.cdedu.gov.cn/InformationDisclosure/Show.aspx?id=41580（访问时间：2018年1月16）。

[58]《上海市教育委员会关于印发〈上海市特殊教育学校图书馆建设指南（试行）〉的通知》，http://www.shanghai.gov.cn/nw2/nw2314/nw2319/nw12344/u26aw53519.html（访问

时间：2018 年 1 月 16）。

［59］肖维平等：《公共图书馆工作人员保障机制研究》，载《中国图书馆学报》，2010 年第 4 期，第 10—16 页。

［60］吴春浩：《中美重点高校联盟图书馆馆藏发展政策比较研究》，福建师范大学硕士学位论文，2014 年。

［61］冷伏海：《信息组织概论》，科学出版社 2003 年版，第 63 页。

［62］张秀兰等：《我国现行编目体系的若干问题研究》，载《图书馆杂志》，2015 年第 6 期，第 38—42 页。

［63］彭康通：《图书馆数字资源使用统计指标构建与思考》，载《图书馆界》，2016 年第 4 期，第 25—30 页。

［64］赵保颖、范雪：《国内外数字资源统计标准比较分析》，载《图书与情报》，2010 年第 6 期，第 39—43、85 页。

［65］金明华：《国际图书馆统计标准 ISO2789：2003（E）电子服务使用统计评析》，载《现代图书情报技术》，2006 年第 1 期，第 92—95 页。

［66］ISO，*ISO 2789: 2013 Information and Documentation—International Library Statistics*，https://www.iso.org/standard/60680.html，Dec. 25，2018.

［67］张红霞：《图书馆统计与绩效评价系列国际标准的形成与衍变》，载《大学图书馆学报》，2010 年第 5 期，第 90—95 页。

［68］阮伟娟：《数字图书馆电子资源与服务统计标准之探讨》，载《图书情报知识》，2008 年第 2 期，第 57—62 页。

［69］南开大学图书馆学系编：《理论图书馆学教程》，南开大学出版社 1981 年版。

［70］《中国图书馆学会积极协助有关部门开展图书馆员职业资格认证工作》，http://www.lsc.org.cn/contents/1191/111.html（访问时间：2018 年 3 月 2 日）。

［71］《〈数字图书馆安全管理指南〉发布》，http://www.chnlib.com/News/2017-10/360002.html（访问时间：2018 年 10 月 12 日）。

［72］任妮：《数字图书馆信息安全规范化管理研究》，南京农业大学博士学位论文，2016 年。

［73］马湘、周冰：《试论馆际竞赛的意义和作用》，载《图书馆工作与研究》，1986 年第 1 期，第 55—59 页。

［74］《文化部办公厅关于开展第六次全国县级以上公共图书馆评估定级工作的通知》，http://zwgk.mct.gov.cn/auto255/201701/t20170117_477673.html? keywords =（访问时间；2017 年 1 月 5 日）。

［75］官平等：《图书馆评估研究进展综述》，载《图书情报工作》，2015 年第 24 期，

第101、123—130页。

[76] 齐诚：《国外图书馆未成年人设施安全标准规范研究及启示》，载《中国标准化》，2018年第16期，第229—230页。

[77] 朱淑华：《公共图书馆统计体系建设策略研究》，载《图书馆建设》，2010年第3期，第93—96页。

[78] 王凌：《从职称制度的弊端论职业资格认证制度的实施》，载《图书与情报》，2009年第6期，第123—126、143页。

[79]《关于国务院机构改革和职能转变方案的说明》，http://www.gov.cn/2013lh/content_2350848.htm（访问时间：2018年2月14日）。

[80] 冯佳：《国外图书馆职业资格认证推行方式研究》，载《图书馆杂志》，2015年第2期，第68—73页。

[81] 赵晓虹：《国家图书馆业务工作规章制度建设的回顾与思考》，载《国家图书馆学》，2003年第3期，第3—12页。

[82] 于慧新：《2000—2009年我国图书馆的统计工作研究综述》，载《现代情报》，2010年第7期，第169—173页。

[83] 李睦等：《美国研究图书馆协会的统计工作机制对我国高校图书馆统计工作的启示》，载《大学图书馆学报》，2011年第6期，第92—94、107页。

[84] 于慧新：《2000—2009年我国图书馆的统计工作研究综述》，载《现代情报》，2010年第7期，第169—173页。

[85] 谢艳秋等：《新技术环境下图书馆转型趋势研究——〈2016年美国图书馆状态报告〉解读及启示》，载《现代情报》，2017年第10期，第104—109页。

[86] 张海燕：《论图书馆评估标准与业务管理规范化》，载《四川图书馆学报》，2005年第3期，第14—17页。

[87] 郑兰：《对1989—2008年我国"图书馆统计"论文的分析》，载《大学图书馆学报》，2010年第3期，第111—115页。

（执笔人：柯　平　袁珍珍　张雅琪　刘旭青　胡银霞　李京胤
裘　爽　奚　悦　牛佳宁　胡　娟　彭　亮　邹金汇）

第三章　图书馆服务标准化

图书馆服务通常是指图书馆通过各类资源和自身专业能力满足公众日益增长的对知识、信息及相关文化活动需求的工作。[1]现代图书馆服务分为信息资源提供及信息咨询两大类，包括通过阅览和外借方式为读者提供各类型信息资源、缩微复制、参考咨询、编译报道、情报服务以及各种专题讲座、展览等服务。图书馆服务标准是指针对图书馆的服务对象、服务内容、服务方式、服务绩效、服务宣传与引导、服务监督与评价等方面进行规范，是开展、管理和规范图书馆服务行为的依据。一直以来，我国图书馆界不断致力于对图书馆服务开展标准化建设和研究工作，以期更好地为社会提供高质量的图书馆服务。因图书馆服务领域覆盖广泛，无法面面俱到，本章将在研究图书馆服务标准化发展的基础上，对图书馆服务中的阅读推广服务、数字化服务、特殊人群服务和服务体系建设等方面的标准化工作进行归纳、总结和分析。

第一节　图书馆服务标准化概况

早在民国时期，随着西方文明的传入以及国内对图书馆认识的普及与深入，众多图书馆纷纷开始建立。为了更好地对图书馆进行管理，我国开始了图书馆法制建设。在初期的图书馆法律中，少量图书馆服务标准开始出现在相关条文中，但其内容较为简单和模糊。新中国成立后，尤其是 1996 年以后，我国先后颁布了 10 多种专门规范图书馆事业的条例、章程及相关政府文件。图书馆界通过学习借鉴国外重要文件，如国际图联发布的《公共图书馆服务发展指南》《公共图书馆服务宣言》以及欧美等发达国家的先进经验，北京、上海、深圳、内蒙古等地区陆续出台了地方图书馆条例法规。这类图书馆条例法规虽不是规范的标准文件，但在实际上充当了图书馆地方标准的角色，而且由于是政府文件，其约束力和执行力远高于地方标准。通过地方图书馆条例，地区公共图书馆的服务管理有了明确的依据。但此时的图书馆服务标准在内容及体例上仍没有统一规范，也没有全国性的图书馆服务规范可以进行指导和统筹。进入21世纪，我国图书馆服务标准化工作从量变进入了质变，图书馆服务标准化迈入了全新的阶段。2008年我国先后颁布实施了《公共图书馆建设用地指标》《公共图书馆建设标准》等标准，让公共图书馆的服务空间和硬件设施有了明确的建设规范，《公共图书馆评估标准》的出台更是为我国图书馆服务的标准制定提供了重要的参考依据。2011年，我国正式出台《公共图书馆服务规范》，这一国家标准的出台象征着我国图书馆服务标准化工作迈上了新的台阶。本节对图书馆服务标准化体系进行系统梳理，围绕实践重点分析图书馆服务标准化的重要成果，以进一步推进图书馆标准化事业的发展。由于《公共图书馆服务规范》是我国第一个图书馆服务方面的国家标准，其出台在我国图书馆服务标准化发展史上具有里程碑意义，因此本节专门对其进行阐述分析。

一、图书馆服务标准化体系

（一）图书馆服务标准化的现状

1. 国外图书馆服务标准化现状

早在1970年，Withers就撰写了《图书馆服务标准：全球调研》[2]一书，其中调研了当时所能获取到的所有国际图书馆标准，并指出：标准是规划图书馆服务的要件，可用以评价图书馆服务，并促进图书馆发展。标准化是一个行业强化自律和推动行业健康、可持续发展的重要手段，有助于提升行业专业水准，提升社会形象。这证明国外图书馆界在图书馆服务标准方面已有深入研究。欧美等发达国家早已建立了相对健全较为完善的图书馆标准体系，图书馆服务标准是其中重要的组成部分之一。

（1）美国

美国图书馆协会（American Library Association，ALA）作为世界上最大的

图书馆协会之一，对于图书馆标准，尤其是图书馆服务标准的制定已有悠久的历史。目前 ALA 共制定 20 个与图书馆服务直接相关标准与指南（见表 3－1）。ALA 所制定的图书馆服务标准指南最大的特点是具体，每个标准基本都针对某项特定的图书馆服务，在图书馆参考咨询服务方面就制定了 4 个不同的标准用以指导不同类型的参考咨询服务。而针对不同人群的服务标准有 8 个，分别针对高校图书馆本科生、老年读者、西班牙语读者、精神疾病人员、智能障碍患者、12—18 岁青少年以及聋哑人的不同服务标准。

表 3－1　美国图书馆协会图书馆服务相关标准与指南

制（修）定机构	标准/指南	类别
大学与研究图书馆协会（Association of College & Research Libraries，ACRL）	高校图书馆本科生服务的指南	高校图书馆服务
	图书馆远程教学服务标准	远程教学服务
	学术型图书馆辅导项目的指南	学术型图书馆服务
	借还特殊馆藏资源用于展览的指南	特殊馆藏服务
	管理馆藏与服务中联络工作指南	馆藏管理服务
	馆际互借运营管理指南	馆际互借服务
	商业信息参考咨询指南	参考咨询服务
	联合参考咨询服务指南	
	开展虚拟咨询服务指南	
	医学、法律与商业信息参考咨询指南	
	电子信息资源读者简介指南	信息资源服务
	老年读者的图书馆与信息服务指南	老年读者服务
	西班牙语读者图书馆服务指南	非英语母语读者服务
	多语言馆藏发展与服务指南	
专业与协作图书馆机构协会（Association of Specialized and Cooperative Library Agencies，ASCLA）	美国国会网络图书馆为盲人和身体残疾人士服务的标准与指南 修订版（2011）	盲人与残疾人服务
	精神疾病人员图书馆服务指南	精神疾病人员的服务
	智能障碍患者图书馆服务指南	智能障碍患者的服务
青年工作部（Young Adult Library Services Association）	12 到 18 岁青少年图书馆服务指南	青少年图书馆服务

（续表）

制（修）定机构	标准/指南	类别
个人（Goddard, Martha L., ed.）	聋哑人图书馆与信息服务指南	聋哑人服务
美国学校图书馆协会（American Association of School Librarians）	学校图书馆媒体项目指南	学校图书馆服务

（2）英国

英国图书馆服务标准是以读者需求为核心制定的，具体内容包括馆藏的完善程度与更新的及时性、馆舍配置的合理性、设施设备的完善程度、读者满意程度等。《威尔士公共图书馆标准》[3]是英国最有代表性的服务标准之一。该标准由威尔士公共图书馆标准和公共图书馆绩效指标两大部分组成，另有英国政府与威尔士地方政府的相关政策作为配套。该标准自 2002 年开始引进和执行，目的是促进公共图书馆服务在各方面以及关键领域的改进。目前该标准已经修订了 3 次，最新的版本是《保持有价值的服务：第 4 个威尔士公共图书馆标准框架（2011—2014）》。这一标准包含 9 项标准和 8 个绩效指标，用于考察、评估及改进威尔士地区公共图书馆的服务，以保证公共图书馆的服务高效优质，让公众可以获得优质的图书馆资源与服务。

（3）澳大利亚

澳大利亚的图书馆标准规划主要由澳大利亚图书馆与信息协会（Australian Library and Information Association，简称 ALIA）制定。该协会颁布的《趋向优质服务：澳大利亚公共图书馆的目标、目的和标准》（*Towards a Quality Service: Goals, Objectives and Standards for Public Libraries in Australia*）（1994 年进行了修订）是澳大利亚唯一一个全国性的图书馆发展规划性文件。2011 年 4 月 1 日，ALIA 又公布了澳大利亚唯一一个全国性的公共图书馆标准《超越优质服务：澳大利亚公共图书馆标准与指南》（*Beyond a Quality Service: Standards and Guidelines for Australian Public Libraries*）。这两项标准着重规范图书馆服务，以服务为核心为澳大利亚图书馆建设提供指引，为澳大利亚各级各类图书馆提供了图书馆建设与服务方面的基本标准。

2. 我国图书馆服务标准化现状

我国于1978年恢复了ISO成员国资格后，标准化工作正式开展。图书馆行业也随着国内标准化工作开展的浪潮开始了标准化建设，并陆续建了多个专业组织进行图书馆标准化工作。目前，图书馆领域共有全国信息与文献工作标准化技术委员会（简称文标会）、全国文献影像技术标准化技术委员会（简称文影标）以及全国图书馆标准化技术委员会（简称图标委）等3个标准化技术委员会。图标委是目前图书馆领域标准化的主导者，在图标委和图书馆界学者的推动下，图书馆服务标准化得到了社会的广泛关注。自2001年起，我国多个城市和地区陆续制定了区域性的图书馆标准及行业规范。2008年10月，中国图书馆学会正式发布了《图书馆服务宣言》，为我国图书馆行业提供了基本的服务原则，极大地推动了我国图书馆行业服务的规范化管理。2011年12月，我国正式推出了图书馆服务方面的国家标准《公共图书馆服务规范》，该标准的出台填补了我国全国性的图书馆服务标准的空白，是中国公共图书馆事业发展繁荣的一个体现，也是引领中国图书馆总体服务水平提升的标杆。

（二）我国图书馆服务标准化体系

我国图书馆行业相关标准规范按标准性质不同，可以分为国家标准、行业标准及地方标准。总体而言，我国图书馆行业相关标准呈现以国家标准为中心、行业标准为主导、地方标准为补充的整体格局。图书馆服务标准化体系则呈现以国家标准为基础、地方标准为主导、行业标准为补充的格局。

按照标准所规范的对象内容来分，我国图书馆服务标准可以分为图书馆服务专门标准及图书馆服务相关标准两大部分。图书馆服务专门标准是指专门用于规范图书馆服务的标准规范，如图书馆参考咨询服务标准、公共图书馆服务标准等，图书馆服务相关标准主要是指与图书馆服务直接相关的标准规范，如对图书馆设施设备、卫生环境等方面的标准，这些标准虽然不专门用于规范图书馆服务，但对图书馆服务质量造成直接影响。

1. 图书馆服务专门标准

图书馆服务专门标准按照规范的内容可以细分为基本服务标准、特定服务标准和特定对象服务标准。基本服务标准是指用于规范图书馆基本服务内容的相关标准，包括对图书馆的开放时间、服务标识等基本服务要素的规范，还有相应的如宣传推广、服务监督与反馈等内容；特定服务标准则是根据图书馆特定项目内容制定专门性标准，如参考咨询服务标准、阅读推广服务标准、总分馆服务标准、数字化服务标准、总分馆业务标准等；特定对象服务标准是针对图书馆的服务对象不同分别制定相应标准，如针对青少年、老年人、残障人士等特殊群体分别制定相关标准。本章第二至五节将专门选取阅读推广服务标准、数字化服务标准、特殊群体服务标准、服务体系标准进行阐述。

目前我国专门用于规范图书馆服务标准的文件共有 12 个，包括国家标准 1 个、行业标准 2 个以及地方标准 9 个，另有 5 个国家标准正在制定当中。而在地方规章文件中，有 4 个省份制定了专门的公共图书馆服务标准（见表 3－2）。

表 3－2　我国图书馆服务专门标准

标准类型	标准号	标准题名
国家标准	GB/T 28220—2011	公共图书馆服务规范
行业标准	WH/T 73-2016	社区图书馆服务规范
	WH/T 71-2015	图书馆参考咨询服务规范
地方标准	DB33/T 2011—2016（所属地区：浙江）	公共图书馆服务规范
	DB34/T 2605—2016（所属地区：安徽）	社区图书馆（室）服务规范
	DB34/T 2444—2015（所属地区：安徽）	图书馆实时咨询服务规范
	DB34/T 2443—2015（所属地区：安徽）	公共图书馆少年儿童服务规范
	DB36/T 721—2013（所属地区：江西）	江西省公共图书馆服务规范
	DB3302/T 1074—2016（所属地区：宁波）	乡镇（街道）图书馆建设与服务规范
	ZDWJ/T 0074—2015	无锡市公共图书馆服务规范
	DB43/T 1150—2016（所属地区：湖南）	图书馆服务规范
	SZDB/Z 168—2016（所属地区：深圳市）	公共图书馆统一服务技术平台应用规范

（续表）

标准类型	标准号	标准题名
地方规章文件	——	安徽省公共图书馆服务标准（试行）
	——	上海市公共图书馆行业服务标准（试行）
	——	新疆维吾尔自治区公共图书馆服务标准（试行）
	——	江苏省公共图书馆服务规范
国家标准计划	20130557 – T – 357	乡镇图书馆服务规范
	20162619 – T – 357	公共图书馆读写障碍人士服务规范
	20162618 – T – 357	公共图书馆聋人服务指南
	20141495 – T – 357	图书馆视障人士服务规范
	20130556 – T – 357	公共图书馆少年儿童服务规范

2. 图书馆服务相关标准

图书馆服务相关标准主要包括服务环境、服务设备、服务资源、服务人员和服务绩效等几个方面的标准，这些标准为图书馆服务专门标准提供了重要的依据与支撑。图书馆服务相关标准较为繁杂，以下所讨论的图书馆服务相关标准仅限于图书馆领域的标准，其他领域的通用标准在这里不多加叙述。

（1）图书馆服务环境标准

图书馆服务环境标准主要包括馆舍建设、环境卫生、安全保卫等多个方面的内容。1987 年，原城乡建设环境保护部制定实施《图书馆建筑设计规范》（JGJ 38-87），并于 1999 年发布其修订版本（JGJ 38-99）。2015 年，国家住房与城乡建设部对《图书馆建筑设计规范》再次进行修订。

在公共图书馆建设领域，目前可依据的标准主要是 2008 年发布的《公共图书馆建设用地指标》（建标［2008］74 号）和《公共图书馆建设标准》（建标［2008］150 号）两个行业标准，对公共图书馆建设用地、规模分级、项目选址、业务布局、环境设施等问题作了进一步规范。2015 年 4 月 1 日起施行的《公共图书馆评估指标》系列标准（WH/T 70-2015），则分别对省、市、县三级图书馆和少年儿童图书馆的建筑面积、读者服务区比例、阅览面积、阅览座席数量等设施设备条件提出了“基本值”和“良好值”的参考标准。在图书馆安全和卫生标准方面，有《公共图书馆建筑防火安全技术标准》（WH 0502-96）、《图书馆、博物馆、美术馆、展览馆卫生标准》（GB 9669—

1996）等。

（2）图书馆服务设备标准

图书馆服务设备主要包括服务所需的各种设施设备，如书架、桌椅、网络设施、防盗设备等。大部分家具都可以采用相关行业或图书馆行业已有标准，另也有一些对图书馆针对性比较强的国家标准，如《图书用品设备 阅览桌椅技术条件》（GB/T 14531—1993）、《图书用品设备 木质书柜、图纸柜、资料柜技术条件》（GB/T 14532—1993）等。

（3）图书馆服务资源标准

文献组织标准是图书馆服务资源标准中制定比较早的一类标准。早在20世纪80年代，就陆续发布了《文献著录总则》（GB/T 3792. 1—1983）、《文献主题标引规则》（GB 3860—1983）等国家标准。截至2013年底，信息组织标准共有219项，其中正在实施标准178项，已废止标准41项，被更新标准23项，新增标准155项。[4]

图书馆对各类型文献信息资源的保存、保护及修复工作也开展了规范化工作，目前已经发布了一些文献保存及修复领域的相关标准，但主要集中在古籍特藏领域，如《古籍定级标准》（WH/T 20-2006）、《古籍普查规范》（WH/T 21-2006）等。因此，有必要进一步补充完善这些空白领域的标准规范，针对各类型文献信息资源制定相应的保存、保护与修复标准，如针对数字资源的长期保存标准、针对音视频资源的保存与利用标准等。

（4）图书馆服务效率标准

在服务效率方面，最为重要的两个标准是《信息与文献 图书馆绩效指标》以及《公共图书馆评估指标》系列标准。《信息与文献 图书馆绩效指标》（GB/T 29182—2012/ISO 11620: 2008）于2012年12月31日由国家质量监督检验检疫总局、国家标准化管理委员会发布，并于2013年6月1日正式实施，是我国第一版图书馆绩效指标国家标准。《公共图书馆评估指标》系列标准共包含6部分，为开展公共图书馆评估提供了一套较为完整的指标体系和标准方法。

此外，《公共图书馆服务规范》也规定了图书馆服务时间及服务效率。在地方标准方面，北京、上海、内蒙古等地的图书馆条例中均详细规定了图书馆开放时间。江西、安徽和新疆等地的公共图书馆服务标准中也都规定了开放时间、文献提供所需时间、开架图书错排率等，并制定了一系列量化指标。

二、图书馆服务标准化重要成果分析

（一）图书馆服务国家标准

我国目前已发布的专门的图书馆服务国家标准有3个，包括《公共图书馆服务规范》《公共图书馆少年儿童服务规范》和《视障人士图书馆服务规范》；另外还有3个图书馆服务专门标准正在制定中，包括乡镇图书馆服务规范、针对读写障碍人群的服务规范以及听障人群服务规范等特殊群体的服务规范。我国图书馆服务国家标准的制定呈现出以公共图书馆为主、关注特殊人群服务的特点。

在规范对象方面以公共图书馆为主，这是我国国情决定的。公共图书馆是公共文化服务体系的重要组成部分，乡镇图书馆则是我国公共图书馆体系中最基础的部分，也是所占比重最大的部分。《乡镇图书馆服务规范》旨在研究乡镇图书馆服务的现状、特点和趋势的基础上，制定符合我国乡镇图书馆发展特点的服务规范。在标准内容方面，我国图书馆服务国家标准既包括少年儿童这一重要的图书馆用户群体，也包括了视障人士、聋人、读写障碍人士等特殊群体，充分体现出国家标准“以人为本”“普遍均等”的原则。

（二）图书馆服务地方标准

一般所指的地方标准为各地的标准化主管机构，即各地的质量技术监督局制定的技术标准，标准序号为DB系列。目前，我国在图书馆服务标准化中走在前列的是安徽省。该省建立了一个较为完整的基本覆盖了各类图书馆的服务规范体系，通过系列地方标准为当地图书馆的服务管理提供了依据。2011年，安徽省以政府文件的方式出台了《安徽省公共图书馆服务标准（试行)》，为公共图书馆提供了一个可供参考的服务标准框架。2015和2016年，安徽省质监部门连续出台了《社区图书馆（室）服务规范》《公共图书馆少年儿童服务规范》以及《图书馆实施咨询服务规范》等一系列地方标准。

浙江省《公共图书馆服务规范》是我国首个公共图书馆地方服务标准，于2016年5月26日由浙江省质量技术监督局批准发布，2016年6月26日正式实施。浙江省《公共图书馆服务规范》规定了浙江省各级公共图书馆的设施设备、服务资源、服务内容、服务效能、服务管理和服务监督6大块内容。[5]《乡镇（街道）图书馆建设与服务规范》是我国首个乡镇图书地方标准，由宁波市文化行政部门牵头制定，于2016年9月22日起正式实施，为宁波地区的乡镇（街道）图书馆的运营管理和服务提供统一标准。该规范共包含范围、总则、资源保障、运营管理、服务提供及绩效评价等6个部分，明确了乡镇图书馆的建设和保障主体为乡镇人民政府，保障了乡镇图书馆的财政来源，并以量化方式明确了宁波市乡镇图书馆建设和服务的主要指标，为乡镇图书馆的建设与服务评价提供了有力依据。[6]

（三）图书馆服务行业标准

《社区图书馆服务规范》于2016年5月1日起正式实施，是我国首个针对社区图书馆服务提出的行业标准，对提升社区图书馆的服务能力有着非常重大的积极意义。《社区图书馆服务规范》明确了社区图书馆的功能定位、发展目标和建设主体，将其纳入公共文化服务体系，在服务网点布局、设置标准原则、服务资源建设、服务内容提供、服务运营管理、服务保障措施等方面提出了具体的要求，指明了发展方向。[7]

《图书馆参考咨询服务规范》于2015年8月1日起正式实施，是国内首个以参考咨询为规范主题的行业标准，该行业标准的推出与实施对推动图书馆参考咨询业的发展具有里程碑式的意义。《图书馆参考咨询服务规范》的主体内容贯穿了图书馆参考咨询服务的各个环节，为图书馆开展参考咨询服务给出了框架规范。

三、《公共图书馆服务规范》的制定与实施

（一）《公共图书馆服务规范》的制定和亮点内容

《公共图书馆服务规范》[8]的制定工作于2008年启动，由文化部牵头组织，委托中国图书馆学会用户研究与服务专业委员会主任、副主任所在机构负责编写，时任文化部社会文化图书馆司刘小琴副司长为课题组组长，时任上海图书馆党委副书记王世伟教授任副组长。课题组历时4年，经过了调研设计、调整框架、征询细化、汇总修改以及专家咨询和审核补充等6个阶段，屡次修

改，先后形成了 20 余稿才最终成型。2011 年 5 月，《公共图书馆服务规范》经过全国图书馆标准化技术委员会投票通过，报送原文化部、国家质量监督检验检疫总局、国家标准化管理委员会等相关部门批准，最终于 2011 年 12 月 30 日发布，2012 年 5 月 1 日起实施，成为我国第一个图书馆服务方面的国家标准。该标准的发布填补了我国图书馆标准规范体系中服务类国家标准的空白。该规范适用于各级公共图书馆以及由社区、乡镇及企业等其他社会力量创办的公共图书馆基层服务点。

《公共图书馆服务规范》共分为前言和 8 个方面，包括范围、规范性引用文件、术语和定义、总则、服务资源、服务效能、服务宣传、服务监督与反馈等[9]，对公共图书馆服务不同方面进行了全面而具体的规定，体现了“世界图书馆事业发展的特征；中国公共文化发展的特色；公共图书馆行业发展的特点；编制与内容体现的文化内涵”[10]。《公共图书馆服务规范》的重点在于提升公共图书馆服务效能，即“公共图书馆投入的各项资源在满足读者和用户需求中体现的能力和效率”。其亮点内容有 4 点：一是规范了公共图书馆工作相关概念术语，如“公共图书馆”“公共文化服务体系”等，通过规范“公共图书馆”这一概念对明确公共图书馆的公共文化职能和社会教育职能、准确定位公共图书馆的社会职能和价值有着重要意义；二是确立了公共图书馆“公益、基本、均等、便捷”的发展定位；三是实现由办馆规模向办馆效能的重要思想转变，强调公共图书馆服务的效能，认为公共图书馆工作的最高目标应该是提高服务效能，其最终社会目标是保障公众文化权益；四是将建立公共图书馆服务体系纳入正式业务规范。《公共图书馆服务规范》强调公共图书馆服务的体系化建设，对“流动服务”“总分馆服务”“远程化服务”等馆外服务形式都纳入了公共图书馆服务的范围，扩大了图书馆服务的受众面。[11]

作为我国图书馆服务类的国家标准，《公共图书馆服务标准》为检验公共图书馆服务效能与管理提供了标准依据，大大促进了我国公共图书馆服务工作以及业务建设水平的提升。

(二)《公共图书馆服务规范》的宣贯实施

为了更好地实施、宣传和推广《公共图书馆服务规范》，中国图书馆学会先后组织了 3 期专题培训班，并在全国各地开展相关的讲座及研讨会。2012 年 11 月，文化部也下发了《关于做好〈公共图书馆服务规范〉宣传贯彻工作的通知》，号召各级文化行政部门和各级公共图书馆要以多种形式组织开展《公共图书馆服务规范》的学习，扎实推进公共图书馆服务标准化工作。

随着贯彻实施工作的进一步深入，各地根据实际情况也纷纷制定了符合当地公共图书馆事业发展的公共图书馆服务规范。2013 年 8 月，江苏省根据本省的图书馆事业发展现状与未来发展计划和要求，制定了《江苏省公共图书馆服务规范》。该规范对图书馆内的服务设施和环境作出了非常明确的要求，规定少儿阅览区应与成人阅览区分开，体现了以人为本的服务要求。2014 年 1 月，江西省出台了《江西省公共图书馆服务规范》，将《公共图书馆服务规范》中关于电子信息设备的标准提高，并对图书馆的教育培训方面作出明确的要求。2016 年 5 月，浙江省发布了《公共图书馆服务规范》。该规范的适用范围覆盖省、市、县（市、区）、乡镇（街道）、村 5 级公共图书馆，更加符合浙江省图书馆事业发展的实际情况，有利于解决公共图书馆事业城乡差异大、区域不均衡等问题。在指标量化上，依据现实基础适度超前，细化到村（社区）级。该规范还首次提出建立 24 小时图书馆，提供 24 小时自助服务，首次提出打造图书馆移动服务平台，并将阅读推广纳入图书馆的基本服务当中。[12]此外，重庆市也出台了符合地区发展实际的《重庆市公共图书馆服务规范》，以保障图书馆事业的发展。

（三）《公共图书馆服务规范》的配套措施

2011 年 12 月，《公共图书馆服务规范》由国家标准化管理委员会正式颁布后，我国又于 2018 年发布了另两个配套的图书馆服务国家标准《公共图书馆少年儿童服务规范》和《视障人士图书馆服务规范》。一系列国家级服务标准的出台，将大大推动全国图书馆服务工作的标准化、规范化和现代化进程。

《公共图书馆少年儿童服务规范》由湖南省少年儿童图书馆牵头研制，于 2019 年 4 月 1 日实施。该标准旨在促进公共图书馆为少年儿童提供量身定做的专门服务，让少年儿童可以在图书馆享有便捷、全面和人性化的服务，充分保障少年儿童的基本文化权益。我国县（市）级以上公共图书馆，街道、乡镇级公共图书馆以及社区、乡村和社会力量办的各类公共图书馆基层服务点、中小学图书馆、幼儿园图书馆均可参照执行。

《视障人士图书馆服务规范》由中国盲文图书馆牵头，联合国家图书馆、上海图书馆、浙江图书馆、上海浦东图书馆等多家单位共同研制。该标准主要用于规范各级公共图书馆开设的盲人阅览室，各级残联、各地盲校和其他盲人服务组织建立的盲文图书馆或盲人阅览室所提供的专门服务视障人群的文化信息服务。该标准充分考虑视障人士的特点和特殊需求，在信息资源内容、资源形式、服务项目和服务形式、服务设施和服务设备等方面进行规范要求，更好地保障视障人士享受基本文化的权益。

第二节 图书馆阅读推广服务标准化

阅读推广在图书馆服务范围中是一个很活跃的领域，是充分体现图书馆核心价值的服务之一。目前，国内学界对“图书馆阅读推广”的概念界定尚未形成统一的共识，比较有代表性的学者有于良芝、范并思、张怀涛、王波等，其中王波提出图书馆阅读推广是指“图书馆通过精心创意、策划，将读者的注意力从海量馆藏引导到小范围的有吸引力的馆藏，以提高馆藏的流通量和利用率的活动”[13]。图书馆阅读推广服务标准是指导与推动阅读推广工作科学发展的重要手段之一。本节从国内外调研总结图书馆阅读推广服务相关标准，重点针对国内情况，分析当前阅读推广服务标准化的概况、国外阅读推广服务标准化现状、国内阅读推广标准化的成效和问题，以及发展重点，以期为下一步阅读推广标准的制定提供依据和借鉴。

一、图书馆阅读推广服务标准化概述

在国内，2003 年中国图书馆学会首次将全民阅读工作纳入年度计划。2004 年起，中国图书馆学会号召全国图书馆积极参与“世界读书日”的宣传，每年在这个重要日期前后举办规模宏大的阅读推广活动。2005 年，中国图书馆学会科普与阅读指导委员会成立，2009 年更名为中国图书馆学会阅读推广委员会，发挥图书馆专业组织作用，在全民阅读活动中产生了广泛影响。

国家层面上，党的十八大报告在“扎实推进社会主义文化强国建设”中提出“全民阅读”。2014 年以来，“倡导全民阅读”连续 5 年写入国务院政府工作报告。《中华人民共和国国民经济和社会发展第十三个五年规划纲要》要求“推动全民阅读”，并将全民阅读工程列为“十三五”时期文化重大工程之一，将全民阅读提升到国家战略高度。2016 年 12 月，《全民阅读“十三五”

时期发展规划》正式印发，成为我国制定的首个国家级“全民阅读”规划。[14]伴随着全民阅读工作的开展和推进，我国阅读推广取得了长足发展，阅读推广活动爆发式增长，活动规模不断扩大，活动种类和数量日益增加，活动组织日趋成熟。图书馆的阅读推广已发展成为各大图书馆的主流服务，是图书馆服务中充满活力、充分体现图书馆核心价值的服务。

国际上，一些国际组织如联合国教科文组织、国际标准化组织、国际图联、国际阅读协会均出台过一些宣言、文件来指导和规范图书馆及阅读推广事业的发展；不少国家的政府部门制定了一些阅读推广政策、图书馆立法来指导本国图书馆事业的发展。同时，官方机构或非政府组织也发起了一些影响大、范围广的全国性阅读推广活动。阅读推广在图书馆服务范围中虽然是一个很活跃的领域，但从目前的国内外情况来看，尚未出台专门针对该领域的标准，只是在其他政策、规则、指南、规程、规范中针对阅读推广服务会有不同程度的描述体现。

二、国外图书馆阅读推广服务标准化现状

国外图书馆阅读推广标准化建设主要涉及国际标准化组织制定的标准、国际图联和各国图书馆协会如美国图书馆协会（ALA）的标准类文件，以及一些相关的政策、立法等。

国际标准化组织（ISO）方面的标准，仅有一份标准提及阅读推广，即《信息与文献 图书馆建筑定性条件和基本统计 空间、功能和设计》（ISO/TR 11219:2012）。该标准中第 3.3.1 “儿童图书馆”一节，提到需要规划设计“用于阅读和讲故事的区域”，以及“具有适用技术的阅读推广、阅读活动的空间或房间”。

国际图联（IFLA）方面的标准，一般以指南形式出现。如制定了《公共图书馆服务指南》[15]（*IFLA Public Library Service Guidelines*），讨论了“阅读推广与素养”，列举了图书馆营销的推广方式；制定了《儿童图书馆服务指南》（*Guidelines for Childrens Libraries Services*）、《监狱犯人图书馆服务指南（第三版）》（*Guidelines for Library Services to Prisoners 3rd Edition*）、《医院病人、长期居住在护理机构中的老年人和残疾人图书馆服务指南》（*Guidelines for Libraries Serving Hospital Patients and the Elderly and Disabled in Long-Term Care Facilities*）、《基于图书馆的素养项目指南》（*Guideline for Library-Based literacy*）、《易读读

物指南》(*Guidelines for Easy to Read*）等，以及《在图书馆中用研究来促进素养与阅读：图书馆员指南》，强调“研究”能够帮助图书馆员有效收集数据和实施测评，帮助他们提高推广效率。

美国图书馆协会（ALA）方面，由于美国公共图书馆事业高度发达，其图书馆协会对于阅读推广服务非常重视。目前，美国图书馆协会（ALA）尚没有专门为阅读推广制定的指南。但在颁布的一些文件中，有部分内容涉及阅读推广，如《阅读自由宣言》和《美国图书馆权利法案》从伦理层面奠定了保障公民的阅读权利的基础。《美国图书馆协会工作手册》把阅读推广内容纳入美国图书馆协会重点工作的范畴。每年美国图书馆协会白皮书，在调查各种类型图书馆工作现状的同时，会预测图书馆工作发展的趋势，其中包括阅读推广工作的趋势，为图书馆的阅读推广工作提供参考。

三、我国图书馆阅读推广服务标准化的成效和问题

（一）我国图书馆阅读推广服务标准化的成效

关于国内图书馆阅读推广服务标准化的建设，由于国内未出台专门的阅读推广标准，因此主要从公共图书馆评估定级标准、国内图书馆立法、国家全民阅读发展规划和全民阅读国家及地方立法、国内关于全民阅读方面的指标制定涉及的相关内容，以及图书馆阅读推广标准化的相关研究等几方面来进行概述。

1.“阅读推广”成为公共图书馆评估定级标准的关键指标内容

《第六次全国县级以上公共图书馆评估定级标准》细则里，把“阅读推广”列为关键指标内容，并对阅读推广活动制定了较为科学的测量指标。1.3“阅读推广与社会教育”指标中，下设7个二级指标，分别为“年讲座、培训次数”“年展览次数”“年阅读推广活动次数”“年数字阅读量占比”“年每万人参加读者活动人次”“阅读指导”和“图书馆服务宣传推广”。其中第3项指标“年阅读推广活动次数”除了要求统计阅读推广次数外，还要求提供评估期每年的活动清单和每次活动材料（包括活动总结和照片等）。第7项指标“图书馆服务宣传推广”要求统计服务宣传周、全民读书月等馆内外各类宣传推广工作的组织、活动数量和具体活动效果。

2. 图书馆立法制定工作稳步开展

在图书馆立法上，全国各地相继出台了一大批促进图书馆阅读推广事业发展的相关立法和规章制度：如，全国共有 13 个省、市颁布了地方性图书馆法规或政府规章，其中四川、内蒙古、湖北、北京、深圳和广州六地颁布了地方性图书馆法规，上海、河南、广西、浙江、山东、乌鲁木齐、东莞七地颁布了地方性公共图书馆政府规章。2018 年 1 月 1 日，我国正式施行《中华人民共和国公共图书馆法》。在这些立法或规章制度中，关于“阅读”的条款重点都集中在“阅读环境”“解答阅读咨询”和“开展阅读指导”等方面，提出了适用范围比较宽的要求；《广州图书馆条例》《东莞市公共图书馆管理办法》和《中华人民共和国公共图书馆法》则明确提到了“开展阅读推广活动”，跟新时期全国自上而下的“全民阅读”呼吁相适应。

3. 国家全民阅读发展规划和全民阅读国家及地方立法的出台

2016 年 12 月，由国家新闻出版广电总局下发的《全民阅读“十三五”时期发展规划》文件中明确提出要对全民阅读推广工作“加强组织领导和统筹实施”，将制定《全民阅读促进条例》、“书香社会指标体系”等内容。

2017 年 6 月，国务院法制办办务会议审议并原则通过了《全民阅读促进条例（草案）》，标志着全民阅读工作走上法制化轨道，为促进阅读推广标准建设提供了总纲领。截至 2017 年 5 月，中国大陆地区已有江苏、辽宁、湖北、深圳、四川、黑龙江 6 个省市先后就阅读实现了地方立法。为推动我国全民阅读立法提供了切实可行的实施依据。详见表 3 –3、表 3 –4 汇总。

表 3 –3　地方立法文件明确“图书馆”在全民阅读活动中职责与作用的内容

序号	立法名称	立法机构及相关会议	对图书馆在全民阅读活动中的职责和作用的要求	通过/实施时间
1	江苏省关于促进全民阅读的决定	江苏省第十二届人民代表大会常务委员会第十三次会议	公共图书馆应当“积极开展阅读推广和专业指导”。而在全民阅读活动要求中并未提及图书馆	2014 年 11 月 27 日/2015 年 1 月 1 日
2	湖北省全民阅读促进办法	湖北省人民政府常务会议	公共图书馆应当“发挥全民阅读阵地作用”。而在全民阅读活动要求中并未提及图书馆	2014 年 11 月 24 日/2015 年 3 月 1 日

（续表）

序号	立法名称	立法机构及相关会议	对图书馆在全民阅读活动中的职责和作用的要求	通过/实施时间
3	辽宁省关于促进全民阅读的决定	辽宁省十二届人大常委会第十六次会议	要求“公共图书馆自每年4月23日起，在免费开放的基础上，安排不少于两周时间的阅读推广和阅读辅导活动”	2015年3月31日
4	深圳经济特区全民阅读促进条例	深圳市第六届人民代表大会常务委员会第四次会议	“公共图书馆应当组织开展全民阅读相关促进活动”。并明确了五项具体的职责	2015年12月24日/2016年4月1日
5	四川省关于促进全民阅读的决定	四川省第十二届人民代表大会常务委员会第二十四次会议	只对图书馆的设施建设和数字化建设提出要求。而在全民阅读活动中并未提及图书馆	2016年3月9日/2016年4月23日
6	黑龙江省关于促进全民阅读的决定	黑龙江省第十二届人民代表大会常务委员会第三丨三次会议通过	公共图书馆应当加强数字阅读、移动阅读和网络阅读平台建设，统筹实现城乡公共文化服务资源整合和互联互通、共享共用	2017年4月7日/2017年4月23日

表3-4 地方法规对“全民阅读活动”指标、评估、标准等相关内容

序号	地方法规名称	在全民阅读活动中构建指标、评估、标准的要求
1	江苏省关于促进全民阅读的决定	省全民阅读活动领导小组应当制定“书香江苏”建设指标体系，建立全省全民阅读调查评估制度，并会同有关部门、单位或者委托有关中介机构每年开展一次全省全民阅读状况和全民阅读指数调查，调查评估结果向社会公布，并运用调查评估成果和公众评价机制，指导和推动全民阅读工作 将促进全民阅读工作作为江苏基本实现现代化指标体系考核
2	湖北省全民阅读促进办法	县级以上人民政府建立全民阅读调查评估制度，将全民阅读指数纳入精神文明建设目标考核体系
3	辽宁省关于促进全民阅读的决定	——
4	深圳经济特区全民阅读促进条例	对全市全民阅读促进工作进行总结、评估，每年发布全民阅读促进工作白皮书 发布全民阅读评价指标体系和全民阅读指数 组织制定全民阅读水平测试标准

（续表）

序号	地方法规名称	在全民阅读活动中构建指标、评估、标准的要求
5	四川省关于促进全民阅读的决定	加强调查评估，科学指导全民阅读 地方各级人民政府要建立全民阅读活动的评价机制，广泛听取社会各界的建议意见，及时总结推广成功经验，不断提升阅读活动质量和效果。四川省全民阅读活动指导委员会应当建立全省全民阅读调查评估制度，定期开展全民阅读状况调查，并向社会公布调查评估结果，运用调查评估成果和公众评价机制，指导和推动全民阅读工作
6	黑龙江省关于促进全民阅读的决定	县级以上人民政府应当制定全民阅读规划，建立全民阅读评估制度，定期开展全民阅读状况调查，提升阅读活动质量和效果

国内各地对全民阅读的评估、指标、规划多见于地方出台条款，通常涉及阅读活动的效果评价、评估等内容。如，四川省全民阅读活动指导委员会办公室出台的《四川省“十三五”时期全民阅读规划（2016—2020年）》，提到“建立科学评估机制，助推全民阅读可持续发展”，开展“阅读评估机制工程”等方面内容[16]。《关于印发江苏省“十三五”全民阅读发展规划的通知》提到“修订完善书香城市（设区市和县市区）、书香乡镇（街道）、书香乡村（社区）、书香家庭、书香校园、书香机关、书香企业、书香军营（警营）等书香系列建设指标体系。到2020年，各类书香江苏建设示范点达到1000个”[17]。此外，阅读推广活动开展成效良好的地方，更加意识到考核评估、指标构建的重要性，或出台具体指标体系，或概述评估内容等。

4. 全民阅读方面的指标制定

国家新闻出版广电总局下发的《关于开展2016年全民阅读工作的通知》中提出了建立“全国性书香社会指标体系”“各地要根据实际情况探索制定当地全民阅读服务标准”等要求。近年来，一些省市也已经迈出先行先试的步伐，除了由政府主导大力推动全民阅读活动的开展外，还进行了较大范围的区域性阅读调查。如2011年，湖南省首先发布了全省城市阅读指数调查报告，随后北京也开展了城市阅读指数调查，出版了《2015—2016年度北京市全民阅读综合评估报告》。

另一方面，江苏、北京、湖北、广东等地亦先后推出全民阅读方面的建设指标体系或评估指标体系，进一步推动全民阅读工作的规范化和专业化。如2012年11月，江苏省张家港市在全国率先出台首个“书香城市”建设指标体系——《张家港市“书香城市”建设指标体系（试行）》。该体系包括阅读设施、阅读组织、阅读资源等7个一级指标以及44个二级指标和87个三级指标[18]。一年后，该市正式出版了“书香城市”建设指导用书——《〈张家港市“书香城市”建设指标体系（试行）〉解析》。此外，2014年原文化部公共文化司委托中国图书馆学会开展书香城市指标研究及推广项目，并于2015年4月面向全国图书馆发布了书香城市（县级）、书香社区标准指标体系，见表3-5。

表3-5 全民阅读方面的建设指标体系

序号	文件名称	出台时间	主要内容	备注
1	张家港市“书香城市”建设指标体系（试行）	2012年11月13日	包括阅读设施、阅读资源、阅读组织等7个一级指标以及44个二级指标和87个三级指标	全国首个“书香城市”建设指标体系
2	北京市全民阅读综合评估指标体系（试行版）	2013年底	包括阅读条件、阅读理念、阅读行为、阅读服务等四大板块、三级指标、40余个测量指标	——
3	“书香苏州”建设指标体系	2014年5月	由阅读设施、阅读资源、阅读活动、阅读服务、阅读环境、阅读成效和保障条件等7个一级指标以及56个二级指标、82个三级指标构成	全国地级市中首个发布的全民阅读“行动指南”
4	江苏省书香城市建设评估指标体系（试行）	2015年	4个一级指标、15个二级指标、50个三级指标	配套印发了《江苏省书香城市建设评估指标体系操作手册》及《江苏省书香城市建设评估指标体系操作手册计分表》

（续表）

序号	文件名称	出台时间	主要内容	备注
5	武汉市全民阅读综合评估指标体系	2015 年 4 月 8 日	包括基础建设、服务系统、阅读活动、阅读绩效及保障措施 5 大模块指标	以“评估打分”的方式在各区之间形成排名竞争，推动全民阅读评价由“模糊定性”到“科学考量”
6	镇江市书香建设标准指标体系	2015 年 9 月 18 日	书香机关、书香校园、书香企业、书香军营（警营）、书香监所、书香社区、书香乡村、书香家庭、读书明星等 9 类标准	——
7	“书香东莞”建设指标体系	2016 年 7 月	由 7 个一级指标、43 个二级指标、71 个三级指标构成	——
8	书香城市（县级）标准指标体系、书香社区标准指标体系	2015 年 5 月	分一级、二级、三级指标，并划分划分东、中、西部	中国图书馆学会发布

以上指标体系，一方面借鉴了发达国家的相关指标做法，从设施、服务、活动、绩效、保障、评估等不同的方面设置了指导要求和量化指标；另一方面也充分体现了各地的实际，融合了地方特色。

5. 图书馆阅读推广规范的制定实施不断加强

各地阅读推广标准建设实施力度也在不断加强，一些省市已率先制定实施了相关阅读规范来指导阅读推广活动，很大程度推动了我国图书馆阅读推广标准化建设的发展进程。2009 年 6 月，南方分级阅读研究中心率先出台国内首个青少年分级阅读标准《中国儿童青少年分级阅读内容选择标准》和《中国儿童青少年分级阅读水平评价标准》。这两个标准的出台，为广大儿童青少年的课外阅读提供了科学的指导，是国内首个儿童分级阅读科学标准体系，对国内儿童阅读具有一定的示范和引导意义。[19] 2013 年深圳市颁布实施《深圳市阅读推广人管理办法》，这是全国第一个专门针对阅读推广人的管理办法，对阅读推广人的定义、宗旨、业务范围、业务标准、资助扶持办法等内容进行了详细规定。[20]2014年，安徽省文化厅牵头107家公共图书馆阅读推广联盟成立，这是当时我国唯一一个专门以阅读推广为主题的图书联盟组织，有专门的经费预算、机构权责明确、促进阅读推广的实施标准等。[21]上海浦东新区2016年完成了120个标准化“幼儿阅读室”兴建和改建，到2018年底，新区公办幼儿园有望实现标准化“幼儿阅读室”全覆盖。[22]

6. 图书馆阅读推广标准理论研究的开展

现阶段，我国对图书馆阅读推广服务标准的相关研究相对较少，而就阅读推广标准和阅读推广标准延伸的一些关键词如“全民阅读”“书香城市”“指标”等进行搜索，得出以下结果：

(1) 对阅读推广标准的研究情况

利用CNKI（中国知网）检索工具，采用篇名（精确匹配）字段检索可知，截至2016年底，“阅读推广并含标准”或“阅读推广并含指标”的研究论文有5篇，其中1篇是以公共图书馆的具体活动为例，来研究儿童阅读推广计划的标准制定，4篇涉及图书馆对阅读推广评价体系框架构建的研究，为图书馆制定科学合理的阅读推广活动提供了理论依据，但关于阅读推广的标准或其体系构建的研究则暂时缺乏。

(2) 对全民阅读标准、书香社会指标的研究情况

利用CNKI（中国知网）检索工具，采用题名（精确匹配）字段检索可知，截至2016年底，“全民阅读并含标准”或“全民阅读并含指标”或“书香并含指标”的研究论文共有7篇，其中华中师范大学信息管理学院夏立新教授的《全民阅读综合评价指标体系构建的探索——以〈武汉市全民阅读综合评估指标体系（试行版）〉为例》、南京大学出版研究院杨海平教授的《书香社会综合指标体系构建》均对全民阅读指标体系构建的意义、各级指标的说明、设计思路、原则、框架等有所研究，为推动国内全民阅读的实现提供了理论和操作参考。

(3) 阅读推广标准课题项目研究情况

近年来，随着阅读推广事业的蓬勃发展，全国图书馆标准化技术委员会也

组织开展了跟阅读推广相关的标准化科研工作。2015 年，由苏州图书馆牵头承担的文化行业标准化研究项目《公共图书馆阅读服务标准化研究》获准立项，项目主要研究我国公共图书馆阅读服务标准制定的理论、政策与实践问题。2016 年 8 月，由东莞图书馆承担的文化行业标准化研究项目《图书馆阅读推广标准调研及标准体系框架研究》获准立项，项目研究图书馆开展具体阅读推广工作的实际，讨论建立阅读推广标准体系框架的可行性。[23]

（二）我国图书馆阅读推广服务标准化的问题

从上述实践可以看出，图书馆阅读推广服务标准化建设已取得了一些成效，但仍存在不少急需解决的问题，主要体现在：一是在当前全民阅读空前热烈的环境下，图书馆作为阅读推广的重要主体缺乏法律和制度保障。目前我国大多只是以法规、规划、政策、文件等形式提出图书馆要开展阅读推广、发挥阅读促进作用，没有出台专门的阅读推广标准和法律，存在法律层级不高、效力较低、支撑不足，鼓励倡导多、规定约束少等问题。二是当前国内图书馆的阅读推广服务工作多以开展活动为主，重实施，缺乏整体的组织、策划。三是图书馆开展的阅读推广活动大多缺乏对活动整体实施效果的评价。四是在阅读推广服务标准化基础理论和工作方法、重要领域国际标准跟踪、标准实施推广机制等方面还缺乏系统深入的研究，制约了阅读推广标准化建设工作的开展，无法满足全民阅读推广标准化工作的现实需求。

四、对图书馆阅读推广服务标准化内容的建议

（一）从制度层面推动图书馆阅读推广服务标准化

为保障图书馆阅读推广服务的持续、高效发展，首先，应进一步在国家层面加强顶层制度设计，将全民阅读纳入国家长期战略规划。要明确图书馆在阅读推广组织、实施过程中的重要地位与领军作用，加大对图书馆阅读推广的支持力度与政策倾斜。[24]其次，应建立科学合理的阅读推广标准体系。阅读推广标准体系是阅读推广标准化建设的基石，将对图书馆及社会各相关机构实现全民阅读工作的推广、普及起到有力的促进作用。再次，制定阅读推广相关配套政策。各级政府和相关机构应加强这方面的政策引导和支持，积极制定有具体的配套政策、规范、指南、规划等，为法律法规的实施提供坚强有

力的辅助。

（二）从实施层面加强图书馆阅读推广服务标准化

由于图书馆的阅读推广服务的核心是基于馆藏文献和文献信息组织方法的推广，目的是提高馆藏的流通率和利用率，因此，图书馆阅读推广工作还应从实施层面加强管理，使其具备科学性、专业性和规范性。一方面，图书馆内部可以从完善管理机制入手，设立阅读推广部门，制定阅读推广服务的相关制度和规范，建立阅读推广人培养机制，进一步夯实基础。另一方面，应加强中国图书馆学会和其分支机构阅读推广委员会，以及各级图书馆学会等行业组织机构的指导职责。加强对区域内阅读推广工作的协作协调，构建阅读推广标准化体系框架，制定阅读推广行业规范，出台图书馆阅读推广活动指南，加强阅读推广实施规范指导，加大馆员阅读推广服务的技能培训等。

（三）从监督层面强化图书馆阅读推广服务标准化

对阅读推广活动进行评估评价，可以对成功经验进行总结与推广，也能为阅读推广的战略规划制定、活动的策划和延续提供非常有力的证据支撑。涉及图书馆阅读推广服务评估的维度，可以考虑从图书馆、参与者、社会影响 3 个评估维度制定相关指标体系。其中，图书馆方面从人员、活动、经费、社会资源整合 4 个要素进行评估；参与者方面从参与者满意度、参与者受益度两个要素上来评估；社会影响则可以从活动规模、活动持续性、活动宣传推广、活动公平度、后续衍生产品、用户追踪、阅读氛围的培育等要素进行评估。[25] 此外，前面提到，一些城市已经制定了全民阅读评价指标体系，要积极应用这些指标体系，跟图书馆实践结合检验其操作性和实用性。同时，要加强全民阅读和阅读推广相关法律法规政策的落实和实施的评估。

（四）从理论层面深化阅读推广服务标准化

我国图书馆阅读推广实践取得了丰硕的成果，阅读推广工作成为新常态下图书馆职业的重要社会职责，阅读推广理论研究也成为图书馆界最具活力的研究领域之一。因此，还需从理论层面进一步深化阅读推广服务标准化研究，为下一阶段的阅读推广实践工作寻求更有力的科学理论依据。

第三节　图书馆数字化服务标准化

图书馆的数字化服务通常是指用户通过网络聊天工具、电子邮箱等电子化等手段向图书馆提交有关服务的请求，或者访问主页并获取相关服务的一种服务形式。《图书馆学情报学大辞典》对数字化、数字图书馆等相关概念进行了较为明确的说明，但是对于图书馆数字化服务的概念还没有一致的界定。可以说，图书馆的数字化服务是以信息技术为基本手段、以数字化资源为基本载体、以用户为服务对象所开展的一种即时性服务方式。通常现代图书馆数字化服务主要包括参考咨询、资源提供、读者培训、个性服务等内容。简单来讲，数字化服务即以资源为载体、以技术为途径、以用户为对象的一种包含信息检索、查询等内容的服务[26]。在数字化时代，为了能够最有效地利用现有的图书信息资源，充分利用电子信息资源的发展所提供的机会，更好地促进数字化服务建设，需要有相应的规章制度为图书馆数字化服务提供标准规范。本节将对国内外图书馆数字化服务的标准化工作进展、数字化服务的标准体系构建情况、标准化工作的成效等进行归纳总结，分析目前亟待解决的问题、现存标准化需求、以及我国数字化服务的标准化工作的发展重点与方向。

一、图书馆数字化服务标准化概述

（一）国际图书馆数字化服务标准化建设概况

图书馆数字化服务相关的标准协议包括针对图书馆在数字化条件下的各种服务（如信息检索、参考咨询等）制定的标准规范。2010 年国际图书馆协会联合会（IFLA）/联合国教科文组织（UNESCO）的《公共图书馆服务指南》指出，公共图书馆提供服务的基本标准是：服务必须使团体中的每一个成员都能够使用。这就要求图书馆必须具备信息技术方面合适的设备（包括软件和硬件）以及可使用的数据和信息资源，有助于为那些不能到图书馆的读者提供一系列的服务。[27]

在图书馆数字化服务相关标准建设中，IFLA 的参与度最高，为数字化服务的标准体系建设作出了较大的贡献。国际上颁布的与图书馆数字化服务相关的标准中，绝大多数为 IFLA 制定，国际图书馆协会联合会青少年和儿童图书馆委员会也参与了部分标准的制定。从 1994 到 2018 这 25 年间，国际数字化服务相关标准的制定数量有小幅增加，并保持稳定。1994—1998 年制定的标准数量最少，只有 1 项；1999—2003 和 2004—2008 这两个时间段，制定的标准数量都是 2 项；2009—2013 年制定的标准最多，有 3 项；2014—2018 年制定的标准数量也是 2 项，如表 3 –6。

表 3 –6　国际现行数字化服务相关标准年代分布表

年份	1994—1998 年	1999—2003 年	2004—2008 年	2009—2013 年	2014—2018 年
标准数量	1	2	2	4	2

(二) 标准规范的重要成果分析

IFLA 是世界图书馆界最具权威与影响力的非盈利型国际图书馆组织，自 1927 年成立以来，为促进国际图书馆界信息资源的相互合作、交流、研究和发展，已发布众多标准及相关行业指导性文件供世界图书馆领域实践参考。IFLA 制定的数字化服务标准或规范详细信息如表 3 –7 所示。

表 3 –7　国外现行图书馆数字化服务标准文件

序号	名称	颁布年份	颁布机构
1	公共图书馆宣言（Unesco public library manifesto）	1994 年修订	UNESCO、IFLA
2	IFLA 公共图书馆服务指南（IFLA public library service guidelines）	2010 年	IFLA
3	多元文化社区: 图书馆服务指南（Multicultural communities: Guidelines for library services, 3rd edition）	2009 年第 3 版	IFLA
4	国际图联儿童图书馆服务发展指南（Guidelines for children's library services）	2003 年	IFLA 青少年和儿童图书馆委员会
5	移动图书馆指南（Mobile library guidelines）	2010 年	IFLA
6	婴幼儿图书馆服务指南（Library services to babies and toddlers）	2007 年	IFLA

（续表）

序号	名称	颁布年份	颁布机构
7	IFLA 图书馆阅读障碍读者服务指南（IFLA guidelines for library services to persons with dyslexia）	2014 年	IFLA
8	IFLA 图书馆为无家可归者提供服务指南（IFLA guidelines for library services to people experiencing homelessness）	2017 年	IFLA
9	监狱图书馆服务指南第三版（Guidelines for library services to prisoners）	2005 年	IFLA
10	IFLA 数字参考咨询指南（IFLA digital reference guidelines）	2002 年	IFLA
11	电子资源馆藏建设的关键问题：图书馆指南	2012 年	IFLA

《IFLA 数字参考咨询指南》旨在全世界推广完善数字参考咨询服务。文件为从事实际工作的图书馆专业人员和图书馆管理人员提供指导，包括："数字参考咨询服务管理"，针对负责计划管理者；"数字参考咨询工作"，为实际工作人员提供指南，并明确实际工作的标准，以利于开展合作。指南对于数字参考咨询的规定非常具体细致，比如为馆员提供了精准化服务用户的聊天回答指南。

《多元文化社区：图书馆服务指南》的中心原则是公平，通过将每个国家特定类型图书馆的标准与指南和国际标准结合使用，促进多元文化服务公平公正。本指南在读者服务、电子资源以及图书馆员技能等方面都作出了比较具体细致的规定。

IFLA《电子资源馆藏建设的关键问题：图书馆指南》在前言中表示："本指南将为图书馆员提供明确指导，确保图书馆在电子资源发展中对成本、技术可行性、授权、使用、保存等要求以及限制给予充分关注和考虑。"其中"1.0 馆藏政策制定（员工内部使用）"规定了"馆藏发展政策应为采选人员或采访馆员提供指导"，"2.0 电子资源的挑选和评估"中针对电子资源遴选提出建议：建立分工明确的责任和协商机制，并建立电子资源评估专家组，其成员可由该机构内部各个部门的电子资源项目相关人员组成。

二、当前图书馆数字化服务的标准体系

图书馆从传统形态的图书馆发展到数字图书馆，正在经历着一系列崭新的变革。在这一过程中，图书馆的数字化建设俨然已经成为增强图书馆竞争力的重要手段，而数字化资源的建设和数字化服务的开发已经被认为是建设的关键。[28]当前数字化服务的标准体系，可分为技术标准、人文标准、内容规范3部分。

（一）技术标准

计算机相关硬件、软件的购置和数字资源的建设是图书馆数字化服务的基础。技术标准包括计算机相关硬件、软件的购置和数字资源的建设，比如图书馆开展数字化服务的总体要求以及图书馆信息技术设备、资源的相关标准规范。图书馆数字化服务标准化离不开相关技术标准的制定和实施。IFLA《公共图书馆宣言》指出，公共图书馆的使命包括：促进信息技术的发展和计算机应用能力的提高。《多元文化社区：图书馆服务指南》详细规定了多语言电子资源的提供和多语种网页的开发，以满足不同语言环境下的用户平等获取信息的需求。《国际图联儿童图书馆服务发展指南》指出，儿童图书馆应该拥有促进儿童成长的、各种形式的、大量的和合适的资料，包括：印刷型资料（图书、期刊、连环漫画、手册等）、多媒体（CD、DVD、磁带）、玩具、学习性的游戏器具、计算机、软件和网络连接。《图书馆读写困难用户服务指南》针对图书馆信息技术设备提出了具体的技术标准规范，如表3－8所示。此外，《婴幼儿图书馆服务指南》和《监狱图书馆服务指南》等，均对数字化服务的提供和形式提出了总体的要求。《移动图书馆指南》则对信息技术设备的种类作出了具体规定。

表3－8　《图书馆读写困难用户服务指南》中的技术标准规范

	Audio CD	Daisy Talking Book	eBooks simple	Daisy Full text full audio	Digital Multim edia	ePub3
Audio (wave)	yes (74 minutes on one CD)	usually not	no	usually not	possible	possible

（续表）

	Audio CD	Daisy Talking Book	eBooks simple	Daisy Full text full audio	Digital Multim edia	ePub3
Audio (MP3)	no	yes(+20 hours on one CD)	no	yes (synchronised)	possible	possible
Navigation	one level (tracks)	nulti-level and pages	table of content and pages	multi-level and pages	table of content and linking	table of content and linking
Pictures	no	no	yes	yes (synchronised)	yes	yes
Video	no	no	no	no	yes	yes

（二）人文标准

人文标准即服务人员的标准化，数字化时代对图书馆人员的专业素质有了更高的要求，在图书馆数字化服务标准化建设中，人员建设是其中的一个重要内容。《IFLA 数字参考咨询指南》[29]旨在全世界推广完善数字参考咨询服务。文件为从事实际工作的图书馆专业人员和图书馆管理人员提供指导，包括针对负责计划管理者的“数字参考咨询服务管理”和为实际工作人员提供指南的“数字参考咨询工作”。《国际图联儿童图书馆服务发展指南》[30]也指出：儿童图书馆的高效和专业运转需要有专业技能的和负有责任心的儿童图书馆员。儿童图书馆员需要掌握的技能包括：“有学习新技能和专业发展的强烈愿望”和“对儿童图书和相关媒体的知识”。IFLA《电子资源馆藏建设的关键问题：图书馆指南》[31]在前言中表示：“本指南将为图书馆员提供明确指导，确保图书馆在电子资源发展中对成本、技术可行性、授权、使用、保存等要求以及限制给予充分关注和考虑。”《国际图联公共图书馆服务指南》指出：网络环境下图书馆员的角色发生转变，由传统服务模式中的信息提供者转变为信息资源的组织者、传播者、导航员。[32]要求图书馆员要通晓信息技术、有较高的外语水平和较强的人际交往能力，具有较强的信息处理能力和创新能力，要成为知识面广、专业性强、服务技能高的服务人才，真正担负起网上“信息导航员”等全方位的角色。[33]

（三）内容规范

相对于传统服务，图书馆的数字化服务的内容和形式更具专业化，因而需要更加具体细致的标准规范。《IFLA 公共图书馆服务指南》明确提出图书馆应开展远程教育服务；《监狱图书馆服务指南》认为图书馆工作人员应该有连接互联网及接收邮件的权限，用来答复信息咨询，检索图书馆目录网页，与同行和供应商交流，进行远程学习课程和参与馆际互借。而在满足监狱网络安全的前提下，犯人可以在监控下利用互联网进行学习、治疗及释放前的规划。《IFLA 数字参考咨询指南》对虚拟参考咨询、数字参考咨询、e－参考咨询、因特网信息服务、实时参考咨询等服务作了具体规定；《多元文化社区：图书馆服务指南》详细介绍了多元文化图书馆的业务管理以及电子资源多语种/多元文化资源的访问和发展，图书馆可以通过提供硬件、软件和为社区培训，帮助个人和社区利用和自定义 Web 2.0 技术来满足自己的网络社交、在线学习、资源共享等需要。

三、我国图书馆数字化服务标准化发展现状

（一）我国图书馆数字化服务标准化的成效

我国从 1995 年开始跟踪图书馆数字化服务进展，1997 年中国试验型数字式图书馆项目立项，1998 年启动“中国国家数字图书馆工程”，1999 年初国家图书馆完成“数字图书馆实验演示系统”开发，1999 年 3 月国家图书馆文献数字化中心成立。[34]

21 世纪初期，数字图书馆建设从试验性阶段进入建设与服务并进的阶段，数字化服务成为图书馆服务的重要内容。数字资源服务区别于传统服务的许多问题开始凸显，因此，在进行针对性研究和探索的基础上，相关服务及管理类标准也成为数字图书馆标准规范的重要内容，包括数字资源的检索标准、网络服务标准、应用服务标准、版权管理标准等。[35]

鉴于当前针对图书馆服务的标准、条例的有限性，尤其是图书馆数字化服务标准的匮乏，本节包含了 21 项涉及图书馆数字化服务标准化的全国性和地方性的标准、条例、规范、指南等文件，以每 10 年为一个时间段，进行相关

标准的数量统计，如表3－9。

表3－9 我国现行数字化服务相关标准年代分布表

年份	1982—1991年	1992—2001年	2002—2011年	2012—2018年
标准数量	1	4	9	7

1982—1991年只有1项标准，主要原因在于此时数字化服务尚未发展起来，因而几乎没有相应标准；随着数字化技术的发展和在图书馆中的应用增加，涉及数字化服务的标准也在逐步增加，1992—2001年有4项标准，2002—2011年有9项，2012—2018年有7项，可以看到21世纪以来，有关数字化服务的标准相比过去有了大幅提升。我国对图书馆数字化服务的标准化愈加重视，数字化服务的标准化工作正在稳步进行中。

（二）标准规范的主题内容和重点领域

国内目前缺乏专门针对图书馆数字化服务的专门标准和条例，大多是在其他标准条例中对图书馆数字化服务的标准化有不同程度的涉及。其中，与技术标准相关的居多，包括计算机相关硬件、软件的购置和数字资源的建设，其中数字图书馆理论研究、技术研发和数字图书馆服务等方面有了较大的进展，取得了一定成果。如中国国家数字图书馆、全国文化信息资源共享工程、中国高等教育文献保障系统、开世览文、大学数字图书馆国际合作计划（China Academic Digital Associative Library，简称CADAL）等，其中以中国国家数字图书馆，规模最大且具代表性。

在数字化服务的内容规范方面，馆际互借和参考咨询是两个重点领域。国家标准有《信息与文献 开放系统互连馆际互借应用服务定义》（GB/T 23269—2009）、《信息与文献 开放系统互连馆际互借应用协议规范 第1部分：协议说明书》（GB/T 23270.1—2009）、《信息与文献 开放系统互连馆际互借应用协议规范 第2部分：协议实施一致性声明（PICS）条文》（GB/T 23270.2—2009）。全国图书馆标准化技术委员会发布了《图书馆参考咨询服务规范》（WH/T 71-2015）文化行业标准，CALIS委托北京大学图书馆起草了《CALIS虚拟参考咨询服务规范》，以规范和推动参考咨询服务的发展。[36]

（三）重要组织机构标准化建设成效分析

我国图书馆数字化服务标准化成果包括两部分：数字化领域专业的标准规范和涉及图书馆数字化服务的法律规定。前者如《信息与文献 开放系统互连馆际互借应用服务定义》《CALIS 虚拟参考咨询服务规范》，制定机构主要包括国家标准委员会、学协会、图书馆联盟以及科研机构、公共图书馆等组织机构；后者如《中华人民共和国公共图书馆法》、《省（自治区、市）图书馆工作条例》，制定机构主要包括全国人大、原文化部以及地方人大、人民政府等机构。如表 3－10。

表 3－10 我国现行图书馆数字化服务标准及政策文件

类型	名称	颁布年份	颁布机构
全国性	省（自治区、市）图书馆工作条例	1982 年	原文化部
	数字图书馆服务政策指南	2010 年	全国数字图书馆建设和服务联席会
	数字图书馆资源建设和服务中的知识产权保护政策指南	2010 年	原文化部
	数字图书馆资源建设指南	2010 年	全国数字图书馆建设和服务联席会
	公共图书馆服务规范（国家标准 GB/T 28220—2011）	2012 年 5 月 1 日（实行）	国家质量监督检验检疫总局、国家标准化管理委员会
	社区图书馆服务规范	2016 年	原文化部
	中华人民共和国公共图书馆法	2018 年 1 月 1 日（实行）	全国人大常委会
地方性	上海市公共图书馆管理办法	1996 年	上海市人民政府
	深圳经济特区公共图书馆条例（试行）	1997 年	深圳市人大常委会
	内蒙古自治区公共图书馆管理条例	2000 年	内蒙古自治区人大常委会
	湖北省公共图书馆条例	2001 年	湖北省人大常委会
	北京市图书馆条例	2002 年	北京市人大常委会
	广西壮族自治区公共图书馆管理办法	2002 年	广西壮族自治区人民政府

（续表）

类型	名称	颁布年份	颁布机构
地方性	河南省公共图书馆管理办法	2002 年	河南省人民政府
	浙江省公共图书馆管理办法	2003 年	浙江省人民政府
	乌鲁木齐市公共图书馆管理办法	2008 年	乌鲁木齐市人民政府
	山东省公共图书馆管理办法	2009 年	山东省人民政府
	四川省公共图书馆条例	2013 年	四川省人大常委会
	广州市公共图书馆条例	2015 年	广州市人大常委会
	东莞市公共图书馆管理办法	2016 年	东莞市人民政府
	广州市公共图书馆服务规范	2017 年	广州市文化广电新闻出版局

（四）我国图书馆数字化服务标准化存在的问题

针对图书馆数字化服务标准化工作，当前我国仍面对不少问题需要解决。

1. 图书馆数字化服务标准体系匮乏

目前数字化服务在图书馆总体服务中所占的份额正在逐渐增加，但针对数字化服务的评价标准和体系十分匮乏。由于缺乏关于数字化服务的评价标准和体系，图书馆在推广数字化服务的过程中没有相应的标杆可参照，也没有后续的评价体系予以鞭策和激励。虽然原文化部在 2011 年就出台了《关于实施“数字图书馆推广工程”的通知》，2012 年提出《关于加快实施数字图书馆推广工程的意见》，但此类文件并没有实际制定出数字化服务的评价标准，而中国国家数字图书馆、中国国家科学数字图书馆（CSDL）、中国高等教育数字图书馆（CADLIS）等工程更偏重数字资源建设的相关标准规范。

2. 对人文标准的重视不够

在图书馆数字化服务标准化工作中，国内出台了各种关于数字资源建设的标准规范，但明显偏向技术类标准规范，国内针对图书馆工作人员在数字化时代如何开展服务的标准规范比较匮乏。有些条例中对人员建设进行了概括性的规定，如《深圳经济特区公共图书馆条例（试行）》第三十条：公共图书馆应加强图书馆专业队伍的建设，根据工作需要，配备图书馆学及其他相关学科的专业工作人员。《广州市公共图书馆条例》第二十三条：公共图书馆新进管理人员和专业技术人员应当具备大学本科以上学历和与工作岗位相适应的专业知识与技能，并按照相关规定实行公开招聘，具体要求由市文化行政主管部门另行规定并向社会公布。但这些规定太过笼统，为顺应数字化时代提高图书馆服务职能的要求，需要为图书馆工作人员提供明确的标准、指南类规范。

3. 对用户需求的重视不够

具体来看数字化服务标准建设的流程，发现基本都是自上而下的过程。在数字化服务标准规范文件的制定过程中，图书馆对一些基础性标准大多采用已有国际标准、国家标准或行业标准，并基于自身需求研制标准规范，很多时候一个文件的出台是多个机构共同参与研究、制定与修订的成果。然而，在这一过程中，作为服务对象的图书馆用户的需求没能得到充分的重视。

四、对我国图书馆数字化服务标准内容的建议

同时，我国对图书馆开展数字化服务的内容规范目前比较笼统，对图书馆应提供的数字化服务只作了概括性的规定，对于图书馆数字化服务的范围、流程的界定还缺乏系统，相关标准化工作更是薄弱环节所在。

（一）构建图书馆数字化服务标准体系

鼓励政府和图书馆界力量合作，在学习国外先进经验的基础上，结合国内图书馆发展实际，在实践中建立起一套完善的数字化服务的评价标准和规范，构建图书馆数字化服务标准体系，为图书馆提供推广数字化服务时可参照的标杆，制定和完善后续的评价体系并予以鞭策和激励，从而促使图书馆提升数字化服务水平。在构建图书馆数字化服务标准体系时，应遵守科学性原则、以读者服务为导向原则、过程控制原则，才能更好地推进图书馆数字化服务的标准化工作。

（二）重视人文标准和用户需求

数字化时代对图书馆人员的专业素质有了更高的要求，在图书馆数字化服务标准化建设中，人员也是其中的一个重要内容。国际上已有不少针对图书馆员的具体的标准规范，如 IFLA《电子资源馆藏建设的关键问题：图书馆指南》为图书馆员提供明确指导，确保图书馆在电子资源发展中对成本、技术可行

性、授权、使用、保存等要求以及限制给予充分关注和考虑。《IFLA 数字参考咨询指南》则在数字参考咨询服务方面为从事实际工作的图书馆专业人员和图书馆管理人员提供具体指导。而国内针对图书馆工作人员在数字化时代如何开展服务的标准规范比较匮乏，有些条例对人员建设进行了概括性的规定，但往往太过笼统，缺乏针对图书馆员具体数字化服务的明确的标准、指南类规范。需要图书馆界经过探索实践制定出适合图书馆数字化服务的具体指南，这类人文标准规范的制定必须得到充分的重视。

同时，要兼顾数字化服务标准化与个性化。公共图书馆服务规范（国家标准 GB/T 28220—2011）中，对个性化服务作出了规范："公共图书馆可为个人、企事业机构及政府部门提供多样化的、灵活的、有针对性的服务。"因此，在数字化服务标准化建设过程中，图书馆应该充分重视用户的需求，比如在制定文件前征求用户建议，并对用户的使用需求进行调研，将调研结果体现在标准规范文件中。正式实施文件后，还可以定期对用户的使用体验进行调研，并基于用户反馈不断修订与完善文件，从而推动图书馆数字化服务标准的建设，促进图书馆的长远发展。

（三）完善图书馆数字化服务标准化监督机制

图书馆数字化服务的评价机制应该是多维度、全视角的，不仅仅关注结果的评估，更应关注服务的流程。朱强等在《数字图书馆服务政策指南解读》[37]中，将与数字图书馆项目相关的群体划分为 3 个层次：用户、项目实施者和管理者、相关社会群体。用户是使用数字图书馆的人；项目实施者和管理者是系统开发和运行执行人，包括图书馆员与信息技术人员；相关社会群体是与数字图书馆直接或间接相关的人群，包括投资者、决策者等。因此，数字图书馆服务的评估应包括自我评价、投资方评价、成员单位评价、最终用户评价、第三方评价等。

数字图书馆制定的服务策略的重要组成部分包括服务方式、人、技术应用、合作共享 4 个方面。[38]首先，数字图书馆最大的优势是突破了地域和时间限制，可以提供在线、近线和离线等各种方式的服务。第二，培养经验丰富、训练有素、深刻领会数字图书馆服务政策的员工是数字图书馆服务策略的一个重要内容。第三，在数字图书馆建设中，需要随时跟踪快速发展的信息技术，不断提高数字图书馆技术水平，不断完善数字图书馆本身的技术成熟度和功能完备性，使其具有旺盛的生命力和可持续发展的能力，实现理想的数字图书馆信息服务。第四，数字图书馆之间要加强合作和交流，通过资源共享为用户提供更加优质的服务。为了最大可能地满足用户的需求，让用户最有效地利用数字图书馆的资源和服务，基于互联网、卫星或移动通信、镜像等多种方式，结合数字资源利用的特点，数字图书馆提供的服务可以归纳为五种类型，即资源获取、信息服务、信息素养教育、技术服务、保存服务等。数字图书馆建设和服务必须以建立丰富的数字资源库为基础，而建立丰富的数字资源库就必然涉及众多著作权人的权益，如果无视著作权人的权益，忽视知识产权保护问题，一旦发生法律纠纷，不仅会使数字图书馆的发展受到阻碍，而且会严重影响图书馆界在公众中的美誉度。[39]数字传媒已成为图书馆向多元文化群体服务的重要组成部分，数字化服务标准化亦需应对知识产权保护方面的挑战。

第四节 图书馆特殊人群服务的标准化

老年人、未成年人、残疾人与流动人口等群体是当前图书馆服务的主要特殊群体，在这些目标群体或对象当中，存在不少不善于阅读但有阅读意愿的人，如少年儿童、青年学生等尚未学会阅读的人，他们可以通过图书馆服务（特别是阅读推广）得到训练，学会并喜爱上阅读。另外还有残障人士和学校图书馆中阅读能力低下的低年级学生等阅读困难人群，图书馆都要予以适当帮助。[40]通过扩大对弱势群体的资源投入与扶持力度，提高他们接触知识的机会，使遭受“知识剥夺”的群体参与知识分享，缩小弱势群体与其它群体间的知识差距，变“知识鸿沟”为“知识通道”，这样才能提高社会包容度与公平属性，保证社会均衡、可持续发展。[41]本节将聚焦于图书馆特殊人群服务的标准化问题，在分析图书馆特殊人群服务特点的基础上，总结其标准化需求，并对现有标准化成果进行介绍。

一、图书馆特殊人群服务标准化概述

（一）特殊人群

1. 特殊人群的界定

于2017年3月1日正式施行的《中华人民共和国公共文化服务保障法》

第一章总则第九条规定“各级人民政府应当根据未成年人、老年人、残疾人和流动人口等群体的特点与需求，提供相应的公共文化服务”[42]，未成年人、老年人、残疾人与流动人口即目前我国特殊人群的主要组成部分[43]。特殊群体普遍具有经济贫困性、生活质量低层次性、承受能力脆弱性和文化水平偏低等特点，因而他们常处在主流文化和生活方式的边缘，心理和精神方面都很脆弱，受到其他群体的排斥和歧视，最缺乏文化、教育与人文关怀。[44]图书馆作为社会公共文化服务重镇，基于自身的属性与目标，理应将特殊群体纳入重点服务对象给予知识援助、文化扶贫。[45]

2. 特殊人群服务及其标准化的合理性

我国宪法确立了公民在法律面前一律平等的原则，制定了《中华人民共和国老年人权益保障法》《中华人民共和国未成年人保护法》《中华人民共和国残疾人保障法》，以及保障农民工权益的方针政策，对特殊群体权益给予了特别的关注和保护；特殊人群的公共文化服务（包括图书馆服务）从根本上讲是在落实宪法原则，使行业规范、标准、条例等与保障特殊群体权益的其他现行法律政策相衔接。为实现知识的相对自由与公平，政府作为资源配置的主体应当合理配置全社会的知识资源，特别对弱势群体，仅仅给予和强势群体同等的机会还不够，为特别保证实现社会公平正义[46]，可以依照美国社会学家罗尔斯所提出“弱势群体补偿原则”，对弱势群体实行优先扶持与政策倾斜[47][48]。而我国的公共文化服务具备均等性[49]（“四性”之一，详见下文），要求公共文化服务的“阳光”普照到每一个人[50]。实现该属性的两个要点是：第一，明确了满足特殊群体（special groups/special community/special group）文化需求的责任主体是各级政府；第二，强调面向特殊群体的公共文化服务必须根据他们的特点和需求，这是由于无针对性即无必要性，更无有效性。[51]

目前，我国党和政府已认识到完善和强化特殊人群服务及其标准化的重要意义，出台了若干法律法规与政策措施，不仅向我们充分证明了开展该主题工作与研究的合理性依据，而且使我们看到了此方面服务及其标准化不断改善的希望所在。文化和旅游部部长雒树刚指出：当前公共文化服务体系建设和中央所提出的现代公共文化服务体系当中“现代”二字还有较大差距，公共文化服务在城乡、地区之间和不同群体间发展不平衡，其中，对特殊人群投入少，对一般人群投入多。《中华人民共和国公共文化服务保障法》的落地与推行就是要补齐“不平衡”这一短板[52]，该法的基本方针即是在推进均衡发展过程中消除人群差距[53]。由本专题对该法律上述引文可知：该法在有关条文中特别强调了保障特殊群体权益，另该法第十条还规定“国家鼓励和支持公共文化服务与学校教育相结合，充分发挥公共文化服务的社会教育功能，提高青少年思想道德和科学文化素质”[54]，这里特别强调了培育青少年的任务，指明了实施的策略。2012年5月正式实施的《公共图书馆服务规范》（下文简称《规范》）的总则部分，其中第五条指出：“公共图书馆服务对象包括所有公众。应当注重培养少年儿童的阅读习惯，并努力满足残疾人、老年人、进城务工者、农村和偏远地区公众等的特殊需求的群体服务。”《规范》还在馆舍建筑、建筑功能布局和服务时间等方面对面向特殊人群服务作了特定要求。[55]

（二）图书馆特殊人群服务特征分析

公共图书馆作为社会公益性公共文化服务机构，为特别包括特殊群体在内的公众提供信息服务可谓其“天然”职责[56]，从图书馆行业的国内外各种宣言来看，图书馆对特殊人群开展服务也是一项无法忽视、不可推卸的任务，如《公共图书馆宣言》和《图书馆、信息服务及智识自由格拉斯哥宣言》，《中国图书馆学会图书馆服务宣言》中指出：“现代图书馆秉承对全社会开放的理念，承担实现和保障公民文化权利、缩小社会信息鸿沟的使命。”“图书馆向读者提供平等服务。各级各类图书馆共同构成图书馆体系，保障全体社会成员普遍均等地享有图书馆服务。”“图书馆致力于消除弱势群体利用图书馆的困难，为全体读者提供人性化、便利化的服务。”[57]另从政治和经济学角度，图书馆作为典型的公共物品具有显著的正外部性，其固有的公共物品属性与公共发展目标决定了其有义务担负起保障特殊群体公共信息获取权利的职责。[58][59]图书馆针对弱势群体开展专业化、针对性的知识服务，不仅可在边际成本仅有少量增加甚或不增加的条件下将图书馆的使用价值最大化，而且可吸引更多人进入图书馆从而使社会效益最大化，由此实现图书馆自身发展与弱势群体解困的双赢[60]，当然，这也贯彻了和体现出公共文化服务的基本性、公益性、均等性和便利性（“四性”）[61]。

1. 图书馆未成年人服务

目前我国未成年人共计3.67亿，约占人口总量的28%。未成年人年龄小，生理心理未完全发育成熟、缺乏辨别与判断能力，更缺乏足够的自我保护能力与社会经验，易受外界的侵害和影响，需要社会特别的保护与关爱。[62]

“阅读不仅是儿童获取知识的主要途径，是现代文明社会中生存和成长的重要技能，更是促进儿童精神成长，创造其个体生命经验和促进其终身发展的过程。”[63]但阅读技能并非与生俱来的，阅读行为特别是深阅读的实现对阅读主体的信息素养和认知能力等都有一定的要求（门槛较高），这些要求包括读者的一定知识能力基础与认知能力，少儿期正是个体阅读能力提升的黄金时期，如果未成年时期个体阅读能力未得以有效提升，其在成年期的阅读兴趣与阅读量会受到极大局限，而且提升其读写能力的难度也远远大于未成年人。[64]

图书馆在保障其公共信息获取时不仅应考虑其信息需求，细分不同的年龄阶层为其提供最适宜的文献信息，而且要有一定的导向与规定性，尽可能将健康的、利于其成长的信息资源呈现出来。[65]在现代公共图书馆以人为本的服务模式下，图书馆工作人员既是图书管理员，也是广大青少年的教育者，基于这种特殊、多重身份，他们的仪表、言行、文化修养、专业技能等都直接影响孩子。[66]

2. 图书馆老年人服务

已于2015年4月修订完成的《中华人民共和国老年人权益保障法》规定了：“老年人是指六十周岁以上的公民”[67]。按此标准，我国目前共有老年人2.22亿，约占总人口的16.1%。[68]老龄问题比较复杂：部分老年人退休金较少甚至无退休金，或患有重病、大病，经济与生活日益困难；部分老年人则与子女长期分离，作为“空巢老人”精神上孤独感强，急需心理救助。[69]随着我国日益步入老龄化社会，老龄问题的缓解或解决将愈发重要和敏感，并逐渐成为每个机构、家庭乃至个人必须面对的问题。

在信息获取方面，老年人由于受到生理机能、信息技能、文化程度等因素限制，其获取渠道狭窄，途径单一，他们目前仍主要通过图书、报刊、电视、广播等传统方式获取信息，信息通讯技术应用能力的缺陷成为其获取信息的主要障碍。在信息内容上，大部分老年人最希望获得医疗保健领域的信息。[70]

在开展服务时，我国应确立积极的老龄观与差异化服务导向。根据老年社会损害理论，社会对老年群体强加的不良标签与过分关心都会对他们的自我认知和身心健康带来损伤。而社会重建理论指出须调整老年人生存环境以便帮助他们建立与自我概念间良好的互动[71]。因此，在编写指导性文件时应将积极老龄化作为图书馆老年服务指导思想，抵制老年刻板印象和老年歧视主义，在图书馆这一平台上以服务为依托，营造一个健康老龄、成功老龄、积极老龄的社会支持环境。同时要尽快编制和出台专门的图书馆老年服务标准、规范或指南，引导各级各地公共图书馆制定老年服务指南，以形成互为呼应的标准体系。最后，应将老年人视为不同年龄、社会经济文化背景、身心状况、信息需求和阅读能力的个体所构成的多样化群体，掌握本社区老年服务机构、老年群体与老龄工作政策，以老年人不同的需求特点与行为方式制定差异化的服务策略。[72]

3. 图书馆残疾人服务

《中华人民共和国残疾人保障法》将残疾人定义为“在心理、生理、人体结构上，某种组织、功能丧失或者不正常，全部或者部分功能丧失以正常方式从事某种活动能力的人。残疾人包括视力残疾、听力残疾、言语残疾、肢体残疾、智力残疾、精神残疾、多重残疾和其他残疾的人”[73]。目前我国残疾人总数 8500 万，约占总人口的 6.2%。[74]残疾人由于精神缺陷与肢体残疾等原因，大部分收入水平与受教育程度较低，在学习、工作、生活上面临诸多困境，难以像正常人一样便利、自由地获取信息，他们的信息需求集中在社会保障与就业信息领域。[75][76]

为残疾人服务的水平不仅仅是衡量图书馆服务水平的重要标准，是衡量社会文明程度的重要标志，它更是增强民众获得感、建设和谐社会的重要内容。[77]王子舟、肖雪也提出：图书馆实施知识援助所须恪守的一个重要原则是尊重人格，平等地对待弱势群体。弱势群体不仅是在经济、政治权力和机会上有欠缺的人群，他们同样是依法享有各类权利和义务的公民。因而图书馆应平等地对待弱势群体，不歧视他们，倾听他们的声音，不把残疾、贫穷当作罪恶，更不应怀着“健全人”或救世主的心态居高临下地怜悯弱势群体。[78]

目前，我国各级公共图书馆面向残疾人已开展的信息服务包括：多数的公共图书馆设立了残疾人专享服务区，产生各类费用时可给残疾人适当优惠，部分设置了专用洗手间、专用座位、专用通道（包括盲道）、专用停车位，电梯导引、无障碍导引标识，购置盲文读物、盲人计算机、视听辅助设备、信息无障碍网络服务等，总之，我国公共图书馆现有的残疾群体服务主体是视障读者，肢残读者大都则在较好的无障碍环境下基本被视为正常读者，极少提供专门服务，而对智障和聋哑读者的服务仍处于理论探索和初步尝试阶段，尚未大规模开展。[79]对肢残读者，图书馆仍需注意要在细节方面体现出贴心又人性化的服务；另外，图书馆选址、布局与设计对读者利用图书馆很重要，对残疾人来讲就更是如此，由于残障读者身体状况等的局限，他们出行很不方便，公共图书馆各类设置应尽可能为其减少阻碍。[80]

4. 图书馆流动人口服务

在我国，流动人口主要指进城务工人员，目前共计2.74亿，约占总人口的20%。[81]他们基本上都有文化程度低、难就业、工作不稳定、法制观念淡薄和收入低等特点，且多受到社会歧视[82]，对社会保障、职业技能培训与政府法律法规等领域的信息需求量大[83]。但是由于受教育程度较低，新生代农民工大多只能从事一些科技含量低、工作时间长、工作强度大的简单机械体力劳动，获得的劳动报酬相应较低。他们普遍的文化消费能力不强，而且其普遍工作时间都高于平均劳动时间，只有极少的时间和精力能够再投入到文化活动中。[84]

公共图书馆要着力解决特别包括新生代农民工在内的进城务工者的公共文化服务问题，推动特别是新生代农民工市民化并享有均等化的文化服务，这是构建覆盖全社会的图书馆公共文化服务体系的题中应有之义[85]，各图书馆应积极学习杭州市图书馆、重庆市图书馆低门槛、无门槛开放的做法，提升服务的质量水平与普及度。

二、图书馆特殊人群服务标准体系

服务当中大多会发生服务接触，它实质上是服务过程中的人际接触（Person-to-Person Encounter），此接触往往决定了读者的忠诚度与满意度。[86]服务标准是服务质量标准的简称，它看服务结果也看服务过程，主要关涉服务质量标准。这一类服务标准可分为服务规范与服务提供规范，主要是对服务的固有特性满足要求程度的规定，并描述服务提供过程所利用的方法和程序。[87]因而，此处面向特殊人群的图书馆服务内容根据其特性，被限定在服务流程、提供服务和服务人员3方面。

（一）服务流程标准化

流程即过程，是指“跨部门、跨岗位工作流转的过程”[88]。公共服务提供规范指“在公共服务实现过程中，为了达成服务规范要求的特性，对公共服务提供的方法、流程和操作程序提出规定和要求”[89]。各类型图书馆的特殊人群服务流程也需标准化，这是确保最终成果和工作绩效令人满意的必要条件，也是保障和提升服务质量，确保不同等级、地区等的图书馆服务均等化的有效举措，更能促进中国的图书馆服务与国际标准接轨。特殊人群图书馆服务流程管理想要成功需要在流程战略的基础上，进行流程设计、实施与监控。[90]

《公共图书馆服务规范》在服务资源部分规定了少年儿童阅览区和视障阅览室各自特有的设置要求，在服务宣传部分规定了“应设置无障碍设施的专用标识”[91]。我国2018年第11号国家标准公告《公共图书馆少年儿童服务规范》已于2019年4月实施，它在总则中提出“根据少年儿童年龄、自理能力和自我保护能力等特点，对制度、环境、设备、活动等方面特别设计，保护少年儿童生理和心理免受伤害”[92]。并分别在经费、硬件资源、人力资源、馆藏资源、服务时间、内容方式和服务承诺等多个方面给予了细化要求。我国2018年第11号国家标准公告《图书馆视障人士服务规范》也已于2019年4月实施，它在总则里提出“视障人士服务应依据视障人士的需求采选文献资源，安排服务项目，完善服务设施”。这就概括了该标准在服务流程的各方面标准化的努力[93]。正在制定、尚未发布信息的《公共图书馆读写障碍人士服务规范》《乡镇图书馆服务规范》与《公共图书馆聋人服务指南》等预计也将会有较多特殊人群服务标准主题的内容[94]。

（二）提供服务标准化

因为读者是接受服务的一方，图书馆掌控各类公共文化资源并提供服务，如果它未能提供较完备的读者所需的各项服务，或者无法有效地、便利地予以开展和举办，那么读者就必然无法因充分地接受服务而受益，更遑论较高的服务评级与读者满意度了。在保障基本服务项目的基础上，图书馆还需要进行服务项目的调整与创新，以便更好地适应广大读者的需求与心理预期。

例如《公共图书馆服务规范》总则提及了“公共图书馆服务对象包括所

有公众，应当注重培养少年儿童的阅读习惯，并努力满足残疾人、老年人、进城务工者、农村和偏远地区公众等的特殊需求”。还在服务效能部分规定了需有基本服务、流动服务、远程服务、个性化服务和总分馆等形式的服务[95]。另外，《公共图书馆少年儿童服务规范》的总则中指出：“公共图书馆少年儿童服务应……保障和实现少年儿童平等获取公共图书馆服务的权益，不受年龄、种族、性别、语言、身体条件或家庭背景的限制。”[96]《图书馆视障人士服务规范》中明确指出了视障阅览室和盲文图书馆的5项服务内容和两大类服务形式[97]。

（三）服务人员标准化

服务人员的数量、技能和素质直接影响和制约了公共服务组织的服务提供能力，当然图书馆的服务提供能力也受到服务人员直接的影响。公共服务的内容中服务规范也牵涉到对服务人员的标准化，如舒适性和文明性的要求。[98]《公共图书馆服务规范》《公共图书馆少年儿童服务规范》和《图书馆视障人士服务规范》都有相应详尽的规定可作为标准化要求之佐证，详见下文。

1. 服务人员语言标准化

作为社会文化服务机构的图书馆，其工作人员的语言是否准确、得体、礼貌，直接反映了图书馆的服务水平，影响到图书馆社会形象的建立与服务质量的满意度。[99]公共服务标准的重要内容之一即服务提供规范。服务提供规范所包含的“服务的沟通与确认要求”就可归入服务人员语言标准化范畴。在实践操作当中，读者服务中的语言表达关键在于巧妙运用，这既能体现图书馆工作人员的文化内涵与整体素养，又能给读者提供良好的人文服务环境。[100]为提升服务人员语言的社会效益，建议各类型图书馆在招聘服务人员时提出对语言能力方面的要求，在日常考核中也把自觉使用普通话和文明用语作为标准之一，强化员工积极使用优质服务语言的观念，并鼓励个体掌握一门或多门外语，提升服务人员整体的语言能力。[101]

《公共图书馆服务规范》在人力资源部分要求工作人员使用文明用语[102]。《公共图书馆少年儿童服务规范》还特别规定了“少数民族自治地区公共图书馆应配备熟悉少数民族语言文字的少年儿童服务馆员，有条件的公共图书馆宜配备掌握盲文和手语的少年儿童服务馆员”[103]。《图书馆视障人士服务规范》也明确指出工作人员“应掌握盲文基础知识”等[104]。

2. 服务人员动作标准化

动作标准化要求服务人员尽可能微笑服务，而且须将适宜的服务坐姿、站姿、走姿、仪容仪表以及手势巧妙结合，有效地展现图书馆的服务风貌。[105]服务人员要以读者所期望的动作标准提供服务，在读者心目中建立良好的服务形象，尽可能避免因服务人员习惯性动作而带来读者的不满。图书馆的一线服务人员应逐渐建立起服务动作标准化的意识和追求[106]。

《公共图书馆服务规范》要求了“工作人员须挂牌上岗，仪表端庄”[107]。《公共图书馆少年儿童服务规范》也指出“服务馆员应具备良好的职业道德和职业素养”[108]。

3. 服务人员态度标准化

服务态度是图书馆员自身职业道德、对读者情感与行为举止的综合体现，包括对读者的礼貌程度、主动热情程度乃至敬重程度，它是衡量服务质量的一项重要内容与标准。[109]服务人员应始终做到接待热情、态度和善、真诚坦率，不应附和欺骗，勇于承担责任；做到声音悦耳和谐，语调平缓，对读者充满信任、关切与尊重，能够站在对方立场上考虑问题，不出现失礼的言语和举动，也要对读者的投诉和抱怨保持平常心态。[110]为特殊人群服务特别要秉承平等尊重的原则，尊重读者的信息权利与需求、尊重读者人格、尊重读者心理需求和时间，力求为读者提供公正、公平、周到又细致的服务。[111]例如，农民工子女这个特殊群体，他们从小在隔阂、受歧视和贫困环境中长大，很多都因此具备了脆弱、敏感、孤僻、自卑等心理特质。图书馆员不能有任何歧视或施舍心理，应站在他们的角度上考虑问题和行事，特别是在推荐阅读与阅读过程中，根据他们的不同特点，以他们的自愿阅读、自觉吸收为基础结合具体情况进行引导。[112]

《公共图书馆服务规范》要求了工作人员要具备良好的职业道德，“在读者服务工作中应平等对待所有公众，尊重和维护读者隐私……热忱并努力为读者提供准确全面的信息服务”[113]。《公共图书馆少年儿童服务规范》也指出服务馆员应“理解并尊重少年儿童……愿意为少年儿童服务”[114]。

三、我国图书馆特殊人群服务标准化成效和问题

（一）社会通用标准中有关特殊人群的服务内容

“公共服务标准化是将标准化原理应用到公共服务领域，通过对公共服务标准的制定、实施及其监督检查，达到服务质量目标化、服务方法规范化、服务过程程序化，从而在公共服务范围内获得最佳程序和社会效益的过程。”[115]公共服务资源供给与管理标准基本维度可分为4个基本向度：公共服务组织与人力资源管理标准、信息资源管理、公共服务文化和公共服务环境[116]，本专题主要关涉公共服务组织的管理标准与公共服务文化两个向度。相关资料显示，该主题在社会类通用标准的制定和实施当中已得到了一定的关注和思考，其基本框架和维度由此得以确立。

（二）图书馆标准中关于特殊人群服务的内容

现有的特殊人群服务标准包括了由中国国家标准化管理委员会和中华人民共和国国家质量监督检验检疫总局共同发布的国家标准《公共图书馆服务规范》，它是中国第一部规范公共文化服务的国家标准。作为中国图书馆法制化进程的一个新成果，它能够较有效地保障中国公共图书馆事业协调、全面、可持续发展，能够引领中国公共图书馆总体服务品质的提升，是图书馆事业与世界接轨的新标志。[117]

（三）关于特殊人群服务标准化的相关研究

相比其他领域的标准化研究，文化行业标准化研究属薄弱环节，在海内外都是如此，加强此方面研究从学科或实践发展看都有重大意义。目前图书馆学界已有研究侧重于一般服务问题，主题相对集中在成年人、城市居民、学生等群体上，对幼儿、老年人、农民工、残障人士等关注度很不够[118]，有关服务标准化主题的研究更是凤毛麟角。针对特殊群体信息保障的专门法规在国内外都未设立，但不少领域所指定法案里都涉及特殊群体信息保障的条款内容，这些法律、律令等本身也可看作该主题的重要研究成果。

在文化行业标准化研究方面，少量专家和全国图书馆标准化技术委员会已承担、完成并新发布了个别研究，如柯平、申晓娟等构建的文化行业标准体

系[119]。2010年全国图书馆标准化技术委员会承担了“文化行业标准化工作现状与趋势研究”这一文化部的研究课题。截至2014年10月，全国图书馆标准化技术委员会承担的标准化研究项目共11项，通过验收结项5项，在研6项，包括了“乡镇（社区）图书馆管理标准研究”“图书馆移动服务标准研究”等等。另外万毅、徐阶斌、卫菁（2012）[120]，王子舟、肖雪也[121]研究了特殊群体图书馆服务的标准化问题。

综上所述，我国公共文化服务理论研究仍处在起步阶段，理论研究滞后于实践进展，不仅无法为现代公共文化服务体系建设提供较坚实的理论支撑，更难以有效地发挥出对实践的指导作用。因而必须加强公共文化服务，特别是对特殊人群服务的理论研究。

四、对图书馆特殊人群服务标准化的内容建议

标准化系国际图书馆事业的大势所趋，标准化程度是检验某个国家图书馆事业发展水平的标尺。欧美发达国家及日本等国现已建成相对完善、健全的体系与更新机制，这些国家不但颁布了国家层面的图书馆标准，而且各行政地区也积极制定了具有区域特点的图书馆法规、标准。[122]总的来讲，西方国家的图书馆面向特殊群体服务已走上制度化的平稳发展道路，并且该制度建设还在随时间推移不断强化、深化。[123]相比之下，我国图书馆标准规范建设起步较晚。具体来讲，西方的欧盟国家以及英国、美国等发展国家一般采取政府授权民间机构管理国家的标准化活动，而我国由国家标准化管理委员会专门负责全国标准化工作，这是由于文化行业在自身发展当中，标准化主题积累较弱，这种现状决定了我国文化行业标准化无法采取国外模式，而应加强政府宏观指导与政策导向。柯平、申晓娟等专家指出文化行业标准编制指南要积极采用国际标准与国外先进标准，向国际标准靠拢，加强与国际上的文化行业标准组织的合作与交流，学习借鉴其标准化经验，全面提升我国文化产品、服务的国际竞争能力，具体表现在要在标准的制定流程、内容、编写等方面与国际保持一致，以便减弱甚至消除文化行业中的技术贸易壁垒。[124]

图书馆特殊人群服务标准化其重点必须要面向社会主义文化建设，保障基础性标准、急需标准等的建设，逐步开展面向社会的文化服务标准、管理标准制修订等各项工作，注重标准的可实施性，从标准的制修订计划、经费管理、审核、文本发布等各环节上确保以实施为直接目的，明确实施的每个步骤，使

标准真正成为社会主义文化建设的规范，也成为文化行业工作者自觉遵守的行为准则。

另外，我国还应继续加强与国际标准化工作机构的协作机制和有效交流，在制修订标准的各个环节开展交流合作，避免重复建设，积极跟踪和主动参与国际标准制修订的相关工作。在我国较为成熟和领先的文化领域，通过科学的编制指南来规范标准化工作[125]，逐渐取得我国在国际标准化活动中的话语权，努力登上文化行业标准编制的制高点。最后，应加强图书馆特殊群体服务的理论研究。

第五节　图书馆服务体系标准化

图书馆服务体系是指一个国家或地区的图书馆通过独立或者合作的方式提供的图书馆服务的总和。从基础设施架构的角度看，包括各类型实体图书馆、流动图书馆及由其建立、组成的馆外服务点、图书馆联盟、总分馆系统、区域性服务网络等服务平台。[126]为了全面揭示我国图书馆领域有关服务体系建设的标准化实践，本节以我国图书馆服务体系建设现状为基础，以公共图书馆服务体系为主，兼顾高校图书馆及其他类型图书馆，聚焦于标准化实践，系统梳理我国图书馆服务体系建设过程的标准化工作，分析问题并提出对策，以标准化促进图书馆服务体系化，推动我国图书馆事业的可持续发展。

一、图书馆服务体系标准化概况

（一）图书馆服务体系建设现状

长期以来，我国图书馆界努力探索图书馆的发展道路，在公共图书馆体系建设方面进行了实践探索。各地都在努力探索各自的图书馆发展道路，因地制宜、形式多样的图书馆服务和管理模式探索相继出现，流动图书馆、图书馆之城、联合图书馆、城乡一体化模式、总分馆模式等多种公共图书馆服务体系建设模式各具特色，并存发展。我国高校图书馆服务体系主要是以图书馆联盟形式建设与运行的。高校图书馆联盟就是以两个或两个以上的高校统一的技术标准和工作程序，通过一定的文献信息传递结构，执行一项或多项合作功能的联合体。图书馆服务体系化建设初具规模，而体系化发展亟待标准保障。

图书馆体系化建设是我国图书馆发展的必然趋势。图书馆服务体系发展以资源共享、服务协同、平台共建等工作为基础，标准化是有效保障图书馆之间以及图书馆与其他信息服务机构之间有效合作与沟通的重要途径。只有通过执行各种标准才能够提升图书馆服务体系的一体化程度，将服务体系内的各项业务活动有机整合，发挥整体优势，提升图书馆服务体系的服务效能。标准化是图书馆服务体系发展的内在要求与现实需要。

（二）国家政策引领与保障

2006 年 9 月，中办、国办印发了《国家“十一五”时期文化发展规划纲要》，这是中国第一个专门部署文化建设的中长期规划。《纲要》明确提出：“县（市）图书馆逐步实行分馆制，丰富藏书量，形成统一采购、统一编目的图书配送体系，充分发挥县图书馆对乡镇、村图书室的辐射作用，促进县、乡图书文献共享。”这是首次在国家文化发展大政方针中，明确了图书馆的发展方向，即总分馆制，并要求在全国普及推广。

2011 年 12 月，国家质量监督检验检疫总局、国家标准化管理委员会批准发布了《公共图书馆服务规范》（GB/T 28220—2011）。该规范作为国家标准，填补了中国图书馆规范体系中服务类标准规范的空白，是文化行政部门推进图书馆事业发展的指南，也是各级公共图书馆立馆的纲领。在这一国家标准中，明确要求：“公共图书馆应在政府主导、多级投入、集中分层管理、资源共享的原则下，建立普遍均等的公共图书馆服务体系，因地制宜地开展形式多样的总分馆服务，形成统一的机构标识、统一的业务规范，建立便捷的通借通还文献分拣传递物流体系，提升同一地区公共图书馆系统的整体形象和服务能力。”自此以后，总分馆制成为中国公共图书馆建设与服务的“标准配置”[127]。

2015 年 1 月，中共中央办公厅、国务院办公厅印发的《关于加快构建现代公共文化服务体系的意见》中提出：建立公共文化服务城乡联动机制。明确以县级文化馆、图书馆为中心推进总分馆制建设，对公共图书馆服务体系建设进行顶层设计。同时强调加强对农家书屋的统筹管理，实现农村、城市社区公共文化服务资源整合与互联互通，为基层图书馆总分馆服务体系指明建设方向。

2016 年 12 月，原文化部、原新闻出版广电总局、国家体育总局、国家发展改革委、财政部印发《关于推进县级文化馆图书馆总分馆制建设的指导意见》的通知。该指导意见指出把总分馆制建设纳入现代公共文化服务体系。通过县级图书馆总分馆制，整合县域内的公共阅读资源，实行总馆主导下的文献资源统一采购、统一编目、统一配送、通借通还和人员的统一培训。总馆对分馆的管理重在业务指导和资源调配。分馆按照总馆的工作安排和服务标准，面向基层群众提供与总馆水平相当的基本服务。推动农家书屋与县级图书馆资源整合和互联互通，符合条件的农家书屋成为图书馆分馆。没有成为分馆的其他基层公共文化设施可以设立基层服务点，作为总分馆服务的补充和延伸。[128]

（三）行业标准规范与指导

2008 年，经国家标准委审批，图书馆行业专业标准化技术委员会——全国图书馆标准化技术委员会（以下简称“图标委”）成立，负责“图书馆管理、服务，图书馆古籍善本的收藏、定级、维修、保护，图书馆环境等领域的标准化工作”。2010 年，图标委承担了《乡镇（社区）图书馆管理标准研究》公益性行业科研专项项目。在全面调研我国乡镇社区图书馆建设与服务现状的基础上，有效结合国外基层图书馆的发展历程与成功经验，形成我国乡镇社区图书馆管理标准体系的研究报告。在此基础上起草若干相关标准文本，上报立项国家标准或行业标准。[129]

“十二五”期间，图标委共申请立项国家标准 23 项，文化行业标准 33 项，内容涵盖图书馆管理、服务、技术、业务等领域。其中包括以《公共图书馆服务规范》为代表的服务系列标准、以《乡镇图书馆统计指南》为代表的基层图书馆建设与服务系列标准。“十三五”期间，图标委标准化工作的第一个重点领域就是图书馆服务体系建设。主要任务是着力推进图书馆总分馆、流动服务相关标准研制，开展全国乡镇综合文化站、村（社区）基层综合文化中心图书室业务标准和服务标准的研制，开展图书馆业务外包标准研究，通过标准制定与实施，推动革命老区、民族地区、边疆地区、贫困地区图书馆和基层图书室公共文化服务效能的快速、科学提升，实现城乡公共文化服务的一体化运行和各地区公共图书馆的均衡化发展。[130]

2017 年 7 月，《“十三五”时期全国公共图书馆事业发展规划》明确提出“十三五”期间加快推进县级图书馆总分馆制建设。落实原文化部等部委《关于推进县级文化馆图书馆总分馆制建设的指导意见》，因地制宜建立以县级图书馆为总馆、乡镇（街道）综合文化站为分馆、村（社区）综合性文化服务中心为基层服务点，上下联通、资源共享、有效覆盖的总分馆体系。[131]

（四）地方标准化工作

1. 广东

在广东省大力加强公共文化事业建设的进程中，公共图书馆率先转变观念，全面推进公共图书馆服务体系建设，形成了“流动图书馆”“图书馆之城”“联合图书馆”等理念与模式，集中体现了现代公共图书馆核心价值与服务理念，在服务体系标准化工作方面也进行了不断探索。

深圳特区通过制定行业标准、业务规范及开展评估定级等多种手段，统一技术标准、规范服务内容、提高管理效率，使全市图书馆事业发展水平得到不断提升。为了固化、提升“图书馆之城”统一服务成果，积极推进公共图书馆体系建设与管理标准化，2015 年以来，深圳图书馆牵头制定了《公共图书馆统一服务技术平台应用规范》等 3 个市级标准。同时配套编制了《网点建设与管理工作规范》等 5 项统一服务业务规范，成为“图书馆之城”标准化、规范化建设的重要里程碑。此外，在新技术应用、体系化建设等方面，深圳特区图书馆先后承担或参与了原文化部 4 个相关行业标准的起草制定工作[132]。

在东莞总分馆模式形成并辐射全国的过程中，其标准化建设也在不断探索和完善中。在保障标准方面，2004 年和 2005 年，东莞市委、市政府先后下发了《关于印发〈东莞市建设图书馆之城实施方案〉的通知》(东府办［2005］46 号)、《关于印发〈东莞地区图书馆总分馆制实施方案〉的通知》(东府办［2004］56 号)、《关于贯彻落实〈东莞市建设图书馆之城实施方案〉的意见》(东府办［2005］81 号) 3 份全市性文件。东莞图书馆制定了《东莞图书馆总分馆工作条例》《东莞市村（社区）公共电子阅览室建设标准》和《东莞图书馆分馆建设标准》。在总分馆业务统筹工作上，东莞图书馆设立专门的职能部门负责管理，制定了《东莞图书馆图书流动车建设与服务标准》《东莞图书馆总分馆业务系统管理细则》《东莞图书馆总分馆运行管理制度》等一系列的规章制度和业务标准来保证总分馆体系的各项业务工作的开展及相互协作。[133]

2. 浙江

2015 年 5 月，嘉兴市制定出台了《嘉兴市公共图书馆中心馆——总分馆服务体系标准》，促进了总分馆建设的标准化，成为嘉兴公共图书馆服务体系提高综合服务效能、规范内部管理的有力保障。通过嘉兴公共图书馆总分馆建设的基本做法、经验的全面系统梳理、总结与提炼，采用标准固化主要指标和基本制度，即设施建设指标、资源配置指标、服务效能指标和运行管理制度、人员经费保障制度。[134]

宁波在构建公共图书馆服务体系中注重统一的建设和服务标准制定。从2016年9月实施的《乡镇（街道）图书馆建设与服务规范》，内容涵盖6个方面，分别针对乡镇、街道图书馆的建设、管理、服务、绩效等作了明确而又详细的规定。

3. 江苏

苏州图书馆形成了指导全市公共图书馆发展的服务标准体系。2011年，苏州市政府出台《苏州市公共图书馆总分馆体系建设实施方案》，创立了国内公共图书馆总分馆建设中的“苏州模式”。2014年，出台《“书香苏州”建设指标体系》等规范性文件，构建“书香城市”建设标准化体系。按照指标要求，苏州市将按照每3万人一所图书馆的要求不断完善总分馆体系建设。[135]

4. 安徽

马鞍山市围绕构建“全民阅读名城”的总目标，制定并实施全民阅读系列标准，构建了网络健全、覆盖城乡、便捷高效、惠及全民的全民阅读服务体系。具体措施如下：(1) 制定《马鞍山市建设全民阅读名城实施意见》，提出到2017年基本建立与我市经济发展、人口状况和服务要求相适应的现代公共阅读服务体系，到2020年成为在全国具有较大影响力的全民阅读名城的工作目标。(2) 强化标准实施。围绕全民阅读名城，制定了《马鞍山全民阅读名城建设指标体系》《马鞍山市全民阅读活动服务标准》《马鞍山全民数字阅读服务体系规范》《马鞍山市图书馆总分馆运行管理标准》《马鞍山市公共图书馆服务标准》等系列标准规范。按照《马鞍山市基本公共文化服务实施标准(2015—2017年)》，全市各县、区公共图书馆均要达到国家一级馆建设标准。(3) 实现公共图书馆四级互联互通。加强市、县（区）、乡镇（街道）、村（社区）四级图书资源流通、服务网络建设，全市各级公共图书馆使用统一的业务平台，实现了资源共享、协同采编、统一检索、通借通还。马鞍山市通过这些举措完善了公共图书馆总分馆服务体系。[136]

二、公共图书馆服务体系标准化

(一) 公共文化服务标准中公共图书馆服务体系相关标准

1.《国家基本公共文化服务指导标准(2015—2020年)》

2015年1月,中共中央办公厅、国务院办公厅印发的《关于加快构建现代公共文化服务体系的意见》中同时发布的《国家基本公共文化服务指导标准(2015—2020年)》对基层图书馆的设施、服务以及人员保障等有了明确标准,使公共图书馆服务有了“硬杠杠”。

随后,各地相继出台地方“基本公共文化服务实施标准”,确保文化惠民真正落地。在各地的实施标准中对公共图书馆服务体系建设也有相应的明确规范。如《上海市基本公共文化服务实施标准(2015—2020年)》在“阅读服务”中规定:采取总分馆制等方式,实现市、区县、街道乡镇公共图书馆资源共享和一卡通服务。《山东省基本公共文化服务实施标准》在“免费借阅”中规定:市、县建立三级(市—区—街道,县—乡镇—村或社区)公共图书馆总分馆制,整合公共图书馆、乡镇综合文化站、农家书屋藏书资源。《青海省基本公共文化服务实施标准(2015年—2020年)》在“读书看报”中规定:采取总分馆制等方式,实现县、乡镇(街道)、村(社区)公共图书流动共享和一体化服务。

2.《关于推进县级文化馆图书馆总分馆制建设的指导意见》

2016年12月,由原文化部等5部委共同印发的《关于推进县级文化馆图书馆总分馆制建设的指导意见》明确以县为基本单位、以乡村为重点推进总分馆制,实现文化馆、图书馆的体系化运营目标。这是立足我国国情对总分馆制地域单元的合理选择,也是突破单一设施“单打独斗”局面的有效路径。

为了贯彻落实意见精神,各地相继出台相应的实施意见,并以此为契机颁布总分馆建设标准,以规范总分馆服务体系建设。2017年6月,山东省出台《关于推进县级文化馆图书馆总分馆制建设的实施意见》。在实施意见中,明确提出图书馆总馆、分馆以及服务点建设标准。对不同层级的图书馆在馆舍面积、藏书量、阅览座位、业务管理系统、开放时间、举办读者活动以及人员保障与培训等都有相应的明确规定与量化指标。[137]2017年12月,天津市印发了

《关于推进天津市区级文化馆图书馆总分馆制建设的实施意见》。跟随实施意见出台《天津市区级公共图书馆总分馆制建设与服务规范（试行）》，本规范就区级公共图书馆总馆、分馆和基层服务点及其它提供公共文化服务的文化设施建立总分馆制当中涉及的责任主体、投入保障、运行管理、服务要求、考核机制等进行规范。[138]

（二）公共图书馆服务标准中公共图书馆服务体系相关标准

2012 年，《公共图书馆服务规范》正式实施，填补了我国图书馆规范体系中服务类国家标准的空白。规范中有关“总分馆服务”的规定为：公共图书馆应在政府主导、多级投入、集中分层管理、资源共享的原则下，建立普遍均等的公共图书馆服务体系，因地制宜地开展形式多样的总分馆服务，形成统一的机构标识、统一的业务规范，建立便捷的通借通还文献分拣传递物流体系，提升同一地区公共图书馆系统的整体形象和服务能力。

为顺应公共文化服务工作的新要求，加强公共图书馆服务标准化、规范化建设，促进公共图书馆事业健康、可持续发展，各地也相继出台公共图书馆服务标准，并对公共图书馆服务体系中总分馆服务、流动服务有相关规定。

2011 年，安徽省颁布《安徽省公共图书馆服务标准（试行）》。在“服务内容与方式”中规定公共图书馆在做阵地服务的同时，应积极开展延伸服务，扩大服务覆盖面。在企事业单位、军营、学校等建立分馆、服务点或流通站。在“文献资源建设与服务”中规定逐步建立城乡一体化的总分馆制或流动服务机制，不断丰富馆藏文献资源，形成统一采购、统一编目、通借通还的现代文献配送体系和流通体系。[139]

2013 年 8 月，江苏省颁布《江苏省公共图书馆服务规范》。在“服务内容与方式”中明确提出图书馆应建立普遍均等总分馆制，实现区域馆际互借一卡通、通借通还等服务，建立便捷高效的文献流通体系，提升本地区公共图书馆系统的服务能力。规范同时强调图书馆应通过流动站、流动车等形式，将基本服务项目向社区、村镇延伸。

2014 年 1 月，江西省开始实施《江西省公共图书馆服务规范》，对全省公共图书馆的服务标准予以规范。在“服务效能”中专门对总分馆服务和图书馆联盟有相应规定。首先，强调应在政府主导、多级投入、集中分层管理、资源共享的原则下，建立普遍均等的公共图书馆服务体系，因地制宜地开展形式多样的总分馆服务，形成统一的机构标识、统一的业务规范，建立便捷的通借通还文献分拣传递物流体系，提升同一地区公共图书馆系统的整体形象和服务能力。其次，规定各地应创造条件组建图书馆联盟，实现同城或跨区域、跨系统的文献共享、通借通还等协作服务。此外，对流动服务亦有规定。

2016 年 6 月，浙江省质量技术监督局批准发布了《公共图书馆服务规范》(DB33/T 2011—2016)。该规范在“设施设备”中对分馆建设提出具体要求，规定省级中心镇或常住人口超过 10 万的乡镇（街道）设立图书馆分馆，其他乡镇（街道）、村（社区）设置图书馆分馆或图书室在“服务效能”中对总分馆服务的要求是，县级（含）以上公共图书馆应建立普遍均等的公共图书馆服务体系，因地制宜地开展形式多样的总分馆服务。总分馆体系内文献资源统一流通、统一检索、通借通还。对于图书馆联盟的规定是各市、县级公共图书馆应加入浙江省公共图书馆的各类联盟组织，以实现资源共享。针对各级公共图书馆办馆基础的差异，设定相应的标准，形成了覆盖全省城乡、服务均等的五级公共图书馆管理模式。[140]

（三）公共图书馆服务体系与基层图书馆相关标准

1. 行业标准

党的十八届三中全会明确提出了“促进基本公共文化服务标准化、均等化”的要求。实现图书馆在公共文化服务体系中的合理布局，保障人财物等资源面向城乡基层图书馆的合理配置，实现城乡基层图书馆的标准化发展，以及促进基层图书馆对上级图书馆资源和技术的高效快捷复用等，都需要尽快完善相应的标准规范体系。在图标委的积极推动下，有关公共图书馆服务体系的标准相继出台或启动制定，具体标准如表 3－11 所示。

表 3－11　公共图书馆服务体系相关标准

标准名称	立项时间	说明
乡镇图书馆管理规范	2013 年	制定，未结项
乡镇图书馆服务规范	2013 年	制定，未结项
乡镇图书馆统计指南	2012 年	标准号：WH/T 69-2014 2014 年 11 月 1 日起实施； 发文号：文科技发［2014］32 号

（续表）

标准名称	立项时间	说明
社区图书馆建设指南	2012 年	制定，未结项
社区图书馆服务规范	2012 年	标准号：WH/T 73-2016；2016 年 5 月 1 日起实施；发文号：文科技发［2016］1 号
公共图书馆总分馆业务规范	2016 年	制定，未结项

2014 年 11 月 1 日，《乡镇图书馆统计指南》开始实施，目的是从我国图书馆事业发展标准化、体系化的角度出发，规范乡镇图书馆的业务统计工作，并以此推动乡镇图书馆规范化建设向前发展。该标准规定了乡镇图书馆业务统计的各项指标的定义，并对各项指标的统计要求给出了明确规定。主要对乡镇图书馆业务统计数据报告、统计数据收集进行了规范，并提供了“乡镇图书馆统计年报表”样式，以指导乡镇图书馆规范地收集、统计业务数据。

2016 年 5 月 1 日，《社区图书馆服务规范》开始实施，目的是为了完善公共图书馆基层服务网络，改善社区图书馆服务条件，规范社区图书馆服务工作，提高社区图书馆服务效益，促进社区图书馆事业持续健康发展。标准规定了社区图书馆服务资源、服务提供、服务管理、社会参与及服务保障等内容。适用于所有社区图书馆，其他同级或规模较小的图书馆可参照执行。

此外，《乡镇图书馆管理规范》《乡镇图书馆服务规范》《社区图书馆建设指南》《公共图书馆总分馆业务规范》等 4 个有关公共图书馆服务体系建设、管理与服务的标准正在研制中，用于指导公共图书馆总分馆与基层图书馆的业务与服务规范，通过严谨细致的标准来促进公共图书馆服务体系发展。

2. 地方标准

2015 年，酝酿许久的《嘉兴市公共图书馆中心馆——总分馆服务体系标准》制定出台。在体系架构与功能上，公共图书馆中心馆——总分馆服务体系是在“大嘉兴”范围内，以嘉兴市图书馆为中心，通过总分馆体系、联盟馆体系以及广泛的社会联合与合作而形成的一个服务体系。在设施建设上，统筹考虑行政区域、人口分布、文化传统等因素，按照城乡一体、全面覆盖、方便利用的原则，采用新建、改建、租赁、整合等多种方式，形成公共图书馆设施网络。在资源建设与服务提供上，要求人均占有藏书 1.5 册以上，人均年增新书不少于0.1册，数字资源总量达到80T以上。[141]

2016年9月22日，《宁波市乡镇（街道）图书馆建设与服务规范》正式实施。这是全国首部乡镇（街道）图书馆建设和服务地方标准规范，指标量化程度在国内处于领先。《规范》明确，乡镇（街道）图书馆的馆舍面积至少150平方米，阅览座位数量不少于30个。图书馆藏书量不能少于1万册，馆藏图书中近5年出版的应在50%以上，且人均占有藏书应不少于1.0册，人均年增藏书应不少于0.04册。报刊总量应不少于120种。资金投入是乡镇图书馆可持续发展的关键。《规范》同时提出乡镇（街道）图书馆人均投入应不低于2元，并且应逐年增加；办馆经费以政府投入为主导，引导多渠道、多样化的社会资金投入。《规范》还从资源保障水平和服务绩效两方面共16项指标对各图书馆进行评定，分一级到五级5个级别。[142]

2016年10月，绍兴市颁发《关于构建绍兴市城乡一体化公共图书馆、文化馆总分馆体系的实施意见》，随实施意见同时发布的还有《绍兴市乡镇（街道）图书分馆服务标准》，从免费开放、基本业务、读者服务、读者活动、数字服务、馆外服务、支持保障7个方面制定了服务标准。其中对读者服务规定省级中心镇、常住人口超过10万的乡镇分馆年接待读者3万人次以上，其他乡镇分馆年接待读者2万人次以上；年流通图书1.5万册以上，其他乡镇分馆年流通图书1万册以上。对读者活动规定省级中心镇、常住人口超过10万的乡镇分馆每年举办公益讲座不少于8次，其他乡镇分馆每年举办公益讲座不少于6次；乡镇分馆每年开展阅读推广活动次数不少于2次；乡镇分馆每年举办免费展览不少于2次。[143]

2017年4月，山东省东营市颁布《东营市“黄河口悦读书社”建设和服务规范》，这是全国首个社会力量参与图书馆总分馆制建设的服务标准，为社会力量参与图书馆总分馆制建设、完善图书馆总分馆服务体系提供了重要遵循。黄河口悦读书社是由机关、企事业单位或个人等社会力量投资建设，或社会力量通过提供场所、设备、图书文献等形式参与建设的图书馆分馆或服务点。作为图书馆总分馆体系中的一部分，能够向社会提供办理读者证和图书借阅服务，书社图书和图书馆总分馆图书实现一卡通和通借通还。《规范》对黄河口悦读书社服务资源和环境、服务内容和方式、服务管理监督和考评提出了具体要求与量化指标。在资源和环境方面，要求书社馆舍建筑面积不低于100平方米，阅览座位不少于20个，藏书总量不少于1500册、报刊不少于5种。

在内容与方式方面，书社应成立1个以上群众性阅读组织，可由具有共同阅读兴趣的读者自发组建，并且要求每个阅读组织不少于10人。在管理监督方面，需要书社开放1年内办理不少于100张的有效读者证，且年增长不得低于10%；书社年外借书刊应不少于300册次。[144]

2017年12月，天津市印发《关于推进天津市区级文化馆图书馆总分馆制建设的实施意见》的通知，以此进一步完善本市公共文化服务体系，有效整合公共文化资源、提高公共文化服务效能、促进优质资源向基层延伸。同时颁布《天津市区级公共图书馆总分馆制建设与服务规范（试行）》，就区级公共图书馆总馆、分馆和基层服务点及其他提供公共文化服务的文化设施建立总分馆制当中涉及的责任主体、投入保障、运行管理、服务要求、考核机制等进行规范。在服务方面，要求总馆、分馆和基层服务点按照统一的管理制度和服务规范开展工作。对开放时间、阅读推广活动等服务内容都有量化指标，以保障基本服务。在考核机制方面，将考核机制纳入政府的绩效考核之中。[145]

三、高校图书馆服务体系标准化

我国高校图书馆联盟以“互利互惠、自愿参加、共建共享”为原则，在组织形式上以区域性联盟为主。在管理上，多以省、市教育厅或图书情报工作委员会为领导，往往由明确的组织管理部门负责；在资金筹备上，政府投资与成员馆分摊建设费用相结合。联盟的方式并非全面共享的服务主导型，而是更趋向于资源主导型或技术主导型，联盟和成员馆之间是一种相对分散的合作关系。高校图书馆联盟是以资源主导的松散运行式的服务体系，加之当下我国高校图书馆服务标准工作的缺失，使得高校图书馆服务体系的标准实践几乎为空白。现有的高校图书馆服务标准研究主要是引入ISO 9000质量管理体系来解决高校图书馆服务的规范与评价，研究成果仅停留在标准内容的制定方面，对标准的实施、推广和应用问题探讨不多，缺少对标准化实践的指导。因此，除了高校图书馆联盟的章程之外，鲜有联盟成员馆业务开展所需的标准规范及与管理工作相关协议等具体内容。

为加强CALIS“十五”建设项目的管理，提高效率，在2002年制定了《“十五”建设项目管理办法》，对CALIS“十五”建设项目的管理机制、承建单位的产生方式、评标与定标、子项目承建协议、中期检查与验收、项目文件管理、经费管理等方面进行相关规范说明。2003年，结合各类子项目的特点，制定了《"十五"建设项目管理办法——项目管理细则》，对服务体系建设、资源建设、技术支撑环境建设三大类子项目管理做了详细规定。2004 年，相继制定《"十五"建设子项目经费管理办法》《"十五"建设数据质量管理办法》，分别对子项目的经费以及数据质量进行相关规定。此外，CALIS 针对"中国高等数字图书馆（CADLIS）"项目，专门制定《中国高等教育数字图书馆技术标准与规范》(简称《CADLIS 技术标准与规范》)，标准内容包括 CADLIS 总体架构和基本技术标准与规范、各个子项目专用的技术标准与规范、有关产品认证和项目管理等方面的内容。[146]

为了探索建立区域性共建共享的文献保障模式，由华南理工大学图书馆牵头，11 所高校图书馆加入组建广州地区高校图书馆联盟。联盟制定了借阅管理规则，制定"通用借阅证"和"通用阅览证"，开发了馆际互借信息管理系统。充分发挥了各校的藏书优势，基本满足了联盟高校师生多样化的阅读需求，真正体现联合办馆的优越性。2011 年 10 月，最终确定了具体的操作规则，发布《广州地区高校图书馆联盟借阅管理规定》。该规定包括联合借阅的开放对象、开放内容、借阅时间、违规处罚等内容，以此明确联合借阅流程。[147]

四、对我国图书馆服务体系标准化内容的建议

（一）加强服务效能的标准化

建立普遍均等的公共图书馆服务体系，因地制宜地开展形式多样的总分馆服务，形成统一的机构标识、统一的业务规范，建立便捷的通借通还文献分拣传递物流体系，以此达到提升公共图书馆服务体系的整体形象和服务能力的目的。而目前有关公共图书馆服务体系的相关标准，多为对总分馆设施设备、资源等硬性指标的规范，对于服务仅对服务内容有所规定，对服务效能的规定指标较少。只有明确了服务效能的量化指标，才能为图书馆的服务工作确立明确的、可努力的目标与方向，也才能反过来用对服务结果的要求切实推动基层图书馆的各项服务工作。因此，除了对图书馆服务内容、服务方式的规范外，服务标准还应对各项服务的质量、时限、结果等进行规范。

（二）完善管理运行与评价标准

公共图书馆的总分馆建立与图书馆联盟成立是图书馆服务体系运行的起点，有效的管理与合理的评价才能够保证图书馆服务体系的运行与持续发展。在现有标准中需要完善管理运行与评价标准，用于规范图书馆服务体系各工作环节的计划、组织、协调、控制和反馈。以此逐步实现在场馆建设、资源配备、业务提供、服务流程、效能评估等方面统一标准，健全分馆管理制度和保障机制，不断提高各分馆服务和管理的均等化水平。

（三）及时补充新服务内容标准

在积极探索建设区域性图书馆服务体系的实践中，总分馆合作、流动图书馆、自助图书馆、新媒体服务、社会力量参与等新型服务模式随之出现，阅读推广、文化创意产品等新的服务内容不断涌现。新的服务模式与服务内容在促进图书馆服务体系的发展中同样发挥重要作用，需要及时总结、提炼成功经验，并以标准规范的形式向更多地区推广应用。如澳大利亚昆士兰州的《流动图书馆标准》（*Mobile Library Standard*），对流动图书车的车辆标准、维护标准、停靠服务点标准、通讯设备标准以及安全标准进行详细规定，以更好地指导各地开展流动服务。

（四）推进基层图书馆专项服务标准

随着图书馆业务发展与社会职能的不断拓展，基层图书馆举办讲座、展览、培训、阅读推广活动等的需求日益增强。开展活动的基本要求，活动的形式选择，活动的内容安排，活动应达到的效果等，需要通过制定相应的专门标准来予以细致规范。基层图书馆的业务工作统计与评价等同样需要标准规范。目前，已有《乡镇图书馆统计指南》《社区图书馆服务规范》等行业标准出台，另有《乡镇图书馆管理规范》《乡镇图书馆服务规范》等标准正处于研制中。面向基层图书馆，应该开展专项服务或业务的标准，加强标准对不同地区基层图书馆的适用性，引导基层图书馆对服务效益加以重视，为科学评估图书馆服务提供依据。

第六节　图书馆服务标准化工作的发展重点

一是构建科学合理的服务标准体系。图书馆服务标准的制定既要顺应国家宏观发展方向，又要体现图书馆行业特色，还必须符合各地实际发展水平，因此标准化工作需要不断完善，建立科学合理的标准体系。从横向来看，需要包括图书馆事业发展的各个方面。从纵向来看，应该包括国家标准、行业标准以及地方标准。国家标准是指导标准，其目的是保基本、促均等，是行业标准与地方标准的指导与参照。行业标准是对图书馆事业发展的规范与指导，既要体现行业特点，又要兼顾各类型图书馆的特色。地方标准化工作则要参考国家与行业标准，根据不同的经济发展水平和区域特色，制定不同的具体标准。

二是完善标准的应用机制。我国图书馆领域标准多为非强制性标准，要使这些标准在图书馆建设和管理实践中被自觉地应用起来，一方面应积极推动政府主管部门，依托国家重点文化工程或示范项目，有计划、有步骤地推动标准规范成果的宣传贯彻，提高各级图书馆的标准化应用水平；另一方面也可以联合中国图书馆学会或图书馆联盟组织，在学术交流与工作经验交流中宣传和推广标准，切实发挥标准成果的实践指导作用。此外，为保证标准的可操作性，可在条件允许的情况下建立标准的试实施机制，选取有代表性的某几个地区或某几个单位应用所研制的标准，根据试应用情况对标准进行进一步的修改完善。

三是加强标准之间的相互衔接。面对众多不同类型、不同级别的标准规范，标准之间需要有良好的衔接，如《公共图书馆服务规范》的编制就与《公共图书馆建设用地指标》《公共图书馆建设标准》《公共图书馆评估指标》等呼应衔接。在制定其他图书馆服务标准上也应当遵循统一的标准，使内容保持一致、不相冲突。

四是加强服务过程的实践指导。随着现代技术在图书馆的广泛应用，图书馆服务过程中的技术要求逐渐提升，对服务提供过程的标准化管理和控制需求日益引起关注和重视。以《国际图联数字参考咨询指南》为例，该指南为图书馆数字参考咨询服务的计划、培训、法律问题处理等管理过程和聊天式数字参考咨询等业务实践过程提供了详细的建议。[148] 但目前我国图书馆服务标准的制定更多侧重在对服务资源条件的保障及服务效能的监督评价方面，对服务技术和方法的指导还比较少，2015 年 6 月发布的《图书馆参考咨询服务规范》（WH/T 71-2015）在这方面进行了积极尝试，但与国外同类标准相比，其对实践操作的指导仍然比较欠缺，这也将是未来我国图书馆服务标准化工作中的一项重要内容。

注释：

[1] 中华人民共和国国家质量监督检验检疫总局：《公共图书馆服务规范（GB/T 28220—2011）》，中国标准出版社 2012 年版。

[2] Withers, F. N. , *Standards for Library Service: An International Survey*, Paris: Unesco, 1970.

[3] *The Weksh Public Library Standards*, http://wales. gov. uk/docs/drah/publications/110223wpls2101112en. pdf, Dec. 6, 2018.

[4] 杨雨霖：《我国图情档领域信息组织标准发展现状研究》，载《图书馆学研究》，2014 年第 11 期，第 63—66 页。

[5] 浙江省文化厅：《我省发布〈公共图书馆服务规范〉》，http://www. zjwh. gov. cn/dtxx/zjwh/2016 - 05 - 31/199770. htm（访问时间：2018 年 8 月 30 日）。

[6] 王盈：《全国首个乡镇图书馆地方标准——〈乡镇（街道）图书馆建设与服务规范〉解读》，载《图书馆研究与工作》，2017 年第 10 期，第 43—45 页。

[7] 王林等：《以新服务涵养图书馆的未来——〈社区图书馆服务规范〉解读》，载《国家图书馆学刊》，2016 年第 6 期，第 9—16 页。

[8] 王世伟：《〈公共图书馆服务规范〉应用指南》，国家图书馆出版社 2013 年版。

[9] 王世伟：《关于〈公共图书馆服务规范〉编制的若干问题》，载《中国图书馆学报》，2011 年第 3 期，第 25—37 页。

[10] 王世伟：《〈公共图书馆服务规范〉的编制及其特点论略》，载《国家图书馆学刊》，2012 年第 2 期，第 6—11 页。

[11] 沈光亮：《〈公共图书馆服务规范〉的内容重点、亮点与不足》，载《图书馆》，2012 年第 4 期，第 12—15 页。

[12] 李品庆、唐淑娟：《浙江省〈公共图书馆服务规范〉的特点及创新点解析》，载《山东图书馆学刊》，2017 年第 4 期，第 59—63 页。

[13] 王波：《阅读推广、图书馆阅读推广的定义——兼论如何认识和学习图书馆时尚阅读推广案例》，载《大学图书馆学报》，2015 年第 10 期，第 1—7 页。

[14]《〈全民阅读“十三五”时期发展规划〉印发》，http://news.xinhuanet.com/politics/2016-12/27/c_129421928.htm（访问时间：2018年3月10日）。

[15] Koontz C., Gubbin B., *IFLA Public Library Service Guidelines*, Walter de Gruyter, 2010.

[16]《四川省“十三五”时期全民阅读规划（2016—2020年）》，http://news.xinhuanet.com/book/2016-07/20/c_129161966.htm（访问时间：2018年3月25日）。

[17]《关于印发江苏省“十三五”全民阅读发展规划的通知》，http://www.jsxwcbj.gov.cn/xwzx/zwgg/2017/4/ct_42611.html（访问时间：2018年3月25日）。

[18]《张家港出台首个“书香城市”建设指标体系》，http://epaper.gmw.cn/gmrb/html/2012-11/16/nw.D110000gmrb_20121116_5-09.htm（访问时间：2018年3月25日）。

[19]《国内首个儿童青少年分级阅读标准诞生》，https://wenku.baidu.com/view/9029eb29dd36a32d7375819b.html（访问时间：2018年3月25日）。

[20] 杨虹：《“四定位、四保障”：公共图书馆阅读推广人发展策略——“深圳阅读推广人建设”引发的思考》，见《全国中小型公共图书馆联合会2016年研讨会论文集》，全国中小型公共图书馆联合会2016年研讨会，2016年11月。

[21]《安徽成立公共图书馆阅读推广联盟》，http://www.ahwh.gov.cn/xwzx/mtxc/28627.shtml（访问时间：2018年3月25日）。

[22]《浦东率先推广幼儿阅读室标准化建设》，http://www.sh.xinhuanet.com/2016-09/23/c_135708721.htm（访问时间：2017年6月28日）。

[23]《标准化科研》，http://www.nlc.cn/tbw/bzwyh_bzhky.htm（访问时间：2018年5月1日）。

[24] 洪伟达、马海群：《图书馆阅读推广规范研究》，载《图书情报知识》，2018年第1期，第36—43页。

[25] 王波：《中外图书馆阅读推广活动研究》，海洋出版社2017年版，第370—372页。

[26] 姚敏、胥迅：《现代图书馆的数字化服务体系构建》，载《兰台世界》，2013年第8期，第90—91页。

[27] 毛秀梅：《高校图书馆数字化服务要素及优化策略》，吉林大学硕士学位论文，2006年。

[28] 毛秀梅：《高校图书馆数字化服务要素及优化策略》，吉林大学硕士学位论文，2006年。

[29] 冯洁音：《〈IFLA数字参考咨询指南〉及其应用》，载《图书馆研究》，2007年第1期，第85—87页。

[30]《国际图联儿童图书馆服务发展指南》，https://wenku.baidu.com/view/ded6e3eb19e8b8f67c1cb954.html。

[31] 赵艳等：《电子资源馆藏建设的关键问题：图书馆指南（上）》，载《图书情报工作动态》，2012年第3期，第1—7页。

[32] 张晖：《网络环境下国际图联公共图书馆服务标准与指南剖析》，载《图书情报导刊》，2007年第34期，第11—12页。

[33] 张晖：《网络环境下国际图联公共图书馆服务标准与指南剖析》，载《图书情报导刊》，2007第34期，第11—12页。

[34] 申晓娟、齐欣：《国家数字图书馆工程概述》，载《国家图书馆学刊》，2008年第3期，第7—11页。

[35] 魏大威：《数字图书馆理论与实务》，国家图书馆出版社2012年版。

[36]《图书馆参考咨询服务规范》，http://www.nlc.gov.cn/tbw/tbwbzzxd/hybz/hb23.pdf.

[37] 姚晓霞、朱强：《〈数字图书馆服务政策指南〉解读》，载《中国图书馆学报》，2011年第1期，第32—37页。

[38] 姚晓霞、朱强：《〈数字图书馆服务政策指南〉解读》，载《中国图书馆学报》，2011年第1期，第32—37页。

[39] 张彦博等：《〈数字图书馆资源建设和服务中的知识产权保护政策指南〉解读》，载《中国图书馆学报》，2011年第1期，第59—63页。

[40] 吴晞主编：《图书馆阅读推广基础理论》，朝华出版社2015年版，第13—14页。

[41] 王子舟、肖雪：《弱势群体知识援助的图书馆新制度建设》，国家图书馆出版社2010年版，第26页。

[42]《中华人民共和国公共文化服务保障法》，http://www.npc.gov.cn/npc/xinwen/2016-12/25/content_2004880.htm。

[43] 吴钰鸿、任惠华主编：《特殊人群管理服务创新研究：以重庆市渝北区为样本》，群众出版社2014年版，第2—6页。

[44] 张楠、王瑞：《论图书馆为特殊群体服务》，见中国图书馆学会主编：《文化强国建设中的中小型图书馆服务》，中国民族摄影艺术出版社2013年版，第336页。

[45] 张楠、王瑞：《论图书馆为特殊群体服务》，见中国图书馆学会主编：《文化强国建设中的中小型图书馆服务》，中国民族摄影艺术出版社2013年版，第336页。

[46] 柳斌杰等主编：《中华人民共和国公共文化服务保障法学习问答》，中国法制出版社2017年版，第60页。

[47] 王子舟、肖雪：《弱势群体知识援助的图书馆新制度建设》，国家图书馆出版社

2010 年版，第 26 页。

[48] [美] 约翰·罗尔斯:《正义论》，上海译文出版社 1991 年版。

[49]《专家解读：公共文化服务保障法主要条文》，载《中国文化报》，2017 年 1 月 9 日，第 6 版。

[50] 柳斌杰等主编:《中华人民共和国公共文化服务保障法学习问答》，中国法制出版社 2017 年版，第 60 页。

[51]《专家解读：公共文化服务保障法主要条文》，载《中国文化报》，2017 年 1 月 9 日，第 6 版。

[52] 韩业庭:《文化部部长雒树刚谈〈公共文化服务保障法〉：让群众“点菜”，群众才会“点赞”》，载《光明日报》，2017 年 1 月 13 日，第 9 版。

[53] 柳斌杰等主编:《中华人民共和国公共文化服务保障法学习问答》，中国法制出版社 2017 年版，第 60 页。

[54]《中华人民共和国公共文化服务保障法》，http://www.npc.gov.cn/npc/xinwen/2016-12/25/content_2004880.htm（访问时间：2018 年 2 月 4 日）。

[55] 中华人民共和国国家质量监督检验检疫总局:《公共图书馆服务规范（GB/T 28220—2011)》，中国标准出版社 2012 年版。

[56] 洪伟达、王政:《图书馆保障弱势群体公共信息获取权益的对策研究》，知识产权出版社 2016 年版，第 2 页。

[57] 吴晞主编:《图书馆阅读推广基础理论》，朝华出版社 2015 年版，第 19 页。

[58] 洪伟达、王政:《图书馆保障弱势群体公共信息获取权益的对策研究》，知识产权出版社 2016 年版，第 75 页。

[59] 于良芝:《图书馆情报学概论》，国家图书馆出版社 2016 年版，第 206 页。

[60] 王子舟、肖雪:《弱势群体知识援助的图书馆新制度建设》，国家图书馆出版社 2010 年版，第 26 页。

[61] 柳斌杰等主编:《中华人民共和国公共文化服务保障法学习问答》，中国法制出版社 2017 年版，第 161 页。

[62] 洪伟达、王政:《图书馆保障弱势群体公共信息获取权益的对策研究》，知识产权出版社 2016 年版，第 21 页。

[63] 王文静、罗良:《阅读与儿童发展》，华东师范大学出版社 2009 年版，第 1 页。

[64] 张文彦:《阅读态度和行为对初中生人格发展影响研究》，南开大学博士学位论文，2016 年。

[65] 洪伟达、王政:《图书馆保障弱势群体公共信息获取权益的对策研究》，知识产权出版社 2016 年版，第 182 页。

［66］范并思等：《公共图书馆未成年人服务》，北京师范大学出版社 2012 年版，第 120 页。

［67］《中华人民共和国老年人权益保障法》，http://www.cncaprc.gov.cn/contents/12/174717.html（访问时间：2018 年 1 月 26 日）。

［68］柳斌杰等主编：《中华人民共和国公共文化服务保障法学习问答》，中国法制出版社 2017 年版，第 59 页。

［69］洪伟达、王政：《图书馆保障弱势群体公共信息获取权益的对策研究》，知识产权出版社 2016 年版，第 20—21 页。

［70］洪伟达、王政：《图书馆保障弱势群体公共信息获取权益的对策研究》，知识产权出版社 2016 年版，第 178 页。

［71］范明林：《老年社会工作案例评析》，华东理工大学出版社 2010 年版，第 11 页。

［72］肖雪：《老年人的阅读图景与公共图书馆服务创新》，国家图书馆出版社 2016 年版，第 252 页。

［73］《中华人民共和国残疾人保障法》（2008 年 4 月修订），http://www.hyzhq.gov.cn/main/zhuanti/2016fzzl/3_50823/default.shtml。

［74］柳斌杰等主编：《中华人民共和国公共文化服务保障法学习问答》，中国法制出版社 2017 年版，第 59—60 页。

［75］洪伟达、王政：《图书馆保障弱势群体公共信息获取权益的对策研究》，知识产权出版社 2016 年版，第 179 页。

［76］王世伟、张涛编著：《〈公共图书馆服务规范〉应用指南》，国家图书馆出版社 2013 年版，第 83 页。

［77］张炜：《面向残疾人的数字图书馆服务》，国家图书馆出版社 2013 年版，第 148 页。

［78］王子舟、肖雪：《弱势群体知识援助的图书馆新制度建设》，国家图书馆出版社 2010 年版，第 55 页。

［79］吴晞主编：《图书馆阅读推广基础理论》，朝华出版社 2015 年版，第 98—99 页。

［80］王世伟、张涛编著：《〈公共图书馆服务规范〉应用指南》，国家图书馆出版社 2013 年版，第 84 页。

［81］柳斌杰主编：《中华人民共和国公共文化服务保障法学习问答》，中国法制出版社 2017 年版，第 60 页。

［82］秦玮：《公共图书馆为“农民工”服务的探索》，见中国图书馆学会主编：《文化强国建设中的中小型图书馆服务》，中国民族摄影艺术出版社 2013 年版，第 968—969 页。

［83］洪伟达、王政：《图书馆保障弱势群体公共信息获取权益的对策研究》，知识产

权出版社 2016 年版，第 180 页。

[84] 陈文伟主编：《福建省新生代农民工精神文化生活服务研究》，海峡文艺出版社 2012 年版，第 118 页。

[85] 王世伟、张涛编著：《〈公共图书馆服务规范〉应用指南》，国家图书馆出版社 2013 年版，第 77—78 页。

[86] 张林格等编著：《企业运营管理》，首都经济贸易大学出版社 2014 年版，第 12 页。

[87] 李海英：《图书馆服务管理》，国家图书馆出版社 2011 年版，第 210—211 页。

[88] 王玉荣、葛新红：《流程管理》（第 5 版），北京大学出版社 2016 年版，第 1—2 页。

[89] 上海市质量和标准化研究院编著：《公共服务标准化理论与实务》，中国标准出版社 2015 年版，第 102 页。

[90] 葛星、黄鹏：《流程管理理论设计工具实践》，清华大学出版社 2008 年版，第 157 页。

[91] 全国图书馆标准化技术委员会：《公共图书馆服务规范（GB/T 28220—2011）》，中国标准出版社 2012 年版。

[92]《公共图书馆少年儿童服务规范》，https://max.book118.com/html/2018/1013/8106076122001126.shtm（访问时间：2018 年 11 月 28 日）。

[93]《图书馆视障人士服务规范》，https://max.book118.com/html/2018/1013/7130110145001152.shtm。

[94] 全国图书馆标准化技术委员会：《图标委成立以来立项标准一览表》，http://www.nlc.cn/tbw/bzwyh_bzhxd.htm（访问时间：2018 年 11 月 29 日）。

[95]《公共图书馆服务规范》，http://www.ynlib.cn/Item/80233.aspx（访问时间：2018 年 11 月 28 日）。

[96]《公共图书馆少年儿童服务规范》，https://max.book118.com/html/2018/1013/8106076122001126.shtm（访问时间：2018 年 11 月 28 日）。

[97]《图书馆视障人士服务规范》，https://max.book118.com/html/2018/1013/7130110145001152.shtm。

[98] 上海市质量和标准化研究院编著：《公共服务标准化理论与实务》，中国标准出版社 2015 年版，第 100—101 页。

[99] 蔡冰编著：《图书馆读者服务的艺术》，国家图书馆出版社 2009 年版，第 20 页。

[100] 蔡冰编著：《图书馆读者服务的艺术》，国家图书馆出版社 2009 年版，第 14—15 页。

［101］刘静文：《扬州市服务行业语言使用状况调查研究》，载《现代语文》，2014 年第 1 期，第 120—123 页。

［102］《公共图书馆服务规范》，http://www.ynlib.cn/Item/80233.aspx（访问时间：2018 年 11 月 28 日）。

［103］《公共图书馆少年儿童服务规范》，https://max.book118.com/html/2018/1013/8106076122001126.shtm（访问时间：2018 年 11 月 28 日）。

［104］《图书馆视障人士服务规范》，https://max.book118.com/html/2018/1013/7130110145001152.shtm.

［105］肖哲：《网络环境下图书馆最佳管理模式初探——图书馆的管理艺术与艺术管理》，载《现代情报》，2004 年第 2 期，第 24—25 页。

［106］赵建爽：《论公共图书馆馆员服务的标准化建设》，载《河南图书馆学刊》，2011 年第 4 期，第 39—41 页。

［107］《公共图书馆服务规范》，http://www.ynlib.cn/Item/80233.aspx（访问时间：2018 年 11 月 28 日）。

［108］《公共图书馆少年儿童服务规范》，https://max.book118.com/html/2018/1013/8106076122001126.shtm（访问时间：2018 年 11 月 28 日）。

［109］赵建爽：《论公共图书馆馆员服务的标准化建设》，载《河南图书馆学刊》，2011 年第 4 期，第 39—41 页。

［110］赵申编著：《如何处理客户的投诉》，中国经济出版社 2006 年版，第 111—112 页。

［111］蔡冰编著：《图书馆读者服务的艺术》，国家图书馆出版社 2009 年版，第 136 页。

［112］王子舟、肖雪：《弱势群体知识援助的图书馆新制度建设》，国家图书馆出版社 2010 年版，第 125 页。

［113］《公共图书馆服务规范》，http://www.ynlib.cn/Item/80233.aspx（访问时间：2018 年 11 月 28 日）。

［114］《公共图书馆少年儿童服务规范》，https://max.book118.com/html/2018/1013/8106076122001126.shtm（访问时间：2018 年 11 月 28 日）。

［115］上海市质量和标准化研究院编著：《公共服务标准化理论与实务》，中国标准出版社 2015 年版，第 62 页。

［116］王登华等：《公共服务标准化导论——以南京市江宁区财政局实践探索为个案》，中国财政经济出版社 2011 年版，第 192 页。

［117］王世伟、张涛编著：《〈公共图书馆服务规范〉应用指南》，国家图书馆出版社

2013 年版。

[118] 吴晞主编：《图书馆阅读推广基础理论》，朝华出版社 2015 年版，第 44 页。

[119] 柯平等：《文化行业标准化研究》，国家图书馆出版社 2016 年版。

[120] 万毅等：《高校图书馆为聋哑特殊读者群体服务的研究——以上海应用技术学院图书馆为例》，载《图书馆论坛》，2012 年第 2 期，第 121—123 页。

[121] 王子舟、肖雪：《弱势群体知识援助的图书馆新制度建设》，国家图书馆出版社 2010 年版，第 46 页。

[122] 王世伟、张涛编著：《〈公共图书馆服务规范〉应用指南》，国家图书馆出版社 2013 年版，第 1—4 页。

[123] 王子舟、肖雪：《弱势群体知识援助的图书馆新制度建设》，国家图书馆出版社 2010 年版，第 40 页。

[124] 柯平等：《文化行业标准化研究》，国家图书馆出版社 2016 年版，第 162 页。

[125] 岳静宜等：《基本公共服务提供标准化工作思路探讨》，载《中国标准化》，2017 年第 1 期，第 18、24 页。

[126] 于良芝等：《覆盖全社会的公共图书馆服务体系：模式、技术支撑与方案》，北京图书馆出版社 2008 年版，第 3 页。

[127] 金武刚、李国新：《中国公共图书馆总分馆制建设：起源、现状与未来趋势》，载《图书馆杂志》，2014 年第 5 期，第 4—15 页。

[128]《文化部、新闻出版广电总局、体育总局、发展改革委、财政部关于印发〈关于推进县级文化馆图书馆总分馆制建设的指导意见〉的通知》，http://zwgk.mcprc.gov.cn/auto255/201701/t20170118_477688.html（访问时间：2018 年 1 月 28 日）。

[129]《全国图书馆标准化工作"十二五"规划纲要》，http://www.nlc.gov.cn/tbw/bzwyh_gywm.htm（访问时间：2018 年 1 月 29 日）。

[130]《全国图书馆标准化工作"十三五"规划纲要》，http://www.nlc.gov.cn/tbw/bzwyh_gywm2.htm（访问时间：2018 年 1 月 29 日）。

[131]《文化部关于印发〈"十三五"时期全国公共图书馆事业发展规划〉的通知》，http://zwgk.mcprc.gov.cn/auto255/201707/t20170726_685747.html（访问时间：2018 年 1 月 28 日）。

[132] 张岩：《深圳城市图书馆服务体系的几点思考》，载《公共图书馆》，2017 年第 3 期。

[133] 张利娜：《东莞市公共图书馆服务标准化的实践与思考》，载《河北科技图苑》，2016 年第 1 期，第 56—59 页。

[134]《嘉兴市出台图书馆总分馆建设标准》，http://www.zjwh.gov.cn/dtxx/zjwh/2015

-08-06/188845. htm（访问时间：2018 年 1 月 28 日）。

［135］《各地探索推进基本公共文化服务标准化》，http://www. ndcnc. gov. cn/shifanqu/sheji/201612/t20161230_1287131. htm（访问时间：2018 年 1 月 28 日）。

［136］《马鞍山市多举措推进全民阅读工作》，http://www. ahwh. gov. cn/zwgk/bmdt/sxgz/49984. shtml（访问时间：2018 年 1 月 28 日）。

［137］《关于印发〈关于推进县级文化馆图书馆总分馆制建设的实施意见〉的通知》，http://www. sdwht. gov. cn/html/2017/ggtz_0626/41770. html（访问时间：2018 年 1 月 28 日）。

［138］《关于推进天津市区级文化馆图书馆总分馆制建设的实施意见》，http://www. bhwh. gov. cn/home/content/detail/id/4756. html（访问时间：2018 年 1 月 28 日）。

［139］《关于印发安徽省公共图书馆、文化馆（站）《服务标准》（试行）的通知》，http://new. ahwh. gov. cn/cont/newscont1？id=13577（访问时间：2018 年 1 月 29 日）。

［140］《浙江发布〈公共图书馆服务规范〉》，http://www. zjwh. gov. cn/dtxx/2016-06-03/199899. htm（访问时间：2018 年 1 月 29 日）。

［141］《〈嘉兴市公共图书馆中心馆——总分馆服务体系标准〉出台》，http://www. jiaxing. gov. cn/wzbjb/zyxx_36070/201507/t20150721_514157. html（访问时间：2018 年 1 月 29 日）。

［142］《乡镇图书馆建设服务规范开始实施，藏书不少于 1 万册》，http://nb. zjol. com. cn/system/2016/09/22/021307964. shtml。

［143］《关于构建绍兴市城乡一体化公共图书馆、文化馆总分馆体系的实施意见》，http://sxwg. sx. gov. cn/art/2016/10/25/art_18551_1047230. html（访问时间：2018 年 1 月 29 日）。

［144］《东营市颁布全国首个社会力量参与图书馆总分馆制建设服务标准》，http://dongying. dzwww. com/dyxw/201705/t20170501_15862118. htm（访问时间：2018 年 1 月 29 日）。

［145］《关于推进天津市区级文化馆图书馆总分馆制建设的实施意见》，http://www. bhwh. gov. cn/home/content/detail/id/4756. html（访问时间：2018 年 1 月 30 日）。

［146］《CALIS 介绍》，http://project. calis. edu. cn/calisnew/calis_index. asp？fid=1&class=1（访问时间：2018 年 1 月 30 日）。

［147］《广州地区高校图书馆联盟借阅管理规定》，http://www. th. superlib. net/news/showNews. action？id=2139&flag=lmgk（访问时间：2018 年 1 月 30 日）。

［148］《数字参考咨询指南》，http://archive. ifla. org/VII/s36/pubs/DigitalReferenceGuidelines-ZH. pdf。

（执笔人：李东来　冯　玲　李世娟　张利娜
宫　平　张文彦　冼君宜）

第四章　图书馆资源建设与组织标准化

标准化是图书馆内部或图书馆之间资源共建共享的基本条件和必要保障。图书馆资源建设与组织标准是指图书馆建设实践中，对资源的内容创建、描述、组织、管理、保存、检索、应用等过程提供的一系列规范、协议和指南。按照图书馆资源建设与组织流程，可将标准划分为资源内容创建、资源描述与揭示、资源组织关联以及资源集成与应用4个方面（见图4－1）：

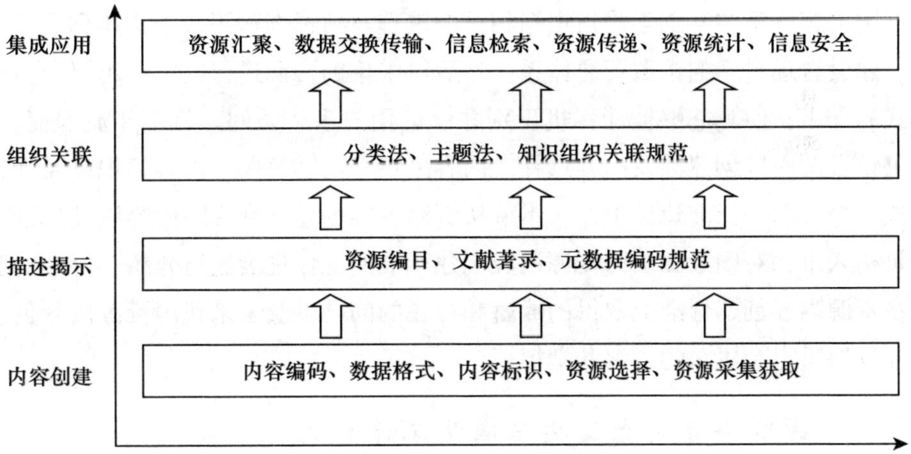

图4－1　图书馆资源建设与组织标准体系

资源内容创建标准主要涉及资源选择、资源采集、内容编码、数据格式以及内容标识等内容。资源内容创建是图书馆资源建设的基础，例如根据数据格式标准，可将文本、图像、音频、视频等多种格式的信息资源进行统一规范，实现上述资源在图书馆内外的交换与共享。

资源描述与揭示主要包括资源编目、文献著录与元数据编码规范等内容。

其中元数据是关于数据的数据，元数据标准能够对资源进行有效描述，对资源组织和利用具有重要意义。目前典型的元数据标准有都柏林核心（Dublin Core，DC）元数据、资源描述框架（Resource Description Framework，RDF）等。

资源组织关联主要涵盖分类法、主题法、语义化组织关联等方面。分类法、主题法是揭示资源主题内容的方法，最早发布的杜威十进制分类法对世界图书馆分类学影响深远。随着互联网技术的发展，包括语义网、本体在内的技术类标准极大地促进了资源组织关联的跨越式发展。

资源集成与应用主要涉及资源汇聚、数据交换传输、信息检索、资源传递、资源统计以及信息安全。一些重要标准如信息检索 Z39.50、馆际互借 ISO 10160 和 ISO 10161、SWORD 信息传输协议等在图书馆具体业务实践中发挥着重要作用。

第一节　图书馆资源内容创建标准化

图书馆资源内容创建是指根据相关的遴选评估标准购买采集实体和数字资源，建设合理科学的馆藏资源体系，然后对采集的资源进行内容编码以及数据格式的加工，使其能够被计算机识别并保证用户永久访问。就工作流程而言，图书馆资源内容创建涉及内容选择、内容采集、内容编码、内容标识以及数据格式 5 个方面的标准建设工作。本节从资源内容创建标准主题内容以及标准发布机构入手，对国际和国内资源内容创建标准的工作进展进行介绍，以期对我国在资源内容创建标准上取得的成就和存在的问题以及未来我国资源内容创建标准发展重点有更深的了解和把握。

一、国际资源内容创建标准化工作概况

国际资源内容创建标准化建设中，重点关注资源的遴选、采集、标识等内容。截至 2016 年 12 月，国际上共颁布 47 项关于图书馆资源的内容创建标准，其中现行标准 45 项，仍处于制定中的标准有 2 项，分别为美国国家信息标准协会（NISO）制定的《数字书签和标引》以及美国国会图书馆制定的《可扩展的日期和时间格式》。在现行标准中，国际组织制定的标准有 8 项，国际联盟制定的有 8 项，图书馆制定的有 11 项，学协会制定的有 17

项，个人制定1项，为《化学标记语言》。由此可见，在图书馆资源的内容创建标准建设中，学协会、国际组织以及图书馆参与度较高，作出了较大的贡献。

从现行资源的内容创建标准的不同年代分布来看，根据标准发布时间，以10年为一个时间区间，对标准的数量进行了统计（见图4-2）。可知，从1978年起，国际上关于资源的内容创建标准数量总体呈上升趋势，说明国际社会对资源内容创建标准的制定越来越重视。1978—1987年这10年间的标准数量最少，仅3项；1988—1997年，颁布了6项国际标准。1998—2007年这10年间，标准数量开始迅速增加，共发布了16项标准，占整个现行标准数量的三分之一。为多方面展现各类国际资源内容创建标准，以下按主题内容、重点发展领域与发布机构进行更为细致的统计分析与阐释。

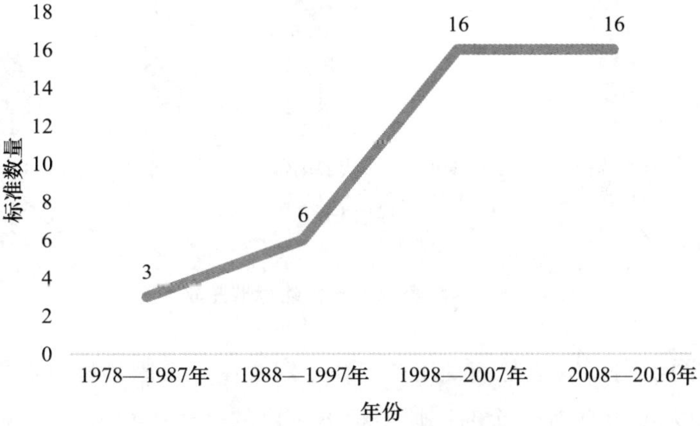

图4-2　现行国际资源内容创建标准年代分布①

（一）资源内容创建标准的主题内容和重点发展领域

了解国际图书馆资源内容创建标准主题有助于从整体上把握标准内容以及这一领域标准未来的发展领域。通过进一步分析国际资源的内容创建标准（见图4-3）可以发现：标准主要分布在资源选择、资源采集、内容编码、数据格式以及内容标识方面。其中资源选择类的标准数量最多，为20项，主要

① 现行的45项标准中，其中有1项标准发布时间不详，3项标准发布时间未查找到。

涉及馆藏资源的遴选标准、建设原则以及经费等内容；其次是内容标识和内容编码标准。内容标识标准涉及数字对象的唯一标识符以及命名规则等内容；内容编码是指具体数据内容的计算机编码形式和标记形式，是制约数字信息可使用性乃至可持续性的最基本条件。[1]资源采集标准数量最少，只有1项，说明国际上关于资源的内容创建方面还是更加关注图书馆资源选择以及数字资源如何更好地被机器识别和使用。

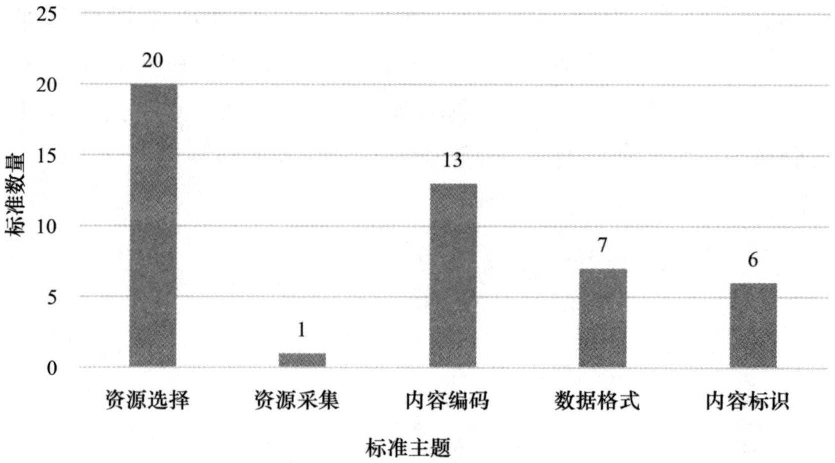

图4-3　国际资源内容创建标准主题分布

不同时间段内标准主题的变化可以在一定程度上反映出标准的发展脉络与趋势，因此以每10年为一个时间段对标准主题的变化进行呈现（见图4-4）。1978—1987年这10年间，国际关于资源内容创建标准集中在数据格式和内容标识方面，以传统文献资源为对象；1988—1997年，标准的主题内容开始增加，出现了资源选择、资源采集、内容编码3个新主题，探讨图书馆资源遴选与建设策略；1998—2007年发布的标准主题在内容编码和资源选择方面表现突出，其中在内容编码上的标准数量更是超过其他3个时间段，这可能与万维网联盟（W3C）时代的到来，以及可扩展标记语言（XML）的发布实施具有较为密切的联系。XML语言因简单的特性，使其很快成为数据交换的唯一公共语言，以致其他领域也都纷纷引入、演化使用。2008—2016年近10年间，资源选择标准以及内容编码标准依然受到了业界的关注。

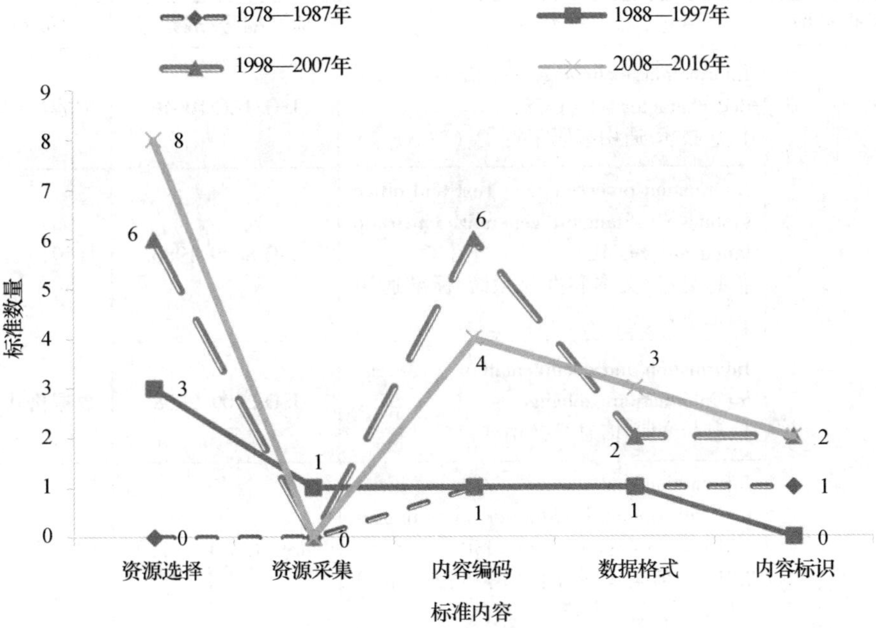

图 4-4　国际资源内容创建标准不同时间段分布折线

根据近十年标准的制定情况，再结合正在制定的标准《数字书签和标引》《可扩展的日期和时间格式》，发现规范数字资源在网络环境下的标记与标识和馆藏资源遴选成为国际图书馆资源内容创建标准的发展方向，标准由最开始探讨传统文献资源逐渐过渡到数字资源对象，以保证在网络环境下，数字资源可以被识别和永久使用。但同时图书馆馆藏资源的选择标准仍然占据很大的比重。

（二）资源内容创建标准的主要发布机构及相关标准

国际上关于图书馆资源内容创建标准的发布机构呈现出多元化的特点，既包括国际化组织、国际联盟、学协会、也包括公共图书馆和高校图书馆在内的各类型图书馆以及个人。其中国际标准化组织（ISO）、万维网联盟（W3C）和美国国家信息标准组织（NISO）是图书馆资源内容创建标准的主要发布机构，它们所参与制定的标准对图书馆资源创建工作的开展具有广泛的参考指导意义（见表 4-1）。

表 4－1 国际主要机构制定的资源内容创建标准①

发布机构	标准名	标准编号/规范号	类别
ISO	Information technology — Universal coded character set (UCS) 信息技术 通用编码字符集（UCS）	ISO/IEC 10646	内容编码
	Information processing — Text and office systems — Standard generalized markup language (SGML) 信息处理 文本和办公系统 标准通用标记语言	ISO 8879: 1986	标记语言
	Information and documentation — Format for information exchange 信息与文献 信息交换格式	ISO 2709: 2008	数据格式
	Informution and documentation — International standard identifier for libraries and related organizations (ISIL) ISIL: 信息与文献 图书馆和相关组织用国际标准识别符	ISO 15511: 2011	内容标识
	Information and documentation — MarcXchange 信息与文献 Marc 交换	ISO 25577: 2013	数据格式
	Documentation — Methods for examining documents, determining their subjects, and selecting indexing terms 文献 文献核查、确定主题和选择标引词汇的方法	ISO 5963: 1985	内容标识
美国国家信息标准组织（NISO）	A Framework of guidance for building good digital collections 建设优质数字馆藏的指导框架	NISO FRAME WORK-2007	资源选择
	Syntax for the digital object identifier 数字对象标识符的语法	ANSI/NISO Z39. 84-2005 (R2010)	内容标识
	Digital bookmarking and annotation 数字书签和标引	NISO FRAME WORK-2012	内容标识

① 数据来源于各国学协会网站、各大图书馆网站、国际图书馆协会联合会（IFLA）等标准化机构、各大索引数据库等。

（续表）

发布机构	标准名	标准编号/规范号	类别
澳大利亚昆士兰公共图书馆	Queensland public library standards and guidelines 澳大利亚昆士兰公共图书馆标准与指南	—	馆藏资源遴选与建设
美国国家医学图书馆	Collection development manual of the national library of medicine 美国国家医学图书馆收藏发展手册	—	馆藏资源遴选与建设
大英图书馆	The national library service（NLS）for the blind and physically handicapped collection building policy 英国国会图书馆盲人服务机构馆藏建设标准	—	馆藏资源遴选与建设
万维网联盟（W3C）	Extensible markup language（XML）1.0（fifth edition） 可扩展标记语言 1.0（第 5 版）	—	内容标识
	HTML 5.1 2nd edition 超文本标记语言第 5 次修改第 2 版	—	内容标识
	Scalable vector graphics（SVG）1.1 可缩放矢量图形 1.1（第 2 版）	—	内容编码
	Synchronized multimedia integration language（SMIL 3.0） 同步多媒体集成语言 3.0	—	内容编码
	Mathematical markup language（MathML）version 3.0 2nd edition 数学标记语言（MathML）3.0 版第 2 版	—	内容编码
	Document type definition（DTD） 文档类型定义	—	内容编码
	XML schema 可扩展标记语言架构	—	内容编码

ISO 关于资源的内容创建标准主要由下设的 ISO/IEC JTC 1（国际标准化组织/国际电工委员会的第一联合技术委员会）和 ISO/TC 46（信息与文献技术委员会）两个机构负责制定，两个委员会都属于信息活动与技术领域的国际化标准发布机构。其中，ISO/IEC JTC 1 制定了《信息技术 通用编码字符集（UCS）》《信息处理 文本和办公系统 标准通用标记语言》；ISO/TC 46 制定了《信息与文献 信息交换格式》《ISIL: 信息与文献 图书馆和相关组织用国际标准识别符》《信息与文献 Marc 交换》《文献 核查、确定主题和选择标引词汇的方法》。这 6 项标准涉及内容标识、数据格式以及内容编码等信息生产与加工处理的内容，ISO 以国际通用的标准来保证数字对象在计算机中可以被识别、使用以及互换。

W3C 制定的内容创建标准基本都围绕着标记语言、数字资源编码主题展开。W3C 是国际中立性技术标准机构，机构较多地关注数字信息在机器中的可识别和可判读。W3C 在 1998 年发布《可扩展标记语言》，在此基础上又颁布了关于数学符号和公式、多媒体资源、矢量信息、地理坐标等的编码标准，如 2000 年发布的《地理标记语言（GML）》、2003 年发布的《可缩放矢量图形（SVG）1.1（第 2 版）》、2004 年发布的《数学标记语言（MathML）3.0 版第 2 版》、2006 年发布实施的《信息技术 XML 元数据交换（XMI）》等，旨在使数字资源对象能够按照国际统一标准进行编码创建。另外，NISO 在当今不断变化的数字环境中识别、开发、维护和发布技术标准以管理信息；NISO 标准适用于传统技术和新技术，以及信息从创建到记录、使用、再利用、存储、元数据和保存等的整个生命周期。NISO 共颁布了 3 项关于资源内容创建的标准，涉及内容标识和馆藏资源选择内容。

二、当前资源内容创建的标准体系

图书馆内容创建是资源建设的基础保障，体系化的资源创建标准有利于图书馆资源组织与加工工作的有序开展。因此，从资源建设工作流程的角度，图书馆资源内容创建标准体系主要由资源遴选、资源采集与获取、内容的标识与编码、数据格式的规范等五大类标准内容构成。

（一）内容编码类标准

广义上的内容编码标准则可理解为围绕数字资源建设与加工、资源代码等一系列内容制定的内容编码标准。本书参考张晓林等定义，将内容编码标准分为基本编码标准、特殊信息编码标准、数字资源内容编码标准 3 种类型，具体介绍如下：

1. 基本编码标准

我国的图书馆内容编码标准大体上遵循由 ISO 制定的 ISO/IEC 10646/UNICODE 方面的标准。国内相关标准主要包括：(1) 全国图书馆标准化技术委员会针对图书馆馆藏资源（如：文本、音频、视频、图像等）数字化工作，制定的一系列内容编码标准（GB/T 31219. X—20XX），目前除图书馆馆藏文本资源的数据加工标准在审查阶段，其它标准已付诸实施；(2) 全国情报文献工作标准化技术委员会根据文献著录中对区域、地名、文献载体等内容编码的需求，制定了《世界各国和地区名称代码》(GB 2659—81)、《中华人民共和国行政区划代码》(GB 22G0—82)、《中国各民族名称的罗马字母拼写法和代码》(GB 3304—82)、《文献类型与文献载体代码》(GB 3469—83) 等标准；(3) 有关字符编码的汉字编码处理国家标准有《信息交换用汉字编码字符集基本集》(GB 2312—1980)、《信息技术 通用多八位编码字符集》(GB 13000—2010) 等，这些标准的归口单位均为全国信息技术标准化技术委员会。

2. 特殊信息编码标准

指基于 XML 定义的，对数学公式、化学符号、音视频、多媒体、地理参数等特殊内容的编码。现有广泛应用的编码标准如 SMIL 3.0 (Synchronized Multimedia Integration Language)、MathML (Mathematical Markup Language)、CML (Chemical Markup Language)、VoiceXML、GML (Geography Markup Language) 等。目前，我国特殊信息的编码标准主要采用国际统一编码方式。

3. 数字资源内容编码

主要涉及对数字资源的元数据、全文、附加材料等内容进行编码，通常基于 XML 定义。都柏林核心元素集（RFC 2413/Z39.85）是较为通用的数字资源内容编码标准，因其定义精简性、通用性、可重复性、可修饰性和可扩展性，得到了其他相关标准的广泛支持。而不同类型、领域数字资源，由于其不同于通用资源的特殊属性，通常选择基于 DC 扩展、或定义专门元数据。例如，美国国会图书馆附属机构所发布的《元数据编码和传输标准》(METS) 定义了数字对象存档描述、管理和结构类型元数据的编码和传输标准；NISO 发布的《期刊论文出版标签套件》(NISO Z39.96—2015) 是国际期刊论文出版、存档和交换的通行标准，全面支持对期刊论文元数据、全文、图、表、参考文献、附加材料的内容、结构等的描述；DataCite 元数据模式则主要致力于研究型数据的发表与引用，支持对数据的大小、格式、地理位置等信息的描述。在我国，国家科技图书文献中心于 2009 年出版的《NSTL 文献资源加工规范》、2017 年发布《NSTL 统一文献元数据标准》的历程，也体现了 NSTL 在指导、规范其成员单位在数字文献加工过程中，从最早参考基于文献描述元数据、管理元数据的 DC 元数据体系向面向揭示文献全文内容对象的行业标准 JATS 转换的趋势。

（二）数据格式类标准

数据格式一方面涉及文本、图像、音频、视频等格式体系和标准等问题，另一方面涉及书目数据格式转换内容，需要解决图书馆编目工作在信息环境、信息载体、编目职能、编目技术等方面都发生变化的情况下的数据交换问题。

数字资源类型和格式的多样性决定了数据格式类的标准规范多种多样。目前国内外在数字资源建设过程中，较多采用国际组织 ISO 制定的 ISO 19005-1（PDF/A）、ISO/IEC 15444（JPEG 2000）、ISO/IEC 13818（MPEG-2）等标准，还包括诸如 TIFF 的一系列工业标准。[2]此外，美国国会图书馆发布的《可扩展的日期和时间格式》（ISO 8601）、加拿大标准协会（CSA）制定《信息技术 文档描述和处理语言 用于复杂的组合的 DSSSL 图书馆》等均属于数据格式的相关标准。我国数字图书馆建设中的“中国数字图书馆标准规范建设”项目中，在数据格式体系方面所建设的数据格式标准是比较典型的，涉及数据格式的各个方面（见表 4－2）[3]。

表 4－2　CSDL 项目工程数据格式标准

类型	数据标准	内容
格式体系	保存格式标准	要求保存原始的数据形式的内容及其表现，并采取非压缩的格式
	浏览格式标准	正常存储和显示的格式，可采用压缩格式，可从保存格式中派生
	预览格式标准	可采用大压缩比的格式，可以从保存格式或服务格式中衍生

（续表）

类型	数据标准	内容
内容对象格式	文本数据格式标准	文本文件：采用 HTML、XHTML 或 XML 格式，以 XML 格式为主；图像文件：采用 TIFF、JPEG 或 PDF 格式，PDF 格式的提供者应向 CSDL 提供转换 PDF 格式的工具
	图像数据格式标准	根据不同要求采用不同的格式标准，保存采用 TIFF 格式；浏览采用 JPEG 格式；预览采用 GIF 格式；线图、图像则采用 JPEG、GIF、PNG 格式
	视频数据格式标准	首选开放标准；同时也可选择目前通用的格式
	音频数据格式标准	首选开放标准；同时也可选择目前通用的格式

书目数据格式。国内外关于书目数据格式转化的标准主要集中在信息交换、书目数据的转换方面。国际组织 ISO 制定的相关标准包括《信息与文献 信息交换格式》《信息与文献 Marc 交换》，德国标准化学会（DIN）制定了《文献目录信息交换格式》，法国标准化协会（AFNOR）制定了《信息与文献 书目数据元目录 第 5 部分：用于编目和元数据交换的数据元素》，英国标准学会（BSI）制定了《信息与文献 信息交换格式》。我国数字图书馆推广工程针对书目数据格式问题正在制定《CNMARC XML》《CNMARC-DC-国家图书馆核心元数据集的对照转换》《MARC21-DC-国家图书馆核心元数据集的对照转换》。这些标准将对图书馆资源格式的统一提供指导，实现数字资源利用的最大化。

（三）内容标识类标准

内容标识的标准和规范主要指为解决以数字对象形态存在的图书馆资源的唯一识别、永久访问、复合数字对象构成的关系描述等问题，为数字对象制定和分配唯一识别符。图书馆内容标识类标准的制定，实现数字对象的统一编号、规范管理和精确定位，较好地解决了数字对象的多物理位置和数字复本存储、多修订版本、迁移和删除、多媒体类型组合等方面的问题。

目前国内外采用的国际内容标识类标准主要有 URI（Uniform Resource Identifier）、DOI（Digital Object Identifier）、SICI（Serial Item and Contribution Identifier）、BICI（Book Item and Component Identifier）、PURL（Persistent Uniform Resource Locator）、SCORM（Sharable Content Object Reference Model）等一

系列内容标识类标准。其中，URI 是所有标识互联网资源的地址和名称的通用集合，包含 URN 和 URL，W3C 及 IETF（Internet Engineering Task Force）均积极参与其设计和维护，实现与网络资源的交互；DOI 目前已经成为 ISO 的行业标准，具体规定了数字对象标识符系统的语法、描述方式和 DOI 名称的注册、创建和管理的一般规则；SICI 是用以标识期刊和期刊所包含内容的标准化可变长标识符，现行标准为 1996 年修改版，目的是对期刊及其卷、期、所包含的文章等具体内容进行准确和标准的标识；BICI 是参照 SICI 提出的用以标识图书及图书具体的内容（例如章、节、段、前言、索引等）的可变长标识符，目前是 NISO 的标准草案；METS 创建表示数字图书馆对象的层次结构的 XML 文档实例，并记录组成这些对象的文件的名称和位置；PURL 是 OCLC 在 1995 年开发并用于管理 URL 解析过程，从而解决基于位置的 URI 方案，如 HTTP 的临时 URI 的问题；SCORM 则用来解决多个数字对象组成或者动态的链接与复用需要通过标识机制来支持的问题。[4]

我国在图书馆内容标识方面也制定了相关的标准。全国情报文献工作标准化技术委员会于 2009 年发布的《中国标准视听作品号 第 1 部分：视听作品标识符》《中国标准视听作品号 第 2 部分：版本标识符》两项视听资源标准，提出了中国标准视听作品号的结构、分配和使用规则，显示位置和方式以及相关元数据和系统的管理和维护等；2010 年，国家图书馆制定了《数字资源唯一标识符标准规范》标准，规定数字对象唯一标识符的命名需要符合 IETF-URI 命名规则，使用相应对象领域中的标准或通用标识符。[5] 该体系对唯一标识符的命名、注册等内容进行了标准化，并独立开发了数字资源唯一标识系统平台，为各个机构数字图书馆的建设提供了有用的借鉴和参考。2012 年，全国图书馆标准化技术委员会在众多组织、机构的铺垫下，发布了图书馆界《数字对象唯一标识符规范》的行业标准，规定了图书馆数字资源唯一标识符系统（简称 CDOI）的体系框架、语法规则、命名规则、解析规则、管理规则和扩展规则。2013 年发布的《信息资源的内容形式和媒体类型标识》，规定了信息资源的内容形式和媒体类型标识所使用的术语和代码，及其信息资源内容的形式和媒体类型标识的使用方法，该标准的适用范围不局限于书目信息，为广大信息资源存储库、数据集及相关检索工具的标识工作起到指引作用。

（四）资源选择类标准

资源选择一直是图书馆资源内容创建的核心问题，特别是随着网络出版物的出现和增加，制定针对资源选择的标准显得尤为重要。一方面，资源选择标准可以为图书馆资源建设提供政策性的指导，作为开展文献采选工作所遵循的依据，同时保证图书馆形成科学的、系统的藏书体系，另一方面，在环境不断变化的情况下，资源选择标准的制定可以保障资源创建符合终端用户的需求、支持图书馆服务模式创新，有助于实现图书馆功能发挥的最大化。[6]

国内外积极开展资源选择标准研究的相关实践工作，其中国际联盟、国际组织、图书馆、学协会在此方面发挥着重要的作用。截至2016年12月，国内外制定的资源选择标准多达26项。国外相关组织联盟、学协会制定的资源选择类标准包括：图书馆共同体国际联盟（International Coalition of Library Consortia，ICOLC）2004年修订的《关于当前电子资源选择与购买及首选策略的声明》；美国国家信息标准化组织（NISO）发布的《建设优质数字馆藏的指导框架》（第3版）等。国内相关组织制定的资源选择类标准主要有CALIS项目中的《CALIS重点学科网络资源导航系统资源选择与评估标准》、由国家图书馆制定的《国家图书馆文献采选条例》及由台湾地区学术电子资源共享联盟（CONCERT）制定的《CONCERT电子资源选择政策》等。此外，许多大学图书馆针对本馆的特点、所在院校用户的资源需求等制定出适合其自身馆藏发展的资源选择标准，如南非开普敦大学图书馆制定了《南非开普敦大学馆藏资源发展指南与实施方案》、美国兰开斯特Chemeketa大学图书馆制定了《Chemeketa图书馆馆藏资源发展指南》、厦门大学图书馆结合本馆特点制定了《厦门大学图书馆馆藏发展政策》等。

整体来看，国内外各个机构制定的资源选择标准呈现出以下3个特点：

1. 重点关注标准对实践的作用

多个标准组织、联盟、图书馆机构通过在资源选择和资源采购等具体问题上制定相关的标准准则，为机构、联盟或组织成员等的实践提供相应的指导。如美国国立医学图书馆制定的《美国国立医学图书馆收藏发展手册》、英国国会图书馆制定的《英国国会图书馆盲人服务机构馆藏建设标准》、美国乔治敦法律图书馆制定的《美国乔治敦法律图书馆馆藏发展政策》、日本立命馆大学制定的《日本立命馆大学图书馆馆藏资源选用标准》等等。

2．标准制定强调资源对组织发展的影响

图书馆的发展强调标准的制定要支持组织的长远目标与发展战略，但因其具体任务、服务对象、资源建设等方面的差异，资源选择标准的制定同时也具有一定的针对性。如南非开普敦大学图书馆的《南非开普敦大学馆藏资源发展指南与实施方案》就规定“采取以与大学战略目标相关的一致方式，确定用于选择 UCT 图书馆馆藏的过程和程序，定义为纸质和非纸质资源和服务的组合，提供对拥有和许可的资源访问”。

3．标准内容形成了相对一致的衡量体系

在资源选择标准的制定过程中，各个组织对采用的资源选择标准的内容涵盖范围相对一致，重点考虑资源选择过程中对资源内容的评鉴、资源成本的评估、资源许可协议的规定及其服务对象需求等多方面因素。同时都强调了纸本资源和数字资源的协调发展，针对当前文献信息资源载体的特点，强调加强新型出版物的采集。例如，弗吉尼亚虚拟图书馆的《VIVA 馆藏发展原则和选择标准》规定“在采购和使用电子信息资源方面实现成本效益；利用资金对资源进行集中采购，维护具体学科、促进馆藏发展的资源，这些资源被有效地使用，并且符合整体利益，所以联盟使用采购而不是租赁来收集资源”。

（五）资源采集获取类标准

图书馆资源的采集获取一方面包括馆藏印本、电子资源的采访，另一方面包括网络信息资源的采集。关于前者的采访，是图书馆资源建设的关键所在，相关标准的制定既具有战略意义，又能给图书馆人员指明工作重心；同时又将理论转化为实践，具有可操作性，对图书馆工作起到实际的指导作用。而对网络信息资源的采集，缘于网络信息资源易逝、不稳定特征，以及图书馆肩负的对互联网人类文化遗产保存和管理的责任。建立科学合理的资源收集标准，有利于指导图书馆收集和保存网络资源的行为、方式和方法，从而约束网络资源采集、保存的整个流程，促进各个单位资源建设的兼容和共享。

在馆藏资源的采访标准方面，国外高校图书馆、公共图书馆、组织机构等制定出一系列标准，如澳大利亚图书馆和信息协会制定了《ASLA（澳大利亚高校图书馆协会）关于学校图书馆资源提供的政策》，美国国家医学图书馆制定了《美国国家医学图书馆收藏发展手册》，加拿大曼尼托巴公共图书馆制定了《加拿大曼尼托巴公共图书馆标准和指南》等。我国对图书馆的馆藏资源采访标准同样制定了一系列标准，特别是各个高校图书馆根据自身的发展情况制定适合其自身发展的资源采集标准，多以政策、规范的方式发布。如 CALIS 工程的项目成果制定了《CALIS 引进资源工作规范》，适用于所有以 CALIS 名义组织的引进资源的集团采购工作；《厦门大学图书馆馆藏发展政策》规定了资源的采集人员与方式等内容。

在网络资源的信息采集方面，已有较多国家的图书馆、其他机构或项目启动加入到互联网信息的保存中，包括最大的互联网存档项目——互联网档案馆（Internet Archive），以及日本国会图书馆网页存档计划（Web Archiving Project，简称 WARP）、韩国国家图书馆网络存档与因特网资源搜索的系统项目（Online Archiving & Searching Internet Sources，简称 OASIS）、澳大利亚国家图书馆（NLA）网页存档计划等。国外的图书馆资源采集标准主要以法律的形式进行规范，如丹麦政府于 2004 年颁布了《出版资料法定缴存法》，规定了在线资料存缴的两种方式：主动采集制和被动缴存制；大英图书馆启动互联网存档项目，收集和保存网络资源，并颁布了《法定缴存图书馆法》。相比而言，我国在资源采集标准的研究起步较晚，中国国家图书馆、北京大学和中国科学院也都在进行相应的研究，但在标准化方面还有许多需要努力的地方。经过调研发现，目前我国发布的图书馆内容创建标准中，还未见有网络资源信息采集方面的标准，资源采集标准中涉及诸如网络资源类型的范围、地域与语种范围、内容标准、形式标准等多个方面，因此在网络资源选择标准、网页存档格式标准等的制定方面，我国还需进一步加快步伐。

三、我国资源内容创建标准化的成效和问题

经过我国图书馆标准规范制定与标准化工作管理组织的共同努力，图书馆领域的内容创建标准规范逐步增多，标准化工作初见成效。同时，我国图书馆根据国际资源创建标准化体系中的五大组成要素，并结合我国图书馆界发展的现实需求，对汉字编码体系、元数据管理规范以及数字资源的馆藏加工等内容进行了重点研究与突破，并与国际现行资源建设的标准体系内容进行对比分析，以期发现我国资源建设标准化工作中尚存的问题，进而解决问题。

（一）我国资源内容创建标准化的成效

我国标准化工作具体到图书馆领域的内容创建方面，目前主要有3个归口机构在负责图书馆内容创建类标准规范的制定及标准化工作的管理，它们分别是：全国图书馆标准化技术委员会（简称图标委），全国信息与文献标准化技术委员会（简称文标会）和全国信息技术标准化技术委员会（简称信标委）。

此外，从20世纪90年代数字图书馆建设成为我国图书馆建设发展重点以来，截至目前，已经完成或正在建设一批大型数字图书馆工程项目，如CSDL项目、中国高等教育数字图书馆（CADLIS）、国家科技图书文献中心（NSTL）等项目工程在图书馆内容创建标准方面已取得相关进展，制定出一系列针对我国图书馆发展的标准。

截至2018年2月，我国颁布实施的资源内容创建相关标准规范共计50项，其中国家标准有26项，行业标准有4项，其他标准有20项。除已废止的标准，现行的内容创建标准中，图标委制定的有9项，文标会制定的有14项，信标委制定的有7项。国家数字图书馆工程标准规范项目研制成果中制定的标准有11项（8项施行，3项制定中），中国高等教育数字图书馆项目中制定的内容创建标准有3项，大学数字图书馆国际合作计划（CADAL）制定的内容创建标准有3项。其余3项分别由国家图书馆、国家科技图书文献中心、厦门大学图书馆制定。

对我国图书馆内容创建标准规范的发布年份进行统计发现，我国图书馆内容建设标准规范年代分布不均（见图4－5）。2000年以前，我国有关资源的内容创建的标准规范数量比较少，在1980—1985年、1986—1991年、1992—1999年和2000年这间断的25年，我国颁布的相关标准共12项，还处在发展的初步阶段。从2005年开始，我国对已制定的国家标准进行了一次全面的整合和清理，特别是2008年图标委成立之后，我国图书馆在内容创建方面制定的标准规范数量整体呈上升趋势，并在2009年、2010年、2012年这3年达到峰值，标准制定数量为7项。可见，近年来图书馆内容创建方面的标准规范的制定处在蓬勃发展的阶段。

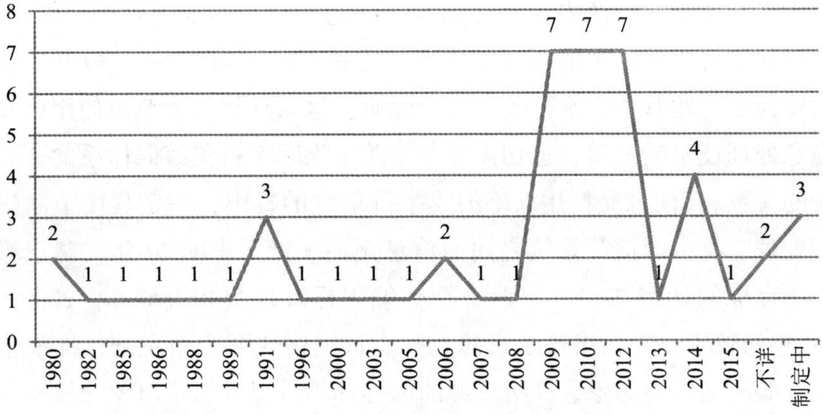

图 4－5 我国现行图书馆内容建设方面标准实施年度分布

（二）资源内容创建标准的主题内容和重点领域

我国关于图书馆资源内容创建标准主要分布在内容编码、内容标识、数据格式、资源采集以及资源选择 5 个方面。其中关于内容编码方面的标准规范数量最多，占到总标准数量的 64%，主要包括汉字和少数民族文字编码字符集体系、结合汉字编码字符集标准的书目交换信息以及各种多媒体资源编码体系。其次是内容标识标准，包括图片、文本、视听资源等数字对象的标识符体系以及命名规则等内容；而资源采集和资源选择标准的数量最少，分别只有 2 项和 3 项（见图 4－6）。

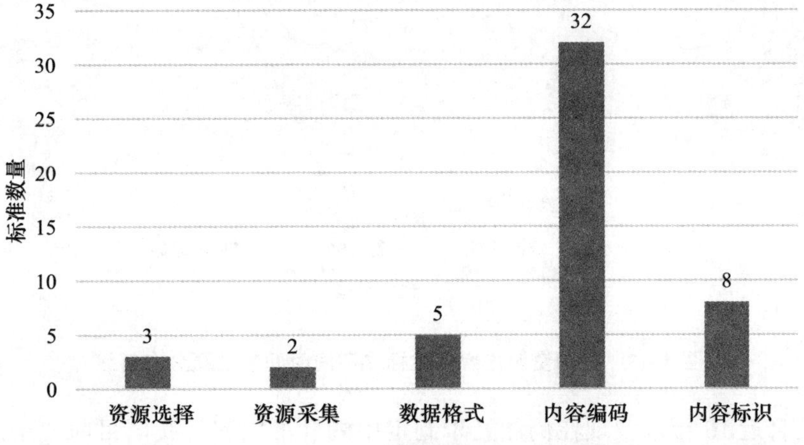

图 4－6 我国资源内容创建标准主题分布

对于我国图书馆资源内容创建标准主题随着时间的变化趋势，以每10年为一个时间段对标准的主题进行了统计（见图4－7）。1980—1989年，国内的资源创建标准主题基本上都是关于内容编码，这与计算机大范围使用以及我国汉字信息处理技术的发展，迫切需要一个关于汉字字符集编码体系的正式标准有直接的关系。《信息交换用汉字编码字符集》的提出，一定程度上解决了一般汉字处理、汉字通信等系统之间的信息交换。接下来的20年，基于汉字编码字符集标准的朝鲜文字、图形字符等编码标准也都相继颁布。2000—2009年这10年间较于过去，出现了资源选择、数据格式两个新主题，标准包括视听资源的编码结构与对象、视听资源的内容标识符以及数字对象交换格式。到了2010—2016年，标准重点加强了数字化图书馆建设，关注内容标识方面，制定了关于数字对象唯一标识符和命名规范的标准，这些标准对于数字图书馆资源管理有重要的意义。同时，我国颁布了大量关于图书馆数字馆藏规范加工的标准，这些标准有利于全国各类型图书馆数字资源规范化和馆际之间的共享使用。基于“数字图书馆推广工程”对我国汉字编码标准进一步补充，增加古籍用字规范以及生僻字、避讳字处理规范等内容。

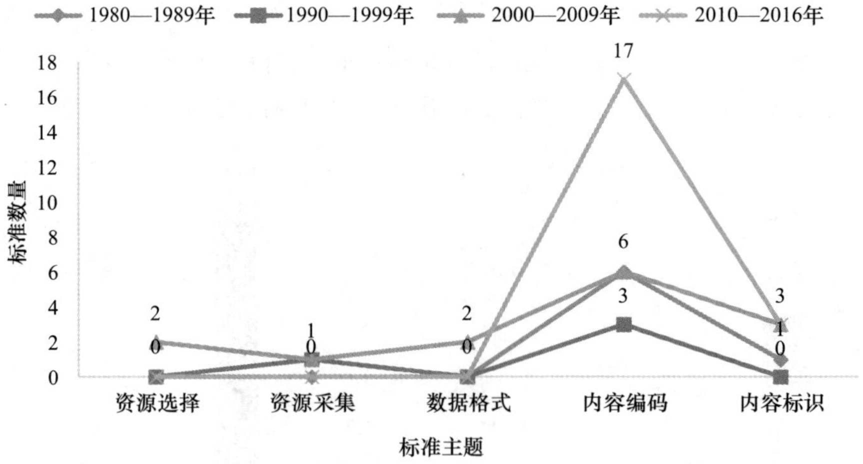

图4－7　我国资源内容创建标准不同时间段主题分布折线

结合近10年以及现在仍然处于制定中的标准内容，我国目前关于图书馆资源内容创建标准的重要发展领域集中在以下几个方面：

1. 汉字编码体系以及相关衍生标准

从1980年颁布汉字编码字符集（GB2312）标准以来，我国的汉字编码体系不断壮大、优化，包括2010年颁布的《信息技术 通用多八位编码字符集（UCS)》《生僻字、避讳字处理规范》《古籍用字规范（计算机用字标准)》，2012年颁布的《计算机中文信息处理规范》。这些标准的制定体现出我国在国际信息交换和共享中作出的努力。

2. 图书馆数字馆藏资源加工规范

包括图书馆文本资源、图像资源、视频资源、数据的数字化加工与处理规范，这方面的标准对我国数字图书馆工程建设的整体性和可持续性具有重要的意义。

3. 元数据对照转换标准

过去很长一段时间，国内图书馆都在使用国际上的MARC21或DC元数据来描述资源，而近年来我国发布了许多中国本土的元数据标准，但是，中国本土的元数据标准如何与国际通行元数据标准进行对照转换，成为图书馆界一直在探讨的问题。这个问题的成功解决将会使现有两个体系元数据转换更加便捷，避免重复劳动，有利于书目信息的共享。

（三）重要组织机构资源内容创建标准化建设成效分析

我国图书馆资源内容创建标准的发布机构主要包括图标委、文标会、信标委等组织机构以及数字图书馆推广工程。对这些机构或工程制定的资源内容创建标准进行归纳与整理（见表4－3)。

表4－3　我国主要机构制定的资源内容创建标准

发布机构	标准名	标准编号/规范号	类别
全国图书馆标准化技术委员会	图书馆馆藏资源数字化加工规范 第4部分：音频资源	GB/T 31219. 4—2014	内容编码
	图书馆馆藏资源数字化加工规范 第5部分：视频资源	GB/T 31219. 5—2016	内容编码
	图书馆馆藏资源数字化加工规范 第3部分：图像资源	GB/T 31219. 3—2014	内容编码

（续表）

发布机构	标准名	标准编号/规范号	类别
全国图书馆标准化技术委员会	图书馆馆藏资源数字化加工规范 第2部分：文本资源	GB/T 31219. 2—2014	内容编码
	图像数据加工规范	WH/T 46-2012	内容编码
	数字对象唯一标识符规范	WH/T 48-2012	内容标识
	文本数据加工规范	WH/T 46-2012	内容编码
	音频数据加工规范	WH/T49-2012	内容编码
	图书馆馆藏文本资源加工规范	——	内容编码
全国信息与文献标准化技术委员会	信息资源的内容形式和媒体类型标识	GB/T 3469—2013	内容标识
	世界各国和地区名称代码	GBT 2659—2000	内容编码
	中国标准书号	GB/T 5795—2006	内容编码
	中国标准连续出版物号	GB/T 9999—2001	内容编码
	中国标准视听作品号 第1部分：视听作品标识符	GB/T 23730. 1—2009	内容标识
	中国标准视听作品号 第2部分：版本标识符	GB/T 23730. 2—2009	内容标识
	GEDI 通用电子文档交换	GB/T 23731—2009	数据格式
	中国标准文本编码	GB/T 23732—2009	内容编码
	中国标准音乐作品编码	GB/T 23733—2009	内容编码
	中国标准录音制品编码	GB/T 13396—2009	内容编码
	中国各民族名称的罗马字母拼写法和代码	GB/T 3304—1991	内容编码
	书目信息交换用拉丁字母代码字符扩充集	GB/T 13142—1991	内容编码
	书目信息交换用希腊字母编码字符集	GB/T 13141—1991	内容编码
	信息与文献 书目数据元目录 第5部分：编目和元数据交换用数据元	GB/T 19688. 5—2009	数据格式

（续表）

发布机构	标准名	标准编号/规范号	类别
全国信息技术标准化技术委员会	信息交换用汉字编码字符集	GB 2312—1980	内容编码
	信息技术 通用多八位编码字符集（UCS）	GB 13000—2010	内容编码
	信息技术中文编码字符集	GB 18030—2005	内容编码
	信息技术 XML 元数据交换（XMI）	GB/T 28167—2011	内容编码
	信息交换用朝鲜文字编码字符集	GB 12052—1989	内容编码
	信息交换用汉字编码字符集基本集	GB 2312—1980	内容编码
	信息交换用彝文编码字符集	GB 13134—1991	内容编码
数字图书馆推广工程	CNMARC XML	——	数据格式
	CNMARC - DC - 国家图书馆核心元数据集的对照转换	——	数据格式
	MARC21 - DC - 国家图书馆核心元数据集的对照转换	——	数据格式
	文本数据加工标准与工作规范	——	内容编码
	国家图书馆数字资源唯一标识符规范	——	内容标识
	汉字属性字典	——	内容编码
	中文文献全文版式还原与全文输入	——	内容编码
	XML 规范	——	内容编码
	古籍用字规范（计算机用字标准）	——	内容编码
	计算机中文信息处理规范	——	内容编码
	生僻字、避讳字处理规范	——	内容编码

在图标委成立之时，恰逢我国数字图书馆推广工程建设的重要时刻，故图书馆资源内容的创建标准应运而生。图标委共发布 9 项相关标准，如：《文本数据加工规范》（WH/T 46-2012）与《图书馆馆藏资源数字化加工规范 第 2 部分：文本资源》（GB/T 31219. 2—2014），是关于文本资源的加工与数字化加工标准，同时研究、提出音视频等不同类型资源的创建标准，为全国各类型图书馆建立统一、互通的数字馆藏资源提供准则。文标会共发布了 14 项关于内容创建的标准，主要围绕内容编码、内容标识以及数据格式 3 个方面，旨在与国际相关标准接轨，促进我国信息与文献工作的统一并且可以实现国内外数

字资源在系统中畅通无阻地交换，如《中国标准书号》是《国际标准书号》的重要组成部分；《书目信息交换用拉丁字母代码字符扩充集》《书目信息交换用希腊字母编码字符集》连同国家标准 GB 1988，共同构成书目引文信息国际交换的字符集。信标委对口 ISO/IEC JTC1（除 ISO/IEC JTC1/SC 27），其工作范围是信息技术领域的标准化，涉及信息采集、表示、处理、传输、交换、描述、管理、组织、存储、检索及其技术，系统与产品的设计、研制、管理、测试及相关工具的开发等标准化工作。[7] 信标委发布了国内第一个关于汉字字符集编码的标准《信息交换用汉字编码字符集》（GB 2312—1980），为汉字在计算机系统中的处理交换提供统一的规范；又在 GB 2312—1980 标准基础上于 1989 年和 1991 年颁布了《信息交换用朝鲜文字编码字符集》《信息交换用彝文编码字符集》，之后信标委不断完善汉字编码标准，延伸到图形字符以及世界上各种语言（文字）书面表达形式的编码标准。

数字图书馆推广工程的标准规范项目中关于资源的内容创建标准有 11 项，涵盖了内容编码、数据格式以及内容标识等多个主题内容，其中还包含 3 项正在制定中的关于 CNMARC、国家图书馆核心元数据集、DC 元数据之间的转换标准。

（四）国内外资源创建标准规范内容体系对比分析

截至 2016 年 12 月，国内外在图书馆内容创建方面的标准制定数量相当，且制定者涵盖了相关组织、学协会、图书馆、项目工程等，但国外的公共图书馆制定的标准目前已经形成了较完备的体系结构，如针对不同类型图书馆的具体任务、规模、需求，IFLA 制定了一系列针对不同类型图书馆的标准规范，而我国内容创建标准的制定内容具有广泛性，针对专门图书馆的标准相对缺乏且研究还不够深入。从内容的深层次角度，对图书馆内容建设标准的主题内容以及重点领域进行国内外对比分析：

1. 标准的主题内容

国外与内容创建有关的标准涉及的主题有多个方面，包括资源的遴选、信息与文献、信息交换、内容标识、数据格式等方面的内容，并被国际认可和使用。我国图书馆内容创建标准涉及的主题集中在信息编码、内容标识等方面，资源选择、资源采集方面的标准数量还较少，具体的指导标准还相对缺乏。近年来我国在图书馆内容创建标准制定方面不断努力，并展开了一系列的实践工作，主要体现在相关的标准不仅着重关注针对传统纸质文献的采选、加工，同时还加强重视数字资源如音频视频等的加工处理和内容编码方面标准的制定。整体与国外相比较而言，我国在网络资源的信息采集以及资源的选择标准方面还需要进一步地制定相关标准，以扩大整体的覆盖面。

2. 标准研制的重点领域

在内容创建方面，国外图书馆标准关注的重点领域包括：传统的文献采集、遴选标准，诸如SCORM的新技术标准，基础性的通用标准等。我国关注的重点领域主要是以文献的规范、描述、加工为主的业务标准，如《图书馆馆藏文本资源加工规范》《图像数据加工规范》等；与编号代码有关的格式标准规范，如《中国各民族名称的罗马字母拼写法和代码》《世界各国和地区名称代码》等。相比而言，国际上各个标准的发布机构所涉及的重点领域比较明确，基本上不同的机构之间具有明确的任务与使命，几乎没有重复交叉的标准，有利于标准的实施与修改。而在我国，从主要归口机构图标委、文标会、信标委以及国家图书馆项目工程等制定的内容创建标准所涉及的主题领域来看，各个机构均有一系列关于图书馆内容创建的标准，主题内容存在一些交叉重复。如数字图书馆推广工程于2010年制定《文本数据加工标准与工作规范》，图标委2014年制定《图书馆馆藏资源数字化加工规范 第2部分：文本资源》，两项标准在内容上具有一定的重复性，不同机构在制定内容创建标准的主题范围还不够清晰。

（五）我国资源内容创建标准化存在的问题

经过近30年我国在图书馆资源内容创建标准实践中的不懈努力，已经取得了不错的成绩，对我国数字图书馆建设标准化工作起到了重要的作用。但是也存在一些问题亟待解决，主要体现在以下几个方面：

1. 标准的主题分布不均匀

标准过于集中在内容编码领域，相关标准数量占到总标准数量的61%；而在数据格式、内容标识以及资源采集具体方面却少有涉及。这从一个侧面可以反映出目前我国相关机构在制定图书馆资源创建标准时缺乏一个科学合理的规划和体系。因此，未来在制定内容创建标准领域时可以加强内容标识、资源选择以及数据格式等方面的标准建设。

2. 标准制定过程缺乏多方参与和前期研究积累

我国资源内容创建标准主要由 3 个归口机构制定：图标委、文标会以及信标委，三个机构制定的标准数量占总标准数量的 62%，剩下的标准绝大部分来自国家数字图书馆项目的成果。国内关于资源内容创建标准的发布机构很少像国外一样，有学协会、图书馆联盟以及具体的图书馆参与到标准的编制中。我国应该借鉴国外这种多类型机构参与标准化工作的模式，让更多类型的图书馆、行业协会等参与到标准与规范的制定中，吸纳各方的意见，完善我国图书馆内容创建标准工作，同时也有助于相关标准在各机构的实施推行。

3. 图书馆资源内容创建标准宣传推广不足

尽管国内现在已经制定许多关于资源内容创建的标准规范，但普遍存在标准规范仅局限于规范制定归口单位、项目工程内部实施和应用，在行业、国家层面宣传、推广不及时、不到位。所以，加强图书馆资源内容创建标准的推广与宣传对图书馆标准化体系建设至关重要。例如，美国图书馆学会每年都会就图书馆的管理情况编写相关的报告，报告主要依据图书馆相关的标准规范进行，真正做到以评估促管理。[8]

4. 标准涉及的资源对象较为单一，多为数字资源

传统文献资源和数字文献资源共同构成了图书馆的馆藏内容。随着网络环境的不断渗透，数字资源的编码、标识、采选都成为图书馆标准化建设的重点，在标准制定上应该有所侧重；但是传统文献资源、古籍、学位论文等相关资源对象的创建标准规范也应该适当增加，促进多种资源类型的内容创建标准共同发展。

5. 全文和复杂数字对象的内容编码标准缺失

随着开放获取运动的发展，推动学术资源开放存取和再利用成为主流，对数字资源全文内容、构成全文的复杂数字对象的描述与揭示成为图书馆数字资源内容创建的必要条件。当前我国数字资源内容编码标准主要集中在对数据格式、内容标识类，制定并颁布了大量标准规范，而对于数字对象全文内容编码、复杂数字对象的内容编码标准，尽管 NSTL 于 2017 年发布的《NSTL 统一文献元数据标准》在复杂数字对象构成及其关系有简单定义，但是国内严重

缺乏类似 JATS、METS 等有影响力的国际通用标准规范的制定或实施。

四、我国资源内容创建标准的发展重点

在目前统一的体系框架下，我国图书馆内容创建标准未来 5—10 年的重点建设内容应集中在资源选择、网络资源的信息采集、内容标识等方面。信息资源的建设一直是图书馆发展的核心和基础，因此资源内容创建方面的标准规范是图书馆发展的重要基石，既要不断发展继承用于传统文献采集、文献选择的一系列标准，又要重视开展为适应网络资源发展涉及数字资源加工、标识符以及与内容编码相关的标准工作。其中，随着信息技术的发展，有关技术方面的标准成为数字图书馆系统基于网络环境赖以生存的基础，就数字图书馆的领域而言，借鉴并制定成熟且有发展前景的技术标准体系将成为当前建设的重点。据此，未来我国图书馆有关内容创建方面的标准化工作发展重点可围绕以下几个方面展开：

（一）构建图书馆内容创建标准的完整体系

目前我国关于内容创建标准还未形成一个完整的体系，现行的一些标准存在不符合图书馆建设发展、重复制定等不足之处，因此对图书馆的内容创建标准的梳理与整合是未来发展的重点。对于不符合图书馆发展的标准进行废除或修改，对于重复制定的标准需要进行相关的比对，选择出最适合我国图书馆当前工作的内容创建标准，以促进图书馆发展的整体性与统一性。

（二）保证图书馆标准内容创建的可扩展性

随着信息技术的快速发展和图书馆建设过程中的战略调整，新的数据格式、内容等信息资源需要不断更新和扩充，因此需要充分考虑图书馆事业的长远目的和服务内容，制定内容创建标准的过程中保证图书馆标准内容创建的可扩展性。

（三）注重内容创建标准体系的协调性

图书馆内容创建标准体系是一个统一的整体。未来图书馆的内容创建标准要保证各个子系统之间的协调性与兼容性，使其充分发挥各自的作用，促进信息资源的内容创建建设。如我国由数字图书馆推广工程制定的一系列标准最终

分。据不完全统计，近三年间，地方政府部门发布的有关图书馆总分馆建设的文件如表 2－8 所示：

表 2－8　地方公共图书馆总分馆建设文件列表

序号	时间	发布者	文件名
1	2015 年 7 月	句容市人民政府办公室	句容市图书馆总分馆建设的实施意见
2	2016 年 6 月	湖南省株洲市文体广电新闻出版局	株洲市加快图书馆总分馆建设的方案
3	2016 年 10 月	浙江省绍兴市文化广电新闻出版局	关于构建绍兴市城乡一体化公共图书馆、文化馆总分馆体系的实施意见
4	2016 年 12 月	内蒙古自治区鄂尔多斯市人民政府办公厅	鄂尔多斯市公共图书馆总分馆建设实施方案
5	2016 年 12 月	江西省文化厅	江西省县级公共图书馆总分馆制建设方案
6	2017 年 4 月	广东省雷州市人民政府办公室	雷州市图书馆总分馆制建设工作方案
7	2017 年 4 月	江西省吉安市泰和县人民政府办公室	泰和县图书馆总分馆体系建设实施方案
8	2017 年 5 月	湖南省文化厅办公室	关于推进县级文化馆图书馆总分馆制建设的实施意见
9	2017 年 6 月	浙江省台州市文化广电新闻出版局	台州市公共图书馆总分馆制实施细则
10	2017 年 6 月	山东省文化厅、新闻出版广电局、体育局、发展和改革委员会、财政厅	关于推进县级文化馆图书馆总分馆制建设的实施意见
11	2017 年 6 月	广东省文化厅、省新闻出版广电局、省体育局、省发改委、省财政厅	关于推进县级文化馆图书馆总分馆制建设的实施意见
12	2017 年 8 月	黑龙江省文化厅、省新闻出版广电局、省体育局、省发改委、省财政厅	关于推进县级文化馆图书馆总分馆制建设的实施意见

要保证各个数字图书馆系统的协调，避免出现内容重复或相关标准内容相互矛盾的问题。

第二节　图书馆资源描述与揭示标准化

图书馆资源描述与揭示的主要工作，是运用一定的规则与方法揭示资源的形式特征与内容特征，对其进行有效的控制，以便于用户的获取与使用。其主要内容包括资源编目、文献著录与元数据编码规范等内容。资源的描述与揭示是信息组织与检索的桥梁与纽带，有利于信息资源进行整序处理，在提高检准率、检全率的同时，也为资源组织提供便利，资源描述与揭示的标准化、规范化工作在资源组织与检索中具有奠基作用。本节将对国内外资源描述与揭示的标准化工作进展、相关标准体系构建情况、标准化工作的成效等进行归纳总结，分析目前亟待解决的问题、现存标准化需求等。通过国内外标准规范内容体系的对比研究，以探究我国资源描述与揭示的标准化工作的发展重点与方向。

一、国际资源描述与揭示标准化工作概况

从 20 世纪 60 年代起，学协会、国际组织等就开始制定资源描述与揭示的一系列标准规范。随着时间的推移，图书馆信息资源描述与揭示的标准也在不断地演变与完善。截至目前，共调研到国际颁布的资源描述与揭示相关标准 65 项，其中 61 项为现行标准，1 项废止标准，3 项标准仍在制定中。从现行标准的制定组织进行统计分析可知，相关组织机构包括：国际标准化组织（如：ISO、NISO）、国际图书馆协会联合会（IFLA）[9]、国家标准化组织（法国标准化组织、加拿大标准化组织、日本工业标准调查会）、学协会（美国图书馆协会、英国图书馆协会、加拿大图书馆协会、德国标准学会）、国际联盟（W3C）[10]，以及美国国会图书馆与相关部门、加州伯克利大学图书馆等。从各组织机构制定标准的占比情况来看，标准化组织共制定 37 项标准，占标准总数比例最大，为 56.9%；其次为学协会，共制定 28 项标准，占比 43.1%；图书馆与国际联盟出台标准相对较少。为进一步观察标准内容随时间变化而形成的走势，对截至目前收集到的标准按标准最初发布时间，每 10 年为 1 个时

间区间，进行相关标准的数量统计（见图4－8）。

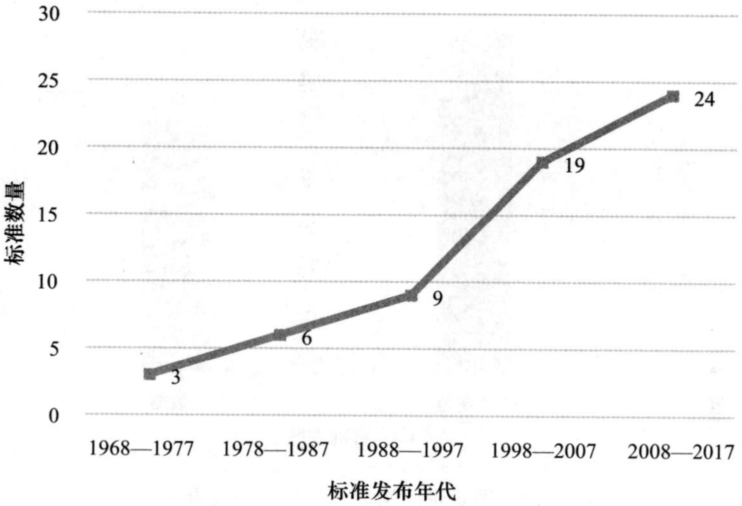

图4－8　现行国际资源描述与揭示标准年代分布

从图4－8中可更直观地看出，自1968年起，国际资源描述与揭示的标准数量持续走高，逐渐为人所重视。其中，1968—1977年间，颁布有3项标准内容，其对编目规则与书目格式开始了初步探讨；1978—1987年、1988—1997年间，共颁布有15项标准规范，其中文献、连续出版物、图像、音乐资源等的著录规范初步确立；1998年以后，欧美编目体系的基本形成、《国际编目原则声明》[11]（ICP）的发布、都柏林核心元数据的制定、《国际标准书目著录规则》（ISBD）的出台等都为图书馆资源描述与揭示的标准化制定与建设工作打下了坚实的基础，并为我国文献资源的自动化、网络化，资源对象的多样化提供了有力支撑。

（一）资源描述与揭示标准的主题内容和重点发展领域

通过对国外现行图书馆资源描述与揭示标准按主题内容与重点发展领域进行整理分析，可发现目前相关领域重点关注的问题与建立标准较为完善的内容，集中于资源的编目与著录规范、部分资源的元数据标准等，具体主题分布数量图、时间图（见图4－9、4－10）。

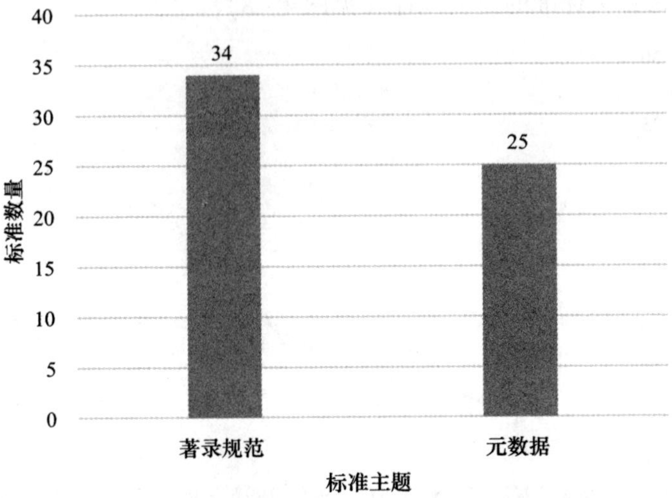

图 4－9　国际资源描述与揭示标准主题分布

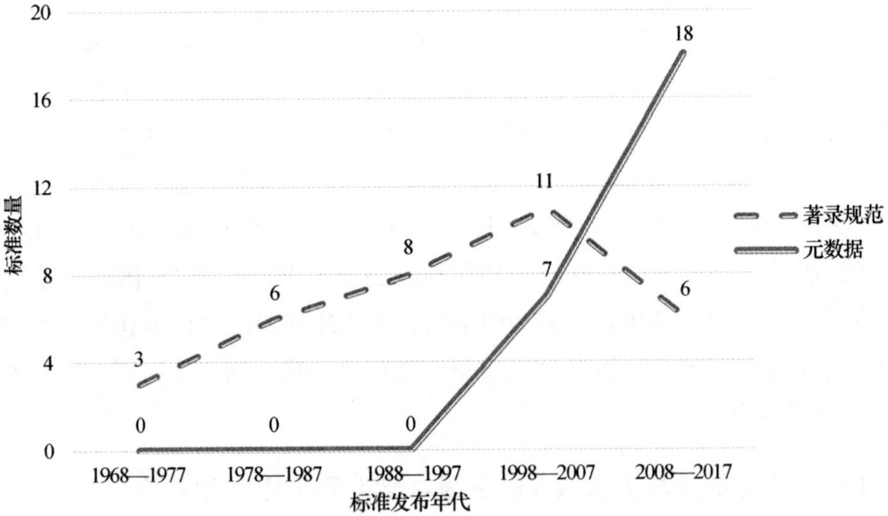

图 4－10　国际资源描述与揭示标准不同时期分布折线

在资源著录规范方面，国际现行标准共 34 项，主要涉及资源编目规则、资源描述框架，以及各类型资源的著录格式要求。元数据在数字资源的揭示与组织中是必不可少的元素，对资源的检索、识别、发现、存储等都起到至关重要的作用，而通过对资源内在含义与外部特征的记载，资源描述类型与内容各异的元数据标准也随之产生。目前，国际元数据标准共 25 项，其中，以都柏林核心元素集为代表。美国国会图书馆提出的《元数据资源描述标准》与《元数据权限描述标准》，加拿大协会推出的《信息技术元数据规范》，ISO 国际组织在 DC 元数据的基础上衍生与拓展许多新型标准，这些标准规范都为资源描述与揭示的发展起到了辅助作用。内容标识标准主要是国家及其分区名称的表示代码，即国家代码、国家分区等。[12]

从资源描述与揭示标准出台的时间区间来看，早期的资源描述与揭示标准以资源著录标准为主。1968—2007 年间相关标准的数量一直稳步上升，现今的资源著录规范中，传统出版物，即专著、期刊（连续出版物）、缩微资源等内容，已建立较为完善的标准规范。后期，随着网络资源的喷井式增长，国际组织机构渐渐意识到元数据对资源描述的重要性，因而元数据标准数量迅猛增加，相对资源著录标准数量有所减少，但从标准总量而言，依旧为业界所关注。

根据现有标准文件，并结合 ISO、NISO、美国国会图书馆正在制定的 ISO/NP 15836-2 元数据规范、NISO Z39. 91-200X[13] 资源描述规范与《书目框架计划》（*Bibliographic Framework Initiative*）可知，资源描述与揭示标准的主体已经从传统出版物逐渐转向电子资源、数字化资源、网络资源与新型资源等的类型，以确保在数字化、网络化、开放获取的环境下，图书馆资源能够更充分、更大限度地为公众所用。

（二）资源描述与揭示标准的主要发布机构及相关标准

国际标准化机构虽然不同程度地对图书馆资源描述与揭示方面的工作出台了标准化、规范化的文件，但资源类型、涵盖范围、侧重点等具体内容尚存在较大差异，目前未有组织机构形成资源描述与揭示工作完整的标准化流程或建立出标准化体系框架。为更加全面了解各组织机构制定的资源描述与揭示标准的发展现状及其标准化体系构建情况，笔者对国际标准化组织、图书馆标准化组织、国家标准化组织、学协会、国际联盟，以及图书馆等机构的资源描述与揭示标准及规范指南进行了归纳与整理（见表 4－4）。大部分标准化机构提出的资源描述规范较为宽泛，对于特定类型的资源缺乏适用性。以下，对目前整理的现行标准规范及其应用作简要概述。

表4-4 国际主要机构制定的资源描述与揭示标准①

发布机构	标准名	标准编号/规范号	类别
国际标准化组织（ISO）	Information and documentation — The Dublin core metadata element set 信息与文献 都柏林核心元素集	ISO 15836:2009	元数据
	Information and documentation — The Dublin core metadata element set — Part 1: Core elements 信息与文献 都柏林核心元素集 第1部分：核心元素	ISO 15836-1:2017	元数据
	Information and documentation — The Dublin core metadata element set — Part 2: DCMI Properties and classes 信息与文献 都柏林核心元素集 第2部分：DCMI属性和类	ISO/NP 15836-2	元数据
	Information technology — Learning, education and training — Metadata for learning resources — Part 1: Framework 信息技术 学习、教育和培训 学习资源的元数据 第1部分：框架	ISO/IEC 19788-1:2011	元数据
	Information technology — Learning, education and training — Metadata for learning resources — Part 2: Dublin Core elements 信息技术 学习、教育和培训 学习资源的元数据 第2部分：都柏林核心元素集	ISO/IEC 19788-2:2011	元数据
	Information technology — Learning, education and training — Metadata for learning resources — Part 3: Basic application profile 信息技术 学习、教育和培训 学习资源的元数据 第3部分：基本应用规范	ISO/IEC 19788-3:2011	元数据

① 数据来源于各国学协会网站、各大图书馆网站、国际图书馆协会联合会（IFLA）等标准化机构、各大索引数据库等。各机构标准数量含共同制定，按机构分开统计。

（续表）

发布机构	标准名	标准编号/规范号	类别
国际标准化组织（ISO）	Information technology — Learning, education and training — Metadata for learning resources — Part 4: Technical elements 信息技术 学习、教育和培训 学习资源的元数据 第4部分：技术要素	ISO/IEC 19788-4: 2014	元数据
	Information technology — Learning, education and training — Metadata for learning resources — Part 5: Educational elements 信息技术 学习、教育和培训 学习资源的元数据 第5部分：教育元素	ISO/IEC 19788-5: 2012	元数据
	Information technology — Learning, education and training — Metadata for learning resources — Part 8: Data elements for MLR records 信息技术 学习、教育和培训 学习资源的元数据 第8部分：MLR记录的数据元素	ISO/IEC 19788-8: 2015	元数据
	Information technology — Learning, education and training — Metadata for learning resources — Part 9: Data elements for persons 信息技术 学习、教育和培训 学习资源的元数据 第9部分：人员的数据元素	ISO/IEC 19788-9: 2015	元数据
	Documentation — Abstracts for publications and documentation 文献 出版物和文献的摘要	ISO 214: 1976	著录规范
	Documentation — Abstract sheets in serial publications 文献 连续出版物中的摘要表单	ISO 5122: 1979	著录规范
	Documentation — Presentation of title information of series 文献 连续出版物标题信息的呈现规则	ISO 7275: 1985	著录规范

（续表）

发布机构	标准名	标准编号/规范号	类别
国际标准化组织（ISO）	Documentation — Headers for microfiche of monographs and serials 文献 缩微专著和期刊的标题区域规则	ISO 5123: 1984	著录规范
	Information and documentation — Title leaves of books 文献 图书书名页	ISO 1086: 1991	著录规范
美国国家信息标准组织（NISO）	Collection description specification 资源描述规范	ANSI/NISO Z39. 91-200x	著录规范
	Guidelines for abstracts 摘要指南	ANSI/NISO Z39. 14-1997（R2015）	著录规范
	Information on microfiche headers 缩微胶片片头上的信息	ANSI/NISO Z39. 32-1996（R2012）	著录规范
	The dublin core metadata element set 都柏林核心元数据元素集	ANSI/NISO Z39. 85-2012	元数据
国际图书馆协会联合会（IFLA）	Functional requirements for authority data — A conceptual model（2009） FRAD：规范数据的功能性需求 概念模型	——	著录规范
	Functional requirements for subject authority data（FRSAD）— A conceptual model FRSAD: 主题规范数据的功能性需求 概念模型	——	著录规范
	UNIMARC concise authorities format UNIMARC 简易规范格式	——	著录规范
	UNIMARC manual: Bibliographic format, 3rd ed. UNIMARC 手册：书目格式（第 3 版）	——	著录规范
	UNIMARC manual: Holdings format UNIMARC 手册：馆藏数据	——	著录规范
	UNIMARC classification format UNIMARC 分类数据	——	著录规范

（续表）

发布机构	标准名	标准编号/规范号	类别
国际图书馆协会联合会（IFLA）	National bibliographies in the digital age: Guidance and new directions 数字化时代的国家书目：指导和新方向	——	著录规范
	Statement of international cataloguing principles（ICP）2016 ICP: 国际编目原则声明（2016）	——	著录规范
	Functional requirements for bibliographic records 书目记录的功能性要求	——	著录规范
	Guidelines for authority records and references（2001） 规范记录和参考文献指南（2001）	——	著录规范
	International standard bibliographic description ISBD：国际标准书目著录	——	著录规范
法国标准化协会（AFNOR）	Electronic imaging — Vocabulary — Part 1: General terms 电子图象 词汇 第 1 部分：通用术语	NF Z42-001-1994	著录规范
	Codes for the representation of names of countries and their subdivision — Part 1: Country codes. 国家及其分区名称的表示代码 第 1 部分：国家代码	NF Z44-000-1997	内容标识
	Codes for the representation of names of countries and their subdivisions — Part 2: Country subdivision code. 国家和其分区名称的表示代码 第 2 部分：国家分区代码	NF Z44-003-1999	内容标识

（续表）

发布机构	标准名	标准编号/规范号	类别
法国标准化协会（AFNOR）	Catalog of authors and of anonymous works — Form and structure of corporate headings 文献作者及匿名作品的目录 团体署名题名的形式和结构	NF Z44-060-1996	著录规范
	Documentation — Cataloguing — Form and structure of headings for musical titles 文献 目录汇编 音乐作品标题的格式与结构	NF Z44-079-1993	著录规范
	Documentation — Catolguing — Form and structure of headings for geographic names 文献 目录汇编 地理名称的标题的形式和结构	NF Z44-081-1993	著录规范
	Documentation — Cataloging — Form and structure of heading persons and uniform titles. 文献 目录汇编 人名标题和统一标题的形式和结构	NF Z44-061-1986	著录规范
	Information and documentation — Guidelines for bibliographic references and citations to information resources 信息与文献 信息资源目录参考和引用导则	NF Z44-005-2010	著录规范
美国国会图书馆	MARC 21 concise formats MARC21 简易格式	LG-1999:2017	著录规范
	BIBFRAME（Bibliographic framework initiative） 书目框架计划	LG-2012:2017	著录规范
	MARCXML MARC21 XML 架构	LG-2004	著录规范
	MODS（Metadata object description standard） 元数据资源描述标准	LG-2003:2016	元数据

（续表）

发布机构	标准名	标准编号/规范号	类别
美国国会图书馆	MADS（Metadata authority description standard） 元数据权限描述标准	LG-2005: 2011	元数据
万维网联盟（W3C）	RDF schema 1.1 资源描述框架 1.1	——	著录规范

国际标准化组织（ISO）资源描述与揭示标准化工作最为成熟，现有15项相关标准。其制定的资源描述标准内容涉及文章摘要的编制与展示方法、期刊及相关联系出版物中出版摘要的规范描述、缩微胶片的信息陈列规则等。2011年起，ISO对都柏林核心元素集中属性与类进行了重新定义与明确，并根据DC元数据衍生出学习、教育和培训的学习资源元数据标准。[14]

美国国家信息标准协会（NISO）成立于1939年，其最早是美国国家标准学会（ANSI）唯一认可并给予ANSI技术支撑的组织机构，主要工作为制定、修改、出台各类用于指导、规范图书馆、出版社以及其它信息咨询服务机构等的业务流程所需的标准文件。可检索、查询到的关于NISO制定、修订、正在制定中的资源描述与揭示标准共有5项。1997年，NISO首先提出了《摘要撰写标准》（ANSI/NISO Z39.14-1997（R2015）），为编写摘要的作者和编辑提供指导，以代表报告实验工作或描述性或话语性研究结果的文本内容，并给出了在出版物或其他媒体中提交摘要的建议，以及提取具体文件的建议。2015年，NISO对该标准针对不同的资源内容进行了更新修订。NISO于2011年制定的新型资源元数据描述集，为开放资源的描述与揭示提供了新思路。同时，美国图书馆协会、美国国会图书馆也为资源描述与揭示相关工作贡献力量，《英美编目条例》的提出，为日后英美编目体系，甚至是欧美编目体系的形成提供了铺垫。

国际图书馆协会联合会（IFLA）是世界图书馆界最具权威与影响力的非盈利性国际组织，自1927年成立以来，为促进国际图书馆界信息资源的相互合作、交流、研究和发展，已发布众多标准及相关行业指导性文件供世界图书馆领域实践参考。其中，由IFLA所制定的图书馆资源描述与揭示标准共包括11项，涉及分类数据的管理和权限控制、数字环境下国家书目改进服务、馆藏记录与书目记录的链接等内容，并为传统出版物、缩微印刷和机器可读形式的名称和统一标题提供权威和参考文献的规范。

法国标准化组织委员会（AFNOR）是受法国政府部门资助并通过官方认可的国家级标准化机构，直属于法国政府标准化管理机构，根据国家对标准内容的现实要求，负责组织、协调并开展全国标准化工作。法国因对其古老文学作品的整理与典藏工作，对图书馆资源描述与揭示工作引起重视，进而制定有音乐作品的格式与结构规范、电子图像的通用规范等标准。

德国文献的标准化工作较为分散。由于历史原因，德国没有所属的国家图书馆，许多标准化工作都是由科研机构完成，科研机构的能力和资金有限，标准化工作处于起步阶段。检索到的德国资源描述与揭示标准化的文件资料仅有 1 项，是由德国民间标准化组织——德国标准学会（DIN）所制定的。该标准对元数据标准的内容进行了划分，并提出了学习、教育与培训等学习资源的元数据内容，并将制定的元数据标准与 DC 元数据进行了对比与扩展，可见德国在资源描述与揭示的标准化方面比较注重资源的兼容并用、交流共享。

加拿大标准协会（CSA）资源描述与揭示的兴起是随着互联网的发展逐渐开始的。从 2006 年起，加拿大标准协会开始参与到图书馆资源描述与揭示标准化的进程中，开启了信息技术、学习资源的描述数据元素的制定工作。目前，能够获取的有关加拿大标准协会资源描述与揭示标准共有 7 项、加拿大图书馆协会资源描述与揭示标准 2 项。其中，包括用于实现储存库和集成的元模型标准框架、学习资源元数据规范框架等。

二、当前资源描述与揭示的标准体系

自 20 世纪末开始，数字资源及各类载体形态资源的体量逐渐攀升，给传统图书馆的编目工作与用户的信息资源检索查询方面都不断带来挑战。一系列难题的提出，也引起国际图书馆界的反思，促使其开始核查过去半世纪惯用的传统书目控制、书目揭示与描述的方法是否存在缺陷与不足。在不断地研究与探索中，研究人员发现传统的资源揭示标准已无法满足 W3C 语义、数字时代新型信息资源的表述。在国际信息组织的共同努力下，适应新时代环境下的图书馆资源描述标准体系正茁壮成长、日益完善。

（一）著录规范

数字信息时代，文献著录标准化已成为时代发展的需要。面对高科技、新媒体、大数据技术的加快发展，文献资源传递和交流的速度也必须相应与其匹配。然而，不同国度的文献资源语种各异，文献载体及属性即存有不同。因此，文献资源著录工作的标准化与规范化的发展就与文献载体、资源组织形式产生了千丝万缕的联系。

文献编目工作最初开始于19世纪40—50年代，当时印刷型图书和缩微品还是文献编目的主要对象，且尚未形成统一、规范的著录条款，其编目依据即图书的题名页（Title Page）与缩微制品的题名帧（Title Frame）。[15]直至1961年，“书目记录”这一概念在国际会议上首次提出，为国际编目工作奠定了坚实的基础。1971年，《国际标准书目著录》的诞生，又一次推进了世界书目著录工作的发展。80年代后，计算机文件大量涌现，《英美编目条例》第2版增设“计算机文件”（Computer Files）。随着电子资源数量的激增，1990年，IFLA主持制定了ISBD计算机文件，随后更名为《电子资源国际书目描述标准》。ISO也出台了国际标准《信息与文献 参考文献 第2部分：电子文献部分》（ISO 690-2），为电子参考文献的著录提供了参考依据。由此，文献资源著录标准化体系随时代发展、资源载体的更新不断丰富。

从资源的组织形式划分，文献资源著录的标准化体系最初是从编目体系和书目著录两个方面相互结合、补充并逐步完善的。以《英美编目条例》为基础，国际图联（IFLA）与国际标准化组织（ISO）为了方便加工和组织馆藏信息资源，提出了FRBR[16]（书目记录的功能要求）、FRAD[17]（规范数据的功能要求）、FRSAD[18]（主题规范数据的功能要求）三个概念模型。在此基础上，为了实现馆藏信息资源的著录，提出了ISBD国际书目著录标准。目前为止，正式出版的ISBD已涵盖专著、连续出版物、舆图资料、非书资料、乐谱、古籍、分析著录、计算机文件、电子资源等10余项标准文本。为了满足数字化格式的编码需求，进而制定了UNIMARC编码格式。UNIMARC是由美国提出的MARC格式加以演变而成的，它的出现得到了许多国家的认可，各国也在此基础上形成适于各国需要的MARC字段。自1997年，“AACR理论与未来发展”的国际会议中，首次出现资源描述与检索（Resource Description and Access，RDA）这一概念模型。RDA以《英美编目条例》为基础，以《国际编目原则声明》（ICP）为原则，且基于 FRBR 与 FRAD 两个概念模型演变而成，其目的在于拓宽资源著录与检索的范围，降低文献揭示的复杂度，使不同类型的文献资源都能够适用统一的标准指南。RDA 正是采用 FRBR 的思想，制定了一套网络信息环境下通用的著录规则，可用于描述文献资料、图像型资料、音视频资料等各类数字资源，且兼容其他资源著录与检索标准，适用于各类科技信息服务机构。此举是对过去编目规则的超越，为数字资源编目提供了全新的指南，更为注重对用户查找、选择和获取信息资源的需求。2017 年以来，IFLA 围绕着书目揭示，又推出了 IFLA 图书馆参考模型（Library ReferenceModel，LRM）和 PRESSoo 两个书目著录规范。IFLA-LRM 模型是将面向对象的资源揭示模型与新型技术方法（如：关联数据）结合，以更好地支持和促进关联数据环境中书目数据的广泛应用；PRESSoo 则是一个关于期刊和其他连续出版物的书目信息概念模型，是 FRBRoomodel（Functional Requirements for Bibliographic Records-Object Oriented）的扩展，于 2017 年 3 月由国际图联专业委员会发布，旨在对连续出版物资源（尤指期刊、报纸、杂志等的书目信息）进行描述，以解决这一长期存在的连续出版物内容揭示问题。

美国、日本的编目著录规则一般还是采用 MARC 格式的著录方法，并应用都柏林元数据标准加以辅助。澳大利亚图书馆对文献资源的描述基于 RDA[19]进行，并一直致力于 RDA 的开发、解释和实现，并希望可以此取代 AACR（英美编目条例）的地位。尤其是对古籍文献数字化之后的资源进行著录，因而澳大利亚图书馆认为 RDA 资源描述规范，更加适合图书馆的发展需要。同时，澳大利亚国家图书馆在过往的几十年中，花费大量的时间和人力参与到 RDA 的研究和实践中，并发表了一些有关本国编目规范的问题和看法，其国家数字数据库也积极地配合和支持描述性编目标准的实现，其书目资源服务发展不断向前迈进。

我国古代发明的纸张与印刷术已为早期文献编目工作埋下了伏笔。图书馆目录时代的开始则需要追溯至 20 世纪初期，同时其目录形式是由书本目录向卡片目录不断演变而成。我国正式开启文献著录标准化工作是在 1958 年，虽然相比国外组织起步较晚，但其发展速度却不容小觑。1979 年，在国家标准总局的批准下，全国文献工作标准化技术委员会（现更名为：全国信息与文献标准化技术委员会）正式成立。随后 10 年间，相继出台了 7 项文献资源描述的国家标准。为了适应信息化时代的新要求，1996 年《中国机读目录格式》

(WH/T 0503-96)[20]正式发布，其为建立书目数据库以及处理书目数据提供了参照，用于今后进行数据规范工作。1999 年 12 月，全国信息与文献标准化技术委员会第六分委员会重新修订了《文献著录总则》《普通图书著录规则》《连续出版物著录规则》和《非书资料著录规则》，指导我国标准化工作发展方向。随后，启动中国高等教育文献保障系统（CALIS）、大学数字图书馆国际合作计划（CADAL）、数字图书馆推广工程，相继对《期刊元数据著录规范》《报纸元数据著录规范》《学位论文元数据著录规范》《古籍元数据著录规范》《视频资料元数据规范与著录规则》等资源的具体标准内容进行补充与完善。

（二）元数据标准

元数据，即 Metadata，被称为“数据的数据”，其含义与功能则如其名，是用于揭示与描述一切类型的资源，而在不同领域也可发挥出不同的作用。在信息资源领域，尤其在图书馆的信息资源组织、管理过程中，元数据可谓是资源内容、结构、价值等各方面的描述工具，也是一种最为基础、有效的资源组织手段，其目标在于对资源进行直观、清晰的组织与揭示，以使其获得更为高效的流动与使用。元数据的存在对于数据生产者是一个管理员与资源维护者的角色，而对于数据使用者则充当着初级的检索工具，便于用户发现和定位其感兴趣的内容，并可以获得数据资源的相关帮助信息。[21]

元数据的具体功能可归纳为 3 类：（1）描述元数据：用于记录信息数据，并创建信息的整体存储文档，以及各个不同模块的信息文件；（2）结构元数据：用于帮助各部分信息资源重组与结构标识的导航，以获取相关数据对象；（3）管理元数据：则是被用来描述任何物理的或者数字化的对象集合。描述元数据具备传统的资源著录功能，用以表征资源的内在描述信息与外在特征，其中包括文献的使用信息等，可与音视频资源建立可参照的索引，方便用户根据检索结果判断资源的适用情况。结构元数据更侧重于资料查询、检索、管理及利用的功能，有助于提高信息资源的可用性和利用率。管理元数据起源于图书馆、博物馆等领域，主要应用于数据化对象的组织，但伴随元数据理论的不断发展延伸，管理元数据也开始扩展到其他领域中。

除以上分类方式，元数据标准还可依据其被描述对象特征进行分类，国内外较有代表性的元数据标准主要分为文献、档案资源（含古文献资源）、数字图书、博物馆资源、网络资源、教育资源、地理信息资源、图片资源、音视频资源七大类别。各元数据标准具有不同的应用范围，其中，最为典型的元数据标准即：DC 元数据，其为资源发现提供了崭新的思路；美国联邦地理数据委员会制定的数字化地理元数据标准（FGDC/CSDGM）[22] 对资源著录具有突出贡献；研究支持图书馆计划（Research Support Libraries Programme，RSLP）集合描述（RSLP CD）[23]、数字资源集合、访问规范 Z39.50（Zcollection）等则是主攻集成资源的描述与组织。古籍是根据馆藏机构的不同，按照古籍善本、拓片、甲骨、舆图、家谱等资源类型进行了更为细致的划分，并依据不同资源的内容与展现形式特征，图标委联手国家图书馆与北京大学图书馆共同制定了国家图书馆古籍元数据规范与著录规则（GC－HD090183）、《中文元数据标准框架》、《古籍元数据规范》（WH/T 66-2014）等元数据标准。同时，数字图书馆、博物馆资源也建立了多种元数据标准，以应用于资源集合的描述工作。

三、我国资源描述与揭示标准化的成效和问题

我国图书馆标准化工作相对较晚，自 1978 年恢复 ISO 成员国身份后，标准化工作才正式与国际接轨，但我国众多图书馆联合起来，学习国际标准内容，依托国家标准化委员会力量，启动国家图书馆标准规范建设项目等，积蓄知识、厚积薄发，使得目前我国图书馆主要职能工作中的资源描述与揭示标准化工作成效显著。诚然，在国家标准化工作急速的发展过程中，无法确保各项内容之间能够做到妥善的承接与管理，使得我国图书馆标准化工作机制中尚存一定问题，有待完善。

（一）我国资源描述与揭示标准化的成效

1979 年，全国信息与文献标准化技术委员会正式成立，促使国家图书馆、各高校图书馆、国家科学图书馆及图书馆联盟（CALIS、CADAL）也都积极踊跃地加入文献资源标准化工作中。截至目前，共调研到我国颁布的资源描述与揭示现行标准 60 项，其中国家标准 14 项，行业标准 11 项，其他标准 35 项。现行资源描述与揭示标准中，全国信息与文献标准化技术委员会制定标准有 12 项；图书馆标准化技术委员会制定标准有 10 项；国家图书馆制定标准 14 项；大学数字图书馆国际合作计划（CADAL）制定标准有 13 项；中国高等教育文献保障系统（CALIS）制定标准有 5 项；北京大学图书馆制定标准 2 项；

中国标准化研究院、原中华人民共和国文化部、中国图书馆学会、全国科技平台标准化技术委员会各制定1项标准内容。为进一步观察标准内容随时间变化而形成的走势，对截至目前收集到的标准按最初发布时间，每10年为一个时间段，进行相关标准的数量统计。(见图4－11)

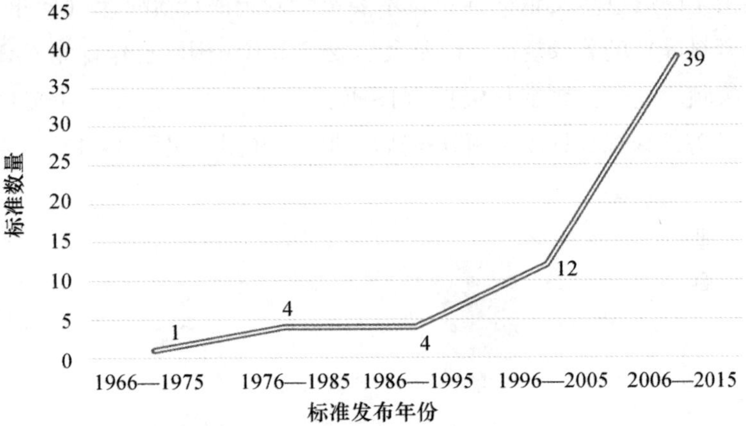

图4－11　我国现行资源描述与揭示标准年代分布

由图4－11可发现，1966—1995年这30年间，标准数量相对较少，主要原因在于我国标准化组织建立尚未稳定，制定标准的速度较为缓慢，首先推出《中国文献编目规则》，以确定著录项目及其顺序、著录用标识符等。随后，普通图书、期刊、连续性出版物、非书资料、测绘制图资料、古籍等文献资源的著录规则也逐一得到规范。1996—2005年间，我国颁布有12项标准内容，正式推出《中国机读目录格式》，并针对科技资源平台的建立，推出了《科技平台资源核心元数据框架》，CALIS成立并制定《中国高等教育数字图书馆技术标准规范》；2006—2015年间，我国颁布的标准规范急速增加，共颁布有39项标准，相关标准的资源类型更加侧重于电子资源与特藏资源，如：图标委制定的《网络资源元数据规范》《电子图书元数据规范》；国家图书馆制定的《国家图书馆拓片元数据规范与著录规则》《国家图书馆甲骨元数据规范与著录规则》等[24]。由此可见，我国图书馆资源描述与揭示标准化体系正依据信息化时代的更替、读者阅读的需求发生着改变。

(二) 资源描述与揭示标准规范的主题内容和重点领域

我国资源描述与揭示标准主要分布于资源著录、编目规范以及元数据框架

3 部分内容。其中，与元数据相关的标准规范数量居多，占到标准总量的 56.7%，元数据规范中的《中文元数据标准框架》，研究对象包含有实物（如古籍、拓片、拓片原器物）及数字化对象。除此标准外，还有许多针对特定资源的元数据规范，如：家谱、音频、网络资源、古籍等。资源著录与编目规范的标准，包括由全国信息与文献标准化技术委员会制定的传统资源（图书、非书资料、测绘资料等）的著录规范。以及大学数字图书馆国际合作计划 CADAL 制定的图像、视频、电子、数字化资源（图书、期刊、学位论文、外文科技报告、古籍等）的著录新规。具体主题分布数量图、时间图（见图 4－12、4－13）。

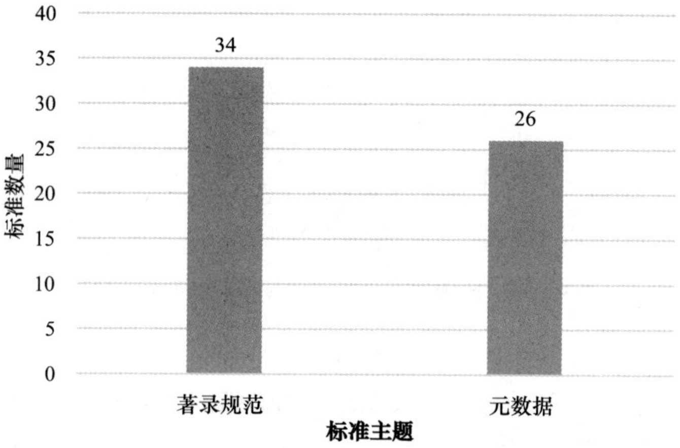

图 4－12　我国资源描述与揭示标准主题分布

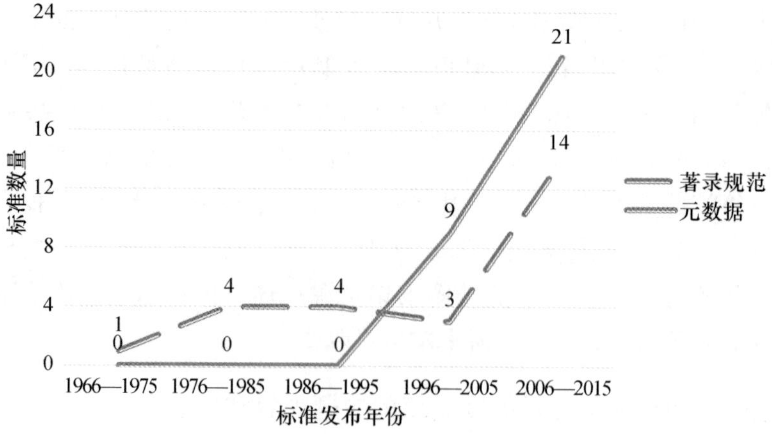

图 4－13　我国资源描述与揭示标准不同时期分布折线

（三）重要组织机构资源描述与揭示标准化建设成效分析

我国图书馆资源描述与揭示标准的发布机构主要包括国家标准委员会、国家组织、学协会、图书馆联盟、科研机构、公共图书馆以及高校图书馆等组织机构。笔者对这些机构制定的资源描述与揭示标准规范进行了归纳与整理（见表4-5）。

表4-5 我国主要组织机构制定的资源描述与揭示标准①

发布机构	标准名	标准编号/规范号	类别
全国图书馆标准化技术委员会	电子图书元数据规范	WH/T 65-2014	元数据规范
	网络资源元数据规范	WH/T 50-2012	元数据规范
	图像元数据规范	WH/T 51-2012	元数据规范
	管理元数据规范	WH/T 52-2012	元数据规范
	古籍元数据规范	WH/T 66-2014	元数据规范
	电子连续性资源元数据规范	WH/T 64-2014	元数据规范
	学位论文元数据规范	WH/T 68-2014	元数据规范
	期刊论文元数据规范	WH/T 66-2014	元数据规范
	音频资源元数据规范	WH/T 67-2014	元数据规范
	视频资源元数据规范	WH/T 63-2014	元数据规范
全国信息与文献标准化技术委员会	信息与文献 都柏林核心元数据元素集	GB/T 25100—2010	元数据
	普通图书著录规则	GB/T 3792. 2—2006	普通图书著录规范
	古籍著录规则	GB/T 3792. 7—2008	古籍著录规范
	测绘制图资料著录规则	GB/T 3792. 6—2005	测绘制图资料著录规范
	文献著录 第9部分：电子资源	GB/T 3792. 9—2009	电子资源著录规范
	文献著录 第4部分：非书资料	GB/T 3792. 4—2009	非书资料著录规范

① 数据来源于各学协会网站、各图书馆网站、国家标准委员会官网、各大索引数据库等。

（续表）

发布机构	标准名	标准编号/规范号	类别
全国信息与文献标准化技术委员会	文献著录 第3部分：连续性资源	GB/T 3792.3—2009	连续性资源著录规范
	信息与文献 参考文献著录规则	GB/T 7714—2015	参考文献著录规范
	图书书名页	GB/T 12450—2001	著录规范
	期刊目次表	GB/T 13417—1992	著录规范
	科技报告元数据规范	GB/T 30535—2014	元数据规范
	检索期刊条目著录规则	GB/T 3793—1983	著录规范
大学数字图书馆国际合作计划（CADAL）	复合数字对象描述和管理规范	CADAL 10303—2012	著录规范
	基本元数据	CADAL 10111—2013	元数据
	元数据著录总则	CADAL 10201—2012.1	著录规范
	中文图书元数据著录规范	CADAL 10201—2012.2	著录规范
	古籍元数据著录规范	CADAL 10201—2012.3	著录规范
	西文图书元数据著录规范	CADAL 10201—2012.4	著录规范
	期刊元数据著录规范	CADAL 10201—2012.5	著录规范
	学位论文元数据著录规范	CADAL 10201—2012.6	著录规范
	报纸元数据著录规范	CADAL 10201—2012.7	著录规范
	外文科技报告元数据规范与著录规则	CADAL 10217—2012	著录规范
	美术图像数字化元数据标准规范	CADAL 10218—2012	著录规范
	音频资料描述元数据标准规范	CADAL 10223—2012	著录规范
	视频资料元数据规范与著录规则	CADAL 10224—2012	著录规范
国家图书馆	视频资源元数据标准	GC-FJ008800111144-C D003-5	视频元数据
	专门元数据标准与规范著录 拓片	GC-HD090181 D005-01-01	拓片元数据
	国家图书馆甲骨元数据规范与著录规则	D005-03-01	甲骨元数据
	国家图书馆古籍元数据规范与著录规则	GC-HD090183 D005-04-01	古籍元数据

（续表）

发布机构	标准名	标准编号/规范号	类别
国家图书馆	国家图书馆专门元数据设计规范	GC-FJ008800111166 DD000044-3-1	元数据规范
	国家图书馆学位论文元数据规范与著录规则	GC-HD090187	学位论文元数据
	管理元数据规范应用指南	GC-FJ080149-D012-01-02	元数据规范
	国家图书馆电子图书元数据标准规范	GC-HD090185	电子图书元数据
	国家图书馆音频资源元数据规范与著录规则	2003DEA4T035 05-E10	音频元数据
	国家图书馆图像资源元数据规范和著录规则	GC-HD090189	图像元数据
	国家图书馆家谱元数据规范与著录规则	2003DEA4T035 05-E04	家谱元数据
	国家图书馆网络资源元数据规范和著录规则	2003DEA4T035 05-E11	网络资源元数据
	国家图书馆电子连续性资源元数据规范与著录规则	GC-HD090186 D006	电子连续性资源元数据
	国家图书馆期刊论文元数据标准	GC-HD090191 D006	期刊论文元数据

全国信息与文献标准化技术委员会为推动我国图书、情报、档案、出版行业的标准化、信息化建设做了大量卓有成效的工作。截至目前，共制定有传统文献资源著录规则 12 项，具体标准内容限定了信息资源的著录项目、著录用标识符的使用、著录信息源以及各个项目的著录细则。同时，非书资料的著录规则的适用范围较为广泛，包括以声音、图像、文字等方式记录在磁性或感观材料（如录音制品、电影制品、录像制品等）上的信息资源。

全国图书馆标准化技术委员会与全国信息与文献标准化技术委员会起到相互补充的作用，其制定的 10 项标准内容均为元数据规范，并且规范内容多适用于电子、数字资源，除分析资源特点外，还在此基础上拓展元数据元素的定义，完善元数据结构，进而制定出通用的元数据规范。元数据主体内容包括：资源定义、资源著录单位、规范性引用文件、术语和定义、元数据规范内容结构、元数据规范术语定义属性、元素及其元素修饰词定义、著录内容、著录单元、著录信息源、著录用文字与符号、著录规则的内容结构和著录细则等内容。[25]

1996 年，中国图书馆学会与全国信息与文献标准化技术委员会制定的《中国文献编目规则》开启了铅印卡片向文献编目发展的先河。1996 年，原文化部推出《中国机读目录格式》，该标准中提出的计算机可读形式的交换书目信息对中国国家书目机构、其他国家书目机构之间以及中国国内图书馆情报部门进行数据交流、共享作出了突出的贡献。

国家图书馆在科技部科技基础性工作专项资金重大项目“我国数字图书馆标准与规范建设”项目的支持下，先后对其馆藏资源进行了全面的梳理，于 2009 年提出了国家图书馆管理元数据规范和应用指南，以指导各类元数据标准规范的制定工作。同时，结合 DC 元数据及以往标准委员会、各组织机构建立的元数据标准，对其 10 余种资源的元数据框架进行了重新的整理与规范，更好地服务于公共图书馆的馆藏资源组织与揭示。

（四）国内外资源描述与揭示标准规范内容体系对比分析

自 20 世纪 70 年代，我国图书馆资源描述与揭示资源建设伊始至今，图书馆资源描述与组织工作取得了较大的突破。为呼应大数据时代的发展，图书馆资源描述与揭示标准也逐渐渗入到资源平台、数据库的描述与组织中，如 CALIS 制定的《“CALIS 重点学科网络资源导航库”建设之元数据规范》与相对应的《“CALIS 重点学科网络资源导航库”著录规则》。标准建设的主体也由全国信息与文献标准化技术委员会、国家图书馆、大学图书馆扩展到了科研机构、联盟组织等。再有，资源类型也在不断丰富，纸质资源、图像、音频、视频等均有所涉及。2008 年，图标委成立，负责图书馆管理、服务，图书馆资源的描述、组织，图书馆环境等领域标准化工作。成立至今，图标委制定与资源描述与揭示相关的标准 10 项。其中，涵盖了各类型资源著录的元数据规范，并制定了信息资源管理的宏观元数据规范——《管理元数据规范》。尽管如此，我国图书馆资源描述与揭示资源建设的过程中，尚缺乏标准体系用以规范其发展。

本书基于国内外现状调研的基础上，将国外现行资源描述与揭示的标准框架与我国标准内容进行对比分析，主要存在以下两方面的差异：

1. 国外图书馆资源描述与揭示标准建设更为体系化，具有继承性，值得借鉴参考

本书对美国、英国、法国、德国、加拿大、日本等国家的资源描述与揭示标准及规范指南进行检索、归纳和整理。由于图书馆的社会职能，其都藏有大量文献资源；受历史因素的影响，大多数国家同时存储有大量特藏资源。[26]许多国家的标准化组织虽然不同程度地对本国资源进行了描述与组织工作，但大部分国家会以国际标准为依据，根据馆藏特征进行再加工。同时，部分国家也会通过国际合作的策略，交换、共享信息资源；国际组织也会通过其标准工作小组，定期审查标准使用情况，定期对标准内容进行剔除、更新，逐步完善资源描述与组织工作。

2. 我国图书馆资源描述与揭示标准间缺乏一定的衔接内容

为方便资源的形式、内容组织，国内外标准机构都制定了大量的著录规范与著录格式说明文档；为便于资源的检索、利用，信息资源编目规范也应运而生；元数据标准是对数据资源的进一步描述，因此对同类资源的互操作问题就成为建立统一元数据标准的关键所在。资源描述框架（Resource Description Framework，RDF）的诞生，又一次为互联网信息提供了更加便利的集成检索解决方案，使资源描述与关联表示更为清晰。同时，RDF 也逐渐成为 Web 资源元数据互操作的主要标准之一。反观我国资源描述与揭示标准内容，呈现出各自为政的特点，不同组织机构制定的内容难以统一、互用。

（五）我国资源描述与揭示标准化存在的问题

自 2001 年，我国标准化管理委员会正式成立，国家对标准化工作的重视程度不断加深，并且为了清晰划分以强化各部分标准化工作的管理内容，我国又于 2008 年成立了专门的图书馆标准化技术委员会。针对图书馆资源描述与揭示标准化工作，当前我国图书馆资源描述与揭示标准体系尚存部分问题待解决：

1. 标准文件缺乏大量细节内容

从微观角度来看，我国现行图书馆资源描述与揭示直接相关标准中对资源

数字化、网络化的相关标准较少；图像、视频等资源的元数据标准有必要对具体的影像拍摄要求作出必要限定，缺少必要的影像处理标准。

2. 标准制定过程中缺乏管理、协调机制

在图书馆资源描述与揭示标准的建立、实施、维护、推广等整体流程中缺乏专门的运营、管理机制进行协调，以致标准在实际应用中存在较多问题。一方面，现有的图书馆资源描述与揭示标准体系尚未完备，但未形成持续性的开发机制以推进规范研究的不断发展；同时，已经出台的现行标准宣传推广力度不足，而部分标准已经过时但却未能及时更新处理，逐步形成“新标准无人知，旧标准不适用”的局面。另一方面，目前不乏各类资源描述与揭示的标准内容，但各类标准都是由制定机构根据自身基础和要求所定，组织单位缺乏统筹与协同合作的思维，导致标准众多但未具通用性和协调性，资源描述标准存在细节性差异，不同机构间资源无法共享，使得图书馆资源描述与揭示工作陷入瓶颈之中，不利于可持续发展。

3. 标准化工作实践中缺乏优先技术路线

当前图书馆资源描述与揭示标准化建设的具体实践过程中出现供不应求、需求不对等的情况，并忽略某些重要领域的标准建设，如：数据资源的揭示标准、开放资源的属性描述标准、古籍文献的数字化工作流程标准等。把握研究重点、需求导向是基础，是前提，但具体实施的技术路线更为关键。

四、我国资源描述与揭示标准的发展重点

基于对国外图书馆资源描述与揭示现状的调查研究，应用内容分析法对国外图书馆资源描述与揭示过程中形成的标准体系框架进行梳理，总结我国图书馆资源描述与揭示标准化工作的未来发展重点，以期为我国图书馆标准化建设提供参考。

（一）关注图书馆资源描述与揭示标准体系的评价问题

图书馆资源描述与揭示标准从本质上来说，是有意识地对图书馆资源描述与揭示整体工作的规范，包括横向、纵向两个方面，既要保证标准化工作的全面性、覆盖性，又要将标准工作的系统性纳入衡量的指标体系中，对当前现存问题以及未来可能出现的潜在问题都有必要进行一定的评估与规范。评价是处

于生命周期之外的一个要素，但是从系统论的角度而言，对图书馆资源描述与揭示标准体系的评价问题是不可或缺的。通过图书馆资源描述与揭示标准的评价，可以进一步完善体系内容和架构。进而，在一定条件下对标准对象作出统一规定；考虑到多方面的要求，需要图书馆等机构协同参与标准的制定与执行。图书馆资源描述与揭示标准的具体活动过程一般包括标准的制定、实施、监督和修订，要严格依照《中华人民共和国标准化法》《国家标准管理办法》等法规实施。在进行标准体系设计时，应当遵守全面系统、协调一致、规范具体、效益优先和变动有序的五点原则。

（二）构建我国图书馆资源描述与揭示标准体系

参考国外标准管理规范、标准体系框架制定的特点，构建我国图书馆资源描述与揭示标准体系。本书对国外图书馆资源描述与揭示的标准作了重新整理与归纳，并对一些部分进行了详细描述，但其依旧有所缺失和不足。从现有的标准体系中可以得出，我国的标准化体系应该从图书馆资源描述与揭示的工作规划、资源类型的扩充、原有标准内容的更新、数字化特藏资源的规范等方面，面向图书馆资源组织的各个环节，能够做到全面系统地指导与规范图书馆资源描述与揭示工作。

（三）实施我国图书馆资源描述与揭示标准化体系的国家战略

体系的构建仅仅是完成了第一步工作，图书馆资源描述与揭示标准体系的实施是关系到实际的重要问题。在重点领域和优先事项方面提出工作规划与不同资源类型的标准规范，形成数字资源发布、描述、组织的规范内容；建立协调共建的保障机制，设立政府的监督机构；促进国际化合作项目，形成标准化战略；利用国家政策进行调控，进行资金支持和制度支撑，力求从宏观的四个层次上得出有利于我国图书馆资源描述与揭示标准化体系实施和发展的国家战略。

第三节　图书馆资源组织关联标准化

长期以来，图书馆、档案馆、博物馆及其他信息管理机构的一项重要职能，就是实现馆藏资源的有效组织与有序化、关联化，特别是随着语义网、关联数据技术的快速发展以及大数据时代的到来，资源的组织关联在以几何级数增长的网络数字资源的面前，变得更加关键，是解决“信息过载”的重要方法和工具。馆藏资源的组织关联逐渐朝着细粒度方向发展，每一阶段都出现了不同的组织关联标准和方法，如以文献单元为处理对象的分类法、主题法，以数据为处理单元的大众分类法，以知识单元为处理对象的简单知识组织系统、资源描述框架、本体等。本节将从传统的文献分类法、主题法开始，对国内外资源组织关联的标准化工作进展、组织关联标准体系构建情况、成效和问题等进行归纳总结，分析目前亟待解决的问题和需求等。通过国内外标准规范内容体系的对比研究，以探究我国资源组织关联标准化工作的发展重点与方向。

一、国际资源组织关联标准化工作概况

国际资源组织关联标准化的进程最早可以追溯到1876年发布的《杜威十进制分类法》，随着时间的推移，资源组织关联相关标准得到不断完善。总体来看，国际资源组织关联相关的现行国际标准共计39项。其中，国际组织制定的标准有7项，学协会制定的有6项，国际联盟制定的有18项，图书馆制定的有4项，个人制定的有2项，数据库商、出版商等相关组织制定的有2项，即Gale发布《GALE科技叙词表》与ProQuest发布的《Biocomplexity叙词表》。由此可见，在图书馆资源的组织关联标准建设中，学协会、国际组织参与度较高（见图4－14）。

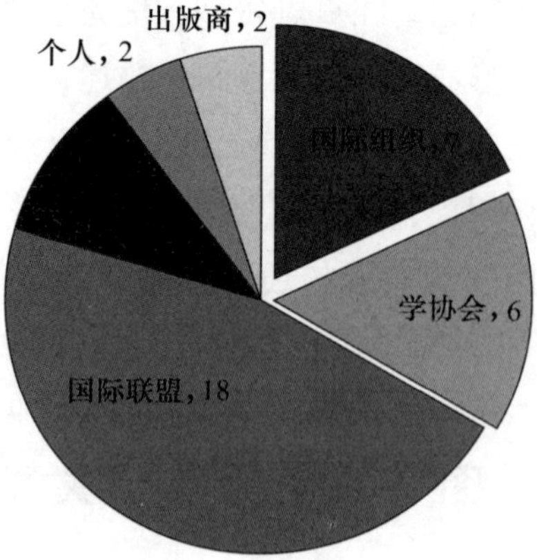

图4－14　现行国际资源组织标准发布机构分布

因资源组织标准的制定时间跨度较大，根据标准发布时间，以50年为1个时间段，对标准的数量进行了统计（见图4－15）。年份最早的是发布于1876年的《杜威十进制分类法》（改组自哈利斯分类法，现代图书分类法的前驱），其次是1899年发布的《国际十进制分类法》。随后的20世纪初至20世纪中叶，美国国会图书馆分别于1901年和1914年发布了《美国国会图书馆分类法》和《美国国会图书馆主题词表》。这之后，冒号分类法（1933年）和布利斯书目分类法（1935年）等分面分类法出现，丰富了分类法的构成体系。20世纪中叶至21世纪初的资源组织标准主要以特定学科、特定资源类型的分类标准和主题词表为主，如美国国立医学图书馆发布的《美国国立医学图书馆分类法》（1951年）和《医学主题词表》（1960年）以及IFLA发布的《报纸分类国际指南》（1988年）等。进入21世纪，随着数字资源的增长，图书馆资源组织的标准逐渐向其倾斜，在这一时期，出现了由W3C发布的面向知识组织系统规范的《简单知识组织系统指南》（2005年）、NISO发布的《单语种受控词表的构造、格式和管理指南》、《叙词表与其他词汇的互操作国际标准》（2011年，ISO 25964/TC 46/SC 9）等。其中，由联合国粮食及农业组织提出的《AGROVOC叙词表》，以及Gale出版商提出的《Gale科技叙词表》，确切的发布时间尚未可知。

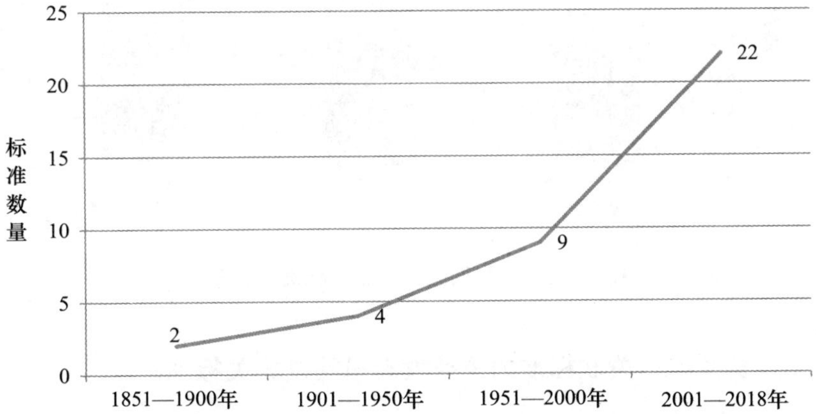

图4－15　现行国际资源组织标准发布年份分布

（一）资源组织关联标准的主题内容和重点发展领域

图书馆资源组织即图书馆资源的有序化活动，通过对搜集到的资源组织标准进行梳理可以发现：资源组织标准主要涵盖分类法、主题法、语义化组织关联等方面（见图4－16）。其中，主题法标准数量为13项，主要涉及科技文摘数据库叙词表、不同学科的主题词表、单语种主题词表和多语种主题词表等。分类法标准共有8项，主要涉及等级列举式分类法、分面分类法等，此外还有专门针对医学、报纸等的分类法。语义化组织关联的标准共有18项，重点聚焦于传统组织模式向语义化组织模式转变的过程中，在数据格式、语义化操作和数据关联方面。从现有的资源组织标准来看，当前分类法、主题法仍是资源组织标准的主流，为资源分类和索引提供标准工具。随着信息技术的发展，语义化组织关联越来越受到重视，在近10年，包括《简单知识组织系统指南（SKOS）》（2005年）和《信息与文献 叙词表和与其它词汇表的互用性 第2部分：其他词汇表的互用性》（2013年）在内的大量标准的出现，为叙词表之间的映射和信息资源的语义互操作提供了规范。

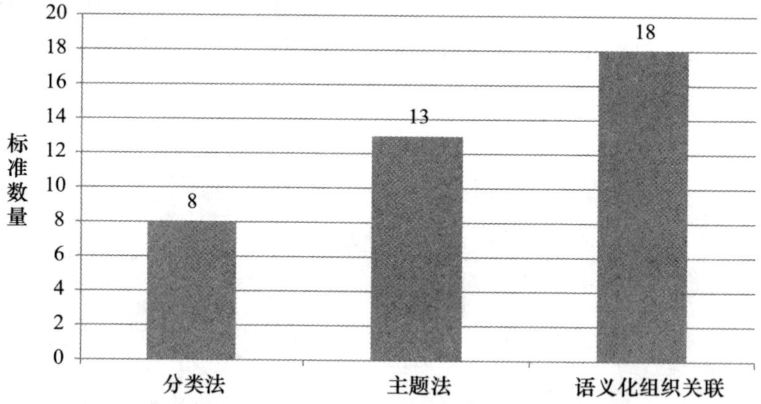

图4－16　现行国际资源组织标准主题分布

（二）资源组织关联标准的主要发布机构及相关标准

资源组织类的标准发布机构主要集中于IFLA、ISO、W3C、美国国会图书馆、美国国立医学图书馆等国际组织、学协会和图书馆范围内（见表4－6）。

表 4－6　国际主要机构/个人制定的资源组织标准

发布机构/个人	标准名	标准编号/规范号	类别
国际标准化组织（ISO）	Information and documentation — Thesauri and interoperability with other vocabularies — Part 2: Interoperability with other vocabularies 信息与文献 叙词表和与其它词汇表的互用性 第 2 部分：其他词汇表的互用性	ISO 25964-2:2013	主题法
	Information and documentation — Vocabulary 信息与文献 词表	ISO 5127:2001	主题法
国际图书馆协会联合会（IFLA）	International guidelines for the cataloguing of newspapers 报纸分类国际指南	——	分类法
	Multilingual dictionary of cataloguing terms and concepts（MulDiCat） 编目术语和概念的多语种主题词表	——	主题法
	Guidelines for multilingual thesauri 多语种主题词表指南		主题法
美国国家信息标准协会（NISO）	Guidelines for the construction, format, and management of monolingual controlled vocabularies 单语种受控词表的构造、格式和管理指南	ANSI/NISOZ39. 19-2005（R2010）	主题法
万维网联盟（W3C）	Simple knowledge organization system（SKOS） 简单知识组织系统指南	——	语义化组织关联
	R2RML: RDB to RDF mapping language R2RML：RDB 到 RDF 映射语言	——	语义化组织关联

（续表）

发布机构/个人	标准名	标准编号/规范号	类别
万维网联盟（W3C）	A direct mapping of relational data to RDF 关系数据到 RDF 的直接映射	——	语义化组织关联
	OWL Web ontology language guide OWL Web 本体语言指南	——	语义化组织关联
	SPARQL 1.1 query language SPARQL 1.1 查询语言	——	语义化组织关联
	Linked data platform 1.0 关联数据平台 1.0	——	语义化组织关联
	Linked data notifications 关联数据通知	——	语义化组织关联
杜威	Dewey decimal classification（DDC） 杜威十进分类法	——	分类法
美国国会图书馆	Library of congress classification（LCC） 美国国会图书馆分类法	——	分类法
	Library of congress subject headings（LCSH） 美国国会图书馆主题词表	——	主题法
美国国立医学图书馆	National library of medicine classification 美国国立医学图书馆分类法	——	分类法
	Medical subject headings（MeSH） 医学主题词表	——	主题法
阮冈纳赞	Colon classification（CC） 冒号分类法	——	分类法
英国布利斯分类法协会（Bliss Classification Association）	Bliss bibliographic classification（BC2） 布利斯书目分类法	——	分类法

数据来源于各国学协会网站、各大图书馆网站、国际图书馆协会联合会（IFLA）等标准化机构、各大索引数据库等。

杜威十进分类法（Dewey Decimal Classification，DDC）[27]，是由美国图书馆专家杜威依据哈利斯（W. T. Harris）的分类体系发展起来的综合性等级列举式分类法，1876 年正式出版，对世界图书馆分类学有相当大的影响，被翻译成 30 多种语言，在全球超过 135 个国家的图书馆使用该分类法。此外，DDC 更能用来组织网际网络上的各种资源。目前，DCC 最新印刷版（第 23 版）发布于 2011 年，而后 2012 年出版了第 15 版的删节版。该分类法的分类符号使用三位数的阿拉伯数字作为主要类别，共分为 10 个大类，每个大类下又分为 10 个中类，每个中类下分为 10 个小类。[28] DDC 按照学科来组织图书馆的资料，主要包括哲学、社会科学、自然科学、历史等学科，体系结构完整，可按学科进行资源检索。采用层级式的分类结构，符号遵循相同的层次结构，但有时号码会过于冗长。分类最初采用枚举式，后增加了分面分类的内容，并最先为分类表编配详细的相关索引，便于通过字顺进行检索。DDC 由 OCLC 进行定期修订，不断更新。

国际十进制分类法（Universal Decimal Classification，UDC）[29]，又称通用十进制分类法，由比利时书目学家 Paul Otlet 和 Henri La Fontaine 在 19 世纪末开发。1991 年以来，UDC 由总部设在海牙的非营利国际出版商协会——UDC 委员会拥有和管理。UDC 是世界上所有知识领域中最为重要的多语种分类法，同时也是一种复杂的索引和检索工具。它是分面组配式分类法的先驱，UDC 自 20 世纪初起，被翻译成 40 多种语言印刷出版。目前网络版本的 UDC 已经有超过 50 种语言。尽管 UDC 最初是作为索引和检索系统设计的，但因其具有类目详细、组配灵活、逻辑结构强等特点，已成为图书馆中使用最为广泛的知识组织系统之一，既可用于文献的分类和排架，也可用于内容索引。UDC 在 130 多个国家和地区的约 15 万个图书馆中使用，适用于公共图书馆、高校图书馆、专业图书馆等。[30]

美国国会图书馆分类法（Library of Congress Classification，LCC）[31]是一种综合性等级列举式分类法，由美国国会图书馆编制而成，分类号由字母与数字组成，共分为 21 个大类，类目多达 20 多万个，是世界上类目最多、篇幅最大的分类法。LCC 专为美国国会图书馆排架使用而编制，实用性强，但 LCC 也因缺乏合理的理论基础而受到批评，许多分类都是由该图书馆的实际需求驱动的，而不是基于认识论。虽然 LCC 将主题分为较为宽泛的范畴，但实际上它本质上是枚举式的。LCC 应用广泛，既可用于综合性图书馆，也可适用于专业图书馆。根据馆藏变化，美国国会图书馆会及时修订类目并通报 LCC 类号的修订信息，及时反映新学科和新主题。但 LCC 各大类分别独立编制，更新频率存在差异，没有统一的编制体例、通用复分表和总索引。此外，LCC 采用顺序标记制，类号之间不能表达出等级关系，不方便记忆。

冒号分类法（Colon Classification，CC）[32]是由 S. R. 阮冈纳赞于 1933 年开始创制的一部综合性分面组配式分类法，因采用“:”作分面连接符号而得名。CC 是分面分类法的典型，采用 5 个主要范畴来进一步确定出版物的排列顺序，这 5 个主要分面包括：本体、物质、能量、空间、时间。CC 由 42 个主要类别构成，以类似于国会图书馆分类法的方式与其他字母、数字和标记组合，类别涵盖图书馆学、数学、新闻学、物理学、工程、化学、农业、医学、美术等多类学科。CC 除了主表外，还有通用复分表。CC 类表篇幅小，通过组配进行标引文献的能力强，能及时反映学科和主题的新变化，满足读者多种检索要求。

医学主题词表（Medical Subject Headings，MeSH）[33]是由美国国立医学图书馆编制的受控主题词表，由一个主表和若干辅表组成，主表是主题词字顺表，辅表有附表及树状结构表（分类索引）。2018 年版的 MeSH 有 90000 多项入口术语、240000 条补充概念。

除以上常见的分类法之外，还有日本十进分类法（Nippon Decimal Classification，NDC）[34]、韩国十进制分类法（Korean Decimal Classification，KDC）[35]、俄罗斯图书馆书目分类法（Russian Library-Bibliographical Classification，BBK）[36]等。

二、当前资源组织关联的标准体系

当前资源组织关联标准体系包括：数据标记格式标准、资源描述标准、资源组织方法标准等。其中，数据标记格式标准是通过限定不同类型文件的格式，以实现资源交换的标准，该部分内容已融入到本章第一节第二部分的“数据格式类标准”中。资源描述标准主要有元数据规范和著录规范两种，分别融入本章第二节第二部分的“元数据标准”和“著录规范”中。本部分内容主要阐述资源组织方法类标准。

（一）分类法标准

分类法是指将类或组按照相互间的关系，组成系统化的结构，并体现为许多类目按照一定的原则和关系组织起来的体系表，作为分类工作的依据和工具。[37]当前的分类法主要包括等级列举式分类法（如 DDC、《科图法》等）和分面组配式分类法（如 CC 等）。而本书分类标准是指采用分类法对图书馆资源进行分类时所采用的统一标准。

等级列举式分类法（Enumerative Classification）是指类目按等级层层展开并详尽列举的文献分类法，主要代表是《杜威十进制分类法》（DDC）。DDC 首次采用阿拉伯数字来标记类目，分类表独立印行，并编制了相关主题索引。DDC 对文献分类法的影响巨大，后期出现了许多仿照 DDC 模式的分类法，如《展开式分类法》《美国国会图书馆分类法》《日本十进分类法》《中国图书馆图书分类法》等。随着时代发展和实际工作需要，现代的等级列举式分类法在吸取分面组配式分类法优点的基础上，日益完善。等级列举式分类法一般采用阿拉伯数字和拉丁字母作为标记符号，并且该类分类法以科学分类为基础，逻辑严密，体系完整，适用性广。该类分类法较为强调知识的系统化组织，可用于编排分类检索工具，便于用户从学科或专业角度进行文献检索，同时也可用于文献的分类排架和统计。

分面组配式分类法又称分面分类法、组配分类法、分析—综合分类法，根据概念的分析和综合原理编制而成。在进行文献标引时，可通过简单主题概念组合来表达一个复杂的主题概念。分面组配式分类法可分为全分面分类法和半分面分类法两种。图书馆领域，分面组配式分类法以冒号分类法（Colon classification）最为著名，此外还有针对特殊主题的分面组配法，如艺术和建筑词库（Art and Architecture Thesaurus）及职业安全与健康分面分类法。分面组配式分类法虽然类目较少，但因其能通过类目的组配达到表示众多主题概念的效果，其标引文献的能力要强于等级列举式分类法。分面组配式分类法采用分段标记制度，便于分类表的增补和修订，检索较为灵活。因其类目可以组配，用户在检索文献时可较自由扩大或缩小检索范围，相较于等级列举式分类法，其在检索性能和检索效率方面都较优。分面组配式分类法可分为全分面分类法和半分面分类法，其中半分面分类法可用于文献的分类排架和统计等。

（二）主题法标准

主题法以表达主题内容的语词作为检索标识，以字顺为主要检索途径，以主题为中心集中信息资源，并通过参照系统等方法揭示词间关系，用来标引和检索信息资源。主题法按照选词方式可分为标题法、元词法、叙词法（主题词法）、关键词法；按照语词标识的组配特点可分为先组定组式、先组散组式和后组式；按使用时是否控制可分为受控主题法和非控主题法。主题法的主要形式是主题词表（如医学主题词表、汉语主题词表、AGROVOC 叙词表、农业科学叙词表等）。

主题词表，又称叙词表、检索表或词库，是受控词表的一种形式，是一种用以标引主题的检索工具。[38]主题词表是受控和结构化的词汇表，其中概念用术语表示，通过组织以明确概念之间的关系，伴随着优选术语的有同义词或近义词。主题词表至少由三个元素构成：词语列表、语法语义关系表、同义词使用规则表等。

（三）语义化组织关联标准

随着语义网、关联数据技术的快速发展以及大数据时代的到来，知识组织系统正趋于语义化、关联化、开放化，基于知识组织系统的服务内容、服务模式不断拓展。现阶段知识组织系统分化为两种类型：一种是传统的知识组织系统在网络环境下的延伸和发展，如将传统受控词表转换为采用网络知识组织语言描述的语义化词表；另一种是那些在网络环境下产生和成熟起来的语义工具，如本体、语义网等。

国外对词表语义化的研究较早，2006 年著名的医学主题词表 MeSH 被转换成为 SKOS（Simple Knowledge Organization System）格式。SKOS 为语义 Web 环境下的数字信息资源整合提供了描述和转化机制，解决了信息资源的语义互操作问题，为知识组织系统在 Web 上的共享和链接提供了一个通用的数据模型。2009 年 8 月 18 日，W3C 将 SKOS Reference 正式发布为推荐标准。

本体是一种为了适应知识组织和知识整合需求而应运而生的新型知识组织体系，语义网结构的主干和核心就是以本体作为知识组织方式实现 Web 上知识的组织和关联。本体的描述资源概念及概念间相互关联的功能，能够规范、准确地描述概念间的语义关系，同时具有高度的知识推理能力，能通过逻辑推理获取概念间蕴涵的关系。

目前，国内外已经发展了很多比较完善的本体词表，能够实现对实体对象的充分描述。根据应用范围，可将这些本体词表分为两类：通用词表和专家词表。通用词表主要对实体对象的通用属性进行描述，如 RDFS、OWL、Dct

（DCMI Metadata Terms）等；专家词表主要对实体对象的特有属性进行描述，由于实体对象的特有属性各不相同，专家词表也各具特色，一些有代表性的专家词表有：SKOS、Foaf、Bibo 等。伴随本体应用的深入，出现了一些以新技术应用[39]为主的事实性标准。

RDF（Resource Description Framework，资源描述框架）是 W3C 为促进语义网应用而推出的一系列标准规范。为解决实际应用中将过去的 RDB 格式转换成 RDF 数据格式（简称 RDB2RDF），W3C 专门成立了 RDB2RDF 工作小组[40]，并制定了 R2RML（RDB to RDF mapping language）和 DM（Direct mapping）两个标准，用于定义关系数据库中的数据如何转换为 RDF 数据的各种规则[41]。2012 年 6 月，这两个标准成为 W3C 推荐标准。在 2018 年的 Linked Data on the Web 大会上，来自雅典国家技术大学的专家在 R2RML 的基础上提出了 D2RML[42]。2004 年 2 月 W3C 制定了本体描述语言 OWL，用于对 Web 上的信息进行处理。

URI 统一资源标识符（Uniform Resource Identifiers, URI）是用来对互联网上任意资源进行唯一标识的字符串，例如网页、论文、图片、文档等资源。知识组织关联的重要一步就是为资源提供统一的标识符，包括信息资源和非信息资源。将使用 URI 表示的数据发布到互联网上时，需要参照 HTTP 内容协商机制，即采用请求/响应模式。响应模式分为两种：一种是根据用户的不同请求，使用 HTTP 代码 303，向用户反馈 HTTP 或 RDF 表现形式的内容；另一种是使用“#”（Hash）分隔符，来获取本体中定义的非信息资源。RFC 2396 给出了 URI 的语法约束。到目前为止，W3C 尚未发布关于 URI 的推荐标准，但提供了一些工作组备忘（Group notes）。

2008 年，W3C 推荐 SPARQL（Simple Protocol and RDF Query Language）为语义网查询的规范标准，作为目前应用最为广泛的 RDF 查询语言，该查询语言实现了 Semantic Web 技术和 Web2.0 技术的连接。SPARQL 端点是在进行 SPARQL 查询时经常使用的一个概念，实际上是指所有支持 SPARQL 协议规范的 SPARQL 引擎。SPARQL 协议详细说明了 SPARQL 查询 SPARQL 端点的方式以及如何返回 SPARQL 结果[43]。

2006 年，万维网的发明者、互联网之父 T. Berners-Lee 首次提出关联数据的概念，他提出了通过关联数据技术构建语义万维网，并说明了构建的具体规则和步骤。[44] Tim Berners-Lee 认为，关联数据技术是以统一资源标识符（URI）

标识数据对象，以资源描述框架（RDF）规范数据对象结构，并基于 HTTP 将数据发布到互联网上的一种数据应用形式，是语义网的一种轻量级实现方式。2010 年 W3C 成立了图书馆关联数据孵化小组（LLD），以带动更多的图书馆及相关领域的人参与语义网活动，特别是关注关联数据技术。到目前为止，W3C 推荐了 12 项关于关联数据的标准，包括 RDF 词汇、基于 RDF 格式的数据交换协议、RDF 编码格式规范 Turtle、Web 注释数据模型、Web 注释词表、Web 注释协议、关联数据平台 1.0、JSON-LD 文档专用 API 接口和算法、组织本体、国际化标记集 2.0 版。从数据格式、数据模型、交换协议到平台建设实践，这些标准为关联数据技术的应用提供了可供操作的规范，促进了关联数据技术的应用。作为关联数据的典型应用——开放数据运动（Linking Open Data，LOD）致力于通过互联网向公众提供开放数据，并将所有以关联数据形式发布的数据连接起来，以关联数据云图（the LOD Cloud）的方式进行可视化。[45] 截至 2018 年 4 月，该项目已扩展为 1184 个数据集、15993 个链接。

三、我国资源组织关联标准化的成效和问题

相较于国外，我国资源组织关联标准化的工作开展较晚。经过半个多世纪的发展，在国家图书馆、部分高校图书馆和专业图书馆、全国信息与文献标准化技术委员会等机构的共同参与和推动下，国内资源组织关联标准化工作产出众多成果，为国内资源建设与组织标准化提供了重要指导。

（一）我国资源组织关联标准化的成效

国内图书馆资源组织标准的制定开始于 20 世纪中叶，相较于国外，起步较晚。参与构建主体主要包括中国人民大学图书馆、国家图书馆、深圳大学图书馆、全国信息与文献标准化技术委员会、中国科学技术情报研究所、中国科学院图书馆、农业部情报研究所等，共计制定发布 18 项标准。这 18 项现行标准中，9 项发布于 20 世纪中叶至 21 世纪初的时间范围内，21 世纪以来，共制定发布 9 项标准（见图 4－17）。目前的主要成果包括中国人民大学图书馆图书分类法、中国科学院图书馆分类法、中国图书馆图书分类法、汉语主题词表、通用 CNKOS 语义描述规范、知识关联通用规则等。

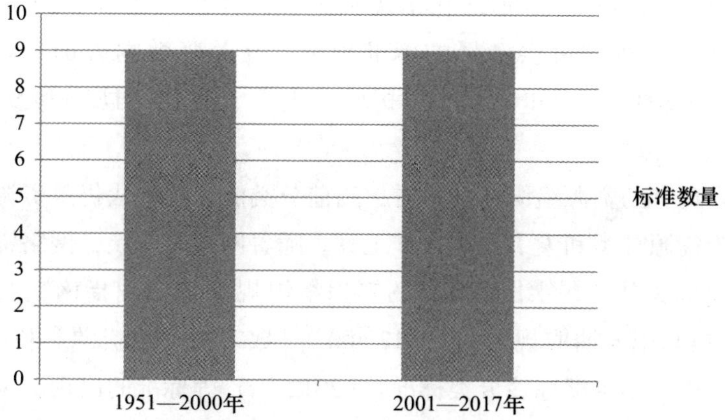

图 4-17　现行国内资源组织标准发布年份分布

从发布的标准来看，21 世纪以来我国对资源组织标准化越来越重视，发布的标准数量与之前 50 年的数量相当。在这 9 项标准中，包括了 4 项是与先进的知识组织和知识关联相关的规范标准。

（二）资源组织关联标准规范的主题内容和重点领域

通过对搜集到的资源组织标准进行梳理可以发现：国内资源组织标准主要涵盖分类法、主题法、知识组织等方面。其中，分类法标准共有 7 项，主要是等级列举式分类法，面向图书、期刊等资料。此外，还包括用于海量学术资源数据库建设的《多维度标签分类标准》（2012 年）、《数字图书馆资源学科分类标准》（2012 年）等。主题法标准数量较少，为 4 项，主要包括适用于各种类型图书情报资料（科技书刊、研究报告、学术论文、会议录等）标引与检索的《汉语主题词表》（1980 年）、综合性农业叙词表《农业科学叙词表》（1994 年）、用于信息检索的《中国分类主题词表》（1994 年）和《信息与文献 叙词表及与其他词表的互操作 第 1 部分：用于信息检索的叙词表》（2015 年）。此外在面向知识组织方面，有《网络环境下的知识组织规范和应用指南》（2012 年）和《数字图书馆知识元抽取规范》（2012 年），以及用于主题标引的《文献主题标引规则》（1983 年），《通用 CNKOS 语义描述规范》（2013）、《高受控词表的 OntoThesaurus 描述规范》（2013）以及《中文领域本体的 OWL 描述规范》（2013），构建了中文知识组织系统形式化语义描述标准体系，为各类网络知识组织系统提供了一系列的可供选择的标准规范。在关联数据方面，《知识关联通用规则》（2015）为知识关联的构建、类型、表达、规则和发布提供了统一标准。

从国内现有的资源组织标准来看，当前分类法、主题法仍是资源组织标准的主流，为资源分类和索引提供标准工具。随着网络的发展，网络资源的组织标准日渐受到关注，《网络环境下的知识组织规范和应用指南》（2012 年）、《数字图书馆知识元抽取规范》（2012 年）、《数字图书馆资源学科分类标准》（2012 年）和《多维度标签分类标准》（2012 年）等标准的出现，为网络资源的组织提供了标准规范。

（三）重要组织机构资源组织关联标准化建设成效分析

国内资源组织类的标准发布机构主要集中于国家图书馆、全国信息与文献标准化技术委员会、中国人民大学图书馆、深圳大学图书馆、中国科学院文献情报中心、中国科学技术信息情报研究所等图书馆、学协会、研究所范围内（见表 4－7）。

表 4－7　国内制定资源组织标准机构分布情况

发布发布机构	标准名	标准编码/规范号	类别
全国信息与文献标准化技术委员会	信息与文献 叙词表及与其他词表的互操作 第 1 部分：用于信息检索的叙词表	GB/T 13190. 1—2015	叙词表
大学数字图书馆国际合作计划（CADAL）	多维度标签分类标准	CADAL 31001—2012	分类法
	数字图书馆资源学科分类标准	CADAL 41102—2012	分类法
	数字图书馆知识元抽取规范	CADAL 41101—2012	知识组织
《中国档案分类法》编委会	中国档案分类法	ISBN: 9787800196454	分类法
中国图书资料分类法编辑委员会	中国图书资料分类法	——	分类法

（续表）

发布发布机构	标准名	标准编码/规范号	类别
国家图书馆	中国图书馆图书分类法	ISBN：9787501343935	分类法
	中国分类主题词表	ISBN：9787501360512	主题词表
	网络环境下的知识组织规范和应用指南	ISBN：9787501348480	知识组织
中国科学院国家科学图书馆	中国科学院图书馆分类法	——	分类法
中国人民大学图书馆	中国人民大学图书馆图书分类法	ISBN: 9787300022369	分类法
农业部情报研究所	农业科学叙词表	——	叙词表
中国科学技术情报研究所	汉语主题词表	ISBN: 9787502390594	主题词表
深圳大学图书馆	通用 CNKOS 语义描述规范	——	知识组织
	高受控词表的 OntoThesaurus 描述规范	——	知识组织
	中文领域本体的 OWL 描述规范	——	知识组织

数据来源：各学协会网站、各图书馆网站、国家标准委员会官网等。

中国人民大学图书馆集体编著了中国人民大学图书馆图书分类法，简称《人大法》，1953 年出版，后经过多次修订。《人大法》设立了 4 大部类，包括总结科学、社会科学、自然科学、综合图书等，总共 17 个大类。《人大法》的类目标记符号采用阿拉伯数字，标记制度为展开层累制。用一位数字或两位数字（10 除外）后加小圆点表示大类。根据类目的需要，依次增加号码构成各级类号。《人大法》的类目注释较多，并且首次使用展开层累制的标记制度，用双位数字加下圆点的办法，类目展开不受十进号码的限制。

国家图书馆制定有《中国图书馆分类法》《中国分类主题词表》以及《网络环境下的知识组织规范和应用指南》。其中，《中国图书馆分类法》是一部大型综合性分类法，简称《中图法》，在当今国内图书馆中使用最为广泛。《中图法》初版于 1975 年，2012 年出版了第 5 版，包括马列主义、毛泽东思想、哲学、社会科学、自然科学、综合性图书 5 大部类，22 个基本大类。在与第4版保持连续性和一致性的基础上，第5版重点增加了该版类目及其类目体系变化较大部分的说明，同时对第4版使用手册中阐述过于简略或冗余的地方以及错误的内容进行了补充和订正。[46]《中国分类主题词表》是一部大型综合性科技检索工具，收词包括自然科学、医学、农业、工程技术等各领域。《网络环境下的知识组织规范和应用指南》是“国家数字图书馆工程标准规范成果”丛书之一，由以下4篇组成：第一篇：网络知识组织系统注册与术语服务规范及应用指南；第二篇：受控表语义描述规范；第三篇：基于元数据的本体构建规范及应用指南；第四篇：面向数字图书馆环境的分众分类法需求分析与功能设计。[47]该书旨在建立各类知识组织工具向知识库转化、互操作、关联的应用实施方案和规范。

中国科学院图书馆制定了《中国科学院图书馆图书分类法》，简称《科图法》，是一种等级列举式分类法，1958年出版第1版，1982年12月出版第2版的索引。《科图法》主要被中国科学院系统图书馆、国内其他一些科学研究机构和高等学校的图书馆采用，1979年使用单位达1000多个。[48]《科图法》设有马克思列宁主义、毛泽东思想、哲学、社会科学、自科科学、综合性图书等6大部类，共25个大类。《科图法》由主表（设有大纲、简表和详表）和附表（分为通用附表和专类附表）两部分构成，类目采用阿拉伯数字作为标记符号，标记符号分为两部分，可对类目进行细分。[49]《科图法》的自然科学类目划分比较详细，并且标记符号简洁，排检方便；使用了交替、参见等方法，并且编有相关索引，较好地解决了相关类别的图书在目录和藏书组织中既可集中又能分散的问题。

中国科技信息研究所和北京图书馆（现国家图书馆）负责主持编制（1974—1980）的《汉语主题词表》，是我国第一部大型综合性叙词表的编制。《汉语主题词表》借鉴了国外叙词表编制技术，参考了国际标准ISO2788《单语种叙词表编制规则》，共收正式叙词91158条，非叙词17410条，范畴类目分为3级。《汉语主题词表》由主表（字顺表）、附表和辅表组成。《汉语主题词表》是一部显示主题词与词间语义关系的规范化动态性的检索语言词表[50]，为情报文献工作者与情报用户之间的思维碰撞与交流建立了桥梁，建立了自然语言与情报系统语言之间的联系，同时为情报存储与检索提供了工具。

《数字图书馆知识元抽取规范》是“数字图书馆知识标引规范”的第一部分，是依据中美双方对CADAL内容的共同要求，参照国家科技部科技基础研究重大科技专项“我国数字图书馆标准与规范建设”项目之《数字图书馆集成服务描述标准发展现状》《知识组织体系应用标准规范研究》等研究成果，对数字图书馆的知识元抽取技术进行分析而制定的。本规范的适用对象包括中文图书、西文图书、期刊及学位论文等印刷型文献的数字化文本以及原生数字资源。

《数字图书馆资源学科分类标准》是“数字图书馆知识标引规范”的第二部分，是依据中美双方对 CADAL 内容的共同要求，参照国家质量技术监督局《学科分类与代码》国家标准 GB/T 13745—2009、教育部《授予博士、硕士学位和培养研究生的学科、专业目录》（1997 颁布）、CADAL“数字对象元数据标准规范集”《基本元数据标准与扩展集标准（草）》等研究成果，是数字图书馆的知识元标引技术的应用。

深圳大学图书馆制定了《通用 CNKOS 语义描述规范》（2013）、《高受控词表的 OntoThesaurus 描述规范》（2013）以及《中文领域本体的 OWL 描述规范》（2013），组成了“中文知识组织系统形式化语义描述标准体系”。这套标准体系在参考国际网络知识组织系统成果的基础上，总结并提出中文知识组织系统的形式化语义描述标准体系，为国内构建各类网络知识组织系统提供一系列标准规范选择。

（四）我国资源组织关联标准化存在的问题

随着科研环境向数字科研转化，数字资源已逐渐成为信息资源的主要形式。现有的数字资源分类研究与实践中存在着 3 种形式的分类，一种是根据传统分类法对数字资源进行分类；一种是通过自编分类体系进行资源分类，存在类目设置缺少规范、归类不够科学、横向关系揭示不足以及同位类排列无序，类名不确切等诸多问题；一种是基于 TAG 的大众分类法（Folksonomy）等。[51]所有研究与实践对数字资源的分类还没有一致的标准和公认的划分结果，不利于数字资源的共建共享。

随着数字资源的发展，图书馆资源管理由信息组织转向知识组织，传统的以文献为单元的标引逐渐向以知识为单元的知识标引转变。就目前情况来看，现有的知识组织方式并非针对知识本身，而是对文献（即知识的载体）的组织；这种方式并没有深入到文献所包含的知识内容中，只能保证检出的文献中包含所需的知识，而不能揭示这些知识之间的联系以及为产生新知识提供联系。[52]现有的分类或主题词表没有从语义层面实现对资源的标注，无法对资源的知识结构及知识间的关系进行完整、准确的显示。[53]

四、我国资源组织关联标准的发展重点

数字环境下，我国资源组织关联标准在发展过程中存在着面向数字资源的标准较少、现有的组织方式没有深入到知识内容中等问题，未来应将发展重点聚焦于面向数字资源的新型组织模式，以及注重对知识本身的组织等方面，积极探索符合用户需求的资源组织关联标准。

（一）探索数字资源的新型组织模式

在当前网络环境下，互联网与传统行业的融合更加紧密，为数字资源的产生提供了新平台，数字资源的数量不断增加，内容也不断丰富，传播范围得到拓展。因此，在面对数量巨大、内容丰富、形式多样的数字资源时，为保证信息需求者快速、高效地获取有价值的信息，就需要对在网络环境下产生的数字资源进行组织。[54]除了传统的资源组织方式（如分类法、主题法等）外，还需关注新型的数字资源组织方式。例如，随着移动互联网的普及，手机应用程序（Application，APP）端的数字资源交流日益频繁，需要制定基于 APP 端的数据组织共享规范，实现数字资源组织标准化；随着开放资源的日益增长，必须要制定开放获取资源统一接口协议，以解决系统平台间资源的互通问题。并且，要制定相应的协议，来解决作者投稿、专家审稿、数据库建设、检索词设定、资源获取、网络传播等方面的标准问题，例如 OAI 协议（Open Archives Initiative，OAI），解决了开放获取系统间数据互操作的问题；OAI-PMH 协议（Protocol for Metadata Harvesting，OAI-PMH），用于支持全文检索；知识共享协议（Creative Commons，CC），用于解决开放获取资源所涉及的版权问题等。

（二）注重知识本身的组织问题

当前资源组织标准主要聚焦于资源本身，较少深入到资源内容所蕴含的知识。现有的资源组织标准能够满足人们查找、检索、浏览资源的需求，但无法满足人们对资源所蕴含的知识的获取需求。尤其是在当前大数据环境下，数据资源日益受到重视，而这些数据散布于期刊文献、教科书、专家共识、专著等多种类型的信息源中，同一学科领域的数据源之间因术语使用不统一而面临着

语义异构的问题，亟须建立统一规范的术语标准体系。图书馆在知识组织领域积累有大量的经验和技术，理应承担起建设学科领域术语标准规范的职责，为实现知识内容的组织提供支撑。

第四节　图书馆资源集成与应用标准化

任何数字资源的价值都体现在应用服务上，图书馆资源的内容创建、描述揭示、组织关联都是为了更好地实现资源的集成与应用。随着信息化、网络化的高速发展，资源的集成应用已经打破本地局限，更多地依赖互联网来实现。在这种趋势之下，人们逐渐关注数字资源系统的技术因素和服务机制，开始利用标准规范来对其进行约束，以保障资源集成应用系统间的互操作性。本节将对国内外资源集成与应用的标准化工作进展、资源集成与应用的标准体系构建情况、标准化工作的成效等进行归纳总结，分析目前亟待解决的问题、现存标准化需求，以及我国资源集成与应用标准化工作的发展重点与方向。

一、国际资源集成与应用标准化工作概况

与资源集成应用相关的标准协议包括针对图书馆资源集成应用（如信息检索、馆际互借等）制定的标准规范和信息技术领域在系统层面制定的通用性标准协议（如数据交换传输标准、信息安全标准等），因此笔者以国际上颁布的与图书馆资源集成应用相关的标准和与系统服务相关的技术标准为目标开展调研工作。截至目前，共调研到国际上颁布的资源集成应用相关标准 45 项，其中 43 项为现行标准，2 项为废止标准。在现行标准中，国际组织制定的标准有 18 项，学协会制定的有 13 项，国际联盟和国际团体制定的有 9 项，图书馆制定的有 3 项。由此可见，在图书馆资源集成应用相关标准建设中，国际组织的参与度最高，其次是学协会和国际联盟（国际团体），均作出了较大的贡献。

为了更好地分析现行资源集成应用标准在不同年代上的分布，笔者根据标准发布时间，以每 10 年为 1 个时间段，对标准的数量进行了统计（见图 4－18）。

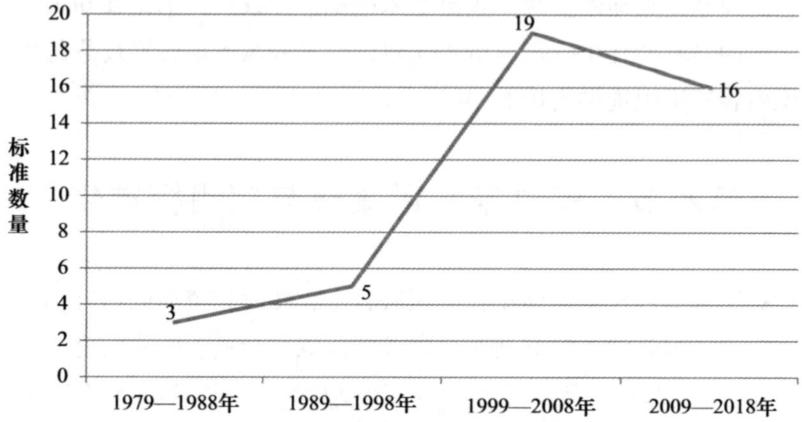

图 4－18 现行国际资源集成应用相关标准年代分布

由图 4－18 可以看出，从 1979—2008 年这 30 年间，国际资源集成应用相关标准的制定数量持续攀升，然而到了最近的 10 年（2009—2018）制定的标准数量略有下降。具体而言，1979—1988 年制定的标准数量最少，只有 3 项；到了 1989—1998 年，国际上颁布实施了 5 项标准。1999—2008 年，标准数量迅速增加，共颁布了 19 项标准。这与互联网和信息技术的高速发展有着密切的关系，这 10 年也正是网络和信息技术大力发展的 10 年，颁布了一系列应用于计算机系统的标准规范。图书馆界越来越重视利用网络信息技术来提供资源的数字化集成应用，因此制定了 SRW/SRU、Z39.83、Z39.88 等多种图书馆资源集成应用的互操作标准协议。2009—2018 年，由于计算机系统标准规范和图书馆资源集成应用互操作标准协议已经相对成熟稳定，因此制定新标准的数量有所下降，更多地是以原有标准的修订和完善为主。

（一）资源集成与应用标准的主题内容和重点发展领域

针对国外现行图书馆资源集成应用标准，按主题内容与重点发展领域做整理。通过统计分析，可以发现目前标准主要分布在资源汇聚、数据交换传输、信息检索、资源传递、资源统计以及信息安全方面，在这 6 个主题中，资源汇聚相关标准略少，其余 5 个主题发布的标准数量基本均衡（见图 4－19）。

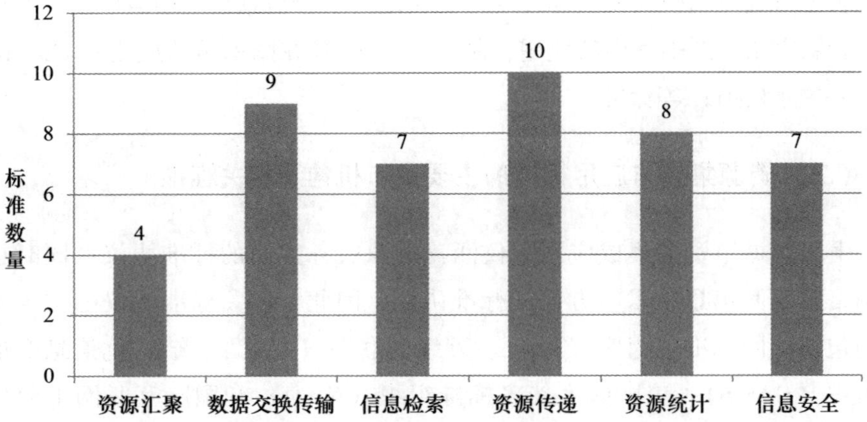

图 4-19　国际资源内容创建标准主题分布

具体而言，资源汇聚类中的标准涉及资源收割、资源同步和资源整合多个方面的标准规范，通过标准规范的制定来保证信息资源的汇聚。数据传输类的标准涉及在网络上进行传输的数据内容的规范封装格式以及传输协议。针对在资源集成应用中资源类型的多样化，标准规范发布机构分别对文本数据、图像数据、音频和视频格式数据的封装进行了标准的制定和发布。信息检索是图书馆资源集成应用最为重要的模式之一，因此信息检索类的标准是图书馆资源集成应用中最重要的一类标准。国际上各大标准发布机构均发布了相关的信息检索标准，如 Z39. 50（ISO 23950）、SRW/SRU、Z39. 88、ISO 25964 等。依托这些标准，打破了制约数字图书馆系统互操作的瓶颈，更好地支撑了图书馆资源集成应用。除了信息检索以外，图书馆资源的传递也需要依托标准规范实现。资源传递类标准就是针对图书馆资源的各种常规的和新兴的传递模式制定的一系列标准规范，如馆际互借标准、数字参考咨询等。资源统计类标准规范主要是为优化馆藏资源结构，合理配置资源建设经费，需要定期统计电子资源使用情况。通过制定统一的标准规范实现资源的日志统计等服务。信息安全类的标准是信息技术领域系统级别的标准，在图书馆资源集成应用中也需要沿用这些标准以确保系统和资源的安全性，如信息加密标准、交换身份验证和授权数据标准等。

根据近 10 年标准的制定情况，发现各大标准发布机构在完善和修订已有的资源集成应用所需要的互操作标准，如资源检索、馆际互借等的同时，更加重视新型集成应用模式相关标准规范的制定。结合信息技术领域层出不穷的新技术和新方法在图书馆中的应用，制定了《RFID 在图书馆的应用》《SGML 应用——主题地图》等标准。

（二）资源集成与应用标准的主要发布机构及相关标准

由于图书馆资源集成应用不仅涵盖资源服务方面的标准协议，同时也涉及网络技术和信息技术等方面的标准协议，因此，相关标准协议的主要发布机构包括国际标准化组织（ISO）、万维网联盟（W3C）、结构化信息标准促进组织（OASIS）、美国国家信息标准组织（NISO）和国际互联网工程任务组（IETF）等。由这些机构发布的图书馆资源集成应用标准，一部分是有针对性、指导性的图书馆资源集成应用标准，另外一部分是基于信息技术的通用性技术标准，对图书馆资源集成应用的建设和开展具有广泛的参考指导意义（见表 4－8）。

表 4－8　国际主要机构制定的资源集成应用标准

发布机构	标准名	标准编号/规范号	类别
国际标准化组织（ISO）	Information and documentation — Information retrieval (Z39. 50) 信息与文献 信息检索（Z39. 50）	ISO 23950	信息检索
	Information and documentation — Thesauri and interoperability with other vocabularies — Part 1: Thesauri for information retrieval 信息与文献 叙词表和与其他词汇表的互用性 第 1 部分：信息检索叙词表	ISO 25964-1	信息检索
	Information and documentation — Thesauri and interoperability with other vocabularies — Part 2: Interoperability with other vocabularies 信息与文献 叙词表和与其他词汇表的互用性 第 2 部分：与其他词表的互操作性	ISO 25964-2	信息检索

（续表）

发布机构	标准名	标准编号/规范号	类别
国际标准化组织（ISO）	Information and documentation — Open systems interconnection — Interlibrary loan application service definition 信息与文献 开放系统互连 馆际互借应用服务定义	ISO 10160	资源传递
	Information and documentation — Open systems interconnection — Interlibrary loan application protocol specification — Part 1: Protocol specification 信息与文献 开放系统互连 馆际互借应用协议规范 第 1 部分：协议说明书	ISO 10161-1	资源传递
	Information and documentation — Open systems interconnection — Interlibrary loan application protocol specification — Part 2: Protocol implementation conformance statement（PICS）proforma 信息与文献 开放系统互连 馆际互借应用协议规范 第 2 部分：协议实施一致性声明（PICS）条文	ISO 10161-2	资源传递
	GEDI — Generic electronic document interchange GEDI 通用电子文档交换	ISO 17933	资源传递
美国国家信息标准组织（NISO）	Information retrieval: Application service definition & protocol specification 信息检索：应用服务定义和协议规范	ANSI/NISO Z39. 50	信息检索
	NISO circulation interchange protocol NISO 流通交换协议	ANSI/NISO Z39. 83	资源传递
	The openURL framework for context-sensitive services 上下文感知服务的 OpenURL 框架	ANSI/NISO Z39. 88	资源汇聚

（续表）

发布机构	标准名	标准编号/规范号	类别
美国国家信息标准组织（NISO）	ResourceSync framework specification 资源同步框架规范	ANSI/NISO Z39.99	资源汇聚
	Information services and use: Metrics & statistics for libraries and Information providers data dictionary 信息服务与使用：图书馆和信息服务机构统计指标 数据字典	ANSI/NISO Z39.7	资源统计
	The standardized usage statistics harvesting initiative protocol，SUSHI 标准化使用统计获取协议	ANSI/NISO Z39.93	资源统计
国际互联网工程任务组（IETF）	JavaScript object notation，JSON JS 对象标记，数据交换格式	RFC 8259	数据交换传输
英国联合信息系统委员会（JISC）	Simple Web-service offering repository deposit，SWORD 仓储库存储的简单 Web 服务互操作协议	——	数据交换传输
结构化信息标准促进组织（OASIS）	WS-security Web 服务安全传输协议	——	信息安全
	Security assertion markup language，SAML 安全声明标记语言	——	信息安全

数据来源：国际组织、国际联盟/团体、学协会网站、国际图书馆协会联合会（IFLA）等标准化机构、各大索引数据库等。各机构标准数量含共同制定，按机构分开统计。

ISO 中与资源集成应用相关的标准主要由 ISO/TC 46（信息与文献技术委员会）制定，包括《信息检索 应用程序服务定义和协议规范》（ISO 23950）、《主题词表和其他词表的互操作：信息检索主题词表》（ISO 25964-1）、《主题词表和其他词表的互操作：与其他词表的互操作》（ISO 25964-2）、《馆际互借应用服务定义》（ISO 10160）、《馆际互借应用协议规范：协议说明书》（ISO 10161-1）、《馆际互借应用协议规范：协议实施一致性声明（PICS）条文》（ISO 10161-2）等。这些标准涉及信息检索、馆际互借、词表互操作等方面的内容，以国际通用的标准来保证图书馆信息检索等方面的资源在多个异构系统中实现交互与应用。

NISO 在信息检索、馆际互借、参考咨询和信息统计等方面制定了一系列标准，主要包括《信息检索应用服务定义和协议规范》（Z39.50）、《OpenURL 上下文相关服务框架》（Z39.88）、《流通交换协议》（Z39.83）、《标准化使用统计获取协议》（Z39.93）等。

另外，W3C、OASIS 和 IETF 侧重于信息技术和网络服务方面的标准协议的制定。如 W3C 制定的 XML、HTTP；由 IETF 制定的 JSON、FTP；由 OASIS 制定的 SAML、WS-Security 等标准。这些标准协议在图书馆资源集成应用中也占据着不可或缺的位置。

二、当前资源集成与应用的标准体系

通过对国际资源集成与应用标准化工作进展的调研分析，针对国际标准化组织和主要标准规范发布机构，如 ISO、W3C、IFLA、ANSI、NISO 等在资源集成应用方面的标准进行了梳理，以利于信息系统顺利开展资源服务为目标，将相关的标准整理组织并建立当前资源集成应用的标准体系，具体划分为 6 个部分，资源汇聚标准规范、数据交换传输标准、信息检索标准规范、资源传递标准规范、资源统计标准规范和信息安全标准。

（一）资源汇聚标准

2014 年，美国国家信息标准组织（NISO）和开放档案计划（Open Archives Initiative，简称 OAI）宣布发布《ResourceSync 框架规范》（ANSI/NISO Z39.99-2014），用于描述 Web 的同步框架，其中包含各种功能，允许第三方系统与服务器不断变化的资源保持同步。该 ResourceSync 联合项目由 Alfred P. Sloan Foundation 和 Jisc 支持资助。ResourceSync 基于网站地图协议（Sitemap protocol），为 web 提供一个同步框架，通过 Resource List（资源清单）、Resource Dump（资源仓库 = 打包文件）、Change Lists（变化清单）或 Change Dumps（变化仓库）方式，使得第三方系统（或者镜像）可以与服务器不断变化的内容保持同步（增加、更新、删除）。

OAI 致力于“开发与推进有助于内容有效传播的互操作标准”，是一种独立于应用的、能够提高 Web 上资源共享范围和能力的互操作协议标准。OAI 可追溯到 NCSTRAL 及其 Dienst 协议和 Handle 命名体系，最后以 OAMHP 协议来具体实现。[55]目前的项目包括 OAI-PMH、OAI-ORE，以及最新的 ResourceSync。

OpenURL 是一种解决不同的数字资源系统互操作、进行资源整合的方法。美国国家信息标准组织已经将 OpenURL 及其数据容器的标准制定为美国国家标准学会标准 ANSI/NISO Z39. 88-2004。OpenURL 可以与 Internet 上的任何资源一起使用，其在图书馆界的应用是最为广泛的。通常被图书馆用来帮助用户将文章、书籍或专利中包含的专利，或通过订阅提供的专利连接起来。生成 OpenURL 的源通常是数据库中的书目引文或书目记录，该数据库对图书馆中常见的信息资源进行索引，如 Ovid、Web of Science、SciFinder 和 Google Scholar 等，帮助满足用户信息需求的资源或服务，包括全文存储库、在线期刊、在线图书馆目录和其他 Web 资源和服务。

（二）数据交换传输标准

数据交换传输标准是用于规范资源集成应用中的用户与系统交换数据内容所必须具备的技术条件。SWORD[56]作为数字内容传输协议，得到了广泛的应用。在数据传输过程中，在数据内容的标准语言和格式上，文本数据内容多采用 XML、JSON 等方式封装，图像、音频、视频格式的数据内容则采用如 TIFF、JPEG、MPEG、WAV 等标准格式进行封装。在网络传输时，将封装后的数据文件采用 HTTP、FTP 等各种标准协议进行传递。

图书馆在构建自身特色资源库或数字仓储过程中，需要汇聚多个数据源中的信息。SWORD 是一个数字内容传输协议，可用于从多个数据源传输数字内容到数字仓储中存放。[57]SWORD 协议最初由英国联合信息系统委员会（JISC）资助，用于定义和开发知识库和其他系统存储的标准机制。SWORD 是在现有的 Atom Publishing Protocol（APP）基础上发展起来的，即“用于发布和编辑 web 资源的应用级协议”。

在数据交换传输过程中，文本数据通常采用 XML 或者 JSON 进行封装。XML 是 W3C 制定的推荐标准，XML 1.0 最初是在 1998 年定义，目前最新版本为 2008 年 11 月发布的第 5 版。JSON（JS 对象标记）是一种轻量级的数据交换格式，采用完全独立于编程语言的文本格式来存储和表示数据。JSON 在 2013 年成为 ECMA 国际标准，ECMA-404[58]。同年，国际互联网工程任务组（IETF）的 RFC 7158 将 ECMA-404 作为参考。目前最新的 JSON 交换格式标准是 2017 年 12 月由 IETF 发布的 RFC 8259。

图像、音频和视频格式数据采用的 TIFF、JPEG、MPEG 等均为 ISO 制定的标准。TIFF（标记图像文件格式）是用于存储光栅图形图像的计算机可识别的文件格式。TIFF/IT 在 1993 年由 ANSI IT 8. 8-1993 标准定义，在 1998 年由 ISO 12639: 1998 进行了修订。2004 年和 2007 年，分别进行了两次修订，发布了 ISO 12639: 2004 和 ISO 12639: 2004/Amd 1: 2007[59]。

JPEG 是第一个国际图像压缩标准，最初于 1986 年制定，并分别于 1992 年和 1994 年获批为 ITU-T. 81 建议书和 ISO/IEC 10918-1 标准。JPEG 标准正式命名为信息技术 连续色调静态图像的数字压缩和编码。ISO/IEC 10918 主要由 ISO/IEC 10918-1: 1994[60]、ISO/IEC 10918-2: 1995[61]、ISO/IEC 10918-3: 1997[62]、ISO/IEC 10918-4: 1999[63]、ISO/IEC 10918-5: 2013[64]、ISO/IEC 10918-6: 2013[65]部分组成。

MPEG（Moving Picture Experts Group，动态图像专家组）是 ISO 与 IEC 于 1988 年成立的专门针对运动图像和语音压缩制定的国际标准组织，专门负责建立视频和音频标准。MPEG 已经标准化的压缩格式和辅助标准包括 ISO/IEC 11172、ISO/IEC 13818、ISO/IEC 14496、ISO/IEC 15938 等 15 项。

根据上述各种标准进行规范封装的数据文件需要采用 HTTP、FTP 等传输协议进行数据传递。W3C 制定的 RFC 2616 HTTP/1. 1 协议[66]是最基本的客户机/服务器的访问协议。在 2015 年 5 月，IETF 制定了 RFC 7540，超文本传输协议版本 2（HTTP/2）[67]，在互联网上使用加密技术，以提供强有力的保护去遏制主动攻击。文件传输协议 FTP 是用于在网络上进行文件传输的标准协议，《文件传输协议规范》（RFC 765）[68]和《文件传输协议》（RFC 959）[69]是最初的文件传输协议，分别制定于 1980 年和 1985 年。IETF 针对 FTP 协议最近的更新是 2014 年的《文件传输协议 HOST 虚拟主机命令》（RFC 7151）[70]。

（三）信息检索标准

信息检索是数字图书馆集成应用的基本形式。随着信息技术的高速发展，各类信息服务机构建设了大量的信息检索系统，然而，多数系统除了要求提供基于 HTTP/HTML 的检索机制外，没有进一步规定更为详细的检索机制。[71]这也成为制约数字图书馆系统互操作的主要因素。由于异构系统变得越来越丰富且基于分布系统的集成检索日趋发展，因此传统基于 HTTP/HTML 的检索机制受到较大制约从而转向多种分布环境下异构系统检索机制。包括美国国会图书馆、美国国家标准协会、国际标准化组织在内的许多机构和组织也相继推出了一系列信息检索标准。

Z39.50 由 ANSI/NISOZ 39.50 和 ISO 23950 涵盖，标准的维护机构是美国国会图书馆。我国国标 GB/T 27702—2011 等同采用国际标准《信息与文献 信息检索（Z39.50）应用服务定义和协议规范》（ISO 23950: 1998）。Z39.50 在图书馆环境中被广泛使用，该协议支持搜索、检索、排序和浏览，支持复杂的语法查询。

由于 Z39.50 协议的复杂性，下一代 Z39.50 ZING 协议因此被提出，其中重要的组成部分就是 SRW/SRU。SRW 基于 Z39.50 通信协议标准设计，使用 SOAP 和 XPath 等现有技术基础。SRU 是 SRW 的简化版本，请求信息通过 HTTP 的 GET 方法发送。近年来，在综合检索服务领域得到了广泛的应用。美国国会图书馆、OCLC、牛津大学、爱丁堡大学、南安普顿大学、多伦多大学等众多国际上著名的图书馆、信息服务机构都纷纷发布 SRU 服务接口。[72]

ISO 10162/10163 是 ISO 标准体系中“图书馆应用”小类中的标准。ISO 10162 是关于检索服务定义的标准。ISO 10163 是关于检索协议说明的标准。这两个标准主要用于支持信息检索服务的系统，诸如图书馆、公共信息事业、联合目录中心等。[73]

国际标准化组织发布的 ISO 25964 适用于旨在支持信息检索的叙词表，并特别指导在索引、标签和搜索查询中使用的术语的选择。我国修改采用此标准制定了国标 GB/T 13190—2015《信息与文献 叙词表及与其他词表的互操作》，第一部分是用于信息检索的叙词表，第二部分为与其他词表的互操作。[74]

（四）资源传递标准

资源获取的目的是应用，资源组织和保存的过程中要充分考虑资源的可重复利用，系统应该具有可兼容性和可移植性，因此，在资源共享和传递各方面构建国际通用的标准是非常有意义的事情。

馆际互借（Interlibrary Loan，ILL）是基于图书馆之间资源共享而提供的一种服务方式。由于不同图书馆馆藏图书流通系统不一样，不同图书馆的数据库系统差异较大，数据格式不尽相同，导致图书馆在共享数据时存在诸多障碍，因此，遵守统一的馆际互借协议显得尤为必要。ISO 发布了关于开放系统互连环境下馆际互借协议的国际标准 ISO ILL 标准，由 ISO 10160 和 ISO 10161 组成。该标准于 1993 年发布第 1 版，现行有效的版本是于 2014 年、2015 年发布的第 3 版。我国于 2009 年由文标会基于 ISO ILL 第 2 版（1997 年）以等同采用的方式发布了馆际互借的国家标准 GB/T 23269 和 GB/T 23270。

在图书馆之间针对电子文档开展馆际互借的服务通常会采用发送电子邮件的形式，ISO 针对电子文献的网络传递于 2000 年制定了《通用电子文档交换》（ISO 17933，*Generic Electronic Document Interchange*，简称 GEDI）标准，该标准规定了计算机系统之间交换电子文件副本的格式。2009 年文标会以等同采用 ISO 17933 的方式发布了通用电子文档交换的国家标准 GB/T 23731。

2002 年 10 月 17 日，ANSI 批准了 NISO 制定的《流通数据交换协议》（Z39.83）（*NISO Circulation Interchange Protocol*，简称 NCIP）。Z39.83 支持多种馆际资源共享模式，比 ISO ILL 更易于使用，是一种较为理想的馆际资源共享协议标准。NCIP 协议正在逐渐占领馆际互借市场的标准协议。

除了上述提到的馆际互借协议，2006 年 3 月，IFLA 文献传递和资源共享标准委员会发布了“IFLA 馆际互借与文献传递最佳实践的相关指南”，指南提出要充分应用信息技术，并对馆际互借的各个工作流程给出了指导性意见。

数字参考咨询是指在传统的参考咨询服务基础上，凭借网络和计算机技术实现的一种知识服务机制。[75]数字参考咨询服务需要解决的技术标准化问题集中在协作咨询元数据、问题/答案流程处理协议和知识库标准。

协作咨询元数据（Question Interchange Profile，简称 QUIP）最初由虚拟咨询台（Virtual Reference Desk，简称 VRD）项目组于 1998 年发布，主要确定了数据存储、交换的结构和格式。

问题/答案流程处理协议（Question/Answer Transaction Protocol，简称 QATP）由美国国家信息标准协会于 2006 年发布，定义了信息交换过程中的语法和语义规则，支持数字参考咨询服务的跨领域沟通。

知识库标准是指在数字参考咨询服务中问题保存阶段知识库的组织、保存、维护标准。国外对知识库标准的研究较早，美国 Answer Base 公司联合美国国会图书馆、美国国家农业图书馆与研究型图书馆提出 Knowledge Bit（KBIT）问题答案数据库格式标准。

图书馆已进入知识服务阶段，开发贴近用户的信息服务软件已成趋势，越来越多的图书馆利用应用程序接口（Application Programming Interface，简称

API）协议开发标准接口对外提供共享服务。2013 年 11 月 4 日，德国数字图书馆（Deutsche Digitale Bibliothek，简称 DDB）对外正式发布 API，为公众提供开放数据服务，这是全球首个以 API 的方式向外界提供馆藏数字资源开放共享的图书馆。[76]

（五）资源统计标准

国际上探讨有关图书馆统计国际标准的课题，始于 1853 年在布鲁塞尔举办的第一届国际统计会议，会议中提出，统计标准的制定有助于各国图书馆分析与比较相互间的统计资料。《国际图书馆统计标准》（ISO 2789）是 ISO 与 IFLA 为图书馆统计制定的国际标准，旨在促进图书馆统计和图书馆界的交流。目前，它的最新版本为 ISO 2789:2013。

NISO Z39.7 全称为“信息服务与使用：图书馆和信息服务机构统计指标数据字典”，为美国图书馆及其他类型组织机构（如出版界信息科技、媒体服务等机构）制定，它是一个适用于美国各类型图书馆以及信息相关机构的国家标准，其参考的其他标准主要为 ICOLC、FSU、NCES STLA、ARL、E-QUINOX、CLIR、ISO 2789、ISO 11620、COUNTER、Meta Site for E-metrics Projects。该标准的最新版本为 ANSI/NISO Z39.7-2013。

图书馆为优化馆藏资源结构，合理配置资源建设经费，需要定期统计电子资源使用情况。SUSHI 协议（The standardized usage statistics harvesting initiative），即 ANSI/NISO Z39.93，最初由美国国家信息标准协会（NISO）发起，目的是为方便图书馆对电子资源进行使用统计，保证不同数据库商提供的统计数据具有可比性、可靠性和一致性。SUSHI 协议定义了收割数据的标准结构，实现了统计数据自动收割。[77] SUSHI 协议的 XML 数据分为 report request 和 report response 两部分，当服务器接收到用户需求时，通过 SUSHI 客户端向对应的数据库商发送请求，即提供 report request，给出 ERM 注册信息、需求用户信息、报告形式要求。当数据库商的 SUSHI 服务器接收请求后，提供 report response，答复 report request 中的信息，提供 COUNTER 格式统计报告。SUSHI 协议解决了规范统计报告自动获取的问题，为用户提供了可比较的使用统计报告，帮助用户掌握数据库的详细使用情况。[78]

除上述各种资源统计标准以外，在国际上具有代表性的图书馆资源统计及相关标准还包括 ISO 11620、COUNTER、E-Metric、ICOLC GuideLine 等。

（六）信息安全标准

图书馆资源集成应用是利用先进的信息技术和网络技术通过系统服务平台为广大用户提供各种数字化资源服务。因此，为了确保图书馆资源系统能够有效提供安全的、完整的和可用的服务，信息安全就显得尤为重要。面对信息安全问题，国际标准化组织 ISO 和其他标准规范发布机构都制定了一系列相关的标准规范。这些标准规范具有通用性，同样也适用于图书馆资源系统的信息安全规范。信息安全标准，主要可以分为信息安全管理标准规范和信息安全技术标准规范两个方面。在信息安全管理方面，ISO 27000 系列标准、BS 7799 标准、CC 标准等都是最具代表性的典型标准。在信息安全技术方面，针对数据加密、数字水印、身份认证、安全传输等信息安全技术也都有相关的一系列标准规范。

2005 年 ISO 正式启动了信息安全管理体系（ISMS）标准族的研制计划，即 ISO 27000 系列标准。该标准族是一个完整的标准类目，包含了多个标准，标准涉及的内容不仅有隐私、保密以及信息技术层面，也有法律、人员管理、物资管理等诸多方面，涉及信息安全管理体系的每一个环节，因此可以适用于各种行业和组织。信息安全标准除了在信息安全管理方面的 ISO 27000 系列标准外，还包括针对信息安全技术的各类标准、规范、协议，例如信息加密技术中的 DES、AES 标准；身份认证相关的 SAML 安全信息交换架构、安全传输相关的 WS-Security 协议等。

信息加密技术中的数据加密标准（Data Encryption Standard，DES）是一种对称密钥加密块密码算法，在 1976 年 11 月被美国国家标准与技术研究院（NIST）确定为联邦标准 FIPS PUB 46，并于 1977 年发布。随后在 1998 年、1993 年和 1999 年进行了 3 次修订，最后的标准版本为 FIPS-46-3（3DES）。该标准也是 ANSI X3. 92 和 ISO/IEC 18033-3 标准中的引用标准。由于 DES 使用的密钥过短，DES 逐渐显现出不安全性和快速被破解的情况。因此，2002 年 NIST 发布了高级加密标准 FIPS PUB 197，用于替代之前的 DES 标准。

由 OASIS 安全服务技术委员会（SSTC）开发的安全声明标记语言（SAML）是用于在各方之间交换身份验证和授权数据的开放标准，特别是身份提供商与服务提供商之间的数据交换。OASIS 安全服务（SAML）TC 定义和维护了一个标准的基于 XML 的框架，用于交流用户身份验证、授权和属性信息。[79] OASIS 在 2002 年 11 月宣布安全声明标记语言（SAML）V1.0 规范为 OASIS 标准。2003 年 9 月 SAML 1.1 作为修订标准被 OASIS 正式发布。在此之后，SSTC 对 SAML 进行了重修并于 2005 年正式发布了 SAML 2.0 标准。SAML 标准建立在 XML、XML Schema（XSD）、XML Signature、XML Encryption、SOAP 等现有标准之上。

WS-Security（Web 服务安全）是一种提供在 Web Service 上应用安全方法的网络传输协议。WS-Security 最初是由 IBM、微软、VeriSign 和 Forum Systems 开发的，并于 2002 年联合向 OASIS WSS 技术委员会提交了提案。2004 年 4 月 OASIS 组织发布了 WS-Security 标准的 1.0 版本，在 2006 年 2 月，又发布了 WS-Security 的修订标准 V1.1 版本。

三、我国资源集成与应用标准化的成效和问题

自 2000 年以来，我国在图书馆资源集成应用和技术互操作的标准化工作方面制定的国家标准、行业标准逐步增多，标准化工作初见成效。从图标委、文标会等相关标准归口部门的统计来看，制定并颁布了包括馆际互借、信息检索应用服务、检索命令集、电子文档交换、信息交换格式在内的众多标准成果，在我国图书馆系统互操作、文献检索语言和数据交换的标准化方面发挥了重要的作用。

（一）我国资源集成与应用标准化的成效

我国标准化工作具体到图书馆资源集成与应用方面，包括针对图书馆各种服务（如信息检索、馆际互借等）制定的标准规范和信息技术领域在系统层面制定的通用性标准协议（如数据交换传输标准、信息安全标准等）。负责相关标准规范的制定及标准化工作管理的主要归口机构是图标委、文标会、信标委等。

截至 2018 年 7 月，我国颁布的资源集成应用相关标准共计 24 项，其中 23 项为现行标准，1 项即将实施。从标准层次来看，国家标准有 19 项，行业标准有 5 项。从标准归口机构来看，图标委共制定 5 项标准，文标会共制定 13 项标准，其他标准委员会（信标委、信息安全标准化委员会等）制定 6 项。

对我国图书馆资源集成与应用标准的发布年份进行统计发现，我国图书馆资源集成与应用相关标准的制定工作从2005年开始受到重视，各大相关的标准化委员会陆续开始颁布相关标准（见图4－20）。在近十几年，我国图书馆资源集成应用方面制定的标准数量整体呈上升趋势。特别是在2009年和2012年这两年达到峰值，标准制定数量分别为5项和6项。可见，近年来图书馆资源集成应用方面的标准规范的制定处在蓬勃发展的阶段。

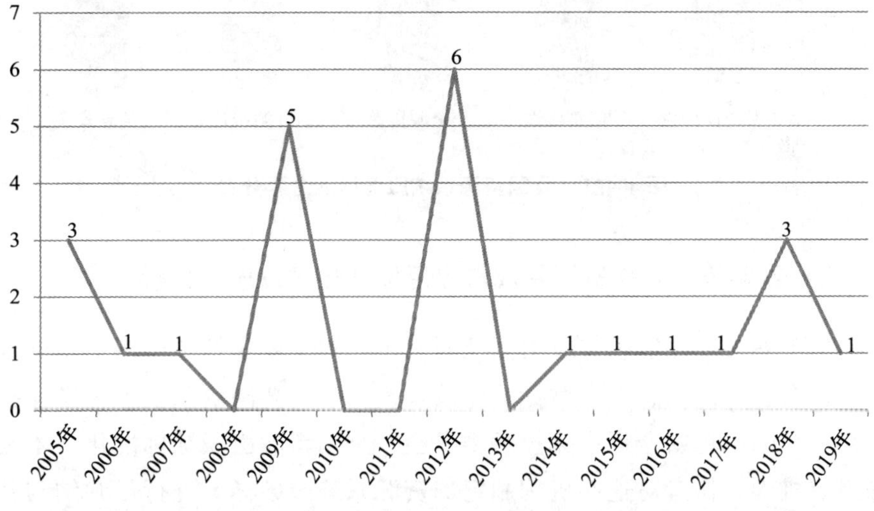

图4－20 我国图书馆资源系统服务标准实施年度分布

（二）资源集成与应用标准规范的主题内容和重点领域

我国关于图书馆资源集成与应用标准主要分布在信息检索、资源传递、资源统计、数据交换传输和信息安全5个方面。其中，在信息检索和资源传递方面制定的相关标准数量也最多，主要包括馆际互借应用、书目数据目录互借应用、交互式文本检索命令集、信息检索应用服务等。数据交换传输作为系统互操作的基础，相关标准的数量也相对较多，主要包括信息交换格式、XML元数据交换、XML使用指南等。在资源统计和信息安全方面也出现了一批国家标准和行业标准，如图书馆数字资源统计规范、图书馆统计、电子文档加密与签名等。具体主题分布数量（见图4－21）。

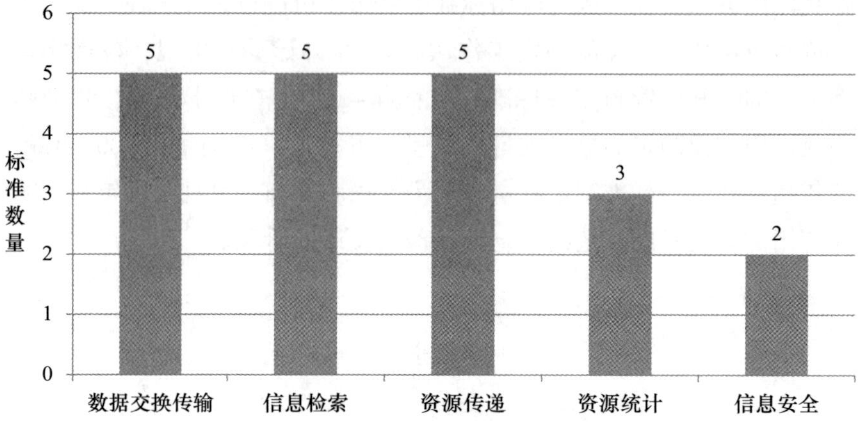

图 4－21　我国资源系统服务标准主题分布

（三）重要组织机构资源集成与应用标准化建设成效分析

我国图书馆资源集成与应用标准的发布机构主要包括全国图书馆标准化技术委员会、全国信息与文献标准化技术委员会、全国信息技术标准化技术委员会、全国信息安全标准化技术委员会、全国新闻出版社标准化技术委员会等组织机构。作者对这些机构制定的资源系统服务标准进行了归纳与整理（见表 4－9）。

表 4－9　我国主要机构制定的资源系统服务标准

发布机构	标准名称	标准编号
全国信息与文献标准化技术委员会	信息与文献 书目数据目录 第 1 部分：互借应用	GB/T 19688.1—2005
	信息与文献 开放系统互连馆际互借应用服务定义	GB/T 23269—2009
	信息与文献 开放系统互连馆际互借应用协议规范 第 1 部分：协议说明书	GB/T 23270.1—2009
	信息与文献 开放系统互连馆际互借应用协议规范 第 2 部分：协议实施一致性声明（PICS）条文	GB/T 23270.2—2009
	GEDI 通用电子文档交换	GB/T 23731—2009

（续表）

发布机构	标准名称	标准编号
全国信息与文献标准化技术委员会	信息与文献 书目数据目录第 3 部分：情报检索	GB/T 19688. 3—2005
	信息与文献 交互式文本检索命令集	GB/T 19689—2005
	信息与文献 信息检索（Z39. 50）用服务定义和协议规范	GB/T 27702—2011
	信息与文献 叙词表及与其他词表的互操作 第 1 部分：用于信息检索的叙词表	GB/T 13190. 1—2015
	信息与文献 叙词表及与其他词表的互操作 第 2 部分：与其他词表的互操作	GB/T 13190. 2—2018
	信息与文献 信息交换格式	GB/T 2901—2012
	信息与文献 CNMARC 的 XML 表示	GB/T 34832—2017
	信息与文献 图书馆统计	GB/T 13191—2009
全国图书馆标准化技术委员会	图书馆 射频识别 数据模型 第 1 部分：数据元素设置及应用规则	WH/T 43 2012
	图书馆 射频识别 数据模型 第 2 部分：基于 ISO/IEC 15962 的数据元素编码方案	WH/T 44-2012
	信息与文献 图书馆射频识别（RFID）第 1 部分：数据元素及实施通用指南	GB/T 35660. 1—2017
	信息与文献 图书馆射频识别（RFID）第 2 部分：基于 ISO/IEC 15962 规则的 RFID 数据元素编码	GB/T 35660. 2—2017
	图书馆数字资源统计规范	WH/T 47-2012
全国信息技术标准化技术委员会	XML 使用指南	GB/Z 21025—2007
	信息技术 XML 元数据交换（XMI）	GB/T 28167—2011
全国信息 安全标准化技术委员会	信息安全技术 电子文档加密与签名消息语法	GB/T 31503—2015
	信息安全技术 信息安全管理体系概述和词汇	GB/T 29246—2017

（续表）

发布机构	标准名称	标准编号
全国新闻出版社标准化技术委员会	图书、报纸、期刊、音像电子出版物出版和发行统计	CY/T 99—2013
全国出版物发行标准化技术委员会	图书流通信息交换规则	CY/T 39—2006

图标委和文标会作为我国重要的图书馆标准化工作的归口单位，从解决我国图书馆行业因标准规范引发的诸多实际问题出发，制定了一系列标准。随着信息技术的高速发展，图书馆也迎来了与信息技术接轨的数字图书馆时代。为了更好地发挥图书馆的作用，提供更好的服务，图标委和文标会也制定了一系列系统互操作标准。如国家标准《信息与文献 开放系统互连馆际互借应用服务定义》（GB/T 23269—2009）、《信息与文献 开放系统互连馆际互借应用协议规范 第1部分：协议说明书》（GB/T 23270.1—2009）、《信息与文献 开放系统互连馆际互借应用协议规范 第2部分：协议实施一致性声明（PICS）条文》（GB/T 23270.2—2009）、《信息与文献 信息检索（Z39.50）应用服务定义和协议规范》（GB/T 27702—2011）、《图书馆数字资源统计规范》（行业标准 WH/T 47-2012）等。

图书馆资源集成应用还涉及与信息技术和信息安全相关的标准，因此信息技术标准化技术委员会和信息安全标准技术委员会制定的部分标准也成为资源系统服务标准化中不可分割的一部分。如《XML 使用指南》（GB/Z 21025—2007）、《信息技术 XML 元数据交换（XMI）》（GB/T 28167—2011）、《信息安全技术 电子文档加密与签名消息语法》（GB/T 31503—2015）等。

除了上述的各个标委会制定颁布的标准外，我国开展的多个大型数字图书馆工程也形成了一批与资源集成应用相关的标准规范。例如，中国高等教育数字图书馆（CADLIS）在专用技术标准与规范方面，制定了全国高校分布式联合虚拟参考咨询系统、全国高校重点学科网络资源导航库系统、全国高校专题特色数据库本地系统、全国高校学位论文全文数据库本地系统、全国高校教学参考信息管理与服务系统等系统所需遵循的标准规范。

（四）国内外资源集成与应用标准规范内容体系对比分析

通过对国内外图书馆资源集成与应用标准化现状开展调研发现，随着数字图书馆的深入应用和服务，在图书馆系统集成应用和技术互操作方面的标准受到了高度的重视。目前国内外的标准化相关组织、学协会、图书馆和项目工程等都进行了相关的标准制定工作。我们从标准制定数量、标准制定主题内容两个方面进行了对比分析。

在标准的制定数量方面，国内制定的图书馆资源集成与应用标准与国外相比还存在着比较大的差距，国外在资源集成与应用和技术互操作方面的标准化工作起步早、数量多、已经形成了较完备的体系结构。而在国内，针对资源集成与应用和技术互操作的标准制定在2000年以后才引起重视，相关标准数量逐步增多。

在标准的主题内容方面，我们将资源集成与应用标准体系分为资源汇聚、数据交换传输、信息检索、资源传递、资源统计和信息安全6个主题。国外与资源集成应用有关的标准涉及的主题比较全面，涵盖了上述的6个主题，在这6个主题中，资源汇聚相关标准略少，其余5个主题发布的标准数量基本均衡。我国图书馆资源集成应用标准设计的主题重点集中在信息检索、资源传递、数据交换传输和资源统计4个方面。其中又以信息检索和资源传递这两类图书馆最常见和最重要的集成应用相关标准数量最多。

（五）我国资源集成与应用标准化存在的问题

经过不懈努力，我国在图书馆资源集成与应用标准实践中已经取得了不错的成绩，这对我国数字图书馆建设标准化工作起到了重要的作用。但是也存在一些问题亟待解决，主要体现在以下几个方面：

1. 标准的主题分布不均匀

标准过于集中在信息检索、资源传递和数据交换传输领域，相关标准数量占到总标准数量的62.5%；而在资源汇聚、资源统计等方面却少有涉及。这从一个侧面可以反映出目前我国相关机构在制定图书馆资源集成与应用标准时缺乏一个科学合理的规划和体系。

2. 对标国际标准制定时滞性较长

国内较多的资源集成应用相关标准是以等同采用或者修改采用的形式对标

国际标准进行制定的。但是制定和修订的时滞性较长，国际标准修订更新后，国内相关的现行标准还停留在较早的国际标准版本上，并未及时进行国标的修订。例如馆际互借标准，国际上最新标准为2014年颁布的，而现行的国家标准还是基于1997年的国际标准制定的。

3. 标准制定缺乏整体性和系统性

目前我国图书馆资源集成与应用标准规范的制定归口单位较多，并且之间缺乏统一的协调指导机构，管理较为松散，导致缺乏一定的整体性和系统性。因此，可以吸取国外标准规范内容体系的优势，建立协调共建的保障机制，设立政府的监督机构，促进国际化合作项目，形成标准化战略。

四、我国资源集成与应用标准的发展重点

我国标准规范内容体系经过长时间的发展已经取得了较好的成效，但由于信息技术的飞速发展，我国未来发展的重点首先是全面梳理现行的各项图书馆标准，将需要修订的标准及时修订，将不符合实际需要的标准予以废除。与此同时，鉴于我国标准归口单位和管理部门较多的情况，需要仔细核对比较已经发布的标准，将其择优归并和综合，确保适应当前图书馆、情报和信息中心、档案馆等机构的工作。

他山之石，可以攻玉。国际标准化机构ISO以及专业机构如IFLA、NISO等对图书馆标准以及资源集成与应用技术标准有着较强的研究力度。一方面，我们作为TC 46和TC 171的成员，可以在提升自身标准制定能力的同时，充分利用ISO的国际标准成果。结合我国目前的实际情况，提高采标率，有选择有重点地与国际标准对标。特别是基础的通用性技术标准、新技术在图书馆中的创新性应用标准和信息资源建设中的基础通用性标准，可以直接采纳作为国标。另一方面，值得注意的是，有些国际标准面临本土化修改与适应性落地的难题，我们在参考借鉴其内容与思路的同时，要结合我国国情现状，充分利用自身优势，努力自主创新，制定出具有我国特色的图书馆标准，并积极使国际在图书馆标准化工作中发挥作用。

加强宣传力度，积极拓展推广渠道。目前，除了专业制定图书馆标准规范的人士，这项工作并未得到人们的普遍关注。在全球一体化的今天，各行各业、方方面面都在与国际接轨，图书馆标准规范的制定及国际标准本土可适化

工作也应该得到社会应有的重视。未来应该扩大宣传范围，拓展宣传方式，不限于以会议等单一形式向特定人群宣传。可以充分利用新技术、新媒体、新方式、新渠道、新载体向标准的使用者、学习者以及受益人群积极宣传推广，提高这项工作的影响力和知名度。

本章重点围绕图书馆资源建设与组织方面开展了标准化体系的调研和分析，借鉴国际上将资源建设涉及的标准规范进行分层并最终形成整体结构体系的惯用做法，调研了大量的结构体系分层模式，例如，NOF 按照数字信息生命周期分为数字对象生产（Creation）、管理（Management）、资源建设（Collection Development）、使用（Access）和复用（Re-use）5 个层次；IMLS 从数字资源建设角度分为资源集合（Collections）、资源对象（Objects）、元数据（Metadata）和资源建设项目（Projects）4 个层次等。最终，从图书馆资源内容创建、图书馆资源描述与揭示、图书馆资源组织关联、图书馆资源集成与应用4 个部分开展图书馆资源建设与组织标准化研究。针对每个部分，分别从国际上相关标准化工作进展、当前标准体系、我国相关标准化的成效和问题、我国相关标准的发展重点 4 个方面展开论述。

通过对国际标准化组织、各国标准发布机构、学会协会、图书馆、高校以及国内的全国信息与文献标准化技术委员会（文标会）、全国文献影像技术标准化技术委员会（文影标）以及全国图书馆标准化技术委员会（图标委）等制定发布的标准进行调研，筛选出与图书馆资源建设与组织相关的各项标准 170 余项。在图书馆资源内容建设部分，包括资源选择、资源采集、内容编码、数据格式、内容标识等标准。在图书馆资源描述与揭示部分，包括元数据和著录规范的相关标准。在图书馆资源组织关联部分，包括分类法、主题法和语义化组织关联的相关标准。在图书馆资源集成与应用部分，包括资源汇聚、数据交换传输、信息检索、资源传递、资源统计、信息安全等支持资源集成应用的相关标准。

注释：

[1] 张晓林等：《数字图书馆建设的标准与规范》，载《中国图书馆学报》，2002 年第 6 期，第 7—16 页。

［2］赵悦：《数字资源标准规范建设研究》，载《现代情报》，2009 年第 3 期，第 71—73 页。

［3］田颖：《我国数字图书馆标准规范建设与推广应用——以全国图书馆标准化技术委员会标准化工作为例》，载《数字图书馆论坛》，2016 年第 9 期，第 20—27 页。

［4］张晓林等：《数字图书馆建设的标准与规范》，载《中国图书馆学报》，2002 年第 6 期，第 7—16 页。

［5］田颖：《我国数字图书馆标准规范建设与推广应用——以全国图书馆标准化技术委员会标准化工作为例》，载《数字图书馆论坛》，2016 年第 9 期，第 20—27 页。

［6］唐琼：《图书馆数字资源选择标准研究》，武汉大学博士学位论文，2009 年。

［7］《全国信息技术标准化技术委员会简介》，http://www.nits.org.cn/getIndex.req?action=findAllNews&req=modulenvpromote&type=0&moduleId=76&sid=5（访问时间：2018 年 6 月 1 日）。

［8］殷剑冰、冼君宜：《国外图书馆标准规范体系研究——以美国及日本为例》，载《图书馆》，2017 年第 9 期，第 17—24、38 页。

［9］IFLA, *About IFLA*, https://www.ifla.org/about, Feb. 23, 2018.

［10］W3C, *Facts About W3C*, http://www.w3.org/Consortium/facts#history, Feb. 23, 2018.

［11］IFLA, *Statement of International Cataloguing Principles* 2009, https://www.ifla.org/publications/statement-of-international-cataloguing-principles, Feb. 23, 2018.

［12］刘兹恒、孟晨霞：《ISO 和 IFLA 的图书馆标准规范体系对我国图书馆标准化工作的启示》，载《图书情报研究》，2015 年第 1 期，第 4—11 页。

［13］NISO, *Collection Description Specification*, https://www.niso.org/standards-committees/metasearch-initiative, Feb. 23, 2018.

［14］赵阳：《基于都柏林核心（DC）的中医文献元数据标准研究》，中国中医科学院硕士学位论文，2013 年。

［15］张纳新：《论中文图书客观著录原则与文献编目规则的关系》，载《图书馆工作与研究》，2010 年第 1 期，第 63—66 页。

［16］*Functional Requirements for Bibliographic Records*, http://www.ifla.org/publications/functional-requirements-for-bibliographic-records?og=8708, Feb. 12, 2018.

［17］*Functional Requirements for Authority Data—A Conceptual Model*, http://www.ifla.org/publications/ifla-series-on-bibliographic-control-34?og=8708, Feb. 23, 2018.

［18］*Functional Requirements for Subject Authority Data（FRSAD）—A Conceptual Model*, http://www.ifla.org/publications/ifla-series-on-bibliographic-control-43?og=8708, Feb. 23,

2018.

[19] 张秀兰、薄丽辉:《基于RDA的我国编目规则修订建议》,载《图书馆学研究》,2015年第24期,第43—47页。

[20] 马骊:《中国机读目录(CNMARC)的研究》,天津师范大学硕士学位论文,2004年。

[21] 赵军:《数据资源描述与组织的元数据方法》,天津大学硕士学位论文,2005年。

[22] *Geospatial Metadata Standardsand Guidelines*, https://www.fgdc.gov/metadata/geospatial-metadata-standards/, Feb. 23, 2018.

[23] *RSLP Collection Description*, http://www.ukoln.ac.uk/metadata/rslp/schema/, Feb. 23, 2018.

[24] 徐清等:《近十年古籍书目数据库建设研究概述》,载《图书情报知识》,2006年第113期,第37—41页。

[25] 全国图书馆标准化技术委员,http://www.nlc.cn/tbw/(访问时间:2018年2月23日)。

[26] 龙伟:《以"中华古籍保护计划"为契机推进文献典籍资源数字化》,载《数字与缩微影像》,2012年第3期,第36—39页。

[27] *Dewey Decimal Classification © Summaries*, https://www.oclc.org/en/dewey/features/summaries.html, Feb. 26, 2018.

[28] 姚波:《如何提高〈中图法〉与〈杜威法〉类目的相似度》,载《现代情报》,2010年第8期,第149—151页。

[29] *About Universal Decimal Classification* (*UDC*), http://www.udcc.org/index.php/site/page? view = about, Feb. 26, 2018.

[30] Slavic, A., "Use of the Universal Decimal Classification", *Journal of Documentation*, 2008 (2), pp. 211 - 228.

[31] *Library of Congress Classification*, http://id.loc.gov/authorities/classification.html, Feb. 26, 2018.

[32] *Colon Classification*, https://en.wikipedia.org/wiki/Colon_classification, Feb. 26, 2018.

[33] *Fact Sheet Medical Subject Headings* (*MeSH ©*), https://www.nlm.nih.gov/pubs/factsheets/mesh.html, Feb. 26, 2018.

[34] *Nippon Decimal Classification*, https://en.wikipedia.org/wiki/Nippon_Decimal_Classification, Feb. 26, 2018.

[35] *Korean Decimal Classification*, https://en.wikipedia.org/wiki/Korean_decimal_classi-

fication, Feb. 26, 2018.

［36］ *Russian Library-Bibliographical Classification*, https://ru.wikipedia.org/wiki/%D0%91%D0%B8%D0%B1%D0%BB%D0%B8%D0%BE%D1%82%D0%B5%D1%87%D0%BD%D0%BE-%D0%B1%D0%B8%D0%B1%D0%BB%D0%B8%D0%BE%D0%B3%D1%80%D0%B0%D1%84%D0%B8%D1%87%D0%B5%D1%81%D0%BA%D0%B0%D1%8F_%D0%BA%D0%BB%D0%B0%D1%81%D1%81%D0%B8%D1%84%D0%B8%D0%BA%D0%B0%D1%86%D0%B8%D1%8F, Feb. 26, 2018.

［37］ 成全、许爽：《馆藏信息资源组织的研究现状及发展趋势探析》，载《情报理论与实践》，2014 年第 9 期，第 137—141 页。

［38］ *Thesaurus* (*Information Retrieval*), https://en.wikipedia.org/wiki/Thesaurus_(information_retrieval), Feb. 26, 2018.

［39］ 刘华：《国内外知识组织体系标准的现状及发展趋势研究》，载《情报杂志》，2011 年第 3 期，第 14—18 页。

［40］ *RDB2RDF Working Group Charter*, https://www.w3.org/2001/sw/rdb2rdf/, Mar. 27, 2018.

［41］ 夏翠娟、金家琴：《从关系数据库到关联数据：W3C 标准应用探析》，载《图书馆杂志》，2015 年第 5 期，第 85—94 页。

［42］ *D2RML, Integrating Heterogeneous Data and Web Services into Custom RDF Graphs*, http://events.linkeddata.org/ldow2018/papers/LDOW2018_paper_11.pdf, Apr. 26, 2018.

［43］ 孙薇：《基于科技文献关联数据的科研关系发现研究》，江苏大学硕士学位论文，2017 年。

［44］ 陈烨等：《基于关联数据的知识组织研究述评》，载《情报理论与实践》，2016 年第 2 期，第 139—144 页。

［45］ *The Linked Open Data Cloud*, https://lod-cloud.net/, Apr. 2, 2018.

［46］ 董岩：《试论如何从科学视域正确应用中国图书馆分类法》，载《内蒙古教育》（职教版），2015 年第 7 期，第 85—86 页。

［47］ 王军、卜书庆：《网络环境下知识组织规范研究与设计》，载《中国图书馆学报》，2012 年第 4 期，第 39—45 页。

［48］ 《中国科学院图书馆图书分类法》，https://baike.baidu.com/item/（访问时间：2018 年 6 月 9 日）。

［49］ 徐曼：《〈中文新闻信息分类标准〉研究》，武汉大学硕士学位论文，2005 年。

［50］ 刘云：《汉语词表建设概述》，载《华中学术》，2012 年第 2 期，第 286—296 页。

［51］ 汤彩霞：《连续性资源组织方法演变探析》，载《图书馆学研究》，2013 年第 13

期，第 74—77 页。

［52］原小玲：《基于知识元的知识标引》，载《图书馆学研究》，2007 年第 6 期，第 45—47 页。

［53］马文峰、杜小勇：《关于知识组织体系的若干理论问题》，载《中国图书馆学报》，2007 年第 2 期，第 13—17 页。

［54］刘静：《“互联网 +”时代数字资源组织标准研究》，载《河南图书馆学刊》，2016 年第 9 期，第 129—131 页。

［55］*The Open Archives Initiative Protocol for Metadata Harvesting*, http://www.openarchives.org/OAI protocol/openarchivesprotocol.html, Feb. 26, 2018.

［56］*A Brief History of SWORD*, http://swordapp.org/about/a-brief-history/, Mar. 26, 2018.

［57］梁娜、张晓琳：《机构知识库的互操作需求和互操作规范框架》，载《现代图书情报技术》，2013 年第 9 期。

［58］*Standard ECMA*-404, *The JSON Data Interchange Syntax*, http://www.ecma-international.org/publications/standards/Ecma-404.htm, Mar. 26, 2018.

［59］ISO 12639:2004/Amd 1:2007, *Use of JBIG2-Amd2 compression in TIFF/IT*, https://www.iso.org/standard/43356.html, Mar. 26, 2018.

［60］ISO/IEC 10918-1:1994, *Information Technology—Digital Compression and Coding of Continuous-tone Still Images: Requirements and Guidelines*, https://www.iso.org/standard/18902.html, Mar. 26, 2018.

［61］ISO/IEC 10918-2:1995, *Information Technology—Digital Compression and Coding of Continuous-tone Still Images: Compliance Testing*, https://www.iso.org/standard/20689.html, Mar. 26, 2018.

［62］ISO/IEC 10918-3:1997, *Information Technology—Digital Compression and Coding of Continuous-tone Still Images: Extensions*, https://www.iso.org/standard/25037.html, Mar. 26, 2018.

［63］ISO/IEC 10918-4:1999, *Information Technology—Digital Compression and Coding of Continuous-tone Still Images: Registration of JPEG Profiles, SPIFF Profiles, SPIFF Tags, SPIFF Colour Spaces, APPn Markers, SPIFF Compression Types and Registration Authorities (REGAUT)*, https://www.iso.org/standard/25431.html, Mar. 26, 2018.

［64］ISO/IEC 10918-5:2013, *Information Technology—Digital Compression and Coding of Continuous-tone Still Images: JPEG File Interchange Format (JFIF)*, https://www.iso.org/standard/54989.html, Mar. 26, 2018.

［65］ISO/IEC 10918-6:2013, *Information Technology—Digital Compression and Coding of*

Continuous-tone Still Images: Application to Printing Systems, https://www.iso.org/standard/59634.html, Mar. 26, 2018.

[66] *HTTP-Hypertext Transfer Protocol*, https://www.w3.org/Protocols/, Apr. 18, 2018.

[67] RFC 7540, *Hypertext Transfer Protocol Version* 2（*HTTP/2*）, https://www.rfc-editor.org/info/rfc7540, Apr. 18, 2018.

[68] RFC 765, *File Transfer Protocol Specification*, https://www.rfc-editor.org/info/rfc765, Apr. 21, 2018.

[69] RFC 959, *File Transfer Protocol*, https://www.rfc-editor.org/info/rfc959, Apr. 21, 2018.

[70] RFC 7151, *File Transfer Protocol HOST Command for Virtual Hosts*, https://www.rfc-editor.org/info/rfc7151, Apr. 21, 2018.

[71] 张晓林等：《数字图书馆建设的标准与规范》，载《中国图书馆学报》，2002年第6期，第7—16页。

[72] 李春旺等：《基于SRU的集成服务平台设计与实现》，载《现代图书情报技术》，2007年第10期，第12—15页。

[73] 柯青：《网络环境下异构信息检索标准体系研究》，武汉大学硕士学位论文，2004年。

[74] 全国信息与文献标准化技术委员会：《信息与文献 叙词表及与其他词表的互操作 第1部分：用于信息检索的叙词表（GB/T 13190.1—2015）》，2015年。

[75] 周树琴：《林业数字参考咨询系统的研究与实现》，中国林业科学研究院硕士学位论文，2010年。

[76] 顾立平：《德国数字图书馆提供开放数据服务》，载《中国图书馆学报》，2014年第209期。

[77] 张静、魏青山：《SUSHI对电子资源规范化管理的影响》，载《图书情报工作》，2014年第10期，第112—116页。

[78] 闫晓弟、李娟：《SUSHI——网络电子资源利用与统计数据获取协议》，载《大学图书馆学报》，2009年第2期，第51—54页。

[79] *OASIS Security Services（SAML）TC*, https://www.oasis-open.org/committees/tc_home.php?wg_abbrev=security, Apr. 26, 2018.

（执笔人：张智雄　黄金霞　王　昉　汤怡洁　徐　雯
丁晓芹　郭进京　彭媛媛　王钧钰　李鑫鑫）

第五章　图书馆文献信息资源保存与保护标准化

图书馆文献信息资源是图书馆各项业务的物质依托与保障，其保存保护是图书馆业务工作的重要内容。为了更加有效地对图书馆各类文献信息资源进行保存与保护，建立统一规范的操作规范，相关的标准化工作是必不可少的重要环节。

图书馆文献信息资源的种类非常多，分类的方法也是各不相同。从文献利用角度可分为一次文献、二次文献和三次文献等；从文献出版类型角度可分为图书、期刊、报纸以及特种文献等。本章主要论述图书馆文献信息资源的保存与保护标准，从这个角度来说，根据文献载体的不同来进行阐述是相对更为合适的方法，所以本章将根据文献载体的不同，分三节对具体文献信息资源保存与保护的标准化工作进行阐述。阐述的先后顺序依据由普遍到特殊、由简单到复杂、由实体到虚拟的逻辑关系。

第一节论述一般实体文献信息资源保存与保护的标准化工作。这里所说的“一般实体文献信息资源”主要包括纸质文献载体、缩微胶卷和磁带等。这里的“纸质文献”指的是中华人民共和国成立以来（即 1949 年以后）的纸质出版物，以此来与第二节中的古籍文献和民国文献进行区分；缩微胶卷和磁带一般属于特种文献，但为了叙述的方便，同时由于其作为实体文献的属性与第四节中的数字资源有较大不同，本章将对于这两种文献载体的保存与保护标准化工作一并归入第一节，与纸质文献保存与保护的标准化工作一道进行论述。另外，光盘资源因为主要用作数字资源的存储载体，所以相关的标准化工作不在第一节介绍，而是放到了第三节数字资源长期保存部分进行介绍。

第二节论述古籍和民国文献保存和保护的标准化工作。古籍的保存和保护是我国图书馆文献信息资源建设的重要组成部分，我国所制定的相关标准也都具有鲜明的国家特色。此外，相对于其他实体文献信息资源，古籍的保存与保护有许多自己独立的运行规律和标准体系。所以本章专门辟出一节对古籍文献的保存和保护标准化工作进行阐述。其中重点将对古籍保存的库房技术条件相关标准以及《古籍定级标准》进行阐述。民国文献也是我国的特色资源，改革开放以来各地都进行了大量的民国文献搜集与整理工作。因为这类资源与古籍资源在文献载体上有某种内在的关联，同时也具有许多自身的特色，所以就将其相关论述与古籍资源部分放在同一节中进行介绍。

最后是第三节，即数字资源长期保存标准。虽然也有实际的存储介质作为载体，但是数字资源从本质来说是一种虚拟的信息资源，按照本节开头所确定的“由实体到虚拟”这一原则，我们就将这部分的介绍与论述放到了本章的最后一节。数字资源是一种从 20 世纪 90 年代开始新兴的文献载体类型。它的发展势头非常迅猛，甚至已经出现了替代纸质等其他文献资源载体的态势。与数字资源爆炸化发展趋势相对应，数字资源长期保存及相关标准化工作的发展也日益得到各国图书馆的重视。为此，本章第三节就将专门对数字资源长期保存的标准化工作进行阐述。由于此项工作国内起步较晚，标准体系建设尚不完善，所以主要以介绍国外经验为主，同时还将对国内已有的成功范例进行适当的介绍。

第一节　一般实体文献保存标准化

信息与文献标准化的工作在 20 世纪 30 年代就已开始，德国在 1930 年就制定了国家级的相关标准。1947 年，国际标准化组织（ISO）下属的信息与文献标准化技术委员会 TC 46 正式成立。在 1989 年召开的 TC 46 第 23 届大会上正式成立第 10 分会（SC 10），即文献保护标准化技术委员会，该委员会目前的主席为德国标准化委员会（DIN）。1979 年 11 月，全国信息与文献标准化技术委员会（以下简称“文标会”）在无锡成立，该委员会及其下属分委员会分别对应 ISO 的 TC 46 及其以下的各分委员会，涵盖了情报、图书、档案和出版等 4 个行业，是我国相关领域技术标准化的主要实施主体。文标会的第 10 分会成立于 1992 年 4 月，它对应于 ISO/TC 46/SC 10，专门从事我国文献保护标准化的工作。

从20世纪90年代中期开始，国内外标准化组织逐步形成了一套比较成熟的标准体系，该体系主要包括以下内容：(1) 文献保护条件标准化。其中包括文献贮藏的温湿度标准、文献贮藏的环境空气质量标准、文献贮藏的光线标准以及文献贮藏的装具标准等；(2) 文献保护技术的标准化。其中包括文献虫害防治技术标准、文献消毒灭菌技术标准、文献脱酸技术标准、文献修复技术标准、文献干燥技术标准和文献装订技术标准等；(3) 文献保护试验研究方法的标准化。其中包括文献制成材料加速老化技术标准、纸质试样的选裁方法、纸张物理性能检测方法和纸张化学性能检测方法等。[1]

当然，上述技术标准体系仅适用于包括古籍和民国文献在内的实体资源，而并不包括数字资源，而且，随着时代的发展，其内容也会不断地进行更新和发展。本章第一、二两节将基于上述文献类型和文献保护标准体系，对其国内外的标准化情况予以介绍。本节根据本章引言所规定的逻辑顺序，先就一般实体文献资源进行讨论。此处的一般实体文献指的是纸质文献（除古籍和民国文献）、缩微胶卷和磁带等资源。对于这些文献——尤其是一般纸质文献——的保存是大多数图书馆的重要业务内容。

一、纸质文献保存与保护标准化

图书馆馆藏文献中的一大部分均为纸质文献，纸质文献曾经、正在也将在未来相当长一段时期内都是图书馆馆藏的主要形式。因此，对于纸质文献的保存也是图书馆的一项非常重要的工作。图书馆业界对于纸质文献的保存长期以来形成了许多行业内的经验，国际国内标准化界在总结和分析这些经验的基础上，同时吸取最新的图书馆文献保存业务实践，制定出了一系列相关的标准。

下文将介绍纸质文献维护保存的标准化情况。其中包括纸质文献保存耐久性标准、纸质文献存储和一般试验加工标准等文献保存技术标准化情况，以及与纸质文献保存保护密切相关的图书馆馆舍和设备标准化——也就是前文所说的文献保存条件标准化——的情况。其中，纸质文献修复相关标准请参阅第二节古籍文献保存标准化部分。

（一）纸质文献保存与保护标准化

1. 纸质文献保存耐久性标准

国际标准化组织（ISO）下属 TC 46 信息与文献标准化委员会的 SC 10 文献保存与长期保存条件需求分委员会具体负责有关图书馆纸质文献保存标准的研究与制定工作。以下主要列举该委员会所颁布的纸质文献保存相关主要标准，同时介绍其各自对应的国内标准。

《信息与文献 文献用纸 耐久性的要求》（ISO 9706: 1994）由德国标准化学会（DIN）负责制定，于 1994 年 2 月颁布，2015 年经过评审确认，目前仍然有效。这是 SC 10 成立后所制定的首个重要的 ISO 标准。它对用于文献长期保存的纸张规定了相应的技术条件。其中包括纸张撕裂试验所需最小应力、以碱藏量衡量中和酸反应时相关物质（如碳酸钙）的最小含量、以纸浆卡伯值衡量的易氧化成分最高含量、以及纸张冷水提取物中 pH 值的最大与最小值。该标准适用于印刷纸，但不适用于纸板。

《信息与文献 文献用纸 耐久性要求》（GB/T 24423—2009）修改采用 ISO 9706: 1994《信息与文献 文献用纸 耐久性的要求》，由国家图书馆负责制定。它于 2009 年 9 月发布，2010 年 2 月开始正式实施。

《信息与文献 档案纸 耐久性和耐用性要求》（ISO 11108: 1996）于 1996 年 12 月颁布，2015 年经过评审确认，目前仍然有效。该标准对用于长期保存且具有较高使用频度的档案印刷用纸规定了技术要求。对于此类用途，该标准要求采用高性能且高耐用性的纸张。

《纸张 一般地图应用的稳定性要求》（ISO 20494: 2017）由 ISO 下属的另一个技术委员会 TC 6 纸张、纸板与纸浆委员会下属 SC2 纸张与纸板测试方法与质量规范分委员会制定，于 2017 年 12 月颁布。它对地图一般制作过程中的纸张稳定性提出了要求，适用于所有类型的涂布纸、非涂布纸以及填料纸。

2. 纸质文献存储及其一般加工和试验方法标准

《信息与文献 纸质书写、打印和复制的持久性 要求和试验方法》（ISO 11798: 1999）于 1999 年 7 月颁布，2015 年经过评审确认，目前仍然有效。它对图书馆、档案馆以及其他机构中所保存的书写、打印以及复制的纸质文献提供了对其持久性进行测试的要求及其相应方法。其中包括对图像颜色强度和呈现、色牢度、防水性、记录图像传输、耐磨性、耐热性以及记录过程对纸张机械强度的影响等测试项目。

《信息与文献 档案馆和图书馆文献的存储要求》（ISO 11799: 2015）的最新版于2015年12月颁布，它对档案和图书馆资料长期保存仓储的特性予以规定。其中包括仓储建筑的环境、建筑、更新，以及仓储内外相关设施的安装规范。该标准适用于仓储内所保存的所有档案和图书馆资料，其中包括混合媒介与纸质资料共同保存的情况。

我国的国家标准《信息与文献 图书馆和档案馆的文献保存要求》（GB/T 27703—2011）从图书馆文献保存角度出发专门针对图书馆文献库建设制定的标准，该标准于2011年12月发布，2012年5月正式开始实施。它修改采用国际标准ISO 11799: 2003，从建筑选址、建筑的结构及抗震要求等方面规定了文献库的基本特征；从文献库的保存环境——温度、湿度、空气质量和光照要求以及消防、安防等方面规定了文献库应达到的基本条件。该标准适用于需要长期或永久保存的纸质文献，不包括非纸质文献的保存要求，也不包括文献库的管理程序。它与ISO标准的区别主要在于：根据我国建筑抗震设计规范，增加了对文献库的抗震要求；根据国内主要城市大气污染状况，对文献库空气质量要求做了适当的调整；根据我国建筑照明设计标准和博物馆照明设计规范，对文献库及展厅的照度和紫外线的限值进行了修改。与2015年版本不同之处在于，该版本标准对“一般用途的”档案和图书馆资料长期保存仓储的特性予以规定；此外还强调它不适用于羊皮纸、牛皮纸、图片文件或机读文件等非纸质或非完全纸质文献的长期保存；同时也不对仓储管理程序作出规定。

《信息与文献 用于图书生产的装订材料和方法的要求》（ISO 11800: 2002）于1998年4月颁布，2014年经过评审确认，目前仍然有效。该标准对一般图书生产过程中的纸张装订材料和方法进行了规定。

《信息与文献 档案和图书馆使用的书籍、期刊、连续出版物和其他纸质文件装订的要求》（ISO 14416: 2003）于2003年6月颁布，2014年经过评审确认，目前仍然有效。它与前述ISO 11800: 2002标准相对应，专门就长期保存档案资料以及图书馆长期保存书籍、期刊和连续出版物的装订作出了规定。

《信息与文献 图书馆和档案馆的图书、期刊、连续出版物及其他纸质文献

的装订要求 方法与材料》（GB/T 30108—2013）采标 ISO 14416: 2003，于2013 年 12 月发布，于2014 年 4 月正式开始实施。其中规定了图书馆和档案馆纸质文献的装订方法与装订材料的要求；适用于对耐久性与耐用性有特殊要求的图书、期刊、连续出版物与档案文献的装订；适用于下列一般工序：出版物或非出版资料的初次精装装订，论著、期刊、连续出版物和其他纸质文献的精装再装订，以及其他需要采用这种保护方式的文献的装订，不适用于具有高度艺术与历史价值的文献的装订，也不适用于因文献本身物理特性而不能按本标准进行的装订。

3. 纸质文献保存相关的其他标准

《信息与文献 为存储纸质和羊皮纸文献而用纤维材料制成的盒子、文件夹及其他附件》（ISO 16245: 2009）于2009 年 12 月颁布，2015 年经过评审确认，目前仍然有效。该标准对于纸张或羊皮纸长期保存所用纤维材料制成的盒子、文件夹及其他附件作出了规定。它适用于由固体物质或波纹瓦楞纸板制成的盒子以及由纸张或纸板制成的文件封面，它还适用于纤维材料制成的纸箱、文件包、纸筒以及信封等其他附件材料的长期保存。与成像材料相关的对应标准由 ISO 18902 进行规定。

《纸张脱酸效果的有效性》（ISO/TS 18344: 2016）于2016 年 2 月颁布，目前仍然有效。这是一份关于纸张脱酸处理的新标准，且为较一般标准要求相对更为严格的技术标准（Technical Specification，TS）。该标准对各类纸质酸性文件的大规模去酸化工艺进行了规定。对于该标准的评述详见本章第二节古籍标准化部分。

上述标准除《纸张 一般地图应用的稳定性要求》（ISO 20494: 2017）之外，均由 ISO/TC 46/SC 10 制定颁布。另外，SC 10 还制定了其他几项相关标准，其中包括在研的 2 项标准，在此不作更多介绍。国际国内纸张文献保存标准的具体情况详见表 5 – 1。

表 5 – 1 国际国内纸张文献保存主要标准

序号	国际标准	对应国内标准
1	ISO 9706: 1994 Information and documentation — Paper for documents — Requirements for permanence	GB/T 24423—2009 信息与文献 文献用纸 耐久性要求

（续表）

序号	国际标准	对应国内标准
2	ISO 11108: 1996 Information and documentation — Archival paper — Requirements for permanence and durability	GB/T 24422—2009 信息与文献 档案纸 耐久性和耐用性要求
3	ISO 20494: 2017 Paper — Requirements for stability for general graphic applications	——
4	ISO 11798: 1999 Information and documentation — Permanence and durability of writing, printing and copying on paper — Requirements and test methods	——
5	ISO 11799: 2015 Information and documentation — Document storage requirements for archive and library materials	GB/T 27703—2011 信息与文献 图书馆和档案馆的文献保存要求
6	ISO 11800: 2002 Information and documentation — Requirements for binding materials and methods used in the manufacture of books	——
7	ISO 14416: 2003 Information and documentation — Requirements for binding of books, periodicals, serials and other paper documents for archive and library use Methods and materials	GB/T 30108—2013 信息与文献 图书馆和档案馆的图书、期刊、连续出版物及其他纸质文献的装订要求 方法与材料
8	ISO 16245: 2006 Information and documentation — Boxes, file covers and other enclosures, made from cellulosic materials, for storage of paper and parchment documents	——
9	ISO/TS 18344: 2016 Effectiveness of paper deacidification processes	——
10	ISO/TR 19814: 2017 Information and documentation — Collections management for archives and libraries	——
11	ISO/TR 19815: 2018 Information and documentation — Management of the environmental conditions for archive and library collections	——

（续表）

序号	国际标准	对应国内标准
12	ISO/DIS 21110 Information and documentation — Emergency preparedness and response（在研）	—
13	ISO/AWI 23404 Information and documentation — Papers and boards used for the conservation — Measurement of the impact of conservation materials on paper cellulose（在研）	—

（二）文献保存馆舍与设备标准化

图书馆的馆藏资源之中，除数字资源之外，包括一般书刊资料、古籍、缩微胶卷以及磁带等实体资源的保存。对于这些资源，除了其本身的加工制作及保存方法之外，馆舍及相关设备条件也是不可或缺的一个重要方面。因此，在有关上述文献种类的保存标准之中，图书馆的馆舍和设备标准也应该是其重要的组成部分。本节仅就一般实体资源的相关标准进行介绍，古籍保护方面的标准请参考第二节。

1. 文献保存馆舍标准

首先是图书馆馆舍标准，这方面的标准主要包括：《公共图书馆建设标准》（建标 108—2008）、《公共图书馆建设用地指标》（建标［2008］74 号）、《图书馆建筑设计规范》（JGJ 38-2015）以及《公共图书馆建筑防火安全技术标准》（WH 0502-1996）等等。与《信息与文献 图书馆和档案馆的文献保存要求》（GB/T 27703—2011）主要从图书馆馆藏保存角度提供标准化要求与规范不同的是，这些标准从建筑指标角度对图书馆建设用地的面积、使用以及相关的消防、安防进行了具体的规定。其中，《公共图书馆建设标准》根据服务人口的多少划分了大、中、小三种类型的公共图书馆，对不同类型图书馆的建筑面积、藏书量以及藏书区所占全馆建筑面积的比例等作出了具体的规定。《公共图书馆建设用地指标》对《公共图书馆建设标准》进行了数据上的细化。《图书馆建筑设计规范》规定了书库建筑设计规范，从温湿度、防水防潮、防尘防污染、防日光直射和防紫外照射、防磁和防静电以及防虫和防鼠等指标角度规定了图书馆文献资料防护的具体要求，此外还从图书馆防火设计、室内环境以及建筑设备等角度提出了相应的要求。上述标准均为建筑行业标准，而《公共图书馆建筑防火安全技术标准》则是由原文化部制定颁布的文化行业标准，该标准从图书馆行业角度出发，提供了公共图书馆建筑防火安全技术的相关指标，该标准参考引用了《图书馆建筑设计规范》并从图书馆具体实践角度进行了细化。

2. 文献保存设备标准

我国图书馆文献保存设备方面主要包括以下相关标准：《办公家具 木制柜、架》（GB/T 14532—2017）规定了木制柜、架类产品的分类、要求、试验方法、检验规则、产品标志、使用说明、包装、运输、贮存，适用于图书馆、档案馆及阅览室等办公场所使用的木制柜、架类产品；《钢制书架 第 1 部分：单、复柱书架》（GB/T 13667. 1—2015）、《钢制书架 第 2 部分：积层式书架》（GB/T 13667. 2—2017）、《钢制书架：第 3 部分：手动密集书架》（GB/T 13667. 3—2013）、《钢制书架：第 4 部分：电动密集书架》（GB/T 13667. 4—2013）分别规定了单复柱书架、积层式钢制书架、手动密集书架和电动密集书架的定义、分类、要求等内容；《钢制书柜、资料柜通用技术条件》（GB/T 13668—2015）规定了钢制书柜、资料柜的分类、要求、试验方法等。以上标准（或标准中之一部分）是有关放置纸质文献的书架、书柜有关的国家标准，其归口和制定单位一般为家具行业。与上述类似的标准以前还有《图书用品设备 木制目录柜技术条件》（GB/T 14530—1993），主要用于规定放置图书目录卡片的木制目录柜技术条件。随着图书目录卡片逐渐被淘汰，该标准也于2005 年 10 月作废。

二、缩微胶卷保存与保护标准化

缩微胶卷相关的国际标准主要由 ISO/TC 171（Document Management Applications，文档管理应用技术委员会）负责，国内对口组织为全国文献影像标准化技术委员会（SAC/TC 86，简称文影标）。以下以 ISO 标准为主，对标国内标准分别予以介绍。

（一）银 – 明胶缩微制品相关标准

银 – 明胶缩微制品相关的国际标准主要包括：

《缩微摄影技术 银－明胶型缩微品变质迹象的检查》（ISO/TR 12031:2000）。该标准于2000年9月发布，目前仍然有效。它为挑选样本和检测银－明胶缩微胶卷变质迹象提供了统一的方法。

《文件管理 数字保存 银－明胶缩微品模拟记录》（ISO/TR 18160:2014）。该标准于2014年9月发布，目前仍然有效。该标准提供了在将数字图像记录拷贝到黑白银制缩微胶卷上时的一致性评估方法，这里的数字图像记录既可以是原生数字文件，也可以是从文件扫描仪上生成的数字文件。

《成像材料 处理过的成像材料 相册、框架和存储材料》（ISO 18902:2013）和《成像材料 处理过的成像材料 密封材料的摄影活性试验》（ISO 18916:2007）。前者对相册、框架和存储材料在防止经过处理或印刷受到损坏方面作出了物理和化学性能上的规定。后者对密封成像材料的活性试验程序进行了规定，它取代了《成像材料 处理过的成像材料 密封材料的摄影活性试验》（ISO 14523:1999），于2007年6月发布，同年10月经过了一次修订，目前仍然有效。

我国文影标规范性引用以上两份国际标准，制定了国家标准《缩微摄影技术 银－明胶型缩微品的冲洗与保存》（GB/T 15737—2014）。该标准于2014年5月发布，同年11月开始正式实施，规定了中期和超长期存储的缩微品制作过程中有关定影、水洗和干燥的要求以及缩微品的保存条件，适用于符合GB/T 7430—1996规定的以醋酸纤维素酯、聚酯（聚乙烯对苯二甲酸酯）等为片基的常规冲洗的银－明胶型黑白胶片缩微品；不适用于微泡胶片缩微品、重氮胶片缩微品、干银胶片缩微品和彩色胶片缩微品。关于银－明胶缩微品，文影标还于2008年发布了《缩微摄影技术 第一代银－明胶型缩微品的质量要求》（GB/T 17292:2008）。该标准规定了第一代银－明胶缩微品的质量要求，其中包括密度、缩微影像系统的综合解像力与可读性、表面缺陷、影像缺陷缩率以及完整性、保证性和凭证性要求等。

表5－2 银－明胶缩微制品主要国际国内标准

序号	国际标准	国内标准
1	ISO/TR 12031:2000 Micrographics — Inspection of silver-gelatin microforms for evidence of deterioration	GB/Z 19737—2005 缩微摄影技术 银－明胶型缩微品变质迹象的检查

（续表）

<table>
<tr><th>序号</th><th>国际标准</th><th>国内标准</th></tr>
<tr><td>2</td><td>ISO/TR 18160: 2014　Document management — Digital preservation — Analog recording to silver-gelatin microform</td><td>——</td></tr>
<tr><td>3</td><td>ISO 18902: 2013　Imaging materials — Processed imaging materials — Albums, framing and storage materials</td><td rowspan="2">GB/T 15737—2014　缩微摄影技术 银－明胶型缩微品的冲洗与保存</td></tr>
<tr><td>4</td><td>ISO 18916: 2007　Imaging materials — Processed imaging materials — Photographic activity test for enclosure materials</td></tr>
<tr><td>5</td><td>——</td><td>GB/T 17292: 2008　缩微摄影技术 第一代银－明胶型缩微品的质量要求</td></tr>
<tr><td>6</td><td>ISO 8127-1: 1989　Micrographics — A6 size microfilm jackets — Part 1: Five channel jacket for 16 mm microfilm</td><td>GB/T 20226. 1—2006　缩微摄影技术 缩微胶片 A6 尺寸封套 第 1 部分：16mm 缩微胶片用五片道封套</td></tr>
<tr><td>7</td><td>ISO 8127-2: 1999（已废止）　Micrographics — A6 size microfilm jackets — Part 2: Other types of jacket for 16 mm and 35 mm microfilm</td><td>GB/T 20226. 2—2006　缩微摄影技术 缩微胶片 A6 尺寸封套 第 2 部分：16mm 和 35mm 缩微胶片用其他类型封套</td></tr>
<tr><td>8</td><td>ISO/TR 12036: 2000　Micrographics — Expungement, deletion, correction or amendment of records on microforms</td><td>——</td></tr>
</table>

（二）缩微胶卷保存封套相关标准

缩微胶卷保存封套相关的国际标准主要是《缩微摄影技术 缩微胶片 A6 尺寸封套 第 1 部分：16mm 缩微胶片用五片道封套》（ISO 8127: 1-1989）。该标准于 2013 年经过评审，目前仍然有效。我国文影标对该国际标准进行等同采用，制定了国家标准《缩微摄影技术 缩微胶片 A6 尺寸封套 第 1 部分：16mm 缩微胶片用五片道封套》（GB/T 20226. 1—2006）。此外，文影标还于 2006 年制定发布了《缩微摄影技术 缩微胶片 A6 尺寸封套 第 2 部分：16mm 和 35mm 缩微胶片用其他类型封套》（GB/T 20226. 2—2006），该标准原先对应的国际标准《缩微摄影技术 A6 尺寸缩微胶片封套片 第 2 部分：16mm 和 35mm 缩微胶片用其他类型封套片》（ISO 8127-2: 1999）已废止。

除了银－明胶缩微制品和缩微胶卷保存封套相关标准，ISO 还制定了一份缩微摄影档案相关标准《缩微摄影技术 缩微档案的清除、删除、校正或修改》（ISO/TR 12036: 2000）。该标准于 2000 年 8 月发布，2013 年经过评审，目前仍然有效。它对文档删除处理中将图像从缩微胶卷中删除和修改等操作进行了规定，它还就需要对特定信息进行删除、修改或校正时对图像内容的操作进行了规定。

（三）缩微胶卷保存其他相关标准

与本节所述缩微胶卷保存有关的其他国际国内标准还包括《缩微摄影技术 在 35mm 缩微胶片上拍摄存档报纸》（ISO 4087: 2005），对应的国家标准为《缩微摄影技术 在 35mm 缩微胶片上拍摄存档报纸》（GB/T 25072—2010）。该标准规定了为保存和发行而进行缩微拍摄报纸的一般原则，包括对标板的要求，其目的是确保正确的著录和保证缩微品符合存档的相关标准。该标准适用于 35mm 无孔缩微卷片或缩微条片，包括第一代缩微胶片、中间片和发行拷贝。

《缩微摄影技术 在 16mm 和 35mm 银－明胶型缩微胶片上拍摄文献 操作程序》（ISO 6199: 2005）。它对应的国家标准为《缩微摄影技术 在 16mm 和 35mm 银－明胶型缩微胶片上拍摄文献 操作程序》（GB/T 16573—2008）。相关国家标准还包括《技术制图 对缩微复制原件的要求》（GB/T 10609. 4—2009）、《缩微摄影技术 在 16mm 卷片上拍摄古籍的规定》（GB/T 7517—2004）以及《缩微摄影技术 在 35mm 卷片上拍摄古籍的规定》（GB/T 7518—2005）等，对于这些标准的介绍请见第二节古籍保护标准化部分。

三、磁带维护保存与保护标准化

与磁带维护和保存相关的标准主要由以下技术组织负责。国际上有两个组织：其一是 ISO/TC 42 摄影技术委员会；另一个是 ISO/TC 36 电影技术委员会。国内由 SAC/TC 430 全国磁记录材料标准化技术委员会负责该领域标准的制定工作。

本领域的主要相关国际国内标准包括：《成像材料 磁带 扩展用途的维护和操作实践》（ISO 18933: 2012），该标准由 TC 42 制定发布，对磁带的操作技术、操作环境、使用和维护方法等作出了系统的规定；《摄影 电影电视磁性声音记录的维护和长期保存》（ISO 12606: 1997），该标准由 TC 36 制定发布，对电影和电视中磁性声音记录的维护与长期保存（尤其是图书馆环境下的长期保存）提出了推荐性的建议，该标准 2013 年经过评审，目前仍然有效。

国内录音磁带的主要现行标准为《盒式录音磁带通用规范》（GB/T 7309—2000），由原化学工业部归口并由 TC 430 负责制定的。该标准采标《磁带录音和放音系统 第 4 部分：机械磁带性能》（CEI/IEC 60094-4: 1994）和《磁带录音和放音系统 第 5 部分：电气磁带性能》（CEI/IEC 60094-5: 1986），规定了盒式录音磁带的要求、试验方法和检验规则，以及标志、包装、运输、贮存要求，适用于带宽为 3. 81 毫米的模拟盒式录音磁带。国内录像磁带的主要现行标准为《VHS 盒式录像磁带》（GB/T 14306—1993），规定了 VHS 盒式录像磁带的技术要求、环境试验、检验规则等要求。

四、我国一般实体文献保存标准化成效和问题

以上综述包括纸质文献、缩微胶卷以及磁带等三大类文献资源维护保存方面的主要国际国内标准。从总体上来看，在条件允许的情况下，我国的一般实体文献保存标准一般都能够采标国际标准，从所涉领域和技术规范上基本保持了与国际标准的一致。在对国际标准进行采标的过程中，也能结合我国的具体实际决定进行等同采用或者进行适当的修改，以对我国一般文献保存工作提供更切合国情的指导与规范。对于一些已经更新的国际标准，或者随着图书馆技术的进步已经被淘汰的陈旧标准，我国的国家标准也适时进行了更新。仅就本文提到的就有随着图书目录卡片逐渐被淘汰而废止的《图书用品设备 木制目录柜技术条件》（GB/T 14530—1993）等例证。

但是，仍有部分国家标准的更新还没有赶上国际标准的步伐，存在着国际标准已经更新，而我国的国家标准仍对标已废止国际标准的情况。仅就本文所提到的而言，就包括以下一些例证：《信息与文献 图书馆和档案馆的文献保存要求》（GB/T 27703—2011）对标《信息与文献 图书馆和档案馆的文献保存要求》（ISO 11799: 2003），而目前后者的最新版本为 2015 年的；《缩微摄影技

术 缩微胶片 A6 尺寸封套 第 2 部分：16mm 和 35mm 缩微胶片用其他类型封套》（GB/T 20226.2—2006）对标《缩微摄影技术 A6 尺寸缩微胶片封套片 第 2 部分：16mm 和 35mm 缩微胶片用其他类型封套片》（BS ISO 8127-2: 1999），而后者目前已经废止。

对于这些标准，建议有关标准制定单位及时根据国际标准新版本的变化，对照我国的应用实际予以适当的修订更新。

五、对我国一般实体文献保存标准化的建议

一般我们提到“文献保护”都是指古籍保护，包括纸质文献在内的其他一般实体文献资源的保存保护较少进入我们的视野；相关的标准化工作虽然一直在默默地推进，但也较少被人提及。本节把目前已知比较重要的相关标准作了一个相对系统的整理，在对国际国内标准进行对标比较的基础上，提出了一些具体的标准化工作建议。

总的来看，一般实体文献资源、尤其是纸质文献资源的保存保护涉及几乎所有的图书馆，相关的标准化工作也是意义重大。在数字文献资源爆炸性发展的今天，纸质文献及其他一般实体资源的保存保护工作非但不应削弱，反而应该进一步予以加强，尤其是其中的纸质文献。它将在可预见的相当长一段时期内与数字文献并存，纸质文献也将在相当长的一段时期内仍旧是图书馆主要的文献资源载体类型，纸质资源的保存保护工作任务也将日益艰巨。

正如前文所分析的，纸质文献保存保护标准化工作仍有一些需要进一步完善的地方。尤其需要注意的是密切跟踪国际标准化组织工作新动向，对新出台的国际标准，基于我国具体实情予以适当引进。

具体来说，ISO/TC 46 下属的 SC 10 目前已经颁布了 10 项相关标准，另有两项标准在研，我国已经采标其中部分标准。建议下一步结合我国实际，对其他未采标的标准展开进一步研究并评估采标的可能性。其中尤其需要注意的是最近 3 年新颁布的几项标准，即：《纸张去酸工艺的有效性》（ISO/TS 18344: 2016）、《信息与文献 档案馆和图书馆的馆藏管理》（ISO/TR 19814: 2017）以及《信息与文献 档案馆和图书馆馆藏环境条件的管理》（ISO/TR 19815: 2018）。其中 ISO/TS 18344 主要与古籍保护有关，ISO/TR 19814 和 ISO/TR 19815 则主要涉及图书馆文献保存条件的标准化工作。这从一个角度反映了 ISO/TC 46/SC 10 目前标准化工作的部分热点所在。我们认为，国内标准化工

作者应该对此予以充分注意。另外还需要引起注意的是ISO在研的两项新标准：《信息与文献 应急准备与响应》（ISO/DIS 21110）和《信息与文献 长期保存用纸张和纸板——长期保存材料对纸张纤维素影响的测定》（ISO/AWI 23404）。其中前一项也是有关文献保存条件标准化，而后一项则与古籍保护和修复密切相关。对于这两项在研标准，建议密切跟踪其制定过程，待其制定完成后再予以充分评估，研讨是否予以采标引进。

对于缩微胶卷和磁带等文献，由于这些文献载体受到了数字文献的很大冲击，其生产与制作正逐渐趋于萎缩，所以相关的标准化需求也正在逐渐减少。缩微胶卷方面，根据前文所述，目前最新的主要国际标准为《文件管理 数字保存 银-明胶缩微品模拟记录》（ISO/TR 18160:2014），国内最新的主要标准是《缩微摄影技术 银-明胶型缩微品的冲洗与保存》（GB/T 15737—2014）。磁带方面，最新的主要国际标准为《成像材料 磁带 扩展用途的维护和操作实践》（ISO 18933:2012），主要国内标准为《盒式录音磁带通用规范》（GB/T 7309:2000）。因为这两种文献载体标准的制定并非由图书馆界主导，所以这里就不对其标准化工作再展开论述了。从图书馆的角度来说，对于上述文献载体，日前最重要的是真正按照已有标准的要求去做，对库存的缩微胶卷和磁带文献资源真正做到管好用好。

第二节　古籍保护标准化

本节所述古籍主要指中华古籍，从写印材料的角度，中华古籍主要的载体是以树皮、竹、草等材料制成的中国传统手工纸，与国外的羊皮纸、莎草纸、机制木浆纸等所制的文献典籍具有明显差别，且后者已有较多国外的经验可循。本节所述古籍保护的标准化工作以我国的古籍保护标准化为主，重点讨论中华古籍保护计划十年中所制定的标准及其实践情况，同时讨论其他标准如国际组织ISO、IFLA等的相关工作。

一、古籍保护标准化概述

（一）古籍保护的概念解析

古籍是一类特殊的文献信息资源，主要指书写、印制于1912年以前，具有中国古典装帧形式的书籍，包括汉文和少数民族文字古籍。[2]一方面，古籍记录的是数千年来中华文明灿烂的历史文化，具有重要的学术资料性，是文化自信的基石；另一方面，其载体具有历史文物性和艺术代表性，是不可替代、不可再生的文化战略资源。古籍保护既要保护信息，也要保护载体本身。古籍的保护工作既依托于图书馆开展，遵循各类图书馆文献信息资源保存与保护的一般规律，又具有独特的需求和意义。

自2007年实施中华古籍保护计划以来，全国性的古籍保护工作机制已经建立并日趋完善，中央和地方古籍保护工作经费保障能力不断增强，中华古籍得到系统性保护，在普查、修复、整理、出版、人才培养等方面取得显著成果。古籍保护的基本原则是“保护为主、抢救第一、合理利用、加强管理”。

（二）古籍保护标准化发展概况

《中华人民共和国国民经济和社会发展第十三个五年规划纲要》（以下简称“十三五规划”）中，明确把古籍保护标准体系建设列为重要任务，“实施严格的古籍保护责任制度和责任追究制度，以促进古籍保护工作的科学化规范化”。

2005年，原文化部、财政部启动中华古籍特藏保护计划（以下简称“保护计划”）。6月23至24日，“保护计划”标准规范组在国家图书馆召开工作会议。会后在讨论意见的基础上，其中较为成熟的5项形成了原文化部的系列标准《古籍定级标准》（WH/T 20-2006）、《古籍普查规范》（WH/T 21-2006）、《古籍特藏破损定级标准》（WH/T 22-2006）、《古籍修复技术规范与质量要求》（WH/T 23-2006）、《图书馆古籍特藏书库基本要求》（WH/T 24-2006）。

以上一系列的标准化工作为随后2007年至今的中华古籍保护计划的实施提供了有力的保障。2008年至2014年，在实施过程中不断总结和修订，又相继编制发布了《古籍修复技术规范与质量要求》《图书馆古籍书库基本要求》《汉文古籍特藏定级》等国家标准，有效推动了古籍修复、馆藏环境改善、普查及分级保护等重要工作的开展。

在赵文友[3]《我国古籍保护标准体系建设的成果与思考》一文中，列举了当前已有和已立项的古籍保护相关标准（表5－3、表5－4）。

表 5-3 “十三五”时期全国古籍保护工作主要指标

类别	指标	单位	2016 年	2020 年
普查登记	完成古籍普查登记的古籍收藏机构的数量	家	1218	2000
	出版《普查登记目录》的古籍收藏机构的数量	家	122	200
	古籍普查数据的发布量	万条	40.6	72.6
保护修复	珍贵古籍修复数量	万叶	250	350
资源利用	完成古籍数字资源	万部	4.6	7
	发布数字化古籍资源	万部	2.7	7
	影印出版古籍数量	万部	1.34	1.5
队伍建设	培训古籍收藏单位从业人员数量	人次	8396	10000
标准规范	制定出台古籍定级、存藏、修复、数字化等专业技术标准数量	部	5	15

表 5-4 已有古籍保护相关标准

标准编号	标准名称	发布部门	实施日期	状态
GB/T 517—2004	缩微摄影技术 在 16mm 卷片上拍摄古籍的规定	国家质检总局、国家标准委	2004 年 12 月 1 日	现行
GB/T 518—2005	缩微摄影技术 在 35mm 卷片上拍摄古籍的规定	国家质检总局、国家标准委	2005 年 10 月 1 日	现行
	图书资料业务人员（文献修复师）国家职业标准（试行）	劳动和社会保障部、原文化部	2004 年 7 月 27 日	试行
WH/T 20-2006	古籍定级标准	原文化部	2006 年 9 月 1 日	作废
WH/T 21-2006	古籍普查规范	原文化部	2006 年 9 月 1 日	现行
WH/T 22-2006	古籍特藏破损定级标准	原文化部	2006 年 9 月 1 日	现行
WH/T 23-2006	古籍修复技术规范与质量要求	原文化部	2006 年 9 月 1 日	作废
WH/T 24-2006	图书馆古籍特藏书库基本要求	原文化部	2006 年 9 月 1 日	作废

（续表）

标准编号	标准名称	发布部门	实施日期	状态
GB/T 21712—2008	古籍修复技术规范与质量要求	国家质检总局、国家标准委	2008 年 7 月 1 日	现行
GB/T 3792. 7—2008	古籍著录规则	国家质检总局、国家标准委	2009 年 1 月 1 日	现行
WH/T 66-2014	古籍元数据规范	原文化部	2014 年 4 月 1 日	现行
GB/T 30227—2013	图书馆古籍书库基本要求	国际质检总局、国家标准委	2014 年 12 月 1 日	现行
CY/T 124—2015	学术出版规范 古籍整理	原国家新闻出版广电总局	2015 年 1 月 29 日	现行
GB/T 31076. 1—2014	汉文古籍特藏藏品定级 第 1 部分：古籍	国家质检总局、国家标准委	2015 年 7 月 1 日	现行

表 5－5　已立项古籍保护相关标准（截至 2016 年 12 月的数据）

标准类型	标准名称	立项时间
国家标准	汉文古籍特藏藏品定级 第 2 部分：简帛古籍	2014 年
国家标准	汉文古籍特藏藏品定级 第 3 部分：敦煌遗书	2014 年
国家标准	汉文古籍特藏藏品定级 第 4 部分：佛教古籍	2014 年
国家标准	汉文古籍特藏藏品定级 第 5 部分：碑帖拓本	2014 年
国家标准	汉文古籍特藏藏品定级 第 6 部分：古地图	2014 年
国家标准	少数民族文字古籍定级标准	2014 年
国家标准	古籍函套技术要求	2014 年
行业标准	拓片修复技术规范与质量要求	2014 年

现有和在研的古籍保护标准可分为 5 类：1. 管理标准，如《图书资料业务人员（文献修复师）国家职业标准（试行）》；2. 建设标准，如《图书馆古籍书库基本要求》；3. 文献组织标准，如《古籍著录规则》《古籍元数据规范》；4. 文献保存、保护与修复标准，如《古籍定级标准》《古籍特藏破损定级标准》《古籍修复技术规范与质量要求》《拓片修复技术规范与质量要求》《古籍函套技术要求》等；5. 跨类标准，不易归入单独一类，如《古籍普查规

范》《学术出版规范 古籍整理》《缩微摄影技术 在16mm 卷片上拍摄古籍的规定》等。

由此可见，现有古籍保护的相关标准仅涉及图书馆标准体系的部分类别，服务标准等领域存在空白亟需填补。同时，现有部分标准难以归类，古籍保护的标准体系有待进一步探讨构建。

因古籍的特殊性，其存藏保护需要独立的环境，其保护修复需要专业的技术队伍，其服务利用需要探索创新模式，其日常业务的核心是“保护为主，防治结合，合理利用”，已与图书馆普通文献信息资源的保存与保护有明显的区别。实际上部分有条件的图书馆已单独设立古籍分馆。国家图书馆将其业务工作[4]分为10类，其中采选、编目、库房管理、保护与修复4类业务均为古籍专设条目。可见，古籍保护已成为一项“保护与修复”和“采选、编目、存藏”并重的系统性工作。目前所空缺类别的标准，如数字资源建设、读者服务、参考咨询等，可能也恰应是全面提升古籍科学保护的业务能力和管理水平所必需的，未来古籍保护标准化工作所需重点填补的。

二、当前古籍保护标准体系

本节所讨论的现有我国古籍保护工作标准已在表5-4中列出。考虑到目前古籍保护的标准体系尚不成熟，对标准化工作现状的梳理将与中华古籍保护计划的十年实践相结合，分节重点讨论。其他古籍保护相关的标准化工作合并列于“（五）其他相关标准”。

2007年，国务院办公厅发布《关于进一步加强古籍保护工作的意见》（国办发［2007］6号），提出在“十一五”期间大力实施“中华古籍保护计划”。主要有五个方面：一是统一部署，从2007年开始，用3到5年时间，对全国公共图书馆、博物馆和教育、宗教、民族、文物等系统的古籍收藏和保护状况进行全面普查，建立中华古籍联合目录和古籍数字资源库；二是建立《国家珍贵古籍名录》，实现国家对古籍的分级管理和保护；三是命名“全国古籍重点保护单位”，完成一批古籍书库的标准化建设，改善古籍的存藏环境；四是培养一批具有较高水平的古籍保护专业人员，加强古籍修复工作和基础实验研究工作，逐步形成完善的古籍保护工作体系；五是进一步加强古籍的整理、出版和研究利用，特别是应用现代技术加强古籍数字化和缩微工作，建设中华古籍保护网。

此五方面的工作在“十二五”期间继续加强，在整个中华古籍保护计划的十年里取得了丰硕的成果（参见表5－3，2016年的指标）。本节将分“古籍普查与资源建设”“古籍存藏环境的改善”“古籍修复与规范管理”三个专题对以上五个方面涉及的标准化工作逐一开展梳理。其中第一、二、五部分的标准化工作密切相关，因此合并于“古籍存藏环境的改善”中。

（一）古籍普查与资源建设标准化

古籍的普查登记是“中华古籍保护计划”的首要任务，是全面了解全国古籍存藏情况、建立古籍总台账、开展全国古籍保护的基础性工作。全国古籍普查登记基本数据库是全国古籍普查登记工作成果的具体体现，其中心任务是通过每部古籍的身份证——“古籍普查登记编号”和相关信息，建立国家古籍登记制度，加强各级政府对古籍的管理、保护和利用。在此基础上，推进古籍资源的分级管理和保护，推进古籍数字化资源（包括海外中文古籍）的建设和古籍的出版利用。

2007年8月，原文化部印发《全国古籍普查工作方案》等文件的通知（文社图发［2007］31号），明确普查工作的执行标准主要包括《古籍普查规范》（WH/T 21-2006）、《古籍定级标准》（WH/T 20-2006）等。2008年7月，《古籍著录规则》（GB/T 3792.7—2008）修订颁布。2012年，国家古籍保护中心发布《全国古籍普查登记工作方案》，编制了《全国古籍普查登记手册》，并完成了全国古籍普查平台在全国的部署。

截至2016年，已完成古籍普查登记的古籍收藏机构1218家，出版《普查登记目录》122家，发布普查数据40.6万条。在此基础上，将推进《中华古籍总目》编纂工作，完成一批省级分卷出版项目，并加快推进《中国少数民族古籍总目提要》的整理、研究和出版工作。

同时，国务院已批准公布5批《国家珍贵古籍名录》，共计12274部古籍入选。一些有条件的省份也陆续开展《省级珍贵古籍名录》的申报评审工作，对古籍的珍贵程度进行区分，形成不同级次，有重点、有针对性地进行分级保护。

在做好古籍资源原生性保护的同时，还要更好发挥其利用价值，促进中华优秀文化的传播。古籍数字化是能够有效解决古籍保护与利用之间矛盾的重要手段之一。[5]各类古籍书目数据库和全文影像数据库是主要的成果形式。近年由国家古籍保护中心组织编制了《古籍数字化工作手册》（试行本），对古籍数字化加工流程做了具体规定，并面向各省级保护中心举办多期古籍数字化培训班。以建设“中华古籍数字资源库”为目标，还陆续开展了“中华珍贵典籍资源库建设项目”“国家图书馆藏善本缩微胶片数字化”“海外中华古籍调查暨数字化合作项目”“中华再造善本数据库”等项目，“建设国家古籍资源数据库”被写入了国家“十三五”规划纲要。

截至 2016 年底，除 IFLA 的 *Guidelines for Planning the Digitization of Rare Book and Manuscript Collections* 中有部分内容涉及，古籍数字化过程中的标准仍多为企业标准、机构标准[6]，或可参照本章其他部分的相关数字化标准。因此，本节仅对古籍的普查、著录、定级三项标准重点展开论述。

1. 普查规范

《古籍普查规范》（WH/T 21-2006）是原文化部为实施“中华古籍特藏保护计划”，委托国家图书馆主持制定的原文化部行业标准，由国家图书馆起草。它于 2006 年 8 月 5 日发布，自 2006 年 10 月 1 日起实施，现行有效。

该标准规定了普查范围、规范性引用文件、古籍普查工作要求和古籍普查人员条件等内容，适用于各类型图书馆的古籍普查工作。旨在“厘清现今古籍的存量，评定现存古籍的级别等次，掌握现今古籍的存藏环境状况，了解古籍的破损程度、致损成因、破损数量，据以制定修复计划，以便有目标地进行人才培养、置办设备、建立古籍保护实验室，最后完成中国古籍的登录任务”。

2. 著录规则

古籍著录是对被著录古籍的内容和形式特征进行分析、选择和记录的过程，它的作用是规范、简明地揭示被著录古籍，以组成一条书目记录。著录项目、著录标识符与著录信息源，是标准化古籍著录的三个重要因素。由于中国古籍普遍存在的外部特征记载不规范的实际情况[7]，古籍著录的标准化工作具有较大难度。《四库全书总目》是传统古籍著录的最高峰，当代古籍著录应是对其的继承以及对 ISBD、MARC 等信息记录模式的变通。例如“卷数”信息的著录[8]。

《古籍著录规则》（GB/T 3792.7—2008）为文献著录系列规则 GB/T 3792① 的第 7 部分，依据《国际标准书目著录（总则）》（ISBD（G））的原

① 该系列规则共 8 部分，依次为文献著录总则、普通图书著录规则、连续出版物著录规则、非书资料著录规则、档案著录规则、测绘制图资料著录规则、古籍著录规则、乐谱著录规则。

则，并修改采用《国际标准书目著录［古籍（善本）］》（ISBD（A）第二修订版），在《古籍著录规则》（GB/T 3792.7—1987）基础上修订而成。该标准的主要起草单位是中国国家图书馆等。它于2008年7月16日发布，自2009年1月1日起实施，现行有效。

该标准包括术语和定义、著录项目和著录单元、著录用标识符、著录用文字、著录信息源及著录项目细则等。附录包括著录格式、多层次著录两个资料性附录。该标准主要用于汉语文古籍著录，各少数民族语文古籍著录可以参用。

该标准与ISBD（A）的主要区别在于著录内容的规定信息源。如"题名与责任说明项"的规定信息源，ISBD（A）定为"题名页"，本部分根据我国古籍及其著录的实际情况，明确定为"正文首卷卷端"。著录项目与规定信息源的关系详见表5-6。

表5-6　著录项目与规定信息源的关系

著录项目	规定信息源
题名与责任说明项	正文首卷卷端，从编著录以总目录为规定信息源
版本项	全书的版本类型特征及有关文字记述
出版、发行项	版权页、题名页、牌记、版心、序跋、正文首卷卷端、其他各卷卷端及全书其他部分有关写刻印刷的文字记述
载体形态项	全书的完整本信息
丛编项	丛编总目录、题名页、版心、序跋、凡例、正文首卷卷端、其他各卷卷端、原印书签及丛编其他部分
附注项	任何信息源

在普查实践中，在保证客观性原则[9]的基础上，古籍普查著录项目逐渐简化[10]，古籍普查著录项目从最初要求的100余个字段，简化到13个基本项目，其中6个必填项目。全国古籍普查登记的13个基本项目包括：索书号、题名卷数、著者（含著作方式）、版本、册数、存缺卷数；选登项目有分类号、批校题跋、版式、装帧形式、丛书子目、书影、破损状况等内容。其中关于著者项的确认问题，受到特别重视。[11][12]

3. 古籍定级

古籍定级的标准化，旨在"研究古籍传本的特征与异同，辨别古籍传本的真伪与优劣，进而确定古籍传本的级别等次，最终实现对古籍的科学保护、合理利用”。

《古籍定级标准》（WH/T 20-2006）由国家图书馆负责起草，是原文化部的行业标准。它于2006年8月5日发布，自2006年10月1日起实施。该标准的制定参照了原文化部2001年第19号令发布的《文物藏品定级标准》和《一级文物定级标准举例》中记述善本古籍藏品定级的有关精神，参照了编纂《中国古籍善本书目》时提出的鉴别善本古籍的“三性原则”，以及该目列举的收录善本古籍的“九项条件”，同时考虑到了全国现存善本和普本古籍的实际情况。

在此基础上，吸收了全国古籍普查和《国家珍贵古籍名录》评审工作经验后[13]，又编制了《汉文古籍特藏藏品定级 第1部分：古籍》（GB/T 31076.1—2014）。该标准由原文化部提出，图标委归口管理，起草单位为国家图书馆等。它于2014年12月22日发布，自2015年7月1日起实施，现行有效。

两项标准都规定了古籍基本术语和定义，以及古籍的级别和等次，都适用于普通形制汉文古籍的定级；不适用于其他特殊藏品，如简帛古籍、敦煌遗书、碑帖拓片、古地图及域外刻本等的定级。特别地，佛教古籍在《汉文古籍特藏藏品定级》系列标准里被单列，未纳入《汉文古籍特藏藏品定级 第1部分：古籍》（GB/T 31076.1—2014）的适用范围。

（二）古籍存藏环境标准化

古籍需要良好的保存条件和严格的保护措施。随着《中华人民共和国公共文化服务保障法》于2017年、《中华人民共和国公共图书馆法》于2018年的正式颁布实施，以及《古籍保护条例》的呼之欲出，国家和各级政府对古籍保护包括古籍存藏环境的保障日益重视。据测算[14]，全国的善本古籍仅需3万—5万平方米的库房即可盛下。因此，增加一些保护的投入，不仅是急需的，而且根据我国目前的经济能力，也是能够承担的。据报道[15]，截至2016年底，中央财政已累计投入2.65亿元用于古籍保护，带动地方投入专项资金约3亿元。

中华古籍保护计划实施前，刘家真先生等[16]基于126个古籍收藏单位递交的“全国古籍重点保护单位申报书”的分析，整理得到中国古籍保存条件分析表（表5－7）。

表5－7 中国古籍保存条件分析

类别	相关措施	目的	统计数据	
			数量（个）	百分比（%）
空气调节	安装有空调系统	温湿度调节	128	46.21
	安装有空气净化设备	提高入库空气质量	21	16.67
光线调节	有防紫外装置	降低光的危害程度	7	5.56
温湿度监测	有温湿度监测仪	检测库内不同位置的温度与湿度	77	61.11
	无温湿度监测仪		44	34.92
	只有温度监测仪		3	2.38
	只有湿度监测仪		2	1.59
消防与安防	有水灾自动报警系统	库内水害报警	25	19.84
	有火灾自动报警系统	库内火灾报警	97	76.98
	有库房监控报警系统	防盗报警	89	70.63
	有自动灭火系统	及时扑灭火灾	85	67.46
	有“灾害预防应急措施”	灾害预防应急处理	48	38.10
治理	消毒、杀虫	去霉杀虫	81	64.29
	有古籍修复人员	修复古籍	46	36.50

刘先生在调研中发现了3个方面的问题：（1）保护古籍的意识与责任感不强；（2）古籍保护知识薄弱；（3）相关管理工作跟不上古籍保护的需要。“古籍收藏单位有关古籍保护的很多管理工作，如书库环境调控、各项指标的记录与检查、杀虫消毒、安防消防与修复管理等，都亟需规范化与制度化。”

1. 古籍书库基本要求

古籍书库的标准主要有两项，一是2016年10月1日开始实施的行业标准《图书馆古籍特藏书库基本要求》（WH/T 24-2006），二是2014年12月1日开始实施的国家标准《图书馆古籍书库基本要求》（GB/T 30227—2013）。它们的具体内容涵盖了建筑要求、温湿度要求、空气净化与通风要求、照明和防紫外线要求、消防与安防要求、防虫和防鼠要求、装具要求共七个部分。两项标准的内容对照见表5－8：

表 5－8　古籍书库基本要求的两项标准的异同

		WH/T 24-2006	GB/T 30227—2013
温湿度			
设备要求		应设置独立的恒温恒湿中央空调或空调机组；应设置温湿度监测仪器，全年监测和记录温湿度变化情况；空调设备应置于专门机房，并符合 JGJ 38 中的相关规定	
温度	基本要求	16—22℃	16—20℃
	更严格的建议	如 1—4℃、8—12℃等，但最低温度不宜低于 0℃	
	日较差	≤2℃	
湿度	基本要求	45—60%	50—60%
	日较差	≤5%	
空气质量（各项参数为 1h 平均值的浓度限值）			
可吸入颗粒物		≤0. 15mg/m^3	
二氧化硫		≤0. 01mg/m^3	
二氧化氮		≤0. 01mg/m^3	
总挥发性有机化合物		≤0. 06mg/m^3	≤0. 12mg/m^3（不含樟脑）
菌落总数		（未做要求）	≤2500cfu/m^3
通风要求			
出风口的风速		≤0. 3 m/s	＜0. 2 m/s
照明和防紫外线			
照明和照度		参照 GB 50034①，书库、书架 0. 25m 处的照度≤50lx，照明均匀度 U_0≥0. 4，显色指数 Ra≥80	
光源的紫外线含量		＜75μW/lm	＜20μW/lm
人工照明		宜选用乳白色灯罩的白炽灯； 灯具与文献藏品等易燃物的垂直距离应不小于 0. 5m	应选用绿色节能光源； 灯具与书架的距离应不小于 0. 5m，电线不应裸露在外
装具			
书柜、书箱制作材料要求		阻燃、耐腐蚀、无挥发性有害气体的材料制成，涂覆材料应稳定耐用	耐腐蚀、无酸性或氧化性物质挥发的材料制作，涂覆材料应稳定、耐用

① 《建筑照明设计标准》（GB 50034）经查阅相关资料，确认存在 2004 年和 2013 年两个版本，但在国家标准全文公开系统和全国标准信息公共服务平台中均未搜得该系列标准。

（续表）

保护装具	应制作书盒、函套、夹板等加以保护；善本宜配置木质书盒	宜根据需要制作书盒、函套、包布、束绳、夹板等加以保护；善本宜配置木质书盒
保护装具的要求	书盒、函套的制作材料和文献包纸应采用无酸纸板或无酸纸张制作，其 pH 值应在 7.5—10.0 之间	书盒、函套的制作材料和文献包纸应采用无酸纸板和无酸纸张制作，其 pH 值应在 7.5—10.0 之间。文献包布应使用无酸材料

2. 相关标准的讨论

古籍书库基本要求的两项标准，对古籍存藏环境的改善有明显助益。据中国古籍保护网发布信息整理，自 2008 年 3 月 1 日国务院公布批准原文化部确定的第一批全国古籍重点保护单位名单起，至 2016 年底，共计确定 5 批合计 180 家单位入选。据国家古籍保护中心统计[17]，截至统计时（2015 年 3 月 20 日），全国有 1000 余家古籍收藏单位不同程度地改善了库房条件，完善了库房管理各项制度，其中有近百家古籍收藏单位新建或改建了古籍书库。

但由前文技术细节的讨论可以看出，图书馆书库建设标准如果不能及时紧跟相关技术的发展，就难以起到有效的指导作用。同时，由于地理环境和经济因素的差异，具体的技术指标如温湿度、空气质量等，GB/T 30227 还需根据我国各地的实际情况做调整。

事实上，国内外已有较多相关标准，本节列举了部分相关标准，供实际工作参考。

表 5－9　古籍书库基本要求的相关标准

序号	标准名称	类别	最新版本
1	ISO 11799 Information and documentation — Document storage requirements for archive and library materials	国际标准	2015
2	IFLA principles for the care and handling of library material	国际标准	1998
3	GB 9669 图书馆、博物馆、美术馆、展览馆卫生标准	国家标准	1996

（续表）

序号	标准名称	类别	最新版本
4	GB 50034 建筑照明设计标准	国家标准	2013
5	GB 50016 建筑设计防火规范	国家标准	2014
6	GB/T 23863 博物馆照明设计规范	国家标准	2009
7	GB/T 27703 信息与文献 图书馆和档案馆的文献保存要求	国家标准	2011
8	GB/T 16571 博物馆和文物保护单位安全防范系统要求	国家标准	2012
9	DA/T 55 特藏档案库基本要求	行业标准	2014
10	WW/T 0016 馆藏文物保存环境质量检测技术规范	行业标准	2008
11	WW/T 0066 馆藏文物预防性保护方案编写规范	行业标准	2015
12	WW/T 0068 馆藏文物保存环境控制 调湿材料	行业标准	2015

其中，特别需要注意的是在研究数据不够充分和全球绿色节能的意识提升的当下，部分数值化的技术指标有被指导原则所替代的倾向。例如相对于国标 GB/T 30227 及其采标版本 ISO 11799: 2003，在 ISO 11799: 2015 中，除了“相对湿度 60% 以上容易生霉”，“温度越低、越接近 0 度对延长纸寿越有利”等公认原则的阐述外，它去掉了 2003 版的所有温湿度指标要求，并在“附录 C 长期保存的推荐条件”里推荐根据应用场合、存储类别和地理环境来专门设计存藏方案。这可能也是国标 GB/T 30227—2013 未能及时采标 ISO 11799: 2015 进行修订的原因之一。

（三）古籍修复与规范管理标准化

“中华古籍保护计划”的实施是古籍修复事业发展的大好机遇[18]。据 1995 年的调查统计，中国图书馆从事古籍管理与研究的人员在 1000 人左右[19]，其中专职从事古籍修复工作者不足百人，而所承担管理与保藏的古籍约在 5000 万册以上，且需要不同程度予以修复者，数量接近一半。这个比例是难以想象的沉重。

在“中华古籍保护计划”实施 10 年后，据报道[20]，截至 2016 年底，已命名山东省图书馆、宁波天一阁博物馆等 12 家国家级古籍修复中心，建立修复室247个，累计修复古籍超过270万叶。目前已有复旦大学、中山大学、天津师范大学等高等院校专门设立了研究生学历的古籍文献的保护与修复专业。除此之外，短期培训的非学历教育成为古籍保护修复人才培养的重要途径（见表2－8）。由国家古籍保护中心主编的《古籍修复技术培训讲义》（试用本）以及本节所述古籍修复的相关标准，在其中起到了重要的作用。

表5－10　国家古籍保护中心古籍保护培训班（2007—2014）[21]

培训班名称	培训时间	举办期数	培训人数
古籍修复技术培训班	60天左右	15	610
古籍修复技术培训高级班	45天左右	4	120
全国西方文献修复技术培训班	30天左右	3	73
全国西方文献修复技术高级班	30天左右	2	34
全国碑帖拓片保护与修复技术培训班	30天左右	1	22
全国传拓技术培训班	15天左右	1	40
全国传拓技术高级培训班	15天左右	1	25

1. 破损定级

古籍中存在大量破损现象。对破损古籍进行分类并合理定级，为制定修复保护计划提供准确数据，对科学保护古籍，集中力量抢救、修复濒危古籍具有重要意义。2016年10月1日起开始实施的行业标准《古籍特藏破损定级标准》规定了划分古籍特藏破损级别的方法，适用于有古籍特藏收藏的各类型图书馆。该标准引用的《古籍修复技术规范与质量标准》（WH/T 14-2001）已失效，现行相关标准的最新版本为《古籍修复技术规范与质量要求》（GB/T 21712—2008）。古籍的破损定级是古籍保护修复人员的必备技能，该标准的适时修订将对相关教学实践起到重要作用。

2. 修复规范

修复规范涉及修复前的准备，修复过程中的实施和记录，修复后的评估方法、质量要求以及对长期保存的建议等。现有标准覆盖了其中的大部分内容，对名词术语和具体细节作了规定。

2006年10月1日开始实施的行业标准《古籍修复技术规范与质量要求》（WH/T 23-2006）和2008年7月1日开始实施的国家标准《古籍修复技术规

范与质量要求》（GB/T 21712—2008）都规定了古籍修复基本术语及其定义、技术规范及质量要求，适用于古籍修复行业并供出版、教学、科研及国内外相关技术业务交往使用。

对于 WH/T 14-2001、WH/T 23-2006 和 GB/T 21712—2008 三项标准进行比较可以发现，除了标准的组织结构、引用文件和参考资料等差异外，还有较多细节有所差异。部分细节整理见表 5－11。

表 5－11　三项古籍修复技术标准部分细节的比较

标准内容	WH/T 14-2001	WH/T 23-2006	GB/T 21712—2008
修复原则	第一篇 3.3 修复原则	2.3 修复工作宗旨	无
修复方案①	第一篇 3.4 修复方案	2.4 修复方案	无
档案记录	第一篇 6. 修复档案 7. 修复工作单	5. 修复档案 6. 修复工作单	无
场地要求	第一篇 8. 工作环境	7. 工作间基本要求 附录 A（规范性资料）	无
修复材料	第一篇 9. 修复材料	8. 修复材料 附录 B（规范性资料）	无
揭展工序	第一篇 4.1 揭	3.1 揭	无
脱酸工序	无	3.2 脱酸	3.1 脱酸 规定脱酸后 pH 应在 7.5—10 之间
质量标准	第二篇 2. 质量标准 分 2.1 书叶、2.2 书芯、2.3 书籍外观 3 部分含 18 条细目 4. 常见各式装帧书籍修复质量要求	10. 质量标准 分 10.1 书叶、10.2 书芯、10.3 书籍外观 3 部分含 16 条细目 11. 常见各式装帧书籍修复质量要求	4. 工艺要求 共 16 条细目，不分类，不分装帧形制

① 在行标 WH/T 14-2001、WH/T 23-2006 中，仅给出定义“针对图书破损情况而制定的修复计划和措施”。

（续表）

标准内容	WH/T 14—2001	WH/T 23—2006	GB/T 21712—2008
质量等级	第二篇 3. 质量等级 2.1 为必须达到的要求，否则为不及格 按2.2和2.3的达标程度分合格、良好和优秀	12. 质量等级 按10的整体达标程度比例评级，60%以下为不合格	6. 质量等级 按4的整体达标程度比例评级，60%以下为不合格
检验环境与工具	22—25℃ 直尺、卷尺、直角尺	22±2℃ 500mm钢直尺、2m钢卷尺、直角尺	22±2℃ 直尺、直角尺

古籍修复是一门传统技艺，因此技术本身在几年内是难以取得较多革新的，目前的主要任务是实现标准内容及其文字表述的逐渐规范和简化。但在修复标准的教学和应用实践过程中发现，行标升级为国标后，由表5-11的对比可见，所简化的部分还有其意义。事实上，修复档案等的标准化在古籍修复实践中越来越受重视，也已有各地各级修复档案数据库的建设。同时数码显微镜、pH计、厚度计、色度计等常用设备以及各类分析检测设备，也已在古籍修复保护中广泛应用。因此暂时行标与国标可在不同场合应用，同时应抓紧修订国标或补充制定相关标准。

ISO古籍保护相关的标准主要集中在TC 46系列标准，其中在古籍修复方面需要引起注意的是《纸张去酸工艺的有效性》（ISO/TS 18344: 2016）这一最新的脱酸技术标准。纸张的酸化问题已成为影响中华古籍保存的两大关键问题之一[22]，因此急需脱酸保护，以延长纸寿。从20世纪60年代以来，世界各国都相继开展古籍文献的脱酸研究，已发展了多种较为成熟的脱酸工艺并广泛应用。[23]因此，ISO/TS 18344: 2016对国内的相关实践和标准化工作具有重要的参考价值。

ISO/TS 18344主要规定了纸张脱酸工艺有效性的基本要求和测试方法，适用于从单件到大规模的各种脱酸工艺，可适用于印刷或手写的各类文献。它规定了批次过程（batch process）、连续过程（continuous process）、大规模脱酸（mass deacidification）、工艺验证（process validation）、常规监测（routine monitoring)、脱酸均匀度（uniformity of deacidification）等概念，并提出了 pH、碱保留量、聚合度、耐折度等检测指标和相关检测方法。特别对相关标准中 pH 的要求进行了比较，见表 5－12。

表 5－12　相关标准中对纸张酸碱度（pH）的要求①

标准	检测对象	pH
ISO/TS 18344: 2016	模拟纸样	>6.5②
ISO 9706: 1994 GB/T 24422—2009	文献用纸	7.5—10.0
ISO 11108: 1996 GB/T 24423—2009	档案用纸	7.5—10.0
ISO 14416: 2003	碱性纸 纸板 胶粘剂	≥7.0 ≥6.0 ≥7.0

还需特别注意的是，该标准的测试对象为不含木素的木浆纸（漂白亚硫酸盐浆），含高岭土填料、明矾等添加成分，冷水抽提 pH 值约为 5。该纸样主要模拟的是与民国文献相近的机制纸，与传统手工纸所制的中华古籍相比具有较大的差距，因此不宜直接采标。

3. 修复人员

《图书资料业务人员（文献修复师）国家职业标准（试行）》（2004）是根据《中华人民共和国劳动法》由劳动和社会保障部委托原文化部文化艺术人才中心组织有关专家所制定的。经劳动和社会保障部、原文化部批准，自 2004 年 7 月 27 日起试行。该标准包括职业概况、基本要求、工作要求和鉴定比重表 4 个方面的内容，适用于从事载体为纸、织物，以写、绘或印刷方式制成的，具有中国传统装帧形式的文献修复工作的人员，它的主要参考资料为《古籍修复技术规范与质量标准》（WH/T 14-2001）（已失效）。

需要特别说明的是，2017 年 9 月 12 日人力资源社会保障部发布《关于公

---

① 规定的 pH 测试方法为冷水抽提法，参考标准为 ISO 6588-1: 2005 和《纸、纸板和纸浆 水抽提液酸度或碱度的测定》（GB/T 1545—2008）。

② 要求对纸样进行模拟加速老化试验，参考 ISO 5630-5: 2008 在 100℃下干热老化。该处要求为老化前的 pH 值。

布国家职业资格目录的通知》（人社部发［2017］68号），列出国家职业资格目录（共计140项）。并要求“加强监督管理，各地区、各部门未经批准不得在目录之外自行设置国家职业资格，严禁在目录之外开展职业资格许可和认定工作”。由于该目录未包含“文献修复师”，所以修复人员的资格认定和管理标准实际上是亟须修订并纳入国家职业资格目录的。修复人员的专业技术职称和职务任职资格，仍可参照图书资料系列专业技术人员的评定方法，各地均有地方标准，如《上海市图书资料系列中级专业技术职务任职资格评审办法》（沪文广影视［2013］779号）、《关于规范本市专业技术职称申报条件的通知》（沪人社专［2017］115号）等。

（四）其他古籍保护相关标准

1. IFLA的标准规范

IFLA的标准规范信息可以从IFLA的官网获得。IFLA标准的主体为开展各类实际业务工作的指南（Guideline），因此以原则性的共识意见为主，可为我国古籍保护相关业务的标准化工作提供参考。相关的标准中，与“古籍”相对应的词为“Rare Book and Manuscript”。其中专为古籍保护制定的标准有1项《馆藏善本与手稿数字化计划指南》，该指南由国际图联善本与手稿组（IFLA Rare Book and Special Collections Section）撰稿，旨在填补对孤本、善本和非印刷形式的馆藏进行数字化时注意事项和操作程序上的空白。2014年9月由国际图联专业委员会批准，其中文版杭州图书馆组织编译。

其他古籍保护相关的IFLA标准参见表5－13：

表5－13 IFLA古籍保护相关的标准

IFLA标准规范	更新时间	中译版	涉及内容	相关古籍保护标准
Gifts for the collections: Guidelines for libraries	2008年	图书馆捐赠馆藏管理指南	提及决定接受某些藏品（如古籍）所需收集的信息以及其他准备工作和法律问题	暂无
Guidelines for best practice in interlibrary loan and document delivery	2003年	暂无	馆际互借	暂无

（续表）

IFLA 标准规范	更新时间	中译版	涉及内容	相关古籍保护标准
Guidelines for exhibition loans	2004 年	暂无	（古籍）展品的租借，提及流程应综合保管者、修复师/保护专家、管理者的意见	暂无
Guidelines for planning the digitization of rare book and manuscript collections	2014 年	馆藏善本与手稿数字化计划指南	数字化	暂无
IFLA disaster preparedness and planning: A brief manual	2006 年	国际图联灾害预防手册	灾害预防，从评估隐患并处理、准备应对灾难、处理灾情、回应灾害并回到正常状态等几个方面阐述了预防灾害的指导原则	暂无
IFLA principles for the care and handling of library material	1998 年	图书馆资料保护与处理原则	涉及灾害预防、馆藏环境、传统图书资料、照片和胶片资料、存储介质变换等方面	《图书馆古籍书库基本要求》（GB/T 30227—2013）
ISBD: International standard bibliographic description consolidated edition	2011 年	ISBD：国际标准书目著录（统一版）	书目著录	《古籍著录规则》（GB/T 3792.7—2008）

2. 其他行业的古籍保护相关标准

与古籍保护相关的行业标准主要涉及档案保护、纸质文物保护。在我国，图书馆、档案馆与博物馆分别隶属于不同的行政主体，其藏品受保护的生态环境也不同。刘家真等曾对古籍保护标准与档案、文物保护的相关标准做了比较研究[25]，研究认为古籍保护“可借鉴纸质文物保护与档案保护的经验与相关科学技术”。在此基础上，依据全国标准信息公共服务平台检索结果整理表 5 - 14。

表 5-14 博物馆行业的相关标准

序号	标准	标准分类	相关古籍保护标准
1	GB/T 23863—2009 博物馆照明设计规范	国家标准	《GB/T 30227—2013 图书馆古籍书库基本要求》
2	JGJ 66—91 博物馆建筑设计规范	行业标准	
3	GB/T 30238—2013 可移动文物保护修复室规范化建设与仪器装备基本要求	国家标准	暂无
4	GB/T 16571—2012 博物馆和文物保护单位安全防范系统要求	国家标准	暂无
5	GB/T 36111—2018 文物展柜基本技术要求及检测	国家标准	暂无
6	GB/T 23862—2009 文物运输包装规范	国家标准	暂无
7	WW/T 00116—2008 馆藏文物保存环境质量检测技术规范	行业标准	暂无
8	WW/T 0046—2012 馆藏文物保存环境检测 气体扩散采样测定方法 甲酸和乙酸的测定	行业标准	暂无
9	WW/T 0066—2015 馆藏文物预防性保护方案编写规范	行业标准	暂无
10	WW/T 0026—2008 馆藏纸质文物病害分类与图示	行业标准	暂无
11	WW/T 0025—2008 馆藏纸质文物保护修复方案编写规范	行业标准	暂无
12	WW/T 0027—2010 馆藏纸质文物保护修复档案记录规范	行业标准	暂无
13	WW/T 0017—2008 馆藏文物登录规范	行业标准	《古籍著录规则》（GB/T 3792.7—2008）
14	WW/T 0018—2008 馆藏文物出入库规范	行业标准	暂无
15	WW/T 0020—2008 文物藏品档案规范	行业标准	暂无
16	WW/T 0077—2017 馆藏文物包装材料 无酸纸质材料	行业标准	暂无

（续表）

序号	标准	标准分类	相关古籍保护标准
17	WW/T 0068—2015 馆藏文物保存环境控制 调湿材料	行业标准	暂无
18	WW/T 0064—2015 文物出境展览协议书编制规范	行业标准	暂无

依据国家档案局公布的档案行业标准目录[26]整理表5－15，相关档案行业标准可在该目录网页上免费获取全文。

表5－15　部分档案馆行业的相关标准

序号	标准	主要内容	相关古籍保护标准
1	DA/T 1—2000 档案工作基本术语	基本术语	暂无
2	DA/T 4—1992 缩微摄影技术在16mm卷片上拍摄档案的规定	缩微品制作与保管	缩微摄影技术在16mm卷片上拍摄古籍的规定（GB/T 7517—2004）
3	DA/T 5—1992 缩微摄影技术在A6平片上拍摄档案的规定		
4	DA/T 21—1999 档案缩微品保管规范		
5	DA/T 31—2005 纸质档案数字化技术规范	数字化	暂无
6	DA/T 43—2009 缩微胶片数字化技术规范		
7	DA/T 18—1999 档案著录规则	著录规则	《古籍著录规则》（GB/T 3792.7—2008）
8	DA/T 20.1—1999 民国档案目录中心数据采集标准 民国档案著录细则		
9	DA/T 8—1994 明清档案著录细则		
10	DA/T 30—2002 满文档案著录名词与术语汉译规则		
11	JGJ 25-2000 档案馆建筑设计规范	库房	《图书馆古籍书库基本要求》（GB/T 30227—2013）
12	建标103—2008 档案馆建设标准		
13	DA/T 55—2014 特藏档案库基本要求		
14	DA/T 6—1992 档案装具	装具	
15	DA/T 7—1992 直列式档案密集架		
16	DA/T 24—2000 无酸档案卷皮卷盒用纸及纸板		
17	DA/T 45—2009 档案馆高压细水雾灭火系统技术规范	消防	

（续表）

序号	标准	主要内容	相关古籍保护标准
18	DA/T 26—2000 挥发性档案防霉剂防霉效果测定法	虫霉防治	暂无
19	DA/T 27—2000 档案防虫剂防虫效果测定法		
20	DA/T 35—2007 档案虫霉防治一般规则		
21	DA/T 11—1994 文件用纸耐久性测试法	载体材料	暂无
22	DA/T 16—1996 档案字迹材料耐久性测试法		
23	DA/T 37—2008 历史图牒档案修裱技术规范	修复技术	《古籍修复技术规范与质量要求》（GB/T 21712—2008）

因本文统计工作截至2016年底，对2017年公布、2018年起实施的12项档案行业标准[27]未纳入本文比较，其中包括《纸质档案数字化规范》《档案虫霉防治一般规则》两项修订标准，以及《明清纸质档案病害分类与图示》、《纸质档案抢救与修复规范》系列、《档案服务外包工作规范》、《纸质档案真空充氮密封包装技术要求》等新制定标准。

3. 其他相关标准

由于古籍保护工作的复杂性，还有部分标准未列入前文归类，包括但不限以下方面：

（1）其他ISO国际标准，如ISO/TC 171的文献管理应用系列标准、ISO/TC 146的空气质量系列标准；

（2）国外标准，如英国的《文献保护用修复和相关处理方法的推荐》（BS 4971:2002），它覆盖了西文文献修复保护的各方面；

（3）地方标准，如上海市的《防蛀、防霉类日用化学品卫生安全要求》（DB31/ 363—2006）、山东省的《杀虫灯使用技术规程》（DB37/T 2599—2014）、广东省的《多功能档案真空杀虫机》（DB44/T 1997—2017）和《家具防霉性能的评价》（DB44/T 2043—2017）；

（4）团体标准，包括相关企业的标准[28]和各图书馆的业务规范，部分已正式出版如毛雅君主编的《国家图书馆业务规范》、东莞图书馆编的《图书馆规范管理工作手册》。

以上各类标准中，需重点关注与手工纸相关的标准。传统手工纸是中国古籍的主要载体，也是古籍的保护修复所必需的材料，因此其制作工艺与生产质量已广受重视。国家古籍保护中心还专门为各地古籍重点保护单位配发了宣纸、皮纸、马尼拉麻纸等古籍修复材料和工具。目前相关标准主要有：a）ISO/TC6 委员会归口的制浆造纸相关标准及各国的对应采标，主要涉及纸张的成分与性能指标及检测方法和纸张的模拟加速老化试验方法；b）单一纸种的生产标准，如江西省的《古籍印刷连四纸》（DB36/T 703—2013），如《地理标志产品 宣纸》（GB/T 18739—2008）、《古法技艺宣纸》（QB/T 4994—2016）、《宣纸用燎草》（QB/T 4995—2016），主要涉及产品分类、技术要求、试验方法、检验规则及标志、标签、包装、运输、贮存等内容，宣纸相关标准还对其原料及产地的地理范围作了规定。

由于修复用纸要求尽量接近古籍原纸，而中国古籍用纸经两千年沿革发展了丰富的纸种，加以传统手工生产的非标准化特征，其标准化工作具有较大的难度。又由于修复用纸需要随古籍一起长期保存，因此其纸寿也应是关键性的检测指标，但以上标准均未涉及。因此，需在充分的前期科学研究基础上，开展古籍用纸质量标准的制定工作。

三、我国古籍标准体系评析和建议

（一）古籍保护标准体系评析和建议

按照“十三五”规划的部署，我国的古籍保护标准化工作正在有条不紊地全面展开。本节主要从古籍普查及资源建设标准化、古籍存藏环境标准化和古籍修复与规范管理等方面进行了介绍。

从古籍普查及资源建设标准化方面来说，我国已经初步确定了一套基于《古籍普查规范》（WH/T 21-2006）、《古籍定级标准》（WH/T 20-2006）和《古籍著录规则》（GB/T 3792.7—2008）为基础的标准体系。《中华古籍总目》《国家珍贵古籍名录》以及古籍数字化工作获得稳步推进。古籍存藏环境标准化主要涉及《图书馆古籍特藏书库基本要求》（WH/T 24-2006）和《图书馆古籍书库基本要求》（GB/T 30227—2013）这两项标准。它们是图书馆古籍存藏环境方面的基本标准。本节对这两项标准的异同进行了详细的比较分析，我国各级各类图书馆在古籍存藏环境改善方面也都依据这两项标准做了大量的工作，取得了长足的进步。但由于我国国土面积辽阔，各地经济、社会以及自然条件等因素的差别非常明显，相关的标准化工作还应更多地考虑各地不同的古籍保护要求而作适当的调整。这就需要有更多的相关地方标准来对上述两项行业及国家标准进行因地制宜的补充，各地的地方标准化单位尤其是省地级图书馆在这方面应是大有可为。在古籍的修复与规范管理方面，《古籍特藏破损定级标准》（WH/T 22-2006）、《古籍修复技术规范与质量要求》（GB/T 21712—2008）和《古籍修复技术规范与质量要求》（WH/T 23-2006）构成了古籍破损和修复的主要技术规范体系。虽然原文化部行业标准《古籍修复技术规范与质量要求》（GB/T 21712—2008）已经升级为国家标准《古籍修复技术规范与质量要求》（WH/T 23-2006），但在实际应用中，上述行业标准中与国标不同之处仍可在部分特定场合采用，因此在古籍修复的实际工作中还是应以同时参考这两项标准为要。另外，由于历史原因，我国的古籍文献修复师职业标准《图书资料业务人员（文献修复师）国家职业标准（试行）》（2004）目前也尚未得到有效施行，修复人员的资格认定和管理标准实际上亟须修订并纳入国家职业资格目录。

古籍保护标准体系的专门研究较为少见。张文亮等[29]以古籍数字化工作为核心，提出了古籍数字化标准体系；张美芳等[30]在对古籍和档案行业修复技术的相关标准研究基础上，提出了图书档案修复技术标准体系。以上两种标准体系对古籍保护标准体系的逐步构建和完善具有借鉴作用。总体来看，现有古籍保护的标准还较少，表 5－16 中列出了截至 2016 年底在研标准 8 项，按“十三五”规划，预期到 2020 年还将完成 15 项古籍保护相关标准的制定工作，届时可望形成一定的标准体系。

表 5－16　2017 年以后完成或立项在研的古籍保护相关标准

序号	标准	立项时间	完成状态
1	GB/T 35661—2017 图书冷冻杀虫技术规程	2014 年	现行
2	GB/T 35662—2017 古籍函套技术要求	2014 年	现行
3	WH 2014-2006 拓片修复技术规范与质量要求	2014 年	在研
4	WH 2015-01 纸质文献封藏加工规程	2015 年	在研
5	WH 2016-01 汉语文古籍文字认同描述规范	2016 年	在研

（续表）

序号	标准	立项时间	完成状态
6	WH 2016-03 古籍文献虫霉防治指南	2016 年	在研
7	WH 2016-04 古籍保护修复档案记录规范	2016 年	在研
8	WH 2016-05 中国古今地名数据描述规范	2016 年	在研
9	汉文古籍集外字描述规范	2017 年	在研
10	汉文古籍文本数据规范	2017 年	在研
11	图书馆民国文献特藏书库基本要求	2017 年	在研

（二）古籍保护概念的延伸与民国文献保护标准化

古籍的文字定义在古籍保护工作的推进中逐渐有变化，见表 2－16，主要集中在英文名、时限划分、装帧形制、文字载体材料的差异，以及是否接纳特例（如影印古籍）。

表 5－17　相关标准中“古籍”的定义

相关标准	英文名	定义描述
WH/T 14-2001 古籍修复技术规范与质量标准	ancient books	通常指产生于 1911 年以前，以手工纸为文字载体，并采用中国传统书籍装帧形式的图书
WH/T 24-2006 图书馆古籍特藏书库基本要求	ancient books	中国古代书籍的简称，一般指书写或印刷于 1912 年以前具有中国古典装帧形式的书籍
GB/T 21712—2008 古籍修复技术规范与质量要求	ancient books	指书写或印刷于 1912 年以前具有中国古典装帧形式的书籍，中国古代书籍的简称
GB/T 3792. 7—2008 古籍著录规则	ancient Chinese books	主要指 1911 年以前（含 1911 年）在中国书写或印刷的书籍
GB/T 30227—2013 图书馆古籍书库基本要求	pre-1912 Chinese books	中国古代典籍的简称，主要指书写、印制于 1912 年以前的普通形制典籍

（续表）

相关标准	英文名	定义描述
GB/T 31076.1—2014 汉文古籍特藏藏品定级 第1部分：古籍①	pre-1912 Chinese books	中国古代书籍的简称，主要指书写、印刷于1912年以前又具有中国古典装帧形式的书籍

这是古籍的多样性在古籍保护实践中的反映。少数民族文字古籍、外国文字古籍都已被明确纳入了中华古籍的保护范围之内。截至2016年底，由国务院先后公布5批《国家珍贵古籍名录》，共收录古籍12274部。据中国古籍保护网发布资源统计如表5－18，可见各种文字的古籍日益受到重视。

表5－18　国家珍贵古籍名录

批次	发布日期	发布总数	汉文古籍	少数民族文字古籍	外国文字古籍	汉文古籍占比
第一批	2008年	2392	2282	110	0	95%
第二批	2009年	4478	4211	266	1	94%
第三批	2010年	2989	2741	246	2	92%
第四批	2013年	1516	1221	286	9	81%
第五批	2016年	899	754	131	14	84%

进一步地，在古籍普查过程中，对于各类善本文献也日益重视。其中既包括明确的古籍（明前中文善本文献、明清中文善本文献、民族语言文献、舆图文献、敦煌文献、金石拓片），也包括西文善本文献、新善本文献（革命历史文献）、名人手稿等界限模糊的善本文献，主要涉及时限在民国时期和新中国成立以后的善本文献。据国家图书馆的检测[31]，新善本文献类（10种，90余册）的平均pH值为4.88，按年代划分民国时期的善本特藏文献平均pH值为5.52，在所有类别中均为酸化最严重的。

民国时期文献全面记载了中华民族争取民族独立与国家振兴的光辉历史，具有较高的历史价值、学术价值与重要的现实意义。如不及时抢救，将面临“断层”危险。其保护工作近年来受到广泛的关注和研究[32]。为抢救、保护民

① 本部分古籍指简帛古籍、敦煌遗书、佛教古籍、碑帖拓片及古地图等特殊类型藏品之外的普通形制的古籍。

国时期珍贵文献，2011 年，国家图书馆联合国内文献收藏单位策划了“民国时期文献保护计划”项目，得到原文化部、财政部大力支持。2012 年正式启动以来，中央财政累计投入专项资金 6000 万元，对民国时期文献保护的工作有效开展，成果丰硕。2016 年 3 月，该项目列入国家“十三五”规划纲要文化重大工程“中华典籍整理”专项。

目前已在国家图书馆设立“民国时期文献保护工作办公室”，组建“民国时期文献保护工作专家委员会”，建成“民国时期文献保护网”，并在此网站上线“民国时期文献联合目录”系统。由于民国时期文献的载体与国外的机制纸相近，可直接受益于国外的相关标准，如 ISO、IFLA 等。近年来国内也开展了大量的研究工作，“十三五”期间，从《图书馆民国文献特藏书库基本要求》的编制开始，民国文献保护的标准化将取得长足的发展。

第三节 数字资源长期保存标准化

《中华人民共和国公共图书馆法》第二条第二款中明确规定：“文献信息包括图书报刊、音像制品、缩微制品、数字资源等”，数字资源已经成为了图书馆最主要的馆藏资源之一。随着数字资源（Digital Resources）在图书馆馆藏中所占比重日益增大，在图书馆服务中所占地位日益提高，数字资源长期保存（Digital Preservation 或 Digital Curation）的研究与实践愈发重要和紧迫。

2012 年 9 月 26 至 28 日，联合国教科文组织在加拿大温哥华召开题为“数字时代的世界记忆——数字化和保护”的国际会议。此次会议深刻探讨了影响数字文献遗产保护的主要问题，制定了改善数字资产保护的策略，提出了尤其适用于发展中国家数字文献保护的实施措施。会议通过了《联合国教科文组织/不列颠哥伦比亚大学温哥华宣言》[33]，《宣言》中明确提出了数字资源保存的标准化工作，例如要求联合国教科文组织秘书处“促进与国际标准机构的合作，以提高不同参考资料来源在数字保护方面的一致性，并支持制定符合教科文组织原则的标准”，要求联合国教科文组织成员国推动数字化和数字化保存相关的标准、指南、最佳实践等。

虽然数字资源长期保存的历史与整个图书馆的发展历史相比甚为短暂，但其发展速度却十分迅速。在其发展过程中也出现了众多不同的应用实践和范式。为了统一这些实践和范式，图书馆和档案馆等制定了许多相应的标准。本节将对迄今为止国内外数字资源长期保存标准化工作进行一个大致的梳理与评述，进而对我国图书馆界相关工作的策划与实施提出一些建议。

一、数字资源长期保存标准化概述

（一）数字资源长期保存概念解析及发展历史概述

1. 数字资源长期保存概念解析

数字资源长期保存又称数字保存。数字保存既不同于传统文献的保存，又不同于一般的数字备份或者镜像管理，它具有自己独特的概念内涵与运行机制。对此可以从数字保存的定义角度入手予以解析。

国内外各主要相关机构均对数字保存给出了不同的定义，其中比较有影响力的主要包括以下两种：

一是 OAIS 对数字保存的定义。OAIS（Open Archival Information System）即“开放存档信息系统参考模型”，它是当前数字保存领域最重要的国际标准之一。OAIS 从活动目标的角度对数字保存进行了定义：数字信息的长期保存是一种长期地对信息进行维护，保持这些信息可以被指定用户团体独立理解，并且对数字信息的真实性提供证据支持的行为活动。该定义强调了数字资源长期保存的“长期”性。

二是 DPC 对数字保存的定义。DPC（Digital Preservation Coalition）是英国“数字保存联盟”的简称。在该组织的数字保存手册 *DPC Handbook* 中，数字保存的定义是这样的：数字保存是指一系列受管控的、确保数字信息资源能够持续不断地被存取应用的行为活动，只要有需求，这些活动就需要不断地持续下去。相对而言，DPC 对数字保存的定义具有更广泛的外延，它将所有防止由于存储媒体失效和技术变迁而不断持续地管理数字信息、使这些信息能够被访问存取的活动都归结为数字保存。

除上述两种定义之外，英国“联合信息系统委员会”（Joint Information Systems Committee，JISC）和中国科学院文献情报中心也对数字保存进行了定义。基于各种不同的定义，我们可以看到，数字资源长期保存至少具有以下重要意义：（1）保存人类文化遗产，使其得以真实完整永续留档；（2）方便保存和利用已有成果，提高研究及相关工作效率；（3）保存真实记录文档，提供可靠法律证据。

2. 数字资源长期保存发展历史概述

图书馆和档案馆界利用数字手段保存资源起步较早，但真正将其作为一项系统化工程来做还应溯源至20世纪90年代中期“美国记忆”（American Memory）项目起步之后。1996年5月，美国保存和获取委员会（The Commission on Preservation and Access）与研究图书馆联盟（The Research Libraries Group）所组织的一个专项工作组发布了一份名为《保存数字信息：数字信息存档特别工作组报告》。这份报告较系统地论述了数字保存的概念、需求及挑战等问题，是数字保存研究领域的一份基础性文献。

在这份文件的指导下，各国纷纷开展数字保存的应用与研究。同年，澳大利亚国家图书馆在国际上率先启动了PANDORA（Preserving and Accessing Networked Documentary Resources of Australia，澳大利亚网络文档资源保存与获取）项目。“欧洲网络保存图书馆”（NEDLIB，Networked European Deposit LIBrary）是由欧洲国家图书馆联合委员会发起并有欧洲八个国家参与的项目。该项目起始于1998年，结束于2000年。其所研发的电子出版物保存系统（Deposit System for Electronic Publications，DSEP）是一个基于OAIS和图书馆自动化及编目基础之上的电子出版物存储系统。其他比较重要的国家级项目包括英国的数字保存联盟（DPC，2002年2月正式对外服务）、荷兰的e-Depot系统（由荷兰国家图书馆与IBM公司于1999年开始研发）、美国的“国家数字信息基础设置和保存计划”（NDIPP，由美国国会于2000年12月通过并发起成立）、德国的数字资源长期保存专业网络（Nestor，由德国教育和研究部于2003年6月发起）项目和合作开发数字信息长期存档（Kopal，由德国国家图书馆于2004年发起）项目等。

在成立各类数字保存机构与项目的同时，还出现了大量的相关试验系统，其中包括著名非营利组织Ithaka在2002年基于其JSTOR数据库所设立的Portico学术资源数字仓储系统、康奈尔大学的通用仓储系统CDS（Common Depository System）和斯坦福大学图书馆的LOCKSS（Lots of Copies Keep Stuff Safe）系统等等。2004年以后，数字资源长期保存研究与实践进一步深入发展，各主要国家均从国家层面对此项工作展开了大规模的组织与管理。对此将在本节第4部分详述，这里就不展开了。

（二）数字资源长期保存标准化的内容及发展历程

1. 数字资源长期保存标准化的内容

数字资源长期保存的标准化工作是数字资源长期保存体系建设中一个不可或缺的重要组成部分。数字保存从本质上来说是一种基于人机互动的操作体系，基于这一特征，该体系也必须依赖标准来规范和确保其运行的正确、稳定与安全。

数字资源长期保存的标准化主要涉及以下几个方面：

（1）数字保存仓储的参考模型

目前其主要研究内容为开放存档信息系统参考模型 OAIS（ISO 14721: 2012）。OAIS 提供了一个参考框架，该框架通过描述保存环境所需的基本功能和信息流动变化情况来定义数字保存仓储所具备的功能组件、信息类型和相关关系。

（2）数字保存仓储的审计认证标准

目前其主要研究内容为可信赖数字仓储研究报告（Trusted Digital Repositories: Attributes and Repositories，TDR）及在其基础上发展衍生的各类体系。该标准提出了对数字仓储的活动行为和整体工作进行规范审计认证的要求，借以确保数字资源长期保存活动的可信赖性。

（3）数字保存的元数据标准

数字保存需要构建溯源机制来记录数字对象的来源、数字对象的拥有者、数字对象的知识内容以及随时间变化而对数字对象实施的各种数字保存活动。这就涉及数字保存的元数据（Metadata）标准规范。目前其主要研究内容为 PREMIS 保存元数据标准。

（4）数字保存的数据封装标准

在 OAIS 的参考模型中，数据需要以信息包的方式在各操作流程中流转，于是就形成了 SIP（Submission Information Package，信息包提交）、AIP（Archiving Information Package，信息包存档）、以及 DIP（Dissemination Information Package，信息包分发）等具体的封包形式及其对应保准。常用的标准包括 METS（Metadata Encoding and Transmission Standard）等。

（5）数字保存的文件格式标准

文件格式是数字保存中一个不可或缺的因素。实现文件格式的标准化也是数字保存策略中的重要环节。为了保证相关文件格式能够被理解和解析，需要对文件格式的技术细节进行描述，于是就出现了 PRONOM 和 GDFR 等格式注册中心或技术注册中心来对所注册文件格式的技术细节进行管理。

除了上述标准之外，数字保存标准化研究还涉及上下文信息描述、信息安全和互操作等标准的制定。

2. 数字资源长期保存标准化的发展历程

数字保存标准化的制定基本保持了与相关项目发展同步的态势。1999 年 5 月，空间数据系统咨询委员会（Consultative Committee for Space Data Systems，CCSDS）应 ISO（国际标准化组织）的要求制定发布了 OAIS 草案。经过修改，该草案的第二版于 2001 年 7 月发布。2002 年该标准正式以 ISO 14721:2003 的标准号获得正式发布。该标准从整体框架上对开放存档信息系统所包括的功能实体、保存信息、信息包类型、组织管理、保存规划等进行了明确规范，是数字信息资源长期保存系统建设所必须遵守的一个标准。

2002 年 5 月，研究图书馆联盟（RLG）与联机计算机图书馆中心（OCLC）基于 OAIS 联合发布了《可信赖数字仓储：属性及职责》研究报告。该报告提出了一个可信赖、可靠、可持续发展的数字仓储特征框架，是数字保存仓储审计和认证的指导性文献。此后，可信赖数字保存仓储的审计和认证分别发展成为了三个体系。它们是：以可信赖仓储的审核和认证检查表（Trustworthy Repositories Audit & Certification: Criteria and Checklist，TRAC）为基础的 ISO 16363:2012（空间数据和信息传输系统 可信赖仓储系统的审计和认证）、以 Nestor 工作组为基础的德国国家标准 DIN 31644，以及由荷兰数字存档和网络服务（Data Archiving and Networked Services，DANS）主导的数据正式认可体系（The Data Seal of Approval，DSA）。

2003 年，RLG 于 OCLC 发起“保存元数据：实施战略”（Preservation Metadata: Implementation Strategies，PREMIS）项目，其目标为制定数字保存元数据标准。2005 年 5 月，该项目的最终报告发布。从此，PREMIS 便正式成为数字保存元数据的通用标准。

二、数字资源长期保存标准化工作现状

（一）概述

从 20 世纪末到 21 世纪最初的 5 年，数字资源长期保存的标准化工作经历

了筚路蓝缕的开垦期，其中包括 OAIS、TDR、PREMIS 以及 METS 等重要标准均制定于这一时期。随着数字资源长期保存的概念和意识在各国实践过程中逐渐明晰，相关的标准体系也在美国、英国、德国以及国际标准化组织等的推动下逐渐建立了起来。

由于相关标准涉及方方面面，无法在有限的篇幅中作完整的介绍，以下将主要在与图书馆实践有关的范围内，参考一个较为成熟的数字资源长期保存标准化框架，对这一标准体系作一概要性的介绍。此外，由于古籍数字资源的长期保存问题已有专门讨论，本节也不作为重点进行介绍。

（二）数字资源长期保存标准体系

数字资源长期保存的框架体系可以从流程和层次两个角度进行梳理，根据 OAIS 参考模型，数字资源长期保存的流程结构根据时间先后可以分为摄入、存储和访问三个业务流程。该结构又可称为数字资源长期保存的横向结构。另外，根据标准化内部各要素之间的上位与下位、共性与个性等逻辑关系，又可将其进行分层，由下向上形成基础数据、功能、管理、互操作、框架与系统等层次。这又可称为数字资源长期保存的纵向结构。上述横向结构反映在纵向结构的功能层面上，其逻辑关系可用图 5－1 予以说明：

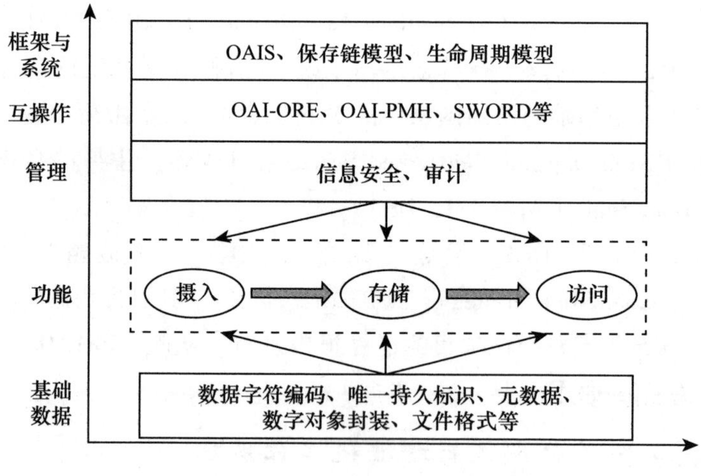

图 5－1　数字资源长期保存标准体系框架[34]

1. 基础层面标准

数字资源长期保存标准体系的基础层面是其他各层面赖以存在的基本元素，在整个体系中具有举足轻重的作用。该层面主要包括数据字符编码、唯一持久标识符、保存元数据、数字对象封装和文件格式等方面内容。

数据字符编码：数据字符编码是数字资源长期保存过程中所涉及数字对象底层与核心的表示方法，也是网络传输数字资源的基本通讯技术规范。数据字符编码标准对数字资源长期保存体系中的资源编码描述提供规范。常见的数据编码标准包括单极性码、双极性码、归零码和不归零码等；字符编码标准主要包括 ASCLL 码、Unicode 和 UTF-8 等。

唯一持久标识符：在对数字对象进行唯一定位的访问时，有必要对其进行持久标识。用户可以通过该持久标识符对数字资源进行精确定位与利用。常见的持久标识符体系包括 URN（Uniform Resource Name，统一资源名称）、DOI（Digital Object Identifier，数字对象标识）和永久 URL（Persistent URL，PURL）等。

保存元数据：元数据是数据的数据，也就是描述数字对象基本属性的数据。在数字资源长期保存过程中，保存元数据（Preservation Metadata）对于快速识别和跟踪数字对象并对其进行简单高效管理起到了关键性的作用。OAIS 提供了开放数据的整体性功能框架，但没有对保存元数据进行定义。为了弥补这一不足，OCLC 与 RLG 联合制定了 PREMIS（Preservation Metadata：Implementation Strategies）保存元数据模型，其核心部分为 Data Dictionary（数据字典），它将保存元数据定义为在一个仓储系统中对数字保存过程提供支持的信息，为数据对象提供了规范的元数据集。该模型包含知识实体、对象实体、权限实体、代理实体和事件实体五个实体要素。对于上述实体的语义单元严格定义并通过元数据管理和使用的指导原则来支持具体的自动化流程处理。PREMIS 目前由美国国会图书馆负责维护。

数字对象封装：OAIS 参考模型描述了数据对象在信息包中流转的过程，其中涉及信息包的具体构成和组织方式，也就是数字对象的封装问题。作为 PREMIS 的支持和补充，METS（Metadata Encoding and Transmission Standard）提供元数据编码和传输标准。METS 与 PREMIS 两个标准为数字资源长期保存提供了元数据方面的基础性标准化支持。此外还有针对不同储存对象的相应

XML 元数据标准以配合 METS 的应用[35]，包括：ALTO（The Analyzed Layout and Text Object）——该标准对印刷文献的布局及其中能够应用光学字符识别（OCR 技术）的文本信息进行规定，主要用于纸质文本的数字化工作；AudioMD and VideoMD——关于音频和视频多媒体的保存元数据标准；MIX（NISO Metadata for Images in XML）——美国国家信息标准组织（National Information Standard Organization，NISO）制定的符合 XML 元数据标准的图像元数据标准；TextMD（Technical Metadata for Text）——基于文本数字对象的元数据技术标准。

文件格式：文件格式是对数字对象的内容信息存储、交换和表示予以实现的一种重要标准，是正确解释某个数字对象所包含的信息内容的前提条件。部分文件格式已通过正规标准得以明确，其中主要包括：

（1）文本类格式

PDF/A（PDF/Archive）：该标准是美国印刷、出版及纸品加工设备器材供应商协会（NPES）和美国国家图像信息管理协会（AIIM）共同发起制定的，主要是为了满足两个方面的需要，即：为电子归档工作寻找一个能够长期安全保存文件内容的方式，以及在将来检索时能够保证文件具有始终如一的显示效果。2005 年，ISO 在其标准 ISO 19005（文献管理 用于长期保存的电子文档文件格式）中正式将 PDF/A 作为长期保存的电子文档格式。迄今已发展出了 PDF/A-1、PDF/A-2 和 PDF/A-3 三种格式标准。详见表 5－19：

表 5－19　ISO 19005 关于 PDF/A 的标准

序号	名称	发布时间	标准	PDF 版本
1	PDF/A-1	2005 年	ISO 19005-1	PDF1.4（Adobe 公司，PDF 参考第 3 版，2001）
2	PDF/A-2	2011 年	ISO 19005-2	PDF1.7（ISO 32000-1:2008）
3	PDF/A-3	2012 年	ISO 19005-3	PDF1.8（ISO 32000-1:2008）

PDF/A 具有创建快速、文档体积小、高度灵活且支持数字签名、格式开放、独立于软硬件、格式自包含、格式自描述、固定显示、不包含加密以及可向其他文本格式转换等特点，易于更新、搜索、整理，保存成本低，易于传送，可长期持续可靠地访问。该格式目前已被广泛用来保存文本数字对象。

（2）图片格式

GIF：GIF（Graphics Interchange Format）的原义是“图像互换格式”，是1987年CompuServe公司所开发的图像文件格式。GIF文件的数据基于LZW算法的连续色调无损压缩格式。它的压缩率一般在50%左右且独立于任何应用程序。GIF格式可保存多幅彩色图像，如果把存在一个文件中的多幅图像数据逐幅读出并予以显示，即可构成一种最简单的动画。

TIFF：标签图像文件格式（Tagged Image File Format，TIFF）是一种主要用来存储照片和艺术图等的图像文件格式。它最初由Aldus公司与微软公司一起为PostScript打印开发。TIFF是一种基于标记的复杂位图文件格式，广泛应用于对图像质量要求较高的图像存储与转换场合。由于结构灵活且包容性大，它已经成为图像文件格式的一种标准，绝大多数图像系统都支持这种格式。TIFF的国际标准为ISO 12639: 2004，另外其衍生格式TIFF/EP（Electronic Photography）的国际标准为ISO 12234-2: 2001。

PNG：PNG即便携式网络图形（Portable Network Graphics），是一种无损压缩的位图格式。其设计目的是试图替代GIF和TIFF文件格式，同时增加一些GIF文件格式所不具备的特性。PNG现行版本是国际标准ISO/IEC 15948: 2004，并在2003年11月10日作为W3C建议发布。

JPEG 2000：JPEG即联合图像专家小组（Joint Photographic Experts Group）。它一般对图片进行有损压缩（lossy compression）。JPEG主要分为标准JPEG、渐进式JPEG和JPEG2000三种格式。其中JPEG2000的国际标准为ISO/IEC 15444-1: 2000。该系列图片格式具有较好的压缩率，失真率比较低，图像品质好，存储容量小，节约保存成本，传递和呈现速度快，在技术上有一定的优势，支持广泛，非常适合图像的长期保存。因此，在数字资源长期保存领域，JPEG是主要的图像保存格式之一。

（3）多媒体格式

MPEG（Moving Picture Experts Group，动态图像专家组）是ISO与IEC于1988年成立的，它针对运动图像和语音压缩制定相关国际标准。目前主要有MPEG-1、MPEG-2、MPEG-4、MPEG-7和MPEG-21五个标准。MPEG文件具有高压缩比，容量小，失真率低，能较为完整地记录声音和视频。它在数字资源长期保存领域被视为保存音频和视频的理想格式并得到了广泛的应用。MPEG-

1 的国际标准为 ISO/IEC 11172，MPEG-4 的国际标准为 ISO/IEC 14496，MPEG-7 的国际标准为 ISO/IEC 15938。

（4）开放文档格式

开放文档格式（Open Document Format，简称 ODF）是一种基于 XML 的文件格式，它主要用于试算表、图表、简报和文书处理文件等数字文件。其标准最初由 Sun 公司开发，标准则由 OASIS Open Document Format for Office Applications（Open Document）TC（又称为 OASIS ODF TC）所开发。其对应的国际标准为《开放办公应用程序的文档格式 v1.0》（ISO/IEC 26300: 2006）。开放文档格式试图提供一个取代私有专利文件格式的方案，使得组织或个人不会因为文件格式而被厂商套牢（Vendor lock-in）。

OOXML（Office Open XML）是由微软公司为 Office 2007 产品开发的技术规范，现已成为国际文档格式标准，兼容前国际标准开放文档格式和中国文档标准“标文通”（UOF：Unified Office document Format）。该格式于 2006 年 12 月成为 ECMA（European Computer Manufacturers Association，欧洲计算机制造委员会）标准 ECMA 376，其国际标准为 ISO/IEC 29500，最新版本为 2012 年。

2. 功能层面标准

功能层面包含数字资源长期保存框架中的横向结构，亦即与摄入、存储以及访问有关的标准体系。

摄入层：摄入层提供开放存档信息系统与信息提交者之间的信息传递桥梁，主要对从信息生产者那里接收提交信息包（SIP）予以实现，同时对所提交信息进行检查、转换和规范化等处理，使存档系统得以规范地存储和管理这些信息。该层面主要涉及文件格式技术注册、信息封装、安全检测及完整性校验等方面的标准。

文件格式技术注册主要用来描述数字资源长期保存系统中数字对象的技术依赖性，存储、发现和传递与数字格式相关的表示信息，保障文件格式能够长久地获得识别。目前主要的文件格式技术注册项目和机构包括：PRONOM（数字格式注册服务）——这是英国国家档案局（The National Archives）开发的数字格式技术注册系统，是目前相对较为成熟的数字对象格式注册系统；GDFR（Global Digital Registry，全球数字格式注册项目）——这是由哈佛大学发起并有 OCLC 参与的一个项目。该项目以政府共享和机构合作为基础来建立其注册架构，可实现数据的共同管理和发布，有效解决了 PRONOM 系统中的数据所有权问题。

信息封装是 OAIS 参考保存信息包制作过程中所必须的步骤，其主要标准包括上文提到的 METS 以及 FOXML 和 ARC 等。安全检测是指对信息包进行病毒检测，清除恶意代码及病毒程序等的过程。在进行数据的网络传输过程中必须保证其在每次传输时均具有完整性和一致性，这就需要采用一定的算法来对信息包中数据对象的完整性、一致性、媒介的可读写性、资源的描述、资源的结构及其格式等进行校验。这方面的算法标准包括 MD5 和 SHA-1 等。

存储层： 存储层从摄入层功能实体接收存档信息包（AIP），再将其存储到永久存储系统中并对该存储系统的组织结构进行管理，对存储文档的介质进行翻新并提供日常维护。它主要涉及存储介质、存储方式等方面的标准。

存储介质是实现数字资源长期保存中存储功能所必备的基本的物质环境和条件，是构建数字仓储系统的基础。数字信息主要通过光介质或磁介质的形式得到保存。目前有关这些存储物理介质的标准主要包括：《信息与文献 档案馆和图书馆资料文档保存要求》（ISO 11799: 2015）、《成像材料 光盘介质 储存惯例》（ISO 18925: 2013）、《成像材料 光盘介质 扩展储存的维护和操作》（ISO 18938: 2014）、《文档管理应用 光盘介质储存技术 管理与标准》（ISO/TR 10255: 2009）、《文档管理 监控和验证信息存储在 130 毫米光学介质》（ISO 23868: 2008）以及《文件管理应用 电子数据存档 计算机输出缩微品（COM）/计算机输出激光光盘（COLD）》（ISO 11506: 2017）等。

存储方式指的是备份和恢复存储对象的方法。包括磁带存储、光盘存储、磁盘存储和磁盘阵列存储，以及各类分布式存储系统和基于网络的 NAS、SAN 存储系统，同时还包括相应的备份与恢复系统。

访问层： 访问层负责信息包的分发（DIP），它通过与信息消费者进行通讯来接收和响应其请求，同时还对某些受到特殊保护的信息进行权限管理控制。它主要涉及检索、访问控制与授权等方面的标准。

用户可以通过搜索引擎、索引或词表等方式寻找与发现数字仓储中的所需数字对象。目前较主流的搜索引擎为 Lucene。为了确保数字资源长期保存系统中所存储数据的安全性，需要进行访问控制与授权管理，其主要内容包括访问控制策略、策略语言、访问控制模型和 PKI 等。访问控制策略指的是访问规则。用户发布数据时可以为所建立的每一个数据集定义一个访问策略。策略语言（KAoS、Ponder、Rei、Protune、PsSF 等）专门用于表达用户的隐私需求，所举这些策略语言都是基于逻辑形式化，因此具有良好的语义，允许使用其自身格式并使用语义网络语言定义策略。访问控制模型主要可分为基于对象的访问控制模型、基于任务的访问控制模型、基于角色的访问控制模型、基于令牌的访问控制模型和基于本体的访问控制模型等几大类。PKI（Public Key Infrastructure，公钥基础设施）主要涉及证书管理协议、设施内最小互操作规范、数字证书格式、特定权限管理中心技术规范等事项。安全断言标记语言（Security Assertion Markup Language，SAML）是一个开源代码项目，主要提供访问者联邦制的身份确认和访问控制。SAML 规范包括断言与协议、绑定与配置文件、一致性规范及安全保密问题这几个部分。开源项目 Shibboleth 就是基于 OpenSAML 以实现其功能的。

3. 管理层面标准

数字资源长期保存的管理层面主要包括信息安全管理和可信赖性审计等方面的标准。

信息安全管理标准：在数字资源长期保存的全部生命周期中都存在各种安全隐患和风险，这些隐患和风险涉及硬件、软件、数据、物理环境及基础设施等方面，它们将直接威胁数字对象的完整性、机密性和可用性，必须采取有效和全方位的信息安全管理以降低这些隐患与风险。信息安全管理标准的目标就是保障数字资源的机密性、完整性和信息的可用性。《信息技术 安全技术 信息安全管理系统 需求》（ISO/IEC 27001:2013）就是目前国际上通行的信息安全管理标准，其前身为英国标准协会的 BS 7799 标准。该标准制定于 1995 年，2005 年被 ISO 采用。目前的最新版本为 2013 年的修订版。

审计标准：可信赖数字仓储（Trusted Digital Repository, TDR）对数字仓储实施审计和认证，它的存在有利于构建一个可信赖的数据存储体系，发现和改进数字保存过程中的薄弱环节，识别并进而降低数字仓储风险，提高数据保存质量，可靠有效地实现数字保存。数字存储基础设施需要足够数量的可信赖组织用于储存、迁移和访问数字馆藏。数字文档的认证过程需要一个完整且可持续保存数字信息的可信赖环境。

已有的 OAIS 参考模型并未提供可供审计认证过程的规范。为了填补此项空缺，国际上主要研发了三个主要的可信赖仓储审计标准体系。它们是：以可信赖仓储的审核和认证检查表（Trustworthy Repositories Audit & Certification: Criteria and Checklist, TRAC）为基础的《空间数据和信息传输系统 可信赖仓储系统的审计和认证》（ISO 16363: 2012）、以 Nestor 工作组为基础的德国国家标准 DIN 31644，以及由荷兰数字存档和网络服务（Data Archiving and Networked Services，DANS）主导的数字认可印章授予体系（The Data Seal of Approval，DSA）。

从 TRAC 到 ISO 16363：RLG 在 1994 年启动了关于数字资源长期保存的调研，1996 年发布长期保存里程碑性质的报告《数字信息保存》，随后于 2000 年与 OCLC 共同启动可信赖数字仓储（TDR）的研究，2002 年发布《可信赖数字仓储的属性和责任》研究报告。报告中给出了 TDR 的定义，明确了 TDR 的责任，详细描述了 TDR 的属性。2003 年，RLG 与美国国家档案管理局（National Archives and Records Administration，NARA）共同启动认证指标研究，于 2005 年发布认证指标草案，2007 年正式发布《可信赖仓储的审核和认证检查表》（*Trustworthy Repositories Audit & Certification: Criteria and Checklist, TRAC*），随后于 2006—2007 两年间对多个项目进行实验性审计。2012 年，TRAC 成为国际标准 ISO 16363。2014 年发布的《审计与认证机构的要求》（ISO 16919: 2014）对执行认证的机构和人员提出了具体要求，同时规范了认证的过程。

基于 Nestor 工作组的 DIN 31644：2003 年，德国网络信息计划（Deutsche Initiative für Netzwerk Information，DINI）针对德国机构仓储的开放存取制定了《DINI 文档与出版物服务认证》，旨在为各大学机构仓储间的标准化和基于互操作的信息服务与交流提供建议，同时在全国范围开展认证活动。2006 年，德国数字资源长期保存专业网（Network of Expertise in Long-Term Storage of Digital Resources，Nestor）制定了《可信赖仓储的指标目录》。该体系立足于德国国情，其基本框架与 TRAC 保持一致，比 DINI 认证更为全面。2011 年，Nestor 所制定的体系成为德国国家标准 DIN 31644。Nestor 还曾与美国研究图书馆中心（Center for Research Libraries，CRL）、RLG、英国数字长期保管中心（Digital Curation Center，DCC）合作，于 2007 年发布了十项原则作为可信赖数字保存仓储库的核心（最小）要求。

DANS 主导的 DAS 服务：荷兰数字存档和网络服务（Data Archiving and Networked Services，DANS）为了配合开放科研的发展开发出了数字认可印章授予体系（The Data Seal of Approval，DSA）服务。DSA 提供了 16 个指导方针供存储库进行自评估，由申请人通过在线工具完成评估，并将报告提交给指定专家进行同行审阅，最后根据审阅结果决定是否授予认可印章。

上述标准体系均具有多级指标架构。其中，ISO 16363 与 DIN 31644 的一级指标基本相同，即它们都包括组织、数字对象管理和基础设施三个方面。其中的组织和基础设施是数字对象管理赖以执行的环境。DSA 的指标体系层次划分虽然较上述二者有所不同，但也可根据相应指标内涵作对应处理与聚类，同样形成组织、数字对象管理与基础设施这三个基本层次。此外，欧盟所支持的“数字仓储认证与审计框架”（European Framework for Audit and Certification of Digital Repositories）项目综合上述三大体系，形成了一个逐步递进的三层认证框架：（1）基本认证——依据 DSA 进行自评估；（2）扩展认证——依据 ISO 16363 或 DIN 31644 提供公开的自评估报告，进行有组织的外部审计；（3）正式认证——依据 ISO 16363 或 DIN 31644 进行全面认证。

OAIS 参考模型为所有类型的数字保存提供了广泛适用的术语词汇、统一的功能、流程和信息模型的定义，为可信赖认证提供了系统层面的良好基础，从顶层定义了可信赖存储所应具备的服务和要求。但是它没有涉及保存费用和机构组织，没有对保存活动实现全面的覆盖。ISO 16363 和 DIN 31644 标准的建立为保存活动提供了一个相对全面的认证指标体系。它以评估整体项目为重点，不但使管理者对于如何获得保存体系可信赖性有了可衡量的目标，也为存档用户、存缴人和资助者提供了一种方法，该方法有助于确定一个特定的保存体系是否满足他们对于可信赖存档的要求。但是这些标准仅限于考量数字保存的当前状态，几乎没有为从业者提供实用指南，没有提供降低保存风险的具体措施，同样也没有为未来发展提供相关指引信息。欧盟的三层可信赖认证框架继承了已有的各项研究成果，从自评估到全面第三方认证实现了逐级涵盖，令用户的可信赖等级能够得以逐步提升。这种分层认证的框架对于保存实践具有更多合理性与可行性，有利于数字资源长期保存系统的逐步完善。

4. 互操作层面标准

除了 X. 500、LDAP 和 Web Service 等通用的互操作相关标准之外，在数字资源长期保存领域还有其独有的标准，如 OAI-ORE、PMH 以及 SWORD 等。

通用标准：X. 500 是构成全球分布式名录服务系统的协议。基于该标准所组织起来的数据就像一个覆盖全面的电话号码簿，或者说一个 X.500 系统就像是一个分门别类的图书馆，而某一机构建立和维护的名录数据库只是全球名录数据库的一部分。用于管理域名注册的 InterNIC 和存储全美国家实验室的 Esnet 就是两个知名的 X.500 目录，它们同时也是最大的 X.500 目录。

LDAP（Lightweight Directory Access Protocol）即轻量目录访问协议。它基于 X.500 标准，但更为简单且可以根据需要进行定制。与 X.500 不同，LDAP 支持 TCP/IP，这是访问 Internet 所必须的。LDAP 的核心规范在 RFC（Requests For Comments）中都有定义，所有与 LDAP 相关的 RFC 都可以在 LDAPman RFC 网页中找到。

Web service 是一个平台独立、低耦合、自包含且基于可编程 web 的应用程序，可使用开放 XML 标准来对上述程序进行描述、发布、发现、协调和配置，它可用于开发分布式的互操作应用程序。

专有标准：OAI-ORE（Open Archives Initiative-Object Reuse and Exchange，开放存档倡议对象重用和交换）标准。该标准定义了描述和交换网络资源聚合的标准。这些聚合（或称为复杂聚合对象）采用多种媒体类型（图像、文本、数据和视频等）集成分布式资源。该标准的目标是将所聚合的内容展示给支持授权、存储、交换、可视化、重用和保存的应用。它定义了基础数据模型和词汇表示模型里的实体与属性。

OAI-PMH（Open Archives Initiative-product for Metadata Harvesting，开放存档倡议产品元数据收割）标准。它是一种独立于应用且能提高 Web 资源共享范围和能力的互操作协议标准。该标准的目的在于加强系统之间的互通性，更准确地存取和使用学术性电子全文资源。该协议标准以 HTTP 为基础，协议中储存地点被定义为可存取的网络系统，包含可使用收割协议进行检索的资源。

SWORD（Simple Web-service Offering Repository Deposit，提供仓储存档的简单网络服务）协议。这是一个允许数字仓储库通过标准化的协议接受来自不同来源、不同格式保存内容的互操作标准。SWORD 允许客户端与仓储服务器进行交互。它基于在日志和其他内容网站广泛采用的原子出版协议，能够用来收割内容或者实施查询，适用于把资源存放到学术系统的不同场合。

5. 其他框架和协议

空间数据系统咨询委员会除了制定 OAIS（ISO 14721: 2012）之外，还制定了其补充标准 PAIMAS《生产者 档案接口方法抽象标准》(ISO 20652:2006)，它描述了提交和转移一个数字对象到一个档案的协调与合作工作流。

生命周期管理是数字资源长期保存中一个重要的方面。由加拿大不列颠哥伦比亚大学负责组织的“电子系统永久真实记录研究组织”(The International Research on Permanent Authentic Records in Electronic Systems，InterPARES）提供了覆盖数字记录生命周期所有阶段的保存链模型。其内容包括：制定数字对象，对其创造者批准、配制和长期保存的行动与相关事宜进行维护等。该模型把保存记录的功能放置到了一个组织其他业务功能的语境之中。

英国数字长期保管中心（Digital Curation Center，DCC）所管理的数字资源生命周期模型是一个理想化的架构，它以图形化的方式从较高层次概述了成功的数据管理和保存所需的从最初概念或接收开始的各个阶段。该模型可用于计划组织内的活动，确保能覆盖到管理周期的所有必要步骤。

三、数字资源长期保存国内外标准特点和比较研究

上一章从数字资源长期保存标准框架体系的角度概略介绍了各技术环节的主要特征及所涉及的主要标准。以下将从国内外标准体系建设的角度作一个对标比较，进而分析讨论我国数字资源长期保存标准化建设相对于国际标准化建设的差距与不足。

（一）国内数字资源长期保存标准

国内数字资源长期保存相关标准的制定工作是在与国际标准对标的过程中逐步展开的。目前这项工作尚处于起步阶段，标准化的制定也主要集中于基础数据层面。以下从国家标准、行业标准和地方标准三个层次作一个概略性的介绍和分析。

1. 国家标准

目前国家层面所制定的图书馆数字资源长期保存标准主要是针对各类资源的数字化加工标准，即《图书馆馆藏资源数字化加工规范》(GB/T 31219)。该标准由原文化部提出，由全国图书馆标准化技术委员会归口。

在 GB/T 31219 中，除第 1 部分《总则》之外，其后的第 2、3、4、5 部分分别对文本资源、图像资源、音频资源和视频资源的数字化加工作出了规定。

其中第2、3、4部分的最新版发布于2014年9月，第5部分的最新版发布于2016年9月，具体如下：《图书馆馆藏资源数字化加工规范 第2部分：文本资源》（GB/T 31219.2—2014）规定了图书馆文本资源数字化加工遵循的技术标准，适用于以文字为主要表达形式，可存在少量图表的文本文献（不包括古籍善本、手稿等特殊文献）的数字化加工；《图书馆馆藏资源数字化加工规范 第3部分：图像资源》（GB/T 31219.3—2014）给出了馆藏图像数字资源的加工标准和工作规范，既适用于非数字化的、以不同形式和载体存储的信息资源，又适用于最初产生时即以数字图像形态存在的原生数字图像资源，也适用于文献经过数字化加工后派生出的数字图像资源。该标准适用于图书馆图像资源数字化加工，其他文献信息机构的图像资源数字化加工可参照使用；《图书馆馆藏资源数字化加工规范 第4部分：音频资源》（GB/T 31219.4—2014）规定了音频资源数字化加工的技术参数和基本工作规范，包括音频资源数字化加工的加工级别及技术参数、加工准备、采集与处理、元数据加工、命名规则、质量管理，适用于图书馆音频资源数字化加工，其他文献信息机构音频资源的数字化加工也可参照使用；《图书馆馆藏资源数字化加工规范 第5部分：视频资源》（GB/T 31219.5—2016）规定了视频数字化加工工作流程、内容标记元数据标准、视频数字对象的命名规则等，适用于全国各级、各类型图书馆在模拟视频、数字视频、网络视频的采集、编码转换、保存与编辑工作，同时也可供从事出版、教学、科研等相关业务的机构参考使用。

上述标准从文本、图像、音频和视频等不同资源类型角度分别规定了其相应的数字化加工规范，为数字资源长期保存体系的建立提供了基础的文件体系框架。除了图标委所制定的国家标准之外，文影标也承担了部分相关标准的制定工作。其中主要包括存储介质和文档格式两个部分：

在存储介质方面，对应国际标准ISO 23868，文影标采标制定了《文件管理 130mm光盘存储信息的监测和验证》（GB/T 30542—2014）；对应国际标准ISO 11506，文影标采标制定了《文件管理应用 电子数据的存档 计算机输出缩微品（COM）/计算机输出激光光盘（COLD）》（GB/T 30540—2014）。此外，文影标曾于2005年等同采用国际标准ISO 12142，制定了《电子成像 数字数据光盘存储数据验证用介质错误监测与报告技术》（GB/T 19729—2005）。该标准已于2017年12月为《可录类出版物光盘CD－R、DVD－R、DVD＋R常规检测参数》（GB/T 33662—2017）、《只读类出版物光盘CD、DVD常规检测参数》（GB/T 33663—2017）和《CD、DVD 类出版物光盘复制质量检验评定规范》（GB/T 33664—2017）所代替。

在文档格式方面，文影标主要就 PDF 格式文档制定了《文献管理 长期保存的电子文档文件格式》（GB/T 23286）。该标准分为两个部分：第 1 部分为 PDF1.4（PDFA-1）的使用，第 2 部分为 PDF1.7（FDP-A2）。其中第 1 部分采标了国际标准《文献管理 长期保存的电子文档文件格式 第 1 部分：PDF1.4（PDF/A-1）的使用》（ISO 19005-1:2005）之技术内容，并包含 ISO 于2007 年 4 月 1 日发布的技术勘误表 ISO 19005-1:2005/Cor. 1 的内容。

2. 行业标准

在我国数字资源长期保存国家标准体系尚未建立起来的状况下，以原文化部标准为首的行业标准对国家标准体系起到了一定的补充作用。目前相关的行业标准主要如下：

《数字资源长期保存元数据规范》（WH/Z 1-2012）——本标准为技术性指导文件，它修改采用 OCLC 与 RLG 联合资助成立的“保存元数据：实施策略（Preservation Metadata：Implementation Strategies，PREMIS）”工作组制定的《PREMIS 保存元数据数据字典 2.1》。该指导性技术文件对 PREMIS 进行了部分适合我国国情的修改。

《图书馆数字资源统计规范》（WH/T 47-2012）——该标准构建了图书馆数字资源统计指标体系，对数字资源相关术语、数字资源体系、统计指标和统计方法作出了明确界定。它适用于图书馆数字资源的馆藏、服务、设施和经费统计。

《数字对象唯一标识符》（WH/T 48-2012）——该标准规定了数字对象标识符系统（简称 CDOI）的体系框架、语法规则、命名规则、解析规则、管理规则和扩展规则。CDOI 名称用于标识文化行业的数字对象、物理对象、抽象对象（如作品、概念）、虚拟网络资源对象以及元数据对象。通过给对象赋予的 * 标识符，可以实现对象的永久标识和持久链接。CDOI 是对象的数字标识符，而不仅是数字对象的标识符。CDOI 与 DOI 兼容，即在语法规则、命名规则、解析规则方面遵从 ISO 26324 标准，但 CDOI 系统是独立于 DOI 的系统，不受 DOI 系统管理规则的约束。

《文本数据加工规范》（WH/T 45-2012）、《图像数据加工规范》（WH/T

46-2012）以及《音频数据加工规范》（WH/T 49-2012）与上述 GB/T 31219.2—2014、GB/T 31219.3—2014 和 GB/T 31219.5—2014 相对应并已于 2017 年 2 月废止。

《网络资源元数据规范》（WH/T 50-2012）——该标准等效采用都柏林核心元数据计划（The Dublin Core Metadata Initiative, DCMI）发布的《都柏林核心元数据集》与元数据对象描述模式（Metadata Object Descriptin Schema, MODS）中的元素，同时参考了科技部科技基础性工作专项资金重大项目《我国数字图书馆标准规范建设》子项目《专门数字对象描述元数据规范》的相关研究成果。

《图像元数据规范》（WH/T 51-2012）——该标准参考采用 RFC 5013《都柏林核心元数据集》、科技部科技基础性工作专项资金重大项目《我国数字图书馆标准规范建设》子项目《专门数字对象描述元数据规范》的研究成果及“中国数字图书馆标准与规范建设”项目的“专门元数据”子项目的研究成果。

《管理元数据规范》（WH/T 52-2012）——该标准制定的管理元数据模型参考元数据框架与 PREMIS 数据模型。

《音频资源元数据规范》（WH/T 62-2014）——该标准规定了音频资源的著录单位和著录对象，确立了音频资源元数据规范的元素集及扩展规则，并详细定义了元素及其修饰词。

《视频资源元数据规范》（WH/T 63-2014）——该标准规定了视频资源的范围、著录对象、著录对象间的关系，确定了视频资源元数据的元素集及扩展规则，并详细定义了元素及其修饰词。

《电子连续性资源元数据规范》（WH/T 64-2014）——该标准规定了电子连续性资源的范围、著录对象、著录对象间的关系，确立了电子连续性资源元数据规范的元素集及扩展规则，并详细定义了元素及其修饰词。

《电子图书元数据规范》（WH/T 65-2014）——该标准规定了电子图书的范围、著录对象和著录对象间的关系，在此基础上确立了电子图书元数据规范的元素集及扩展规则，并详细定义了元素及其修饰词。

《古籍元数据规范》（WH/T 66-2014）——该标准主要内容包括：范围、规范性引用文件、术语和定义、古籍资源著录、元素集与扩展原则、元素集及定义说明、元素及其修饰词定义。

《期刊论文元数据规范》（WH/T 67-2014）——该标准参考国家标准《信息与文献 都柏林核心元数据元素集》（GB/T 25100—2010）、科技部科技基础性工作专项资金重大项目《我国数字图书馆标准规范建设》子项目《专门数字对象描述元数据规范》的研究成果及都柏林核心元数据计划（The Dublin Core Metadata Initiative, DCMI）发布的《都柏林核心元数据元素集》，同时保持与文化行业数字资源元数据总则、标识符、对象数据、长期保存的相关标准和项目成果的一致性。

《学位论文元数据规范》（WH/T 68-2014）——该标准规定了学位论文资源的范围、著录对象、著录对象间的关系，确立了学位论文资源元数据规范的元素集及扩展规则，并详细定义了元素及其修饰词。该标准适用于硕士学位论文和博士学位论文。

《图书馆数字资源长期保存信息包封装规范》（WH/T 72-2015）——该标准根据开放存档信息系统以及美国国会图书馆编制维护的元数据编码与传输标准 METS 制定，将用于图书馆数字资源长期保存系统，作为系统中数字资源封装和传递的规范。

3. 地方标准

除了国家标准和原文化部的行业标准，一些标准化工作领先的地区也制定了一些有关数字资源长期保存的地方性标准。比较有代表性的是北京市档案局组织制定的北京市地方标准《档案数字化规范》（DB11/T 765. 1），该标准共分 7 个部分，它们分别是：第 1 部分总则、第 2 部分纸质档案数字化加工、第 3 部分缩微胶片档案数字化加工、第 4 部分照片档案数字化加工、第 5 部分录音档案数字化加工、第 6 部分录像档案数字化加工、第 7 部分成果储存与利用。其中前 4 个部分于 2010 年公布，第 5 和第 6 部分于 2012 年公布，第 7 部分于 2013 年公布。该标准主要从档案管理角度出发提出了进行不同档案载体数字化工作的规范，其主要参考和引用的标准为《档案著录规则》（DA/T 18—1999）。

4. 国家标准、行业标准和地方标准的比较分析

以上列举了我国数字资源长期保存领域的国家标准、行业标准和地方标准。从总体上来说，我国尚未形成数字资源长期保存框架体系所要求的系统化标准体系。相关的标准无论从国家层面、行业层面还是地方层面都比较单薄。

这与我国图书馆和档案事业领域数字文献资源激增的现状是不相符合的，是无法充分满足现实应用的各类需求的。

从具体的标准组成来看，除了文影标所制定的有关储存介质和文档格式的标准之外，由 TC 46 主导制定的国家标准主要包括《图书馆馆藏资源数字化加工规范》（GB/T 31219）和《文献管理 长期保存的电子文档文件格式》（GB/T 232866）。前者对包括文本、图像、音频和视频等资源的数字化加工作出了具体的技术性规范，而后者则主要就 PDF 格式作出了技术性规范。这些标准的制定均引用了相应的国际标准，同时根据我国国情作出了适当的修改。

原文化部的行业标准对国家标准进行了有力的补充，其中的《图书馆数字资源统计规范》（WH/T 47-2012）和《数字对象唯一标识符》（WH/T 48-2012）补充了数字资源统计管理和数字对象唯一标识符（DOI）的标准，而以《网络资源元数据规范》（WH/T 50-2012）、《图像元数据规范》（WH/T 51-2012）、《音频资源元数据规范》（WH/T 62-2014）等标准则从元数据角度对图书馆业务所能接触到的各种不同媒介及不同文献类型的数字资源作出了具体的规范。此外，《数字资源长期保存元数据规范》（WH/Z 1-2012）、《管理元数据规范》（WH/T 52-2012）、《图书馆数字资源长期保存信息包封装规范》（WH/T 72-2015）从数字资源长期保存的角度参考 PREMIS 和 METS 等标准，与上述针对不同媒介和不同文献类型的元数据标准一道构筑起了一个相对完整的数字资源长期保存标准体系。

北京市档案局所制定的数字资源加工地方标准对于图书馆行业的标准制定具有一定的参考价值，但由于档案工作和图书馆性质的差异，无法将其与上述图书馆数字资源长期保存领域的国家标准和行业标准作出恰如其分的比较。

总的来说，我国的图书馆数字资源长期保存标准体系尚处于初建阶段，其内容仅对应于数字资源长期保存标准体系的基础数据层面，尚须向功能层、管理层、互操作层及框架与系统层面作进一步的拓展和提升。

（二）国外数字资源长期保存标准

1. 国际标准

ISO 所制定的数字资源长期保存相关标准除上文在介绍标准框架时提到的那些之外，还制定颁布了以下一些相关标准：《电子归档 第 1 部分：电子信息保存用信息系统设计和操作规范》（ISO 14641-1: 2012）、《信息技术 安全技术 存储安全》（ISO/IEC 27040: 2015）、《电子成像，信息电子存储，可信和可靠性推荐方法》（ISO/TR 15801: 2017）、《基于电子文件的信息的长期保存》（ISO/TR 18492: 2005），以及除上文提到的 ISO/IEC 27001 之外 ISO/IEC 27000 系列的其他信息安全相关标准。

欧洲标准化委员会（Comité Européen de Normalisation, CEN）下属的欧洲电信标准化委员会（European Telecommunications Standards Institute，ETSI）负责有关数字资源长期保存方面标准的编制工作。该机构公布的《电子签名和基础设施（ESI），电子签名或含有电子签名之长期数据保存服务标准化框架的概括研究》（ETSI SR 019 510 V1. 1. 1）（2017-05）是该机构最新发布的有关数字资源长期保存的一份特别报告（Special Report，SR），这份报告从数字签名及其存档体系出发提出了相应的标准化框架体系，同时还将 ETIS 标准体系与 OAIS 框架进行比较并列出了相关领域的标准。[36]

2. 国外主要国家数字资源长期保存标准

美国在数字资源长期保存领域起步最早，其所研发的标准也具有较高权威性。除前文提到的之外，美国国家标准学会（ANSI）下属的美国国家信息标准组织（NISO）发布了与数字资源长期保存相关的标准《环境敏感服务的 OpenURL 框架》（ANSI/NISO Z39. 88-2010）和《自适应可扩展标记语言（XML）出版规范用制作和互换框架》（ANSI/NISO Z39. 98-2012）。

英国标准协会（BSI）制定的《档案文件保存与展示的推荐标准》（BS 5454: 2000）已被 ISO 继承成为国际标准《信息与文献 档案馆和图书馆资料文档存储需求》（ISO 117992: 2003），这是有关数字资源长期保存标准框架体系功能层中摄入层之储存介质方面的重要标准。除此之外，该组织还发布有以下数字资源长期保存相关标准：《音频资料系统 第 2 部分：音频数据保存》（PD IEC/TS 62702: 2016）、《数字存档 用于长期保存的数字存储媒介选择》（PD ISO/TR 17797: 2014）以及《信息技术 安全技术 数字证据识别、收集、获取和储存指南》（BS EN ISO/IEC 27037: 2016）等。

德国标准化协会（DIN）发布的《信息与文献 可靠数字档案的标准》（DIN 31644: 2012）是可信赖数字仓储的主要通行标准之一。

日本工业标准委员会（JISC）制定的数字资源长期保存相关标准主要包括

《电子文档的长期保存方法》（JISZ 6017）（最新为2011年版）、《信息技术 安全技术 隐私框架工程（隐私保护的框架和原则））》（JISX 9250）（最新为2017年版），同时还采标ISO 2000系列标准，颁布了《信息技术 服务管理 第1部分：服务管理系统要求事项》（JISQ 2000—1）、《信息技术 服务管理 第2部分：服务管理系统适用指南》（JISQ 2000—2）、《信息技术 安全技术 信息安全管理系统 用语》（JISQ 27000）、《信息技术 安全技术 信息安全管理系统 要求事项》（JISQ 27001）、《信息技术 安全技术 信息安全管理策略的实践规范》（JISQ 27002）等一系列对应标准。

此外，荷兰数字存档和网络服务（Data Archiving and Networked Services，DANS）主导的数字认可印章授予体系（The Data Seal of Approval，DSA）是可信赖数字仓储的主要项目之一，而澳大利亚国家和州立图书馆（National and State Library of Australia，NSLA）的DPTR（Digital Preservation Technical Registry，数字保存技术注册）则是数字保存注册领域的重要项目。

四、数字资源长期保存国内外相关实践及对标准化的需求分析

数字资源长期保存的标准化工作一般都与特定的实践项目有一定的关联，而且与这些实践项目的发展过程同步。数字资源长期保存的实践可以从技术和管理两个角度进行分析。从技术角度来说，国外的主要实践包括Portico、LOCKSS、DSpace、Fedora、Duracloud以及iRODS等，国内实践刚刚起步，目前只有中科院文献情报中心的DPS项目初具雏形。从项目管理角度，国外的实践主要包括：美国的NDIIPP、英国的DPC和DCC、德国的Nestor、荷兰的NCDD、日本国会图书馆和国立公文书馆、澳大利亚的PADORA和PADI以及欧盟的NEDLIB和4C等，国内的实践则主要是国家图书馆在实施。限于篇幅，此处不作具体介绍。以下从数字资源长期保存标准化角度对这些实践作一总结。

首先，从技术角度来看，国际上的应用不仅存取与合作方式灵活多样，可以实施如Portico那样的第三方保存模式，也可实施LOCKSS那样的合作保存模式，而且所涉及数字资产的种类从数字文档到音视频、图像，乃至互联网资源，几乎无所不包。在标准化方面，这些技术合作项目基本都在OAIS参考模型应用框架下，重点解决数据存储与获取利用问题。其标准化层次体系清晰明确，关注点主要集中在元数据标准、数据迁移、唯一标识符等基础层面标准，

同时兼及功能层、数据仓储审计、互操作等数字资源长期保存标准体系的各个层面。中科院文献情报中心的 DPS 主要采用了 Fedora 的数据仓储系统，从其关注的技术点来看，基本与国际上其他应用保持一致。

其次，从项目管理角度来看，一些成功的国际实践基本都具有以下一些特点：

1. 从国家层面制定统一战略且有明确的领导核心

美国的 NDIIPP 是由美国国会图书馆立法资助且以美国国会图书馆为领导核心的美国全国性数字图书馆项目。著名的数字资源长期保存国际标准 OAIS 就是在 NDIIPP 的框架下由 OCLC 和 RLG 联合研发出来的。而其他主要的长期保存元数据标准 PREMIS、METS 以及可信赖数字仓储标准 TRAC 等也都是这个项目的产物。其他诸如英国、德国、日本、荷兰、澳大利亚以及欧盟等先进国家和组织也都是在国家层面制定数字资源长期保存战略并明确主要负责牵头领导的国家级机构的基础上展开其包括标准化在内的各种相关实践的。

2. 资金来源有充分保障

这实际上是基于前一点基础上才能实现的。日本国立国会图书馆的 WARP 项目得到了日本国会的全额资助，这保证其能够长期持续下去。而美国的 NDIIPP 项目则不仅获得了来自国会的 1 亿美元资金援助，还收到了来自民间的 7500 万美元捐助，这一多重资金来源模式也充分保障了 NDIIPP 项目的可持续发展。

3. 具有完善的相关法律法规体系作支撑

数字资源长期保存的项目都是基于网络和机构间合作才能实现的。为了确保系统的正常运行，必须明确各合作方的权利和义务，加强各方的互动协作，防止因职责不清所导致的资源浪费、重复建设或采集不全等情况。美国国会就要求国会图书馆“与其他联邦和非联邦部门合作，负责收集可供存取的数字化资料并对其进行维护，在开发这项战略计划时，应就政策、协议和长期保存策略等方面的问题与版权办公室协商，共同构建分工有序、职责明确的合作网络和保存机构，同时创建任务和职责明确的保存结构”。

对标上述国际实践，我国的数字资源长期保存的标准化尚处于起步阶段，但中国国家图书馆等单位已经在这方面起到了一定的表率作用。

此外，国家科技图书文献中心也在 2015 年 9 月与国家图书馆等国内 83 家图书馆一道发布《数字文献长期保存共同声明》，声明表示："图书馆将共同努力，建设能够有效支持数字文献资源长期保存和可靠利用的环境，建立与资源提供者合作开展长期保存的可靠机制，促进数字文献资源长期保存系统的高效、经济和可信赖运行。"截至2017年9月30日，包括发起签署机构和共同签署机构在内，215家图书馆参与了这一声明，国内图书馆界正在就数字资源长期保存的重要性形成共识。[37]

五、评述与建议

（一）我国数字资源长期保存标准化工作的特点和不足

我国的数字资源长期保存标准化工作尚处于起步阶段，其体系尚不完备，对标国际标准化工作的成功经验，从技术和管理角度总体来说具有以下特点：

1. 我国的标准化工作主要集中在数字资源长期保存标准化框架体系中的基础数据层面

从国家标准层面来看，《图书馆馆藏资源数字化加工规范》（GB/T 31219）的第2到第5部分分别对文本、图像、音频和视频资源的数据加工进行了规定，而《文献管理 长期保存的电子文档文件格式》（GB/T 23286）则主要就PDF的文档格式与国际标准ISO 19005-1进行了对标引进。原文化部颁布的行业标准主要集中于元数据标准方面，行业标准比国家标准相对分类更加细致，也更加适合图书馆行业的实际需要。除《文本数据加工规范》（WH/T 45-2012）、《图像数据加工规范》（WH/T 46-2012）以及《音频数据加工规范》（WH/T 49-2012）等行业标准因与国家标准GB/T 31219.2—2014、GB/T 31219.3—2014和GB/T 31219.5—2014内容重复而于2017年2月废止之外，其余标准目前仍在行业内通行。尤其是《管理元数据规范》（WH/T 52-2012）采用了PREMIS框架，而《图书馆数字资源长期保存信息包封装规范》（WH/T 72-2015）则采用了METS标准。

2. 我国标准化工作的国家战略尚未完全形成，领导核心尚不明确

我国数字资源长期保存的实践起步晚于欧美及日本等发达国家，相关的国家战略正在逐步形成。从具体的标准制定主体角度来看，相关的国家标准主要由对口ISO的各技术分会制定，参与制定相关标准的不仅有代表图书馆行业的

图标委，还有来自其他行业领域的文影标，以及归口中国科学技术信息研究所（简称中信所）系统的文标会，而一些相关的地方标准（比如上文提到的北京市地方标准）则是由档案系统制定的。鉴于上述情况，同时基于国家标准化管理委员会所大力提倡的加强团体标准制定工作这一指导精神，除了国家标准化管理委员会之外，有必要在这些机构之间设立一个更加专业的统一协调机构。这就涉及本领域国家标准化战略布局和整体领导核心的问题了。如果能有类似美国国会图书馆、日本国立国会图书馆以及德国国家图书馆等明确统一的标准化领导核心，那么就可以适时推出相关的团体标准，则我国的数字资源长期保存标准化工作将能够得到更健康和更快速的发展。

3. 标准化工作资金投入缺乏可持续性

数字资源长期保存工作涉及软硬件等各方面需求，资金需求巨大。然而，由于标准化国家战略和领导核心的缺失，目前此项工作的资金主要来自于各级政府的短期和临时拨款，部分来自于高校或科研机构的科研经费。这显然与数字资源保存的长期性要求是不相容的。因此亟须从国家层面并以长远和可持续发展的眼光来对本领域的工作提供稳定且充足的资金支持。

4. 标准化工作法制体系不健全，合作参与方权利义务不明确

我国目前的数字资源长期保存实践尚处于起步阶段，国内已有的相关项目分散性大，组织松散，人员专业素养不高。要解决这一问题，关键在于借鉴国际上的成功经验，通过制定相关管理法规来明确合作机构之间的权利与义务，同时加强从业人员专业素养培训，逐步提高相关项目的运作水平与专业化程度。

（二）对我国数字资源长期保存标准化工作的建议与展望

综上所述，对于我国数字资源长期保存的标准化工作，拟提出以下建议：

从技术上来说，建议在前述标准化框架体系内，在已有的以基础层面为主的标准基础之上，对标国际标准，加强各层次技术标准的研发工作。其中，尤其建议以数字资源长期保存的审计标准为重点。

从管理上来说，建议在明确数字资源长期保存战略意义的前提下，确立“全国一盘棋”的思路，建立以国家图书馆或其他国家及相关机构为领导核心的国家级数字保存体系，同时从人大立法层面给予法律法规和资金上的支持，

将数字资源长期保存及其标准化事业持久地开展下去。只有这样，这项事业才能真正在国内获得发展与进步，我国的各类数字资源及数字遗产也才能够得到永续的持久保存。2016 年 11 月 3—4 日，香山科学会议第 576 次学术讨论会“数字科技文献资源长期保存的前沿及重大问题研讨”在北京举行。会议提出，数字科技文献已经成为我国科技创新所依赖的主流资源，但由于数字信息特点以及数字文献网络使用方式，它们实质上处于“濒于损毁”状态。它们在中国的长期保存和可持续利用事关国家科技竞争力和战略安全。[38]

再从标准化工作的角度来看我国的数字资源长期保存工作。国务院印发的《深化标准化工作改革方案》（国发［2015］13 号）中明确提出了我国目前标准化工作中存在标准缺失老化滞后、标准交叉重复矛盾、标准体系不够合理以及标准化协调推进体系不完善等弊病。这些问题同样存在于数字资源长期保存标准化工作中。文件中提出要“培育和发展团体标准”，这为我国数字资源长期保存的标准化工作指明了方向。早在 1998 年，我国高教系统就已开始建设 CALIS（China Academic Library and Information System，中国高等教育文献保障系统），而 CALIS 的管理中心也早在 2002 年 5 月就开始了数字图书馆标准化的研究工作。在 CALIS、中国国家图书馆、中国科技信息研究所以及中国科学院文献情报中心等几大机构的推动下，科技部于 2002 年 10 月启动了《我国数字图书馆标准规范建设》（CDLS）项目。今后的数字资源长期保存标准化工作理应在以上几大机构的领导下向制定相关团体标准的方向努力。

2016 年香山科学会议精神和 2015 年的《深化标准化工作改革方案》基本明确了今后数字资源长期保存标准化工作的前进方向和主要任务，此项工作将在此“一会一文”的精神指导下不断得到深入推进。

本章以一般实体文献资源（其中包括一般纸质资源、缩微胶卷以及磁带等）、古籍文献资源（包括民国文献资源）和数字资源长期保存三个方面论述了国内外图书馆文献信息资源保存与保护标准化工作的实践。在对这些标准化工作进行简要介绍和比较的基础上，提出了促进我国相关标准化工作进一步发展的意见和建议。总的来说，对于一般实体文献资源的保存保护，其涉及图书馆的范围最广，文献量也最大。相对来说，我国在这方面的标准化工作做得还是比较扎实的。今后的工作重点应放在对国际标准（尤其是 ISO 标准）的深入研究与采标上。古籍文献资源具有自身的特点，其保存保护的标准化工作也具有独特的规律。我国在这方面的工作正在稳步推进。数字资源长期保存是数字资源领域的重大课题，这方面的标准化工作早有国际成功经验可资借鉴。对于此项工作，我们应该上升到国家战略的高度进一步予以重视和加强。

注释：

[1] 李景仁、辜军：《文献保护标准化工作的建立与发展》，载《图书馆建设》，1992年第6期。

[2]《国务院关于文化遗产工作情况的报告》，载《中国文化报》，2018年1月4日，第008版。

[3] 赵文友：《我国古籍保护标准体系建设的成果与思考》，见国家古籍保护中心编：《古籍保护研究》第2辑，大象出版社2016年版，第329页。

[4] 毛雅君：《国家图书馆业务规范》，国家图书馆出版社2017年版。

[5] 王雁行：《以“中华古籍保护计划”为依托建设国家古籍资源数据库》，载《国家图书馆学刊》，2016年第3期，第82—88页。

[6] 张文亮、尚奋宇：《我国古籍数字化标准体系现状调查及优化策略》，载《国家图书馆学刊》，2015年第6期，第83—89页。

[7] 沈乃文、曹淑文：《古籍著录标准化的几个问题》，载《图书情报工作》，1985年第6期，第13—14、22页。

[8] 沈乃文、曹淑文：《古籍著录标准化的名词术语问题》，载《大学图书馆学报》，1986年第4期，第9—15页。

[9] 鲍国强：《论古籍著录的客观反映原则》，载《图书馆学刊》，1988年第1期，第16—19页。

[10] 洪琰、王沛：《全国古籍普查登记工作实践与思考》，载《国家图书馆学刊》，2014年第5期，第12—17页。

[11] 莫俊：《古籍普查研究综论》，载《图书馆学刊》，2015年第4期，第129—134页。

[12] 李正辉：《古籍普查工作中遇到的若干细节问题》，载《图书馆学刊》，2011年第7期，第134—136页。

[13] 国家古籍保护中心办公室：《制定古籍定级标准，推进古籍分级保护》，载《古籍保护参考》，2015年，第4页。

[14] 李景仁、周崇润：《谈谈图书馆善本古籍库的建筑设计要求》，载《四川图书馆学报》，2003年第1期，第79—80页。

［15］李静:《加强古代文献典籍保护、弘扬中华优秀传统文化》,载《中国文化报》,2017 年 9 月 14 日,第 002 版。

［16］刘家真、程万高:《中国古籍保护的问题分析与战略研究》,载《中国图书馆学报》,2008 年第 4 期,第 8—13 页。

［17］国家古籍保护中心办公室:《建设古籍标准书库,改善古籍存藏环境》,载《古籍保护参考》,2015 年,第 3 页。

［18］杜伟生:《古籍修复队伍的建设及发展机遇》,载《文物保护与考古科学》,2008 年第 S1 期,第 100—103 页。

［19］吴格:《近年来中国图书馆古籍修复工作的调查与回顾》,载《国家图书馆学刊》,2002 年第 1 期,第 30—39 页。

［20］《国务院关于文化遗产工作情况的报告》,载《中国文化报》,2018 年 1 月 4 日,第 008 版。

［21］庄秀芬:《古籍保护人才培养模式研究》,载《国家图书馆学刊》,2014 年第 5 期,第 18—24 页。

［22］Liu J, Wang J, "Main Factors Affecting the Preservation of Chinese Paper Documents: A Review and Recommendations", *IFLA Journal*, 2010 (3), pp. 227 – 234.

［23］余辉等:《中华古籍和民国文献保护的科学问题初探》,载《复旦学报》(自然科学版),2016 年第 6 期,第 677—683 页。

［24］李景仁、周崇润:《对善本古籍特藏文献酸度的检测与分析》,载《图书馆工作与研究》,2003 年第 3 期,第 32—34 页。

［25］刘家真、廖茹:《我国古籍、纸质文物与档案保护比较研究》,载《中国图书馆学报》,2012 年第 4 期,第 88—98 页。

［26］《行业标准目录》,http://www.saac.gov.cn/xxgk/2015 – 05/28/content_100320.htm(访问时间:2019 年 3 月 18 日)。

［27］《国家档案局关于发布〈纸质档案数字化规范〉等 12 项档案行业标准的通知》,http://www.saac.gov.cn/news/2017 – 12/14/content_214080.htm(访问时间:2019 年 3 月 18 日)。

［28］张文亮、尚奋宇:《我国古籍数字化标准体系现状调查及优化策略》,载《国家图书馆学刊》,2015 年第 6 期,第 83—89 页。

［29］张文亮、尚奋宇:《我国古籍数字化标准体系现状调查及优化策略》,载《国家图书馆学刊》,2015 年第 6 期,第 83—89 页。

［30］张美芳、陈敏:《我国古籍、档案修复技术标准体系建设研究》,载《图书馆论坛》,2014 年第 12 期,第 111—115 页。

[31] 李景仁、周崇润：《对善本古籍特藏文献酸度的检测与分析》，载《图书馆工作与研究》，2003 年第 3 期，第 32—34 页。

[32] 陈桂香：《近 10 年国内民国文献保护研究综述》，载《图书馆学刊》，2015 年第 3 期，第 133—135 页。

[33] *NESCO/UBC Vancouver Declaration*, http://www.unesco.org/new/fileadmin/MULTIMEDIA/HQ/CI/CI/pdf/mow/unesco_ubc_vancouver_declaration_en.pdf, Mar. 16, 2019.

[34] 张智雄等：《数字资源长期保存技术的研究与实践》，国家图书馆出版社 2015 年版，第 409 页。

[35] *Standards*, https://www.loc.gov/librarians/standards, Mar. 18, 2019.

[36] *ETSI SR* 019 510 *V*1.1.1, http://www.etsi.org/deliver/etsi_sr/019500_019599/019510/01.01.01_60/sr_019510v010101p.pdf, Mar. 18, 2019.

[37] 《数字文献资源长期保存共同声明》，http://www.nstl.gov.cn/nstl/facade/help/declare.jsp（访问时间：2019 年 3 月 18 日）。

[38] 香山科学会议：《数字科技文献资源长期保存的前沿及重大问题研讨》，http://www.xssc.ac.cn/waiwangNew/index.html#/xsscNew/meetingdetailsNew/736/jkxq（访问时间：2019 年 3 月 18 日）。

（执笔人：周德明　余　辉　张　轶）

第六章　图书馆标准化工作管理

本章从调研国际标准化组织和美英等国标准化工作管理入手，对英美等发达国家，以及国际标准化组织（ISO）、国际图书馆协会联合会（IFLA）等国际组织在推进图书馆标准化工作方面的特点与经验进行分析梳理，同时以全国图书馆标准化技术委员会近10年来开展标准化工作的实践经验为重点，对我国图书馆标准化工作管理的基本情况进行归纳总结，在此基础上，结合2015年以来我国深化标准化工作改革的有关政策要求，并基于我国图书馆事业发展需求，提出新的标准化工作环境背景下推进图书馆标准化工作未来发展的策略。

第一节　国际及美英等国国家标准化工作管理

长期以来，ISO、IFLA等国际组织围绕图书馆的标准化、规范化发展，推动制定了大量具有重要影响的国际标准，并在此过程中建立了较为完善的组织管理架构、协调合作机制和标准制修订工作流程。与此同时，美国、英国、法国、德国和日本等发达国家在图书馆标准化管理方面也作出了积极有效的组织和制度安排，为我国进一步优化和完善图书馆标准化工作管理提供了有益借鉴。

一、国际主要标准化组织标准化工作管理

（一）国际标准化组织、国际电工技术委员会与国际电信联盟

1. 国际标准化组织（ISO）

成立于1947年的国际标准化组织（ISO）作为世界上最大、最权威的国

际标准化组织，秉承“在全球范围内促进标准化工作的发展，以促进国际资源的交流和合理配置，扩大各国在知识、科学、技术和经济领域的合作”的宗旨，开展国际标准的制修订工作。根据ISO的章程规定，其成员团体分会员成员、通讯成员和订户成员。会员成员只对国家开放，允许各国有一个最有代表性的、全国性的标准化机构作为国家代表参加。

ISO的全部工作由包括主席、副主席、司库和推选的18个成员团体的代表组成的理事会管理。制定国际标准的工作通常由ISO的技术委员会（TC）或分技术委员会（SC）负责，各成员团体若对某技术委员会确立的项目感兴趣，均有权参加TC或SC的工作。

ISO的标准制定工作分别由784个TC和SC承担，由各国承担的TC秘书处具体管理技术工作，中央秘书处负责协商。

2. 国际电工技术委员会（IEC）

成立于1906年的国际电工技术委员会（IEC）是世界上成立最早的国际性电工标准化机构，负责有关电工、电子领域的国际标准化工作，以“促进电工标准的国际统一，促进电气、电子工程领域的标准化工作及有关方面的国际合作，增进国际间的相互了解”为其工作宗旨。

国际电工委员会的成员称为国家委员会，国家委员会在IEC中代表各自国家的利益和兴趣，IEC未对国家委员会的具体构成作规定。

理事会是IEC的最高权力机构，成员包括IEC官员、历任IEC主席和具备IEC正式成员身份的各国家委员会的主席。理事会负责制定IEC的政策、长期战略和金融目标，选举产生IEC官员以及理事局、标准管理局、合格评定局的主席和成员，负责修订IEC的规章制度等。

理事局负责实施理事会的政策，并向理事会提出政策建议；标准管理局具体管理IEC的标准工作，包括设立、解散IEC的TC，保证标准的及时制定，并负责与其他国际机构的联络。标准的具体制定工作由TC或SC和WG（工作组）完成；中央办公室为TC或SC、国家委员会提供各种支持，在IEC的工作流程中起到重要的枢纽作用，同时也为项目管理、文件传送、标准的出版提供保证，并参与各种各样会议的组织。

3. 国际电信联盟（ITU）

成立于1865年的国际电信联盟（ITU）是世界电信界最高权威的标准制

定机构。国际电信联盟的核心任务是向全球推广普及新的信息和通信技术。

ITU 组织由各国电信主管部门以成员国身份参与构成，同时也欢迎经过主管部门批准、ITU 认可的私营电信机构、工业和科学组织、金融机构、开发结构和各种从事电信的实体以部门成员（Sector Member）的身份参与电联活动。所有成员都有参与标准制定、及时获得信息的权利。

ITU 的最高权力机构是全权代表大会，全权代表大会下设理事会、电信联盟标准化部门（ITU-T）、无线电联盟部门（ITU-R）和发展部门（ITU-D）。ITU-T、ITU-R 和 ITU-D 承担着实质性标准的制定工作，它们通过召开世界大会、下设的局、顾问组、研究组（SG）等进行具体的管理和研究工作。

ITU 标准化工作主要由众多的 SG 来完成，每个 SG 负责电信的一个领域（传输、交换、语音和非语音网等）。标准的草案只要在 SG 会议上被通过，便可用函信的方法征求其他代表的意见，如果 80% 的回函是赞成的，则这项标准就算获得最后通过，采用小册子形式，及时出版新的和修改的建议书。这样大大缩短了标准的制定周期，提高了效率。

（二）国际标准化组织、国际电工技术委员会与国际电信联盟的标准化工作管理

1. 组织管理架构

从以上三大国际标准化工作组织的情况分析，其组织参与条件比较严格，一般都实行会员制。会员身份只对国家团体适用，不对企业和个人开放。标准组织机构通过会员缴纳会费、出售标准规范、接受各种赞助等方式维持运营。同时，由于工作范围涉及广泛等特点，组织机构设置一般包括最高权力机构、实施决策机构、执行机构、TC/SC 和咨询机构。

最高权力机构一般由各个参与团体的代表组成，负责政策、立法、财政、战略计划等方面的工作，如 ISO 的全体大会、IEC 的理事会、ITU 的全权代表大会；实施决策机构负责实施最高权力机构的政策、进行标准规范的最终审批和出版等工作，如 ISO 理事会、ITU 的理事会、IEC 的理事局；执行机构负责管理、监督协调技术工作，如 ISO 的技术管理局、IEC 的标准管理局以及 ITU 的标准化部门、无线电联盟和发展部门；具体标准规范的制定由这些标准化组织的 TC/SC 负责。此外，还可以根据任务设置工作组或任务组等。

决策机构、执行机构、TC/SC 等可以根据情况建立各种咨询、顾问机构，这些机构对标准化工作以及具体标准的制定工作也起到一定推动作用。

2. 工作运行管理

ISO、IEC 和 ITU 开展标准化技术工作一般都遵循“自愿、公平、中立、共识”等原则。管理执行机构根据自愿原则，经过公开组织参与者建立 TC/SC 或 WG，开展标准的研发和制定工作。

TC 制定工作计划以及有限时期内的战略规划。工作计划应包括所有分派给 TC/SC 的项目以及每个项目的目标日期。SC、WG 定期向 TC 作阶段性进度报告。TC 所属的标准化机构下设的中央秘书处监督所有工作进度，并定期向技术管理局汇报情况。

TC/SC 的秘书处工作一般由某个国家团体承担，负责提供技术或行政服务，监督、报告并保证积极开展工作，履行准备各种草案和报告、准备会议的义务。秘书处应与 TC/SC 主席、成员保持密切的工作联系，同时还应和中央秘书处保持密切联系。

在 ISO 和 IEC 内部，工作在相关领域的 TC/SC 之间都建立并保持联络关系。包括基础文件的交换，如新的工作项目提案和工作草案。这种联络关系由相关 TC 秘书处负责。同时，TC/SC 也可指派一名或若干名观察员了解、参与已建立联络的其他 TC 或其所属的 SC 的工作，包括参与会议讨论、提交书面意见、参加工作组会议等，但没有投票权。ITU 建立 ICG（Intersector Coordination Groups）协调 ITU-R 和 ITU-T 之间的工作。

ISO 和 IEC 之间合作密切，其下属的 TC/SC 之间通过两组织的中央秘书处/中央办公室建立联络关系，避免工作的重叠或交叉现象。ISO 或 IEC 指派的观察员有权参加被授权了解的其他 TC/SC 的讨论，并提交书面意见，但没有表决权。

3. 标准制定管理

ISO、IEC 和 ITU 的标准研制遵循的原则中，共识性原则要求标准制定时要采纳所有团体之意见。自愿性原则要求基于市场导向的特性，国际标准的推行建立在市场内所有相关团体和个人自愿采纳的基础上。

ISO 和 IEC 采用相同的标准制定流程，标准制定一般经过提议阶段、准备阶段、委员会阶段、质询阶段、批准阶段和出版阶段，各个阶段有严格的时间期限。同时，由于制定标准时需要考虑到全球的利益和需求，标准制定周期相对比较长，更新速度比较慢，时间进度管理比较严格。此外，批准阶段也可根据情况省去，提高了标准制定的灵活性和工作效率。

同时，三大国际标准化组织采用多种工作语言，鼓励将标准规范翻译成多种语言版本，也有利于制定、理解、应用标准规范。ISO 和 IEC 以英、法、俄为工作语言，ITU 工作语言为英、法、西三种，但英、法、西、中、俄五种语言正式列为标准的正式语言。

二、与图书馆领域相关的国际标准化组织及其标准化工作管理

多个国际标准化组织中，从事与图书馆标准化工作相关的技术组织主要有 ISO 的信息与文献标准化技术委员会（ISO/TC 46）、ISO 的文献应用管理技术委员会（ISO/TC 171）、国际图书馆协会联合会（IFLA）、ISO 和 IEC 的第一联合信息技术标准化技术委员会（ISO/IEC JTC 1）等。这些机构从不同的范围、不同的角度推进着国际图书馆标准化工作。

（一）国际标准化组织第 46 技术委员会（ISO/TC 46）

ISO/TC 46 是 ISO 设立的第一批国际标准化技术委员会，在国际标准化组织管理活动中具有丰富经验，在标准化工作管理方面具有以下特点：

1. 务实推进组织建设

围绕本委员会的标准化工作范围和标准研制任务，ISO/TC 46 不断探索和推进组织建设和工作机制建设，曾先后两次对组织结构进行过较大的改组：

第一次调整：1987 年，为适应信息技术和网络环境下文献工作的新特点，解决新技术背景下传统文献工作面临的业务发展问题，进行了一次从 TC 层面到 SC 层面一系列组织结构的变革：

——修改 TC 名称：将 ISO/TC 46 的名称由“文献工作”改为“信息与文献工作”，名称的调整反映出该标委会对其工作领域标准化需求变化的及时跟进。

——调整 SC 构成：撤销 SC 5“索引语言”、SC 6“文献著录”和 SC 7“出版物格式”3 个 SC，组建新的 SC9。将原本 3 个 SC 涉及的业务领域合并命名为“识别与描述”，解决了 3 个 SC 之间原本存在的业务领域交叉重复问题。

调整后的 SC 9 在统一的业务框架下，开展信息与文献内容的识别与描述标准化工作。

第二次调整：2001 年将 SC 4 名称从“计算机在文献工作中的应用”改为“技术互操作”，其工作领域调整为包括图书馆、档案馆、博物馆、出版商等信息组织和内容提供商使用的信息处理中技术互操作及其协议、元数据、模式和模型等方面的标准化工作；将 SC 8“统计”改为“质量统计与绩效评估”，将业务范围拓展为包括图书馆、档案馆、博物馆、出版商等信息组织和内容提供商管理用的定量和质量数据的标准化工作。2005 年又新设立 SC 10“文献存储和保护条件要求”，围绕图书馆、档案馆、文献中心文献存储和保护条件方面的标准化需求展开工作。

通过组织机构的不断变革，ISO/TC 46 组织的结构不断实现扁平化、合理化。这样的组织构架有利于促进标准化工作管理及各项标准化业务工作的高效和灵活。

2. 建立有效协调推动标准化工作进程

ISO/TC 46 涉及的标准工作领域宽泛。为减少可能发生的标准化分歧和冲突，提高用户对 ISO/TC 46 标准的理解、提升标准的实施效果，ISO/TC 46 强调标准化业务及其活动的协调和配合，特别是标准研究制定过程中的意见沟通与协商，并为此建立了内部与外部两类协调机制。

“内部协调机制”是指 ISO/TC 之间以及 TC 46 内部各 SC 之间的一种协调机制，包括与 ISO/IEC JTC 1、ISO/TC 37（语言和术语标准化技术委员会）、ISO/TC 171、ISO/TC 211（地理信息标准化技术委员会）、ISO/TC 215（健康信息学标准化技术委员会）等 12 个[1] TC 建立了协调机制。

“外部协调机制”是指与 ISO 以外的国际组织和机构的联络机制。包括 ISO/TC 46 与联合国教科文组织（UNESCO）、世界知识产权组织（WIPO）、国际电信联盟（ITU）、国际原子能机构（IAEA）、国际图书馆学会和协会联合会（IFLA）等 20 个国际组织。通过建立与这些组织或机构的联络与合作机制，有助于信息与文献国际标准体系的整体协调发展，支撑越来越丰富的标准应用场景。除此之外还有针对特定标准实施维护管理的协调机制，例如 ISO 3166《世界各国和地区名称代码》系列标准（广泛应用于法律、外交、信息通信、国际贸易、金融、交通运输等各领域，是全球范围内使用的标准）就设有4类不同形式的工作组（WG），共同维护协调和管理ISO 3166，促进建立一个全球统一的、准确反映世界各国及地区名称代码信息的系统平台。

3. 根据技术发展和市场需求开展标准研制

从20世纪80年代中期开始，ISO/TC 46就意识到信息技术的发展和互联网的广泛应用，将会对以印刷型文献为主的信息与文献领域各方面的工作带来革命性的变革，同时认为以印刷型文献为主的传统时代的标准与数字环境下的新标准是继承与发展的关系。在标准制修订工作中，在越来越重视研发适应数字化和网络化环境的标准的同时也加强对传统印刷型文献标准的修订工作。

在对传统时代的标准进行修订中，扩充标准适用范围，增加数字环境下的内容条款，使其适合数字环境。如1981年制定的ISO 2709标准先后于1996年和2008年进行了两次修订，修订的内容包括标准的名称，由“文献 书目信息交换用磁带格式”改为“信息与文献 信息交换格式”并增加了按照ISO/IEC 10646的规定，采用8位Unicode传输格式进行编码（UTF-8）的内容。又如，1975年制定的ISO 3297标准先后于1986年、1998年、2007年和2017年进行了4次修订，修订的内容包括增加新的术语、增加元数据以及连接ISSN（ISSN-L）等内容，以便在不考虑具体媒介信息的情况下使用ISSN来查找或链接一种连续性资源。

在研发新的标准过程中，满足技术发展和用户的需求，例如，在网络环境下，数字资源可以被很方便、精确、逼真地进行复制，也可被任意删改或移植，网络侵权盗版已成为数字资源建设健康发展的痼疾，此外互联网的高度开放性，使数字资源很难做到有组织地传播和检索，导致用户无法快捷、准确地找到所需信息。为此，ISO/TC 46相继制定了一系列用于数字资源编码的国际标准，如ISO 3901、ISO 10957、ISO 15706-1、ISO 15706-2、ISO 15707等。这些标准的制定，旨在通过对媒体资产的国际化注册，使网络音乐、歌曲、录音、电影、录像、文字作品等在商业发布前拥有一个全球性的和永久不变的编码标识，以此辨别媒体资产的身份，达到有效开展媒体资产的管理和保护版权的目的。又如，ISO/TC 46于2017年制定的ISO 18626《信息与文献 馆际互借事务》、ISO 20614《信息与文献 互操作和保存的数据交换协议》等标准，旨在协调简化信息系统之间的互操作，使标准更加适用于架构于XML和Web服务之上的现代网络技术环境。

（二）国际图书馆协会联合会（IFLA）

作为一个国际性的图书馆行业专业组织，IFLA 非常重视标准化工作，2016—2021 年战略规划中提出，“IFLA 的战略方向有着强有力的管理为支撑，以证据导向的实践和研究为基础，以稳健政策和标准为约束；将继续开发和更新 IFLA 标准和准则，推动其在世界范围内的图书馆机构的实施”。IFLA 所从事的图书馆标准化工作涉及图书馆业务的各个方面，包括资源采访、编目、分类与标引、资源长期保存、服务、古籍保护等。现行的 IFLA 标准分为 5 个类别：概念模型、数字格式代码、资源描述规则、指南和原则。[2]从 1961 年《巴黎原则》开始，截至 2017 年 8 月，IFLA 已经制定发布了 200 余项图书馆相关标准。其标准化工作管理具有以下特点：

1. 扁平化的组织模式促进了管理能力的提升

IFLA 的标准化工作管理采用扁平化的模式。2012 年之前，IFLA 的标准化工作依赖于原有的组织架构，即由 IFLA 管理委员会下的各专业部所属的各专业组（如编目专业组、分类与标引专业组、保存保护专业组等）具体负责，各专业组根据各自的业务领域开展相应的标准化活动和标准制修订工作。随着 IFLA 标准化工作的快速发展，用户需求的不断变化，标准数量的不断增长，2012 年 1 月 IFLA 创建了标准委员会，旨在从整体上考虑标准化工作的组织管理架构，以便进一步提高标准化工作管理效率，促进标准化工作的有序发展。标准委员会向 IFLA 管理委员会负责，其主要职责是：负责协调和管理各专业组的标准制修订工作；明确标准制修订程序；给予各专业组标准制修订过程的支持；就相关标准的批准实施向 IFLA 管理委员会提出建议并监督执行；及时发布 IFLA 标准的制修订信息；加强 IFLA 与 ISO、AFNOR、DIN 等国际标准化组织的联系等。这样减少了各层级之间联系，提高了 IFLA 标准化工作的管理效率，促进了标准化工作的规范化发展。

2013 年初标准委员会设立工作组编写标准程序手册，2014 年经专业委员会审核认可，该程序手册提供了标准编写模板，标准项目建议书格式（PDF）、标准项目申请表（DOC）等，规定了 IFLA 标准制定维护、审批实施和出版发行程序。[3]2015 年 IFLA 创建了关联数据技术分委员会（LIDATEC），取代命名空间技术组。关联数据技术分委员会向 IFLA 标准委员会负责，其主要职责是：

协调专业组以关联数据形式发布标准的命名空间的开发工作；开发和促进高效和有效的IFLA命名空间管理指南；讨论并为IFLA标准的命名空间注册系统制定框架；为希望在命名空间注册系统中发布标准的专业组开发培训材料；支持标准委员会在关联数据和语义Web领域的工作等。

2. 以用户需求为导向，务实开展标准制修订

“以用户需求为导向”是IFLA务实开展标准制修订工作的重要原则。IFLA的标准程序手册规定，标准制定须有具体的需求；标准的内容和适用性方面应有最大限度的共识；应确保技术内容和编辑质量；获得IFLA和更广泛的图书馆和信息服务领域的认可；同时IFLA标准还设立有定期审查更新制度，建立有内部职能部门、标准实施方、外部标准机构共同参与的标准评价机制。从制度规定和程序机制方面保证以确保标准制定和修订以用户需求为依据。

现行的IFLA标准都是由各专业组依据图书馆业务发展和用户需求，总结图书馆业务实践成果的基础上而制定的。在标准的技术内容规定、术语设置等方面也充分考虑用户理解和使用的方便。如IFLA最具影响力的《国际编目原则》从2009年正式发布到2016年最新版，都强调了用户便利的原则。其中，2009年版明确指出，若干原则指导编目规则的制定工作，其最高原则是用户的便利性，并解释用户便利性就是在对著录以及用以检索的名称的受控形式作出抉择时应该考虑到用户；2016年最新版则进一步明确，以上原则用于指导编目规则的制定和开发、编目员的决策以及检索和交换数据的政策。其中，用户的便利性是最重要的，便利性意味着尽一切努力使所有的数据都可理解并适合用户。“用户”一词范围涵盖了查找目录、使用书目数据和/或规范数据的任何人。在为检索而进行著录和名称控制时，应从用户的角度考虑。与此同时，2016年版还考虑到了新型用户、开放访问环境、数据的互操作性和可访问性、发现工具的功能以及用户行为的最大变化等[4]。

又如，为支持并推动关联数据环境下书目数据的使用，2017年IFLA发布了新标准《图书馆参考模型（LRM）》。该标准是在实体—关系模型框架下开发的高层概念参考模型，是对FRBR、FRAD、FRSAD三个独立发展的IFLA概念模型的整合，使其成为一个单一、简化且逻辑一致的模型，便于理解和使用。

3. 开展标准宣传推广，推动标准的应用

IFLA注重标准的宣传推广工作，建立有标准委员会作支撑和协调，关联

数据技术分委员会作技术保障，各专业组具体运作的IFLA标准宣传推广机制，同时，大力实践开放获取政策，每一个IFLA标准的评审、更新和发布过程都能及时在IFLA网站上公开，为IFLA的每一个标准做了最广泛、最快捷的宣传和推广，当一个IFLA标准正式发布时，用户已经对标准的技术内容、标准的发展演变等情况了然于心，该标准也已经深入人心。IFLA还通过举办会议、主题讨论等形式，通过IFLA杂志和相关宣传材料等媒介开展标准的宣传推广工作，促进IFLA标准的应用。

（三）国际标准化组织第171技术委员会（ISO/TC 171）

成立于1979年的ISO/TC 171是国际标准化组织中专门从事文件管理应用的技术委员会，是由当时ISO/TC 46下的“缩微摄影分技术委员会”发展而来。其工作范围是文件管理应用领域的捕获、标引、存储、检索、分发和通信、显示、迁移、交换、保存、完整性维护和处置的技术和过程的标准化。文件可以以缩微摄影技术的形式或电子的形式管理。目前，ISO/TC 171设立有两个SC，两个WG。ISO/TC 171制定的标准涉及质量控制和整体性维护；（缩微或电子）文件的输入、输出质量；（缩微或电子）文件存储、使用保护的实施、检查和质量控制程序、包括支持性元数据；企事业单位内和互联网上工作流程（过程管理）的应用；系统间信息交换期间质量和完整性的维护；支持法律认可性和（或）完整性与安全性的程序和过程、相关审计追踪信息管理。目前，ISO/TC 171已经发布的标准91个，正在制定过程中的标准17个。[5] ISO/TC 171的标准化工作管理具有以下特点：

1. 根据技术发展调整工作范围

ISO/TC 171高度关注和审视技术发展对该组织的工作范围的影响。自创建以来，多次修改其工作范围，例如，1988年将技术委员会名称改为“缩微摄影技术和光学存储器在文件和影像的记录、存储和使用方面的应用技术委员会”，电子影像技术标准随之被纳入ISO/TC 171的工作范围；1994年将技术委员名称改为“文件成像应用技术委员会”，相应的工作范围为“文件和影像管理的各种技术手段、方法和信息格式和结构的标准化”；2003年改为当前的名称和工作范围。

随着信息技术的发展，ISO/TC 171已经将工作范围由缩微摄影技术、文件成像应用扩展到了文件管理应用和数字技术领域。ISO/TC 171 努力使该组织的工作范围与技术发展相一致，以创造更大的市场需求。近年来，ISO/TC 171 在继续维护现有的缩微摄影技术标准的基础上，制定了更多的电子文件管理系统、电子文件管理系统数据交换、电子文件永久保存格式、电子文件信息存储格式等方面的标准。

2. 成立联合工作组增强与相关领域标准化工作的合作

由于 ISO/TC 171 的工作范围与若干 ISO 其他 TC 或 SC 的工作范围具有一定的相关性，为避免由此可能产生的标准化活动或标准制定工作的不和谐而影响用户利益，ISO/TC 171 首先对自己的工作范围给予清晰的、具体的界定。例如，ISO/TC 171 的工作范围明确规定，不包括 ISO/TC 46 范围内的文件/档案管理政策和程序，ISO/TC 184 范围内的有关工业自动化系统信息、过程和生产的定义和工作流程的所有工作，ISO/TC 42 范围内的有关适用于摄影术的材料和器材的性能特征的测试、评级、分类和规范的方法，等等。同时，对于与其他 TC 或 SC 的工作范围实际中可能存在交叉或重叠的领域，ISO/TC 171 积极倡导成立联合工作组共同开展工作，例如，ISO 19005-1: 2005《文献管理 长期保存的电子文件格式 第 1 部分：PDF1.4（PDF/A-1）的使用》标准的起草就成立了由 ISO/TC 42、ISO/TC 130、ISO/TC 46 等技术委员会参加的联合工作组，同时也邀请了当时美国的大公司柯达、施乐和 ADOBE 等公司的专家共同参与标准的研制。[6]

（四）国际标准化组织和国际电工技术委员会所属联合第一信息技术委员会（ISO/IEC JTC 1）

ISO/IEC JTC 1 作为 ISO 和 IEC 联合成立专门负责信息技术领域标准化的技术组织，负责“信息技术领域的标准化，涉及信息捕获、表示、处理、传输、交换、描述、管理、组织、存储、检索及其技术、系统、与产品的设计、研制管理、测试及相关工具的开发等标准化工作”。目前，ISO/IEC JTC 1 下设 22 个 SC，1 个咨询组（JAG）、1 个研究组（SG）、1 个特别工作组（SWG）和 2 个 WG，现发布正式国际标准 3122 个，在研制过程中的标准有 529 个[7]。

ISO/IEC JTC 1 创立于 1987 年，是在 ISO/TC 97（信息技术委员会）、IEC/TC 47/SC 47B（IEC 总线分委员会）和 IEC/TC 83（IEC 信息技术设备）

的基础上合并组建而成的。它是目前世界上最活跃、标准数量最多、参加人员最广泛的标准化技术委员会。该组织的标准化管理工作具有以下特点：

1. 以管理和运行的改革适应市场需求

ISO/IEC JTC 1 重视并切实对自身管理和运行不断变革与创新。自从 20 世纪 90 年代中期以来，随着信息技术的发展及其领域的不断扩展，为了应对信息技术标准化工作面临的挑战，满足市场对 IT 标准的需求，ISO/IEC JTC 1 进行了多方面的改革，从 1996 年 3 月悉尼的第 9 届全会、1996 年 12 月巴黎的第 10 届全会、一直到 2009 年特拉维夫的 JTC 1 全会，从组织结构、运行模式、标准管理维护等诸多方面涉及改革中的问题作出了重要决策，改革效果日益凸显，使得 JTC 1 的整体管理有了实质性的提高，从而开始成为一个发展较快具有影响力的国际标准化组织，从表 6 – 1 组织规模以及成员团体参加方面的情况可以略见一斑。

表 6 – 1　ISO/IEC JTC 1 组织规模发展情况

时间	P 成员	O 成员	SC
1996 年	25	12	16
2010 年	36	52	18
2014 年	34	58	20
2015 年	34	59	20
2017 年	34	64	22

注：此表根据以下网址提供的 ISO/IEC JTC 12015 年战略规划中的数据整理：ISO_IEC_JTC_1__Information_technology_. pdf; https: //isotc. iso. org/livelink/livelink/fetch/2000/2122/687806/ISO_IEC_JTC_1__Information_technology_. pdf? nodeid = 15028590&vernum = –2。

另一方面，JTC 1 的各项标准化活动都是依据其规定的 ISO/IEC JTC 1 导则、程序、指南和政策来开展的，JTC 1 积极参与这些文件的修订工作，包括 2009 年以来对 JTC 1 导则的多次修订工作，促使 JTC 1 能够创建快速灵活的标准研发机制吸引技术专家和用户的参与。当前，参与 JTC 1 标准研发的注册专家就达 4500 人之多。

为了加强标准的管理维护工作，JTC 1 根据 ISO/IEC 规定，建立了一个管理特别级别标准的新方法，研究制定了 JTC 1 “稳定状态标准” 方案，并批准了数百项标准进入稳定状态。

2. 高度重视新技术领域标准研发

由于信息技术的特点，JTC 1 自成立以来就极其重视标准的研发工作，特别是对新技术领域标准的研发。20 世纪 90 年代中期以来，伴随着信息技术的快速发展，JTC 1 不断扩展自己的工作范围，以适应和满足技术和市场对标准的需求，从 1996 年成立 SC 31 以来，截止到 2017 年已新增了 10 SC，2 个 WG，具体情况见表 6-2。

表 6-2 ISO/IEC JTC 1 新增分技术委员会情况

序号	SC/WG 编号	名称	成立时间	秘书处
1	SC 31	自动识别和捕获技术	1996 年	ANSI
2	SC 32	数据管理和交换	1998 年	ANSI
3	SC 34	文件描述和处理语言	1998 年	JISC
4	SC 35	用户界面	1998 年	AFRON
5	SC 36	学习、教育、培训信息技术	1999 年	KATS
6	SC 37	生物特征识别	2002 年	ANSI
7	SC 38	云计算和分布式平台	2009 年	ANSI
8	SC 39	信息技术可持续能力	2012 年	ANSI
9	SC 40	IT 服务管理和控制	2013 年	——
10	SC 41	物联网及相关技术	2017 年	KATS
11	SC 42	人工智能	2017 年	ANSI
12	WG 9	大数据	2014 年	——
13	WG 11	智慧城市	2015 年	——

注：此表依据以下网址提供的数据整理：ISO/IEC JTC 1-Information technology https://www.iso.org/committee/45020.html。

JTC 1 在设置这些下一级组织时会充分考虑技术发展的前景和相关性。这些新成立的分技术委员会和工作组开展了大量的标准研发工作，目前共完成 628 项国际标准，正在研制的标准（截至 2018 年 2 月），包括有 ISO/IEC 30182:2017《智慧城市概念模型 建立数据互操作模型的指南》、ISO/IEC TR 20547-2:2018《大数据参考架构 第 2 部分：用例和需求》、ISO/IEC 17826:2016《云数据管理接口》ISO/IEC 19785-1:2015《信息技术 通用生物统计交换格式框架 第 1 部分：数据元素规范》等新技术领域的新标准。

另外，JTC 1 对标准制定有明确的要求，首先要确保所制定的标准能解决实际问题；其次所制定的标准要实现创新；最后所制定的标准要保证随着新技术和新方法的发展，在各标准之间具有基本的互操作性。要满足这些要求，JTC 1 除了严格按照 ISO/IEC JTC 1 技术工作程序开展标准研发活动外，还设立了一种新的组织形式，即研究组（SG）对潜在标准化领域或项目进行分析调研，这种分析和调研必须与 JTC 1 内外标准化组织合作，并鼓励和吸引产业组织和用户参与，共同促进新技术领域标准化进程。研究组在完成既定任务后或转换为工作组开展正式的标准化工作或撤销。例如，大数据工作组（WG 9）和智慧城市工作组（WG 11）都是由原来的研究组转换而成立的。

3. 开放原则指导标准研制

与 ISO 其他 TC 在标准的制定、标准信息的共享、网站的开放程度略显保守不同，JTC 1 采取的策略则更宽松和开放。JTC 1 在自己的使命和任务中直接宣称，“JTC 1 是一个标准开发环境，在这里专家们共同制定全球信息通信技术标准，供商业和消费者使用”。JTC 1 强调标准制定应由各利益相关方、产业联盟、学术研究机构以及用户共同参与，JTC 1 通常也会将新项目研发的基本信息放到 JTC 1 网站上，有一些标准还可直接下载。由于信息技术的特点，JTC 1 非常重视战略规划的编制，不同于 ISO 其他 TC 的战略规划执行时间约 3—5 年，其战略规划基本上每年编制一次，而且各 SC 也都编制战略规划，这些规划从开始编制就在网站上公开征集意见，定稿以后提供 PDF 全文下载。对新技术领域标准化工作所作的研究报告类成果也在网站上提供全文下载，如《ISO/IEC JTC 1 2014 年大数据研究报告》《ISO/IEC JTC 1 2014 年物联网及相关技术究报告》和《ISO/IEC JTC 1 2014 年智慧城市研究报告》等。JTC 1 以开放为标准建设原则，保证 JTC 1 标准及其研发活动最大限度地公开透明，从而推动标准的实施与应用。

三、美英等国标准化组织及其标准化工作管理

美国、德国、英国、法国和日本等国家高度重视标准化工作，考察和分析这些国家的标准化管理机构设置、管理和运行模式，可为进一步完善我国图书馆标准化管理和运行提供有价值的参考。

（一）美国标准化组织

美国依靠其强大的经济实力并力求使其理念在各个经济领域占据优势。市

场和竞争是美国典型的自由经济观的基础。[8]在标准化领域同样如此。美国国家标准化学会（ANSI）成立于1918年，是一个私营的非盈利组织，负责管理和协调美国自愿标准体系和合格评定制度。ANSI代表美国参加ISO和IEC，其本身不是标准开发机构。ANSI的主要任务是认可标准制定组织，批准美国国家标准以及认定认证机构。[9]

ANSI协调并指导美国全国的标准化活动，为标准制定、研究和使用单位提供国内外标准化情报，同时又具有行政管理的职能。ANSI标准的编制，主要采取以下3种方式：（1）由有关单位负责草拟，邀请专家或专业团体投票，将结果报ANSI设立的标准评审会审议批准；（2）由ANSI的技术委员会和其他组织机构的委员会代表拟订标准草案，全体委员投票表决，最后由标准评审会审核批准；（3）将各专业学会、协会团体制定的较成熟并对全国有重要意义的标准，经ANSI各技术委员会审核后，提升为国家标准并冠以ANSI标准代号及分类号，但同时保留原专业标准代号。

美国国家信息标准协会（NISO）是由ANSI认定的制定、维护和出版用于信息服务、图书馆、出版社和其他与信息产生、存储、保存、共享、存取和分发有关业务的标准组织。[10] NISO标准可应用于与信息有关的所有范围内的传统和新技术，包括检索、存储、元数据和保存等。NISO通过网站全面介绍其标准化活动和标准制定维护信息，提供的查询功能包括已经出版的标准、正在试用的标准、制定中的标准、新标准项目的征集以及作废标准的信息。标准全文可以免费阅览和下载，但使用者必须为个人研究所用，不得用于商业目的。NISO同时被ANSI指定，具体承担ISO/TC 46/SC 9秘书处工作。[11]

目前ANSI参加了ISO中与图书馆领域相关标准化工作的ISO/TC 46 、ISO/TC 171和ISO/IEC JTC 1及其下设SC的几乎所有的标准化工作，并且承担了其中10个TC或SC的秘书处工作。

（二）德国标准化组织

德国是欧洲的经济大国，也是在国际标准化活动中最为积极和和活跃的国家之一。德国同欧洲标准化组织及国际标准化组织的合作非常密切。近30多年来，DIN所颁布的85%[12]的新标准采标于国际标准。

德国标准化学会（DIN）成立于1917年，是德国最大的具有广泛代表性的公益性民间标准化机构。DIN于1951年代表德国参加ISO，德国电工委员会代表德国参加 IEC。DIN 在 1961 年作为创始国参加欧洲标准化委员会（CEN）。1975 年，德国联邦政府与 DIN 签署协议，确认 DIN 为全国的标准化管理机构。[13]

DIN 对标准制定采取较为严谨的管理实施步骤：（1）处理标准委托书；（2）制定标准提案；（3）讨论标准提案，形成标准草案，并公布征求意见稿；（4）归纳意见，形成 DIN 标准。其中，标准委托书（尽可能包括标准建议草案）可由任何一个机构或人员提出并提交 DIN；DIN 收到后送交相应的标准委员会确定是否接受该委托；在接受的情况下，即交由有关工作委员会按其标准化工作程序开展工作。因此，德国标准从项目立项开始便具有公平、公正、公开和市场驱动的特征。所有标准，最终均由 DIN 审批、颁布和出版。

对于 ISO 和 IEC 两大权威国际标准化组织中的每一个技术委员会，DIN 都设有一个“镜像委员会”来对应。标准化委员会（NA）相当于 ISO 和 IEC 的技术委员会（TC），但业务范围较广泛，数量较少，相对稳定。目前，DIN 与 ISO/TC 46、TC 171 相对应的标准化委员会为 NA 009，与 ISO/IEC JTC 1 相对应的标准化委员会为 NA 022。NA 009 成立于 1927 年，是 DIN 设立的第一个标准化委员会（当 1987 年由 TC 46 的一个 SC 演变为 TC 171 时，NA 009 并没有随之做相应的调整）。NA 009 还受 DIN 委托承担 ISO TC 46/SC 10（文献存储和保护条件要求）秘书处工作。目前，DIN 颁布的由 NA 009 制定的正式标准 257 个，其中 185 个标准是 ISO/TC 46 或 TC 171 制定的标准；DIN 正在研制中的 NA 009 标准项目和草案共 48 个，其中 ISO/TC 46 或 TC 171 的标准 41 个。[14]

DIN 非常重视图书馆领域相关的术语、信息、档案、出版等方面的标准化工作，曾经长期承担 ISO/TC 46 秘书处工作。目前 DIN 除积极参加 ISO/TC 46、ISO/TC 171 和 ISO/IEC JTC 1 的标准化活动外，还承担了其中 3 个 TC 和 SC 的秘书处工作。

（三）英国标准化组织

英国是世界上开展标准化活动最早的国家之一，英国标准学会（BSI）是世界上第一个国家标准化机构[15]。英国是最早制定技术产品标准的国家之一，也是第一个制定质量管理体系标准（BS ISO 9001）、环境管理体系标准（BS ISO 14000）和信息安全管理标准（BS ISO 27001）的国家。

英国贸易工业部主管全国标准化工作，负责制定本国标准政策，具体的标准制定工作由 BSI 负责。BSI 是英国政府确认并支持的全国性民间标准化机构。BSI 代表英国参加国际标准化组织 ISO、IEC 和欧洲标准化组织 CEN、CENLEC，并积极参与国际标准和欧盟标准的制定。现行 ISO 标准中的 30% 和现行欧洲标准中的 70%，都是由 BSI 的专家负责起草和组织制定的。[16] BSI 的技术委员会（TC）由标准政策委员会及战略委员会（SPSC）批准组建、划分各 TC 的工作范围、组织结构等。TC 可根据需要设立一个或若干个分技术委员会（SC），来承担相关的标准工作。目前 BSI 拥有 1200 个 TC 和 SC[17]。

BSI 非常重视与 ISO 和 IEC 的国际对口工作，针对 ISO 和 IEC 的 TC 和 SC，BSI 都在其组织构成中指定了“镜像委员会”，即对于每一个 ISO 和 IEC 的 TC 和 SC 在 BSI 都能找到与之对应的 BSI 的 TC 或 SC。

BSI 与 ISO/TC 46 对应的技术委员会是 IDT/2，与 ISO/TC 171 对应的技术委员会是 IDT/1，与 ISO/IEC JTC 1 对应的技术委员会分别是 ICT/1、ICT/7、IST/3、IST/15、IOT/1 等。BSI 关切并重视与图书馆相关的标准化工作，积极参加 ISO/TC 46、ISO/TC 171 和 ISO/IEC JTC 1 的标准化活动，并承担了其中 4 个 TC 和 SC 的秘书处工作。

（四）法国标准化组织

作为传统西方经济强国，法国较早就意识到了标准的重要性。早在 1926 年，法国就依据民法成立了法国标准化学会（AFNOR）。[18] 1941 年，法国政府颁布了《法国标准化法》，确立了 AFNOR 作为法国国家标准化主管机构的地位。AFNOR 接受法国工业部标准化专属的领导，按照法律的要求和政府的指示开展全国的标准化工作。

AFNOR 领导并协调国家标准的编制工作，并参与欧盟及国际标准的编制，负责批准和发布法国国家标准，但其本身并不直接制定标准。法国标准是由法国各行业标准化局或 AFNOR 设立的技术委员会制定的。目前法国有 22 个行业标准化局，分布在各行各业以及各领域，如建筑金属标准化局、机械标准化局、航空航天局等。在无行业标准化局的行业和/或领域内，组织技术委员会开展相应的工作。这些国家层面的技术委员会由利益相关方的专业技术人员以及企业人员组成，形成一个技术交流和协调一致的权威机构，在自己的权限范围内处理所有来自法国国内、欧洲和国际的标准草案，并组成代表团，在 CEN

和 ISO 的技术委员会内部参与国际标准化活动。依据 2016 年 AFRON 年度报告数据，法国参加标准化工作的专业技术人员就有 19000 人之多，法国现有标准中，分别由行业标准化局和技术委员会制定的标准各占 50%。ISO/TC 46、ISO/TC 171 和部分 ISO/IEC JTC 1 标准是由国家层面技术委员会负责制定的。法国国家标准中，由 AFNOR 直接制定的标准很少，约 90% 的国家标准由国际标准和欧洲标准转化而来。[19]

AFNOR 非常重视与图书馆相关的术语、信息、档案、出版等标准化工作。目前承担 ISO/TC 46 的秘书处工作，并且在 ISO/TC 46 长达近 80 年的发展历程中曾经多次承担秘书处工作。AFNOR 参加了 ISO/TC 171 和 ISO/IEC JTC 1 及其下设 SC 的几乎所有的标准化工作，承担了其中两个 TC 和 SC 秘书处工作。

（五）日本标准化组织

作为世界最大经济体之一的日本，其工业奇迹的取得在很大程度上得益于政府对标准化的高度重视和一贯支持。在标准制修订工作中特别重视采用国际标准和欧美国家标准。截至 2016 年，日本共有国家标准 10587 项，其中 5821 项标准与国际标准具有不同程度的一致性。其中等同采用的标准数量占 39%；修改采用的标准数量达 58%，非等效标准的数量占 3%。[20]

1941 年日本颁布《工业标准化法》，根据该法的规定，1949 年成立了日本工业标准调查会（JISC）。日本经济产业省（原通产省）全面负责产业标准化的法规制定、修改、颁布和相关的行政管理工作，具体工作由 JISC 执行。其他各个行业行政主管部门（省、府）负责本行业的标准和技术法规的制定工作。日本标准化机构可分为 3 类：（1）官方机构，包括 JISC、农村产品标准调查会（JASC）；（2）民间团体，目前日本有近 200 个民间团体，其中最重要的是日本规格协会（JSA），还有其他行业标准化组织；（3）企业标准化机构。官方机构负责集中管理，民间团体承办具体事务，企业通过积极参加标准化活动确保行业和国家标准反映企业的发展需求，企业标准是行业标准和国家标准的基础。

日本标准体系的运行坚持公平、公正、公开的原则，标准原始提案由民间行业团体或政府委托的机构提出，提交给相关的行业大臣，然后进入严格的审查流程。所有标准，最终均由主管大臣审批，以省令形式颁布。

JISC 将 ISO/TC 46 和 ISO/IEC JTC 1 业务范围内的标准化工作统一纳入信息技术领域的“技术专业委员会”的业务范畴；将 ISO/TC 171 的业务范围纳入基础技术领域“技术专业委员会”。

目前 JISC 参加了 ISO/TC 46、ISO/TC 171 和 ISO/IEC JTC 1 及其下设 SC 的几乎所有的标准化工作，并且承担了其中 5 个 SC 的秘书处工作。

（六）美英等国标准化工作管理特点分析

美英等国家标准化工作管理在充分利用市场和社会资源基础上，不断拓展标准供给渠道，实现标准多样性需求对本国社会经济发展的满足。其管理可分为 3 种主要类型：基于民间集中的模式、基于政府的集中模式和分散模式：

（1）基于民间集中式的管理。这种管理模式的核心是一个政府授权/认可的、能集中体现国家意志的民间组织，该组织负责标准的批准和发布。标准的提出和起草机构主要是企业或企业联盟、行业或行业协会等。以德国的 DIN 和英国的 BSI 为代表。

（2）基于政府集中式的管理。这种管理模式的核心是政府及政府有关行业主管部门组成的集中体现国家意志为本国标准管理运行核心，且政府及政府有关行业主管部门分工明确。这些标准的提出和起草为有关行业、行业协会、民间团体、企业或企业联盟，由政府及政府有关部门组织审查、批准和发布。法国和日本属于这种模式。

（3）基于政府的分散模式的管理。这种模式的特点是在国家标准管理运行机制中存在着若干地位平等、实力均衡的伙伴，政府与民间的标准制定者、审查者和发布者相当多元化，没有一个核心。现行的美国标准管理属于这一模式。美国标准体系中实际上由三个子体系组成，即以美国国家标准学会（ANSI）为协调中心的国家标准体系；联邦政府机构的标准体系；非政府机构（民间团体）的标准体系。目前，美国大约 52.7% 的标准是由民间组织制定的，其余标准则由联邦及各州政府机构制定。

英美等发达国家的标准化工作管理以各国市场经济和国际贸易发展的需要为基础，呈现出以下特点：

1. 以民间主导的标准化管理为主

美英等国家标准化机构大多是民间机构，实行的是非政府的自愿性标准化管理体系。如美国（ANSI）、英国（BSI）、德国（DIN）、法国（AFNOR）以及日本（JISC）都是政府授权的民间非营利机构，在标准制定、批准发布、出版发行、管理实施等方面具有充分的自主权。

2. 坚持市场需求为标准研制导向

在市场需求引导下，英美等国标准化活动遵循自愿性原则，任何个人、行业协会/学会、企业和组织都可以提出市场需要的标准草案，在标准的制定过程中，所有与标准的利益相关方均可自愿参加，并对标准草案提出意见；同时标准发布后的实施也是采取自愿原则，标准是否采用由利益相关方自愿决定，除非该标准被法律、法规引用。在由市场需求导向的标准化运行管理模式下，从事标准化工作的机构会主动地改进本机构标准工作方式，优化标准产出方式，以保证提高标准的质量，促进标准的广泛应用。

3. 保证标准制定程序的公开、公正性

美英等国家对标准的编制实行“宽进严出”通行做法：标准研制是一种建立在市场经济基础上的自愿行为，任何一个实体包括专业协会、制造商、个人等都可以根据市场需求投资研制其认为有市场前景的标准，但要成为公认的标准必须经过严格的审查和认可程序。此外，为了保证标准制定程序的公开、公正，美国和德国的标准制定程序具有申诉或调解制度。如，美国 ANSI 专门设有上诉机构和程序，受理各协会或标准制定组织在制定标准过程中，因标准编制程序出现错误而导致的上诉；德国则在标准制定中不同工作阶段，都可以向主管标准委员会主任、DIN 总办事处或仲裁委员会申请调解，相关部门将限时作出仲裁。

4. 积极参与国际标准化组织及其竞争

美英等国家都非常重视图书馆相关的文献、信息领域标准的制定，并在国际标准化舞台上展开激烈竞争。以图书馆相关领域标准化工作为例，各国都积极参与 ISO、IEC 以及 IFLA 等国际标准化组织相关技术委员会的各项标准化活动，尤其是重视主导或参与国际标准的制修订、承担重点国际标准的维护及相关技术组织秘书处工作。在承担技术组织秘书处工作中，借助国际标准的制定，推广本国标准。例如，美国（ANSI）、德国（DIN）英国（BSI）法国（AFNOR）和日本（JISC）都承担了 ISO 3166 国际标准维护机构的工作；而美国则是承担图书馆领域国际标准化组织 ISO 的 TC 和 SC 秘书处最多的国家。

从 1987 年开始，ANSI 就承担了 ISO/IEC JTC 1 的秘书处工作，并一直延续至今。ANSI 不仅在国际标准制定过程中推广使用美国标准，同时，也“鼓励在符合国内用户需求的地区将国际标准作为国家标准使用”。德国曾长期承担 ISO/TC 46 的秘书处工作。自 1972 年 ISO/TC 46 制定的国际书号标准正式发布起，德国国家图书馆（原西柏林普鲁士图书馆）就承担了负责该标准实施的 ISBN 国际中心工作，并一直延续至今。英国 BSI 目前承担了 ISO/TC 171 及其 SC 1 的秘书处工作，其负责的 TC 171 中 TC 和 SC 数量占到了其总数的 50%，同时也承担了 ISO/TC 171 中 50% 的标准化工作。法国 AFNOR 目前承担了 ISO/TC 46 的秘书处工作，此外，法国国家图书馆受联合国教科文组织的委托还承担国际 ISSN 中心的管理运行。日本将参与国际竞争作为本国国家标准化战略重要任务，积极参与图书馆领域标准化工作，并且承担了 ISO/IEC JTC 1 的 5 个 SC 秘书处工作。

第二节　我国标准化工作管理

本节从我国现行标准化工作改革入手，总结我国自 2015 年以来深化标准化工作改革对标准化工作机制的影响，并在此基础上对改革后的标准化管理机制进一步阐述。

一、我国标准化工作改革

我国标准化立法最早可追溯到民国时期，1946 年国民党政府制定了《标准法》，规定国家标准必须“全国共同遵守”，实行合格产品的标志制度。新中国成立后，政府十分重视标准化工作。1957 年起在国家科学技术委员会内设立标准局，主管全国的标准化工作。1978 年国务院批准成立了国家标准总局。1979 年 7 月，国务院颁发了《中华人民共和国标准化管理条例》，规定了标准化的方针、政策、任务、机构和工作方法。1989 年 4 月 1 日起实施的《中华人民共和国标准化法》和 1990 年 4 月 6 日实施的《中华人民共和国标准化法实施条例》，标志着我国的标准化工作走上法制化轨道。进入 21 世纪以来，特别是随着我国一、二、三产业和社会事业蓬勃发展，其标准化需求愈来愈迫切。然而标准体系和标准化管理体制不完善，政府与市场角色错位，市场主体活力未能充分发挥等问题，阻碍了标准化工作的有效开展，标准缺失、老化滞后、交叉重复矛盾、标准体系不合理、标准化协调推进机制不完善等方面的问题也日益凸显。深化标准化工作改革、转变政府标准化管理中职能定位成为当务之急。2015 年 3 月国务院印发了《深化标准化工作改革方案》（以下简称《方案》），全面部署标准体系和标准化管理体制各项改革工作，开启了标准化改革的大幕。

（一）我国标准化工作改革目标和措施

1. 标准化工作改革目标

《方案》提出改革的总体目标是，建立政府主导制定的标准与市场自主制定的标准协同发展、协调配套的新型标准体系，健全统一协调、运行高效、政府与市场共治的标准化管理体制，形成政府引导、市场驱动、社会参与、协同推进的标准化工作格局，有效支撑统一市场体系建设，让标准成为对质量的“硬约束”，推动中国经济迈向中高端水平。

2. 标准化工作改革措施

《方案》强调改革坚持简政放权、放管结合、国际接轨、统筹推进的原则，明确了七个方面的改革措施：

一是建立高效权威的标准化统筹协调机制，统筹标准化重大改革，研究标准化重大政策，对跨部门跨领域、存在重大争议标准的制定和实施进行协调。

二是整合精简强制性标准。逐步将现行强制性国家标准、行业标准和地方标准整合为强制性国家标准；目标是形成“一个市场、一条底线、一个标准”。

三是优化完善推荐性标准。进一步优化推荐性国家标准、行业标准、地方标准体系结构，推动向政府职责范围内的公益类标准过渡，逐步缩减现有推荐性标准的数量和规模。

四是培育发展团体标准。鼓励具备相应能力的学会、协会、商会、联合会等社会团体，协调相关市场主体共同制定满足市场和创新需要的标准，增加标准的有效供给。

五是放开搞活企业标准。建立企业产品和服务标准自我声明公开和监督制度，逐步取消政府对企业产品标准的备案管理，实施企业标准领跑者制度，落实企业标准化主体责任。

六是提高标准化科学管理水平。缩短标准制修订周期，提高标准制修订效率，加强标准实施和实施后评估，提升标准实施有效性。加强标准化技术委员会管理。

七是提高标准国际化水平。积极参与国际标准化活动，推动与主要贸易国之间的标准互认，大力推广中国标准，以中国标准“走出去”带动我国产品、技术、装备、服务“走出去”。

为了便于逐步推进《方案》的贯彻实施，将标准化工作改革将分三个阶段，制定分步骤的目标任务，推进实施：第一阶段从2015到2016年，主要是推进改革的试点工作，修改完善相关法律法规和管理制度，同时对现行标准体系进行全面清理和复审；第二阶段从2017到2018年，主要是稳妥向新型标准体系过渡，提高标准科学管理水平；第三阶段从2019到2020年，基本建成新型标准体系，我国标准国际化水平大幅提升，完成各项改革任务。

（二）标准化工作改革效果

截至2017年底，在国务院办公厅印发的《贯彻实施〈深化标准化工作改革方案〉行动计划（2015—2016年）》文件指导下，各阶段任务正在顺利推进中：

首先，建立并不断加强标准化统筹协调机制。国务院牵头负责的国务院标准化协调推进部际联席会议制度建立，统筹协调全国标准化工作。原质检总局（国家标准委）为牵头单位，成员单位由中央网信办、外交部、发展改革委、教育部、科技部、工业和信息化部等39个部门和单位组成。通过建立统筹协调机制，制定出台一系列标准化改革重要政策文件，有效提升了标准化工作的系统性、整体性和协同性。

其次，完成强制性标准清理评估工作。2016年国务院办公厅印发了《强制性标准整合精简工作方案》，国家标准委会同39个国务院有关部门和31个省级人民政府按照国务院统一部署和要求，完成了13290项强制性标准和计划项目的整合精简评估工作。通过整合精简评估，形成了“废止一批、转化一批、整合一批、修订一批”的清单，为实现国家、行业、地方三级强制性标准整合为统一的强制性国家标准奠定了坚实基础。按照整合精简评估结论，有约52%的强制性标准拟废止（约19%）或转为推荐性标准（约33%）。另外，拟整合的强制性标准占 11%，拟修订的强制性标准占 13%，继续有效的强制性标准占 24%。

第三，通过优化“存量”标准，严控“增量”标准，加强立项评估，不断优化推荐性国家标准体系。集中复审的有序推进，将有效解决各级政府标准中重复交叉老化问题，整体提升标准体系科学性。完成了近 10 万项推荐性国家标准、行业标准和地方标准的复审工作。通过复审，有近 30% 的现行标准需更新修订。通过加强标准的立项评估，确保“增量”标准严格限定在政府职责范围内，从源头上确保标准立项质量，同时为团体标准、企业标准的发展留出广阔空间。2016—2017 年，只有不足 50% 的新申报国家标准项目通过立项评估。

第四，《标准化法》修订工作取得突破。2002 年我国就启动了《标准化法》的修订工作。2015 年《方案》中明确了修法原则、主要内容和时间表。2015—2017 年《标准化法》修订工作连续 3 年作为“全面深化改革急需的项目”，被列入立法计划。在前期广泛调研、多方征求意见的基础上，2017 年 11 月 4 日新《标准化法》正式通过第十二届全国人大常委会审议，正式发布，将于 2018 年 1 月 1 日起正式实施。新法在完善标准体系、解决标准缺失老化等问题、提高标准制定质量、发挥标准推动创新作用、完善标准化工作机制和监督制度等多个方面都取得了重大突破，包括扩大了标准范围；将建立标准化协调机制制度化、法制化；建立标准化奖励制度；加强了强制标准的统一管理；强调了标准化技术委员会的作用；对标准制定环节提出明确要求；赋予团体标准的合法地位；增设了标准实施评估制度；建立标准化试点示范制度；强化标准化工作监督管理制度；加大了对违法行为的处罚力度等。

第五，标准化工作的法规及政策文件逐步健全。自 2016 年起，《全国专业标准化技术委员会管理办法》《团体标准管理规定（试行）》《全国专业标准化技术委员会考核评估办法（试行）》《推荐性国家标准立项评估办法》《参加国际标准化组织（ISO）和国际电工委员会（IEC）国际标准化活动管理办法》《国家技术标准创新基地管理办法（试行）》《国家级服务业标准化示范项目管理办法（试行）》等一系列标准化工作管理规章文件发布，有效支撑了标准化工作的有序开展。

二、我国标准化工作管理体制

根据《中华人民共和国标准化法》（2017 年 11 月修订）第五条规定，“国务院标准化行政主管部门统一管理全国标准化工作。国务院有关行政主管部门分工管理本部门、本行业的标准化工作。县级以上地方人民政府标准化行政主管部门统一管理本行政区域的标准化工作。县级以上地方人民政府有关行政主管部门分工管理本行政区域内本部门、本行业的标准化工作”。我国标准化工作实行统一管理、分工负责的标准化工作管理体制。

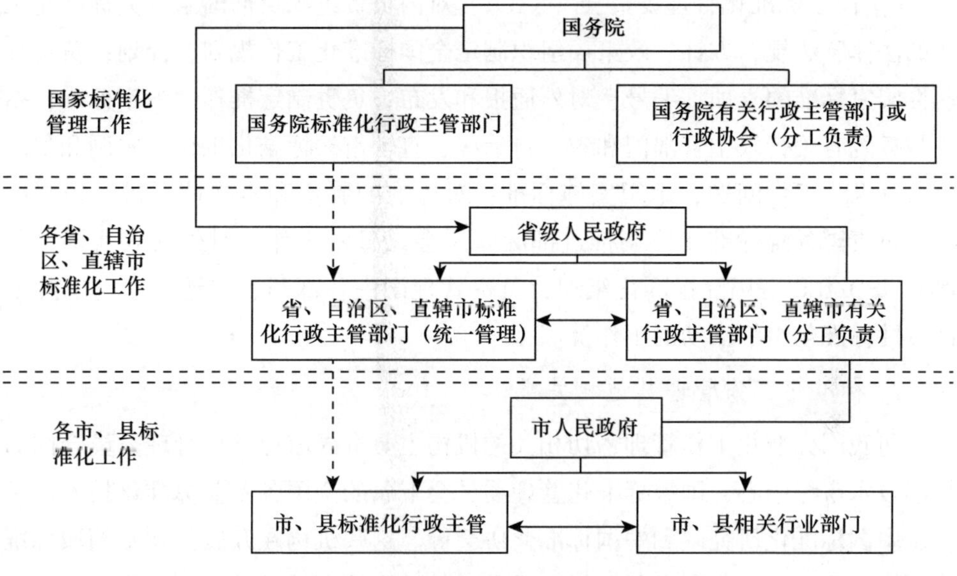

图 6－1　我国标准化工作管理体制

（一）我国标准化工作管理机构

1. 国家标准化管理委员会（SAC）

2018 年 3 月中共中央印发的《深化党和国家机构改革方案》中，组建国家市场监督管理总局，作为国务院直属机构。国家标准化管理委员会职责划入国家市场监督管理总局，对外保留牌子。2018 年 9 月国家市场监督管理总局改革方案中明确，国家市场监督管理总局负责统一管理标准化工作，内设标准技术管理局和标准创新管理局分别主管相应标准化工作。其中：

a）标准技术管理局：负责拟定标准化战略、规划、政策和管理制度并组织实施。承担强制性国家标准、推荐性国家标准（含标准样品）和国际对标采标相关工作。协助组织查处违反强制性国家标准等重大违法行为。承担全国专业标准化技术委员会管理工作。

b）标准创新管理局：承担行业标准、地方标准、团体标准、企业标准和组织参与制定国际标准相关工作。承担全国法人和其他组织统一社会信用代码相关工作。管理商品条码工作。组织参与国际标准化组织、国际电工委员会和其他国际或区域性标准化组织活动。

c）国家标准化管理委员会（SAC）：对内负责组织贯彻国家有关标准化工作的法律、法规、方针、政策；组织制定全国标准化工作规划、计划；负责强制性国家标准的立项、编号、对外通报和发布；负责制定推荐性国家标准；指导国务院有关行政主管部门和省、自治区、直辖市的标准化工作，协调和处理有关标准化工作问题；组织实施标准；对标准的制定和实施情况进行监督检查；负责国务院标准化协调推进部际联系会议日常工作；对外代表我国参与ISO、ISO/IEC等国际标准化组织，负责管理国内各部门、各地方参与国际或区域性标准化组织活动的工作等。

2. 标准化工作管理其他相关机构

与我国标准化工作管理密切相关的机构主要有国家标准化管理委员会国家标准技术审评中心、国家标准化管理委员会下属的全国各专业标准化技术委员会、中国标准化研究院和中国标准化协会等。这些机构在开展新技术领域标准化研究、国家标准出版发行和标准成果宣传推广等领域通过自身职能定位和组织优势，做了大量工作。

（1）国家市场监督管理总局国家标准技术审评中心（NCSE）

为进一步加强国家标准技术审评工作，确保标准质量，提高标准制定效率和实施效益，2015年9月中央编办批复成立国家标准化管理委员会国家标准技术审评中心。该中心是我国国家标准的技术审查机构，隶属国家市场监督管理总局，主要负责国家标准的技术审核和技术评估工作。目前下设两个专门处室：标准技术审核处和标准技术评估处。其中：

a）标准技术审核处职责是：负责国家标准技术审核工作，拟定工作计划和相关制度；承担国家标准报批材料的接收、分发和程序审核工作；组织对国家标准的文本编辑质量进行审核；负责对行业标准和地方标准的备案进行审核。

b）标准技术评估处职责是：负责国家标准技术评估工作，拟定工作计划和相关制度；组织开展国家标准立项前评估；组织开展国家标准实施后评估；组织开展技术委员会筹建评估和考核评价；负责国家标准实施反馈信息处理；承担国家标准制修订过程监控工作。

（2）全国专业标准化技术委员会（SAC/TC）

全国专业标准化技术委员会（以下简称“技术委员会”）是在一定专业领域内，从事国家标准起草和技术审查等标准化工作的非法人技术组织，由国家市场监管总局负责统一管理。国家标准化管理委员会负责技术委员会的规划、协调、组建和管理。技术委员会承担在其专业领域的各项具体的标准化工作，包括提出标准化工作政策和措施建议；编制本专业领域国家标准体系，提出制修订国家标准项目建议；开展国家标准的起草、征求意见、技术审查、复审及国家标准外文版编制；开展本专业领域国家标准的宣贯、组织培训；对所归口管理国家标准进行解释；开展标准实施情况的评估、研究分析；管理下属分技术委员会等。国务院有关行政主管部门、有关行业协会受国家标准化管理委员会委托，管理本部门、本行业的技术委员会，对技术委员会的工作开展提供业务指导。

（3）中国标准化研究院（CNIS）

中国标准化研究院（原国家科委标准化综合研究所）始建于1963年，是直属于国家市场监督管理总局、从事标准化研究的国家级社会公益类科研机构，主要针对我国国民经济和社会发展中全局性、战略性和综合性的标准化问题进行研究，对标准化发展战略、基础理论、原理方法和标准体系开展研究。此外，该院还承担了部分领域标准化研究及相关标准的制修订工作及30个TC、15个SC秘书处的工作，如节能减排、质量管理、国际贸易便利化、视觉健康与安全防护、现代服务、公共安全、公共管理与政务信息化等。

（4）中国标准化协会（CAS）

中国标准化协会成立于1978年，是具有独立法人资格、由全国从事标准化工作的组织和个人自愿参与构成的全国性法人社会团体，接受国家市场监督管理总局和国家标准化管理委员会的领导和业务指导。作为联系政府部门、科技工作者、企业和广大消费者之间的桥梁和纽带，中国标准化协会现已成为多方位从事标准化学术研究、标准制修订、标准化培训、标准化科学宣传和技术交流、开展标准化国际交流与合作等业务的综合性社会团体，在国际上具有一定的影响力。

（二）我国标准的分类及其管理

根据《方案》对深化标准化改革的规划和修订后的《标准化法》规定，我国标准体系和标准的管理有了相应变化：

第一，标准的分类和制定主体得以进一步明确

修订后的《标准化法》明确将标准制定范围从工业领域扩大到农业、工业、服务业以及社会事业等领域。标准分类上，从制定主题角度将标准分为国家标准、行业标准、地方标准和企业标准；从标准的效力角度又将标准分为强制性标准和推荐性标准。根据新法的规定，取消了强制性行业标准和强制性地方标准，强制性标准仅保留国家标准一级；同时分别对强制性国家标准和推荐性国家标准的制定范围进行限定，将地方标准的制定权下放到“设区的市”。

通过深化标准化改革，我国将建成新的标准体系，并逐步建立完善与新型标准体系配套的标准化管理制度（见图6－2）。

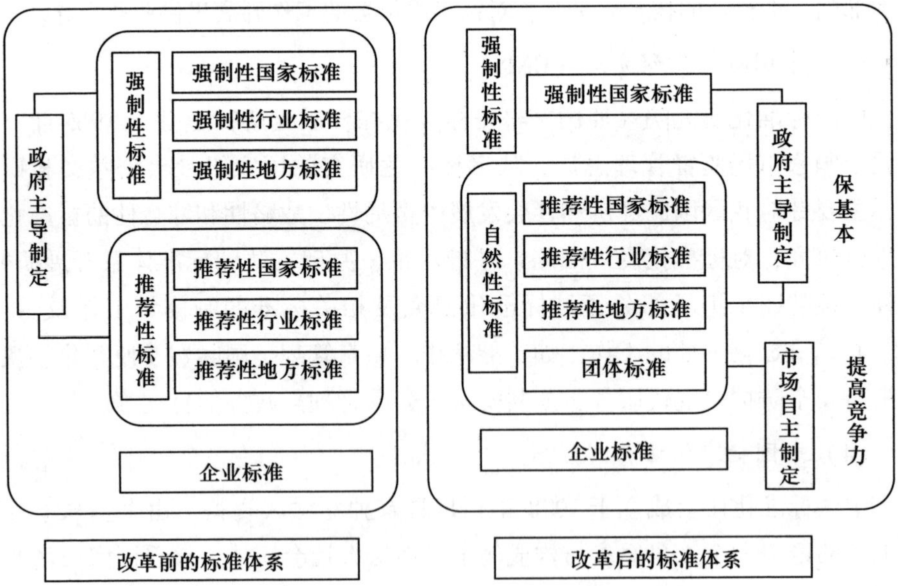

图6－2　我国标准化改革前后标准体系对比

第二，标准范围和制定主体

根据修订后的《标准化法》相关规定，我国国家标准分为强制性国家标准和推荐性国家标准，对于强制性标准和推荐性标准分别采用减少层级和限定范围的改革举措：

——从标准的制定范围来区分：强制性国家标准制定严格限定在保障人身健康和生命财产安全、国家安全、生态环境安全和满足社会经济管理基本需求的范围；推荐性国家标准是政府主导制定的标准，其定位为政府职责范围内的公益类标准。重点制定基础通用、与强制性国家标准配套、对各有关行业起引领作用的标准。

——从制定主体来区分：强制性国家标准由国务院有关行政主管部门依据职责负责强制性标准的项目提出、组织起草、征求意见和技术审查。省、自治区、直辖市人民政府标准化行政主管部门、社会团体、企事业组织及公民个人均可向国务院标准化行政主管部门提出强制性标准的立项建议。推荐性国家标准由国务院标准化行政主管部门制定，并负责标准的立项、组织起草、审查、编号、批准及发布等工作。此外，工程建设、药品、食品卫生、兽药、环境保护的国家标准、分别由国务院工程建设、卫生、农业、环境保护主管部门组织草拟、审批；其编号、发布办法由国务院标准化行政主管部门会同国务院有关行政主管部门制定。

行业标准是推荐性国家标准的补充。按照《标准化法》规定，行业标准由国务院有关行政主管部门制定，并需向国务院标准化行政主管部门备案。地方标准的制定下放到了设区的市，并报国务院标准化行政主管部门备案。这些由政府主导的标准在制定中，特别强调对标准制定过程的科学、严谨、公开性要求，需要公证开放地接纳社会各方的意见。同时，标准间的协调配套（包括行业标准、地方标准与国家标准间的协调配套、推荐性标准与强制性标准间的协调配套、不同类别标准之间的协调配套）对实现标准化工作统筹布局、分工协作，实现标准应用的最佳效果具有重要作用。

根据修订后的《标准化法》规定，赋予了团体标准合法的法律地位。对学会、协会、商会、联合会、产业技术联盟等社会团体协调相关市场主题共同制定满足市场和创新需要的团体标准，由本团体成员约定采用或者按照本团体的规定供社会自愿采用。

第三，技术委员会的管理

我国国家标准的制定一般由专业标准化技术委员会——TC 具体组织实施。据统计，截至 2017 年底，我国已成立 1783 个全国专业标准化技术委员会（TC）或分技术委员会（SC）。2017 年 10 月 30 日，为有效规范 TC 在标准制定工作中的作用，国家标准化管理委员会重新修订了《全国专业标准化技术委员会管理办法》，并作为原国家质量检验检疫总局部门规章正式发布。修订后的《标准化法》和《全国专业标准化技术委员会管理办法》对 TC/SC 的管理、标准化工作作了更为详尽的规定：

——TC/SC 的管理。原国家质量检验检疫总局负责 TC 的统一管理；国家标准化管理委员会负责 TC 的规划、协调、组建和管理，履行“组织实施技术委员会管理相关的政策和制度；规划技术委员会整体建设和布局；协调和决定技术委员会的组建、换届、调整、撤销、注销等事项；组织技术委员会相关人员的培训；监督检查技术委员会的工作，组织对技术委员会的考核评估；直接管理综合性、基础性和跨部门跨领域的技术委员会；其他与技术委员会管理有关的职责”。国务院有关行政主管部门、有关行业协会受国家标准委委托，管理本部门、本行业的 TC，对 TC 开展国家标准制修订以及国际标准化等工作进行业务指导。

——TC 的属性和组成。作为标准的“工厂”，技术委员会是在一定专业领域内，从事国家标准起草和技术审查等标准化工作的非法人技术组织。技术委员会由委员构成，委员的来源应具有广泛性和代表性，代表来自生产者、经营者、使用者、消费者、公共利益方等相关方的利益，而对于委员的专业资质也有较高要求。各 TC 秘书处作为常设机构，负责技术委员会的日常工作。

——TC 工作职责范围。技术委员会承担提出本专业领域标准化工作的政策和措施建议；编制本专业领域国家标准体系，根据社会各方的需求，提出本专业领域制修订国家标准项目建议；开展国家标准的起草、征求意见、技术审查、复审及国家标准外文版的组织翻译和审查工作；开展本专业领域国家标准的宣贯和国家标准起草人员的培训工作；受国家标准委委托，承担归口国家标准的解释工作；开展标准实施情况的评估、研究分析；组织开展本领域国内外标准一致性比对分析，跟踪、研究相关领域国际标准化的发展趋势和工作动态；管理下设分技术委员会等工作。

——TC 标准制修订工作流程管理。标准作为一类特殊的文件，其制修订过程管理需要有严格要求，尤其是在标准制定过程中遵循公开、公平、协商一致的工作原则，同时在技术内容规范中要体现性能原则和可证实性原则。为实现这些原则，20 世纪 90 年代我国先后发布修订后的《国家标准管理办法》以及《行业标准管理办法》《地方标准管理办法》《企业标准化管理办法》等多个政策文件，以规范不同制定主体在开展标准研制中的工作。在此基础上，国务院有关行政主管部门也有规范本部门标准化工作的管理文件出台，如《农业标准化管理办法》《海洋标准化管理办法》《文化行业标准化管理办法（暂行）》等，以进一步提高标准化工作的针对性。随着标准化改革的深入，根据修订的《标准化法》要求，原质检总局、国家标准委、民政部制定了《团体标准管理规定（试行）》，经国务院标准化协调推进部际联席会议审议通过，于 2017 年 12 月正式发布。

一般来说，我国推荐性标准的制定管理流程如图 6－3 所示。

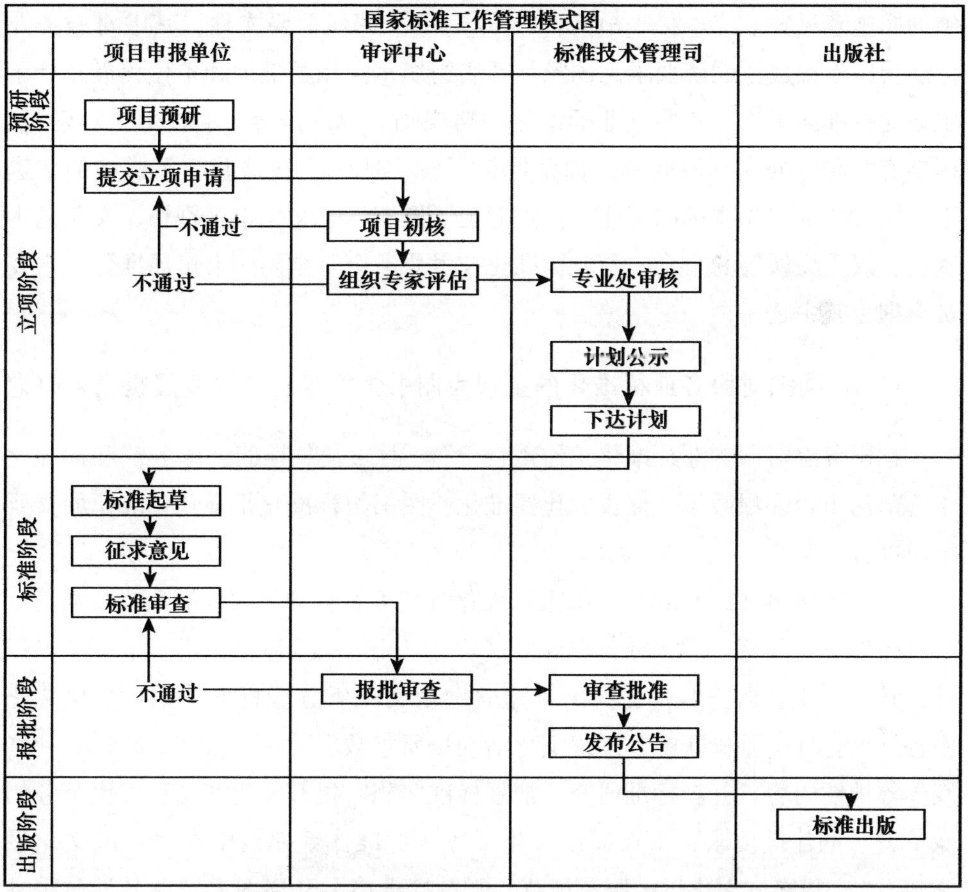

图 6－3　推荐性国家标准化工作流程模式

第三节　我国图书馆标准化工作管理

本节从当前我国图书馆标准化工作面临的环境入手，着重介绍了全国图书馆标准化技术委员会的工作及其管理，最后作为本节、本章和本书的结尾部分对我国图书馆标准化工作未来发展策略进行了思考和归纳。

一、我国图书馆标准化工作环境

“十一五”期间国务院先后出台了《国务院关于加快发展服务业的若干意见》（国发［2007］7号）和《国务院办公厅关于加快发展服务业若干政策措施的实施意见》（国办发［2008］11号）等一系列重要文件，其中对服务业标准化工作提出了明确要求，国家标准委组织多家相关部门和单位积极开展了服务业标准化工作，在服务业标准化战略规划、标准制修订、技术组织建设、标准实施和标准化科研等多方面都取得了一定成效。在这些政策措施的促进下，原文化部根据本部门职能，负责筹建了图书馆、文化馆、剧场、文化艺术资源、娱乐场所等8个全国专业标准化技术委员会。全国图书馆标准化技术委员会即为其中之一。

（一）国家对服务业标准化的重视为图书馆标准化工作发展提供了机遇

在国务院对服务业标准化工作重视下，“十二五”期间，国务院和标准化主管部门出台多项政策，促进文化标准化，图书馆标准化是文化标准化的重要组成部分。

——2016年12月30日，国家标准化管理委员会和国家发展和改革委员会联合印发了《生活性服务业标准化发展“十三五”规划》，提出了十大重点任务，其中“文化服务”部分提出“建立健全文化服务业标准体系，强化文化服务标准化理论基础研究。围绕文化活动场所、数字文化、新闻出版、移动多媒体等重要内容，开展标准研究，加强标准实施，提升文化产品和文化服务的竞争力”的建设要求，重点提出文化服务业标准体系建设中在“社区文化设施建设”“制修订文化机构服务规范、服务标准……开展图书馆业务外包服务标准研究”“研制数字图书馆、公共数字文化建设与服务相关标准”几个标准化建设专题。

——2017 年 1 月，《国务院关于印发“十三五”推进基本公共服务均等化规划的通知》提出“国家构建现代公共文化服务体系和全民健身公共服务体系，促进基本公共文化服务和全民健身基本公共服务标准化、均等化，更好地满足人民群众精神文化需求和体育健身需求，提高全民文化素质和身体素质”[21]。并对“十三五”时期基本公共服务领域的发展提出了具体指标要求。

——2017 年 9 月，《中共中央 国务院关于开展质量提升行动的指导意见》提出要提升社会治理和公共服务水平，提升优质公共服务供给能力，“鼓励创造优秀文化服务产品，推动文化服务产品数字化、网络化”[22]。

这些文件的制定和发布，一方面为深化标准化工作改革给出了政策依据，同时也为了图书馆标准化工作提出了明确的方向和目标。

（二）文化主管部门重视为图书馆标准化工作开展提供了政策保障

2008 年，以全国图书馆标准化技术委员会成立为契机，图书馆标准化工作得到了主管部门和业界更多的重视。原文化部作为全国图书馆标准化技术委员会的业务指导部门在图书馆标准的立项与制修订、规范组织建设和标准化研究等方面提供了大力支持。截至 2018 年底，在原文化部文化科技司和公共文化司支持下，共有国家标准 31 项、行业标准 50 项、标准化研究项目 21 项等图书馆领域标准化项目获批立项，此外全国图书馆标准化技术委员会还接受文化科技司委托，组织实施了 4 项文化标准化研究项目工作。这些项目涉及图书馆服务、图书馆管理与评估、图书馆馆藏建设、图书馆古籍保护等多个领域。全面地促进了图书馆事业标准化、规范化发展进程。

主管部门的重视还特别表现在对标准的宣贯上。2011 年 12 月《公共图书馆服务规范》（GB/T 28220—2011）正式发布，为了更好地宣传该标准，促进图书馆事业标准化工作深入开展，原文化部下发《文化部关于做好〈公共图书馆服务规范〉宣传贯彻工作的通知》。在该通知的要求下，《公共图书馆服务规范》得到了广泛宣传，中国图书馆学会组织了多次标准培训班，对该标准的编制背景、技术要求等内容向业界进行宣讲。此后，安徽、江苏、江西、浙江、广州等多地在深入学习贯彻《公共图书馆服务规范》过程中，结合本地区公共图书馆事业发展现状，先后以地方标准或政策文件的形式出台了地区性公共图书馆服务相关标准化文件。

（三）全国图书馆标准化技术委员会的成立为加速图书馆标准化工作提供了组织支持

根据国家标准化管理委员会《关于成立全国剧场标准化技术委员会（SAC/TC 388）等八个全国专业标准化技术委员会和分技术委员会的复函》（国标委综合函［2008］111号）文件批复，全国图书馆标准化技术委员会于2008年10月正式批准成立。图标委标准化工作领域主要集中在“图书馆管理、服务，图书馆古籍善本的收藏、定级、维修、保护，图书馆环境等领域”，在与国际标准化工作衔接上“与国际标准化组织信息及文献工作技术委员会（ISO/TC 46）相关联”。自此，图书馆作为一个专门的行业有了全国专业性标准化技术组织。图书馆标准化工作从此不再仅仅限于原有的馆藏资源组织、馆藏数据加工等基础业务的专业技术标准领域，而是扩展到整个行业和事业发展的各个层面，涉及各级各类型图书馆的建设、管理、服务、技术等领域。

二、全国图书馆标准化技术委员会标准化工作

全国图书馆标准化技术委员会（以下简称“图标委”）自2008年成立以来，根据国标委的批复，在图书馆管理、服务，图书馆古籍善本的收藏、定级、维修、保护，图书馆环境等领域的努力推进各项标准化工作。

截至2018年底，图标委归口管理推荐性国家标准（含计划）31项，其中已经发布实施16项；行业标准（含计划）50项，其中已经发布30项；行业标准化研究项目21项，其中已经获批结项15项。从项目的性质分析，分为推荐性国家标准和推荐性行业标准两类，体现了标准的层次及适用范围的针对性；从标准规范对象所属专业领域来分析，涵盖了图书馆工作的服务、管理、评价、数字化技术等多个标准化工作领域。图标委在开展标准化工作中主要有以下特点：

（一）深入开展图书馆标准体系研究，推动图书馆标准化工作协调发展

图标委自筹建之初，就对图书馆标准体系开展持续研究，并根据图书馆事业发展和工作开展而不断完善图书馆标准体系。2008年图标委筹建之初即提出图书馆标准体系框架（见图6－4），在此体系框架下，成功申请成立了专门的图书馆标准化技术委员会，并着手推进图书馆领域标准研究和制定工作。

2014年，图标委秘书处向原文化部文化科技司提出申报“图书馆标准体系建设研究”为年度标准化研究项目。在主管部门组织论证后，设立了“文化

图 6－4　图书馆标准体系框架（2008 年 3 月）

行业标准化工作体系建设研究”的委托项目，由图标委牵头，组织原文化部下辖的 7 个全国专业标准化技术委员会①联合开展各自标委会工作领域标准体系建

① 参加该项目研究工作的原文化部下辖全国专业标准化技术委员会有 7 个，分别是：全国剧场标准化技术委员会、全国图书馆标准化技术委员会、全国文化艺术资源标准化技术委员会、全国动漫游戏标准化技术委员会、全国社会艺术水平考级服务标准化技术委员会、全国网络文化标准化技术委员会和全国文化娱乐场所标准化技术委员会。

设研究。随着项目研究的深化，图标委对筹建之初提出的图书馆标准体系进行了全面的调整与扩充，提出了完善后的图书馆标准体系框架图（见图6－5）。

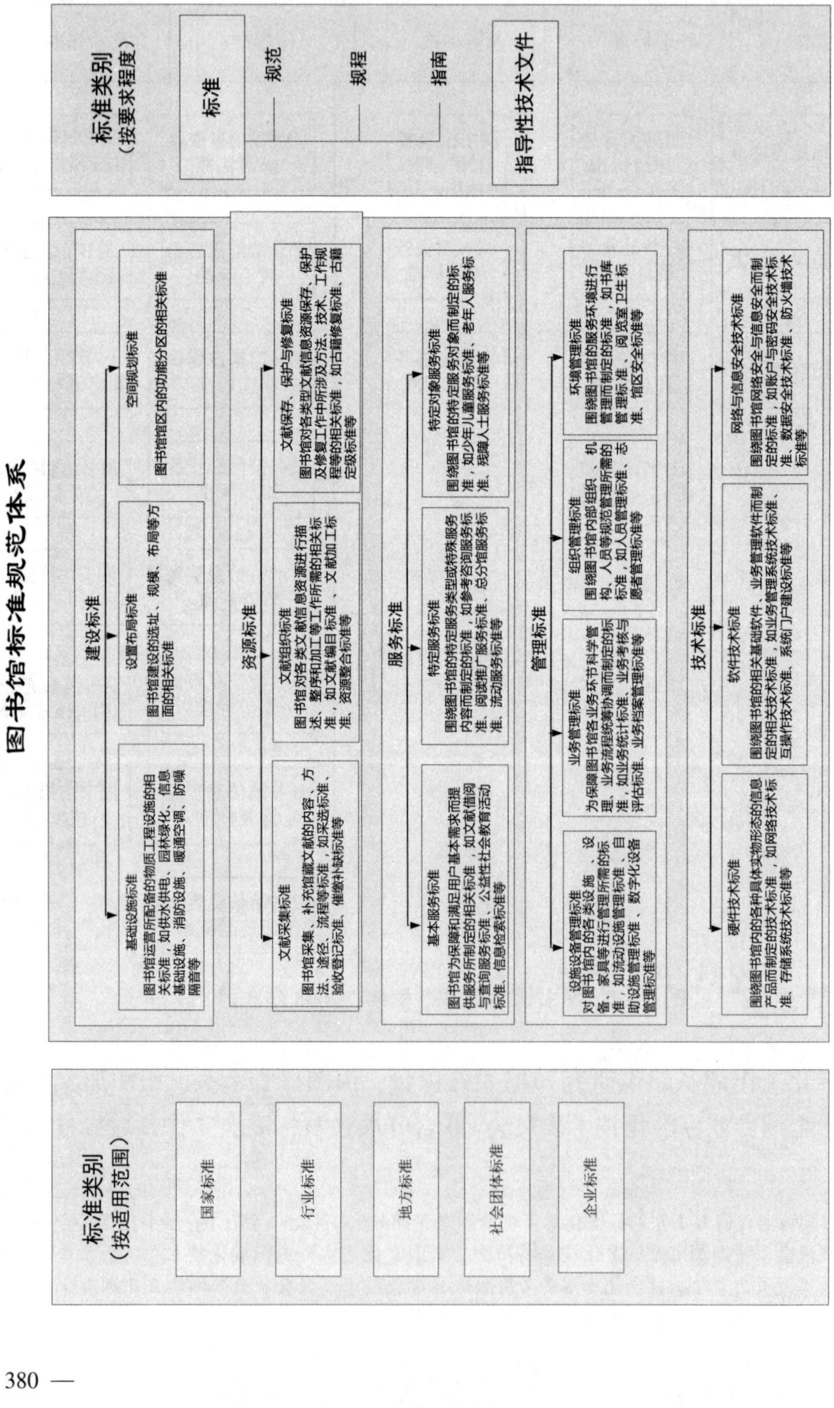

图6－5 图书馆标准体系框架图（2016年）

修订后的图书馆标准体系是在广泛调研国际组织和主要国家图书馆标准发展现状基础上，结合我国标准化事业管理现状、国家公共文化事业发展对图书馆领域标准化工作的要求以及我国图书馆事业中对标准化建设的需求实际来构建的。修订后的图书馆标准体系框架设计更为科学合理，更加符合图书馆事业对标准化工作的实际需求。同时，该体系框架的构建将图书馆标准的核心标准与相互衔接的相关标准能较好地区分开来，有利于明确图书馆标准化工作重点领域和重点标准。

（二）制定并发布图书馆标准化工作专门规划，吸引业界广泛参与标准化

2012 年和 2016 年，图标委先后制定发布《全国图书馆标准化工作“十二五”规划纲要》（图标委［2012］1 号）和《全国图书馆标准化工作“十三五”规划纲要》（图标委［2016］1 号），明确图书馆标准化工作重点领域及主要方向。（见表 6 – 3 和表 6 – 4）

表 6 – 3 全国图书馆标准化工作“十二五”时期重点领域及主要方向①

重点工作领域	主要工作方向
数字图书馆建设	基于数字资源生命周期管理的相关标准规范建设
	面向全媒体、多终端的数字图书馆服务相关标准规范建设
基层图书馆建设	乡镇（社区）图书馆管理标准
图书馆服务	图书馆特殊人群服务相关标准
	图书馆参考咨询服务相关标准
文献保护	古籍保护相关标准
	民国文献保护相关标准
公共图书馆服务体系	服务网点布局相关标准
	总分馆服务、流动服务相关标准

① 摘自 2012 年 1 月发布的《全国图书馆标准化工作“十二五”规划纲要》。

表6-4　全国图书馆标准化工作“十三五”时期重点领域及主要方向①

重点工作领域	主要工作方向
图书馆服务体系建设	图书馆总分馆、流动服务相关标准，以及基层图书馆业务与服务标准，开展图书馆业务外包标准研究
数字化建设与服务	图书馆数字化资源建设与服务、图书馆信息技术、网络技术应用创新相关标准规范
特殊群体服务	老年人、未成年人、残疾人、进城务工人员等特殊群体的图书馆服务标准研制，对学校图书馆等特定类型图书馆标准开展研究
图书馆阅读推广	阅读基础设施建设标准和阅读资源保障标准
图书馆绩效评价	图书馆绩效评价标准研制、完善复合型绩效评价标准体系
文献保存与保护	文献存藏、古籍保护等领域专业技术标准研制
图书馆人才队伍建设	研究制定公共图书馆人员编制标准

在上述标准体系框架和发展规划的指导下，截至2018年底图标委归口管理已立项国家标准及行业标准制修订项目共计81项，其分类与相应标准（计划）项目数量见表6-5。

表6-5　图标委归口管理项目分类统计

标准分类		数量（项）	国家标准（项）	行业标准（项）
文献保护、保存与修复		16	11	5
资源建设与组织		28	6	22
服务标准	基本服务标准	3	2	1
	特定对象服务	5	4	1
管理标准：业务管理		28	8	20
建设标准：设施布局		1	/	1

（三）规范组织建设，制定组织管理文件

作为非法人技术组织，图标委根据《标准化法》和《全国专业标准化技术委员会管理办法》要求，并结合我国图书馆事业发展需要和图书馆标准化

① 摘自2016年7月发布的《全国图书馆标准化工作“十三五”规划纲要》。

特点，制定了《全国图书馆标准化技术委员会工作章程》和《全国图书馆标准化技术委员会秘书处工作细则》，以此来规范本技术委员会及秘书处的各项工作有序开展。

1. 重视组织机构代表性，广泛吸收图书馆业界、学界及相关组织代表参加

图书馆作为文化信息服务机构，包括各级各类公共图书馆、各类专业图书馆、图书馆相关教育及研究机构等类型。图标委筹建之初就重视委员的广泛代表性。目前，第二届委员会委员构成中包括来自图书馆各个代表领域的专家，有各级公共图书馆、文化主管部门、中国图书馆学会及民族图书馆等单位的代表41人，其中提高了公共图书馆和科研系统图书馆代表的比例，此外，党校、军校、高校系统及图书馆其他相关机构也均有代表在委员会内履职。基本涵盖了我国图书馆事业发展的各类机构。

从委员专业分析，图标委的委员均具有副高级以上专业技术职称，有较高的专业研究能力，其中不乏多年专于基础图书馆文献编目、信息资源建设、信息技术和数字化技术的技术人才，从事图书馆管理与服务和图书馆古籍保护与利用实践与研究的事业实践专家，以及致力于图书馆学基础理论研究、数字图书馆技术研究与现代文化事业发展研究的资深专家学者。委员的专业领域涉及有关图书馆工作的各个方面。

2. 及时调整组织管理文件，提高文件指导工作的实际效用

2014年图标委启动换届工作中，重点结合新形势对图书馆标准化工作的要求对《章程》和《秘书处工作细则》作了相应的调整，其中：

《章程》中将“权力与职责”“会议制度”部分单列，并对其中内容进行扩充与丰富，修订后的《章程》共有八章56条，包括总则、工作职责、组织机构、权力与职责、工作程序、会议制度、经费管理和附则，各部分条款的表述更为科学、完整，可操作性大大提高，章程的结构体系更趋合理。

《秘书处工作细则》的修订根据《章程》要求，进一步细化秘书处各项工作流程。细则从机构设置和人员任职要求等方面规范秘书处的组建和职能运作，在“工作任务”部分对秘书处应承担的标准编制过程中文件审查、标准化工作档案文件管理、新发布的国家标准及行业标准的出版管理、拟定标准宣贯和培训方案、维护图标委网站、做好委员联络及文件分发、组织召开图标委年度工作会议等相关工作制定详细要求。

《章程》和《秘书处工作细则》的修订，是图标委在总结成立以来多年标准化工作经验基础上拟定而成的，为图标委推进图书馆各项标准化工作机制打下了基础，提供了政策依据。

（四）规范标准制修订工作管理

标准是以促进最佳的共同效益为目的，为了在一定的范围内获得最佳秩序，经“利益相关方”协商一致制定，并由公认机构批准，共同使用的和重复使用的一种规范性文件。标准制修订要求利益公正、程序合法、文书齐全和材料充分。为确保这些标准要求能够在标准化工作中得到切实落实，图标委根据本行业特性和标准化工作的实际情况，在对《全国图书馆标准化技术委员会章程》和《全国图书馆标准化技术委员会秘书处工作细则》等文件进行修订完善基础上，形成了一套规范完整的标准制修订过程工作机制，包括建立主任委员分工协作、标准化项目信息公开、项目过程监督管理等工作机制。

1. 建立分工协作工作机制

在图标委换届组成中充分考虑了各个不同性质的参与主体在图标委委员中均有相应的代表，以此保证在图书馆标准化工作中兼顾不同类型图书馆的标准化需求、体现能反映图书馆“共同使用”和“反复使用”的要求和技术规范。

同时，为了图书馆工作开展的更加科学和规范，图标委建立起主任委员分工负责的工作机制。第二届委员会成立后，确定了主任委员和副主任委员的各自分工领域，包括资源组织、数字图书馆和数字化技术、图书馆服务、图书馆管理、文献保护和古籍等，不但明确了主任委员、副主任委员的职责，同时也为未来筹建分技术委员会打下了基础。

2. 建立标准化工作公开机制

标准制定的程序合法性要求即对标准制修订过程的公开、透明和协商一致要求。为保证标准制定的程序合法和标准成果的实际应用，图标委采取了各种工作公开机制：

——建立项目公开征集工作机制。为确保标准项目申报能够充分反映我国图书馆事业标准化发展需要，图标委秘书处每年年初面向全体委员及全国主要图书馆公开发函，征集年度标准制修订项目及标准化前期预研申报建议项目，同时通过图标委网站面向全社会公示征集通知。

——实施标准制修订过程信息公开机制。图标委归口管理的项目进展情况及相关资料会由秘书处通过邮件、电话、微信群、图标委工作简报等方式向全体委员及时推送，以确保委员及时了解并充分参与图标委工作。同时，还通过图标委网站向社会公开标准制修订过程信息，以接受业界监督。通过这些方式，最大程度上保证图标委在标准研制工作中的公开、透明。

——进行标准公开征求意见和审查机制，落实标准制修订工作的协商一致性原则。为确保标准制修订成果质量，所有标准在报批之前，由图标委秘书处组织向全体委员及全国主要图书馆专门发送征求意见函，并在图标委网站“公告栏”中公开向社会征求意见。此外，在标准审查中建立起标准文本形式审查、专家会议审查和委员函审（或电子投票）相结合的标准审查机制。从实施效果来看，有助于提升标准编写的规范性、保证标准技术内容符合图书馆事业发展现状与趋势、符合标准化工作中的协商一致性要求，具有可操作性、适用性和实用性的目标。

——建立标准宣贯的公开工作机制。通过建立标准研制过程公开、及时组织对标准制修订成果出版发行、公开共享标准化研究成果、组织标准培训和研讨以及支持标准编写宣贯教材等工作。

——重视图书馆标准成果公开机制。标准的制定重在实际使用效果。在秘书处积极组织下，图标委近年来的标准项目成果现均已正式出版，并作为业界工作开展的依据以及相关培训的教材使用。2015 年秘书处专门立项编写《图书馆业务工作相关标准规范概览》，对我国图书馆领域现行国家标准和行业标准进行概要梳理，对其主要内容、适用范围、技术指标等进行简要介绍，为各级各类图书馆员了解、学习和应用标准规范提供便于参考使用的案头工作手册。此外，协调《〈公共图书馆服务规范〉应用指南》《文化行业标准化研究》《标准化视角下的我国基层图书馆事业发展研究》等标准宣贯材料和标准化研究成果的编撰与出版。

通过以上各项工作机制的建立，全方位地推进图书馆领域标准化工作公开、公平地开展；吸纳业界力量广泛参与标准化工作；使得标准研制的质量得到不断提升。

3. 规范秘书处工作，推进各项标准化工作机制的落实

秘书处作为图标委常设机构，是推进各项工作的关键部门。通过规范秘书

处工作流程和细化秘书处工作要求，推动图标委在开展标准化工作中各项机制的实施，如秘书处随时开展标准化项目的中期检查，监督项目工作时效；对标准成果进行形式审查，提升标准研制的规范性；规范图标委各项工作经费的管理使用等。

三、我国图书馆标准化工作未来发展策略思考

随着图书馆标准化工作环境的不断改善，我国图书馆标准化工作取得重要进展，专门的图书馆标准化组织得以成立，图书馆标准化工作机制不断完善，图书馆标准规范体系被提出并被不断优化，产生了一系列图书馆标准规范成果，对于提升我国图书馆事业的现代化和专业化水平有着重要意义。未来我国图书馆标准化工作应当继续以推动图书馆事业发展为目标，同时也要顺应我国标准化工作改革的大趋势。为此，未来我国图书馆标准化工作的发展应当采取如下主要策略：

（一）以事业发展需求为导向，继续完善图书馆标准规范内容体系

目前我国已基本形成了包含建设标准、资源标准、服务标准、管理标准和技术标准等在内的标准规范内容体系，图书馆相关的标准规范在数量上已颇具规模，但仍有一些领域的标准化工作有待加强。随着图书馆新技术、新业务、新服务等不断涌现，图书馆事业对标准化的需求也在不断变化，因此要不断完善图书馆标准规范内容体系，具体应做好如下主要工作：

一是要加强图书馆事业发展中的标准化需求研究，明确图书馆标准规范内容体系和图书馆标准的重点建设领域。完善的图书馆标准规范体系能够避免标准规范的重复建设，发现标准建设中的空白之处，便于标准规范建设更好适应环境和事业发展变化。[23]图标委分别于 2008 年和 2016 年提出和完善了我国图书馆标准规范体系框架，对图书馆标准规范的内容体系进行了概括，对我国图书馆标准的体系化建设产生了积极的指导作用。未来应当继续跟踪调研图书馆工作实践中的标准化需求，特别是不断变化的事业发展环境下产生的新需求，进一步完善图书馆标准规范内容体系，使其符合事业发展的新变化和新趋势。在图书馆标准规范内容体系研究的基础上，对照我国图书馆标准化建设现状，明确未来一段时间内图书馆标准规范的重点建设内容。

二是要补充缺失的标准，及时更新陈旧过时的标准。从目前我国已有的标

准数量来看，资源标准和技术标准最多，建设、服务和管理领域的标准则相对较少。具体到各领域，标准的数量分布也存在不均衡的现象，一些领域仍存在标准缺失或者不完善的现象，未来应对这些领域查缺补漏，加强相关标准的研制工作，具体包括图书馆安全管理领域的标准，图书馆阅读推广服务相关的标准规范，图书馆资源领域的内容标识、资源选择、数据格式、全文和复杂数字对象内容编码、资源汇聚、资源统计等方面的标准规范，图书馆一般实体文献保存及数字资源长期保存功能层面、管理层面、互操作层面的标准尤其是长期保存的审计标准，等等。此外，一些领域还存在已有标准陈旧过时，不符合现实需求的现象，尤其是对国际标准进行采标的标准，例如我国 2009 年发布的图书馆统计国家标准采标了 ISO 2789 的 2006 年版，但是 ISO 的该标准在 2013 年发布了新版本，而我国的国标至今未进行对应的更新，现行的国家标准已不能满足快速发展的图书馆事业统计需求，馆际互借、资源描述和揭示、资源集成与应用、图书馆文献保存要求等领域的标准也存在类似的情况。未来应对这些标准进行及时的更新和维护，确保标准内容的时效性和适用性。

三是要优化标准内容的结构，整合交叉重复的标准，精简废止不适用的标准。我国标准化工作改革的大方向是缩减现有标准的规模、优化标准体系结构，图书馆标准化工作也应当顺应这一大趋势。未来图书馆标准化工作不能一味追求数量的增长，要在保证标准化需求得到充分保障的基础上，适当精简、整合重复和不适用的标准，追求标准化工作的质量，提升标准内容的整体水平。我国现有的图书馆标准化组织主要包括图标委、文标会、文影标，此外，一些大型的工程和项目也制定了标准，虽然不同的组织负责的标准在内容上各有侧重，但一些主题的标准仍存在交叉重合的现象，应当对这些交叉的内容进行整合。此外，随着图书馆事业的发展，原有的一些标准可能因为各种原因不再具有实用性，应当在充分论证的基础上废止。

（二）鼓励多元参与，发挥行业组织、企事业单位在整个标准体系中的作用

《国务院关于印发深化标准化改革方案的通知》提出，未来将通过深化我国标准化工作改革，把政府单一供给的现行标准体系，转变为由政府主导制定的标准和市场自主制定的标准共同构成的新型标准体系，并提出要培育发展团体标准、放开搞活企业标准。未来我国图书馆标准化工作应当坚持参与主体的

多元化，尤其要发挥图书馆行业组织以及与图书馆标准密切相关的企事业单位在标准体系中的作用，培育团体标准和企业标准。具体来讲，未来应当做好如下工作：

一是培育团体标准和企业标准，优化标准体系结构。国家标准、行业标准因为要从宏观层面兼顾不同地区、不同层次的标准化需求，在一些细节问题上无法规定太详细，在满足个性化需求方面有所欠缺；同时因为国家标准和行业标准的研制和审核周期一般较长，时效性也无法很好保障，而团体标准和企业（图书馆）标准可以作为国家标准和行业的标准的有效补充。目前我国图书馆领域的团体标准和企业标准（图书馆）建设仍有待加强，未来应结合本行业特点，落实国家标准化改革要求，加强对图书馆标准化工作重点业务领域的顶层设计，积极开展团体标准和企业标准试点工作。尤其是对于不适宜在国家和行业范围内统一的技术内容，应由图书馆行业组织和相关企事业单位牵头负责，结合图书馆事业中区域性、联盟图书馆建设的特点，先行制定团体标准或企业（图书馆）标准，以有效提升区域图书馆事业规范化水平，提高标准的适用性和时效性。

二是要进一步提升行业组织、企事业单位等主体在国家标准和行业标准制修订和推广应用过程中的参与度，鼓励相关主体参与标准规范的研制、修订、评审及推广应用过程。正如 ISO 口号“当全世界都同意（When the world agrees）”所阐述的理念，标准化的过程应尽可能多地吸纳相关主体特别是标准使用者参与其中。图书馆标准化工作相关的主体主要包括中国图书馆学会、中国古籍保护协会、中国文献影像技术协会等行业组织，以及各类型图书馆、出版机构、馆配商等企事业单位，我国图书馆行业组织和相关企事业单位在标准化工作中的参与度还有待进一步提升。未来我国图书馆标准化工作应进一步扩大参与主体，具体来讲，行业组织要充分发挥其影响力，在其宗旨和职责内了解成员的标准化需求并将其转化为标准化工作提案或标准化项目，鼓励并组织成员单位以各种形式参与图书馆相关的标准化工作；企事业单位尤其是有一定影响力的图书馆例如省级公共图书馆、总分馆体系中的总馆、高校图书馆区域联盟中的核心成员馆等，应当在图书馆标准化工作中发挥示范带头作用；同时，应当建立和完善标准使用反馈机制，让标准使用者能及时反馈标准应用过程中的问题，推动标准成果的不断完善。

（三）构建动态可调整、适应性强的标准化工作机制

标准化工作机制对于标准化建设有着重要意义，我国在图书馆标准化工作机制建设方面已经取得一定的成效，除了成立了专门的图书馆标准化组织图标委，还确立了一系列标准化工作管理制度。为适应未来不断变化的标准化工作需求，必须构建动态可调整、适应性强的标准化工作机制，具体来讲需要做好如下工作：

一是要把握图书馆事业发展脉络，做好图书馆标准化工作战略规划。科学合理的战略规划能够为图书馆标准化工作提供正确的指导，保证标准化工作的有序开展。图标委曾发布全国图书馆标准化工作“十二五”和“十三五”规划，对于我国图书馆标准化工作有着重要指导意义。图书馆标准化战略发展规划应当与图书馆事业发展的整体规划相协调，我国各系统图书馆领域都制定了中长期发展规划，标准化工作战略规划的制定应参照这些规划，把握好我国图书馆事业未来发展的大方向和重点领域，做好图书馆标准化工作的整体布局。特别要注意随着我国图书馆服务网络化、体系化建设需求不断提升，新技术的创新应用愈来愈普及，应建立有效的技术创新应用转化和标准协同发展机制，制定图书馆的技术开发与标准研制一体化推进的整体规划。

二是要进一步加强标准制修订工作的全过程、全流程管理，提升标准制修订效率，缩短标准制修订周期。目前我国图书馆领域的标准尤其是国家标准的研制周期普遍较长，影响了标准的时效性和适用性，未来应顺应我国标准化工作改革的趋势，从标准项目征集论证、标准预研、标准制定、标准审查各个环节优化流程，在保证程序规范的前提下提升标准化工作效率，让图书馆领域需要的标准能更快地出台。同时，应建立健全标准定期复审和更新修订制度，按照新的标准化法和《行业标准管理办法》的规定，国家标准和行业标准的复审周期一般不超过五年，要根据复审结果确定其继续有效、修订或废止。而目前我国图书馆领域的标准更新速度普遍较慢，一些标准的内容不再符合现实需求，为了使标准的内容适应不断变化的标准化需求，图标委等标准化组织应当根据相关法律法规的要求，建立健全标准定期复审和更新修订制度。

三是要建立全方位的沟通协作机制。图书馆行业的标准化工作，内容十分丰富，涉及文化领域的安全、环保、质量、工艺、功能、资质、消费者权益保护等各个环节。特别是当前在政府倡导基本公共文化服务大发展的形势下，各

类公共文化服务机构的业务合作、融合和渗透日益加强，应在把握图书馆标准化工作的核心的同时，加强与文化馆、博物馆等业务紧密相关的行业机构标准化工作的沟通协作，不断完善图书馆标准的覆盖面，提升行业标准化、规范化程度，建立起与各类相关机构各有侧重、互为补充的分工合作与沟通协调机制，建立信息互通、技术合作、人才培养等标准化资源共享平台，联手构筑围绕文化建设和发展的标准化协作体系。

（四）积极与国际图书馆标准化工作接轨，做好国际化与本土化的结合

我国图书馆标准化工作在国际上的影响力仍然有限，标准国际化水平有待进一步提升。未来应借鉴国际图书馆协会、发达国家和地区图书馆及全球大型企业参与标准化的成功经验，根据我国国家标准和国际标准制修订工作机制，围绕图书馆事业发展战略，推动图书馆标准化工作和各类标准的制修订，形成“加强比对、注重联盟、依托项目走出去”的国际标准策略，努力成为本领域国际标准研制的重要参与者。具体需要做好如下工作：

一是及时跟踪国际图书馆标准化工作动态，做好国际标准的采标工作。ISO、IFLA 等国际组织经过长期的发展形成了科学的图书馆标准化工作机制和完善的标准规范体系，对图书馆标准化工作的全球化有举足轻重的影响力。现阶段我国图书馆标准研制水平和国际先进水平相比还有较大差距，为提升我国图书馆标准化工作水平，同时更积极融入国际图书馆标准化工作，应加强对ISO、IFLA 等国际组织图书馆领域标准的跟踪与研究，完善国际标准的采标机制，做好与国际同类技术和标准之间的比对工作，及时有效地采用国际先进标准。在采标过程中要注重国际标准与我国图书馆事业发展实践的结合，推动国际标准在我国的本土化转换和应用。

二是积极参与国际标准化工作。我国文标会和文影标分别作为 ISO/TC 46 和 TC 171 的对口标准化组织，是我国连接国际图书馆标准化工作的重要纽带和桥梁；此外，随着我国在 IFLA 等国际图书馆组织中的影响力越来越大，为我国积极参与甚至主导一些国际图书馆标准化工作提供了可能。应当充分发挥文标会、文影标等标准化组织，以及我国在 IFLA 等国际组织中的成员机构的作用，实质性参与或主导国际技术和标准化组织的相关活动和重点标准项目，建立中外图书馆领域标准化专家合作交流机制，并鼓励我国专家参与国际标准化组织工作，还可以依托“丝绸之路国际图书馆联盟”等图书馆领域的国际

交流合作项目，加强与相关国家在国际标准制定、标准化合作示范项目建设等方面的密切合作。在提升我国在国际图书馆标准化工作中的参与度的基础上，可以围绕我国图书馆优势领域例如古籍保存与保护，遴选一批成熟优质的图书馆标准，积极探索我国图书馆标准的国际推广和应用，提升我国图书馆标准化工作的国际影响力。

（五）加强标准的宣贯工作，进一步提升图书馆标准化应用水平

目前我国图书馆领域一些标准成果的应用实施效果还不明显，标准化工作对图书馆事业发展水平的影响力有待进一步提升。未来应进一步加强图书馆标准的宣贯工作，着力提升图书馆标准化应用水平，让标准化工作能够真正助推图书馆事业的发展，具体应做好以下几方面的工作：

一是要多渠道推动标准宣传推广工作。我国图书馆领域标准化的数量总体来看并不算少，但是很多标准成果并没有得到足够的关注和重视，图书馆标准宣传推广工作力度有待进一步加强。未来首先应当加强信息化平台建设，做好图书馆领域标准文献的整理和发布，推动标准文本的免费开放。新的标准化法第十七条规定“强制性标准文本应当免费向社会公开。国家推动免费向社会公开推荐性标准文本”，2017 年国标委正式上线运行“国家标准全文公开系统”，标志着我国标准公开工作取得突破性成就。图标委在其官方网站上公布了其归口管理的国家标准和行业标准的基本信息，未来可以在此基础上搭建图书馆领域标准成果发布平台，在处理好版权问题的前提下推动标准文本的免费公开。此外，还应依托图书馆行业组织，积极开展图书馆领域标准的宣传推广，具体方式包括开展标准化相关的业务辅导、组织会议交流、开展基层文化队伍培训等。每年定期在图书馆领域开展全员标准化理念、知识和技能培训，建立和完善标准化培训制度，建立日常化、网络化的标准化宣传平台。通过网络媒体、简报、专栏等开展标准化知识普及和宣传，及时报道图书馆领域最新的标准化成果，让图书馆领域的标准能更好地为人所知。

二是要多措并举，切实推动图书馆标准成果的实施和应用。标准真正的作用应当通过指导实践得以发挥，我国图书馆领域标准的实施效果还不够好，一些标准研制出来后就被“束之高阁”，没有得到有效应用。为此，应当始终以实践为目标，切实推动图书馆领域标准成果的实施和应用。具体措施包括：组织行业专家编制标准应用指南，指导标准的具体应用；依托数字图书馆推广工

程、中华古籍保护计划、民国时期文献保护计划、全国文化共享工程、公共文化服务体系示范区/项目创建、高等教育数字图书馆等图书馆领域的重点项目和工作，推动标准的贯彻实施；重要标准还可以由文化行政主管部门出台专门的政策文件保证其贯彻落实，例如原文化部曾专门就《公共图书馆服务规范》的贯彻实施发布了《文化部关于做好〈公共图书馆服务规范〉宣传贯彻工作的通知》。

三是要建立健全图书馆标准化评估机制。有效的评估不仅可以监测图书馆标准在实践中的实施情况，同时还能“以评促建”，优化标准研制工作。因此，未来应当在政府行政主管部门和标准化管理机构的指导下，建立适合图书馆事业发展实际的标准化评估机制。一方面要开展对已发布实施的各类标准实施的绩效评估，另一方面要探索标准化对提升图书馆管理、服务、基础业务工作等各方面实效的贡献率评估。充分利用图书馆标准化督察和评估结果，与有关主管部门建立标准化工作评估信息反馈机制，将图书馆标准化督察评估结果及时进行反馈，实现对图书馆标准化工作评估结果的有效利用，促进图书馆标准化工作保障机制的不断完善，提升图书馆事业发展标准化、规范化开展的水平，实现图书馆标准化工作对事业发展的目标。

（六）合理配置资源，提升标准化工作保障能力

图书馆的标准化工作是一项系统工程，需要各种资源的保障才能有效运作。为保证标准化工作的良好运行，需要合理配置已有资源，提升标准化工作的保障能力，特别是在人才、经费和激励机制方面的保障。

一是加强标准化人才队伍建设。对于图书馆员工而言，应在员工素质教育中引入标准化普及课程，推进标准化岗位的再教育，提升图书馆从业人员对标准化的认识，加强对技术标准、管理标准在实现现代机构战略目标中的地位和作用的认知，特别是提高各级领导对实施标准化管理的认识能力与使用能力。对于图书馆标准化工作人员而言，应特别加强标准化人员对标准管理体系、标准化全生命周期管理、标准编写规定、标准编写案例分析等标准化专业知识的内容。此外，还应注重国际标准化人才队伍的建设，国际标准化领军人才应该具备一定的技术知识背景、丰富的标准化管理经验，熟练的专利代理知识，系统的法律背景。同时，还要具备良好的外语能力和计算机水平，以及较高个人的公关和协调能力，可采取引进和培养相结合的形式扩充国际标准化领军人才

队伍。

二是要确保稳定的标准化经费投入来源。文化标准化工作主管部门应制定相关的图书馆标准化投入政策机制，加强标准化工作与图书馆事业发展的良性互动。通过研究标准化对图书馆事业发展的贡献，形成与图书馆标准化投入资金相联系的标准化资金增长机制，并以部门规章或其他文件形式予以确定，进而形成持续稳定的经费保障机制。特别要保证培养国际标准化人才资金、重点领域国际组织标准化工作以及“重点突破”专项资金的落实到位。在政府主导的基础上，积极拓宽经费来源渠道，探索与相关行业组织的合作，发挥其在吸收资金方面的作用，为标准化工作的开展提供长效可靠的经费保障。

三是要建立健全标准化激励制度，让标准化成为业界主动行为。加快建立并完善图书馆标准化激励制度，将标准化工作纳入图书馆评估和年度考核体系中，推动各级各类图书馆主动参与标准化工作，从标准的制修订到推广实施采取有效措施加以激励。第一，要建立奖励机制，强化对参与标准化活动的科研人员奖励。要制定科研人员参与制修订标准的奖励办法。对科研人员参与国际标准、国家标准、行业标准和团体标准的制修订工作给予认定；对参与国际标准化工作、承担国际标准化组织高层管理人员、国际（国内）技术委员会负责人给予适当补贴；对获得标准创新贡献奖等国家、省部级标准化成果奖的人员，给予奖励。第二，要建立职业资格认证制度。研究制定图书馆标准化工程师任职资格认证体系，明确图书馆标准工程师职业资格的设置，与工程师系列职称对应，鼓励技术人员从事标准化工作并力争成为标准工程师。标准工程师任职资格体系的建立和完善，使标准化工作人员有明确的职业发展通道，切实调动图书馆科研人员参与标准化活动的积极性。第三，鼓励地方配套建立标准化激励制度。从各级地方政府和标准化主管机构层面，进一步完善各级政府对图书馆参与标准化工作的激励机制。对参与标准化活动，并取得突出成绩和作出贡献的单位和个人给予相应奖励。

注释：

[1] *ISO/TC 46 — Information and Documentation*, https://www.iso.org/committee/48750.html, Sep. 11, 2017.

[2] *IFLA—What is an IFLA Standard*? https://www.ifla.org/node/8721, 2017-08-06.

[3] *IFLA—Creating New Standards*, https://www.ifla.org/node/8719, 2017-08-06.

[4]《国际编目原则声明（ICP）》，https://www.ifla.org/files/assets/cataloguing/icp/icp_2016-zh.pdf（访问时间：2017年9月11日）。

[5] *ISO/TC 171 — Document Management Applications*, https://www.iso.org/committee/53650.html, Sep. 11, 2017.

[6] 李建：《观察与思考——参加ISO/TC 171会议报告》，载《数字与缩微影像》，2005年第3期，第1—3页。

[7] *ISO/IEC JTC 1 — Information Technology*, https://www.iso.org/committee/45020.html, 2017-12-08.

[8] 李文峰等：《国内外标准化体系比较》，载《信息技术与标准化》，2007年第3期，第44—47页。

[9] *About ANSI*, https://www.ansi.org/about_ansi/overview/overview? menuid=1, Jan. 12, 2018.

[10] *What is NISO and What Does It Do*? https://www.niso.org/niso-io/2017/11/what-niso-and-what-does-it-do, Jan. 12, 2018.

[11] *NISO Annual Report* 2010, https://groups.niso.org/about/documents/NISO_Annual_Meeting_Report_for_2 pdf, Jan. 12, 2018.

[12] *DIN and International Standardization*, https://www.din.de/en/din-and-our-partners/din-and-international-standardzation, Jan. 23, 2018.

[13] *History of DIN*, https://www.din.de/en/din-and-our-partners/din-e-v/history/history-of-din-71274, 2018-01-23.

[14] *DIN Standards Committee Information and Documentation*, https://www.din.de/en/getting-involved/standards-committees/nid, Jan. 23, 2018.

[15] *UK National Standards Body-The First National Standards Body*, https://www.bsigroup.com/en-GB/about-bsi/uk-national-standards-body/, Feb. 1, 2018.

[16] 王忠民：《重访BSI》，载《中国标准化》，2007年第11期，第71—74页。

[17] 李春玲：《英美文化遗产保护标准化及对我国的启示》，载《东南文化》，2016年第2期，第6—12页。

[18] *Groupe AFNOR-Source de Confiance Depuis* 1926, https://www.groupeafnor.org/en/?_ga=2.248173127.1993782969.1522639712-850302511.1511923250, Feb, 8, 2018.

[19] *Annual Report* 2016, https://www.groupeafnor.org/en/wp-content/uploads/sites/2/2017/07/RA2016-versionEN.pdf, Feb. 9, 2018.

[20] *Japans Standardization Policy* 2016, http://www.jisc.go.jp/eng/policy/Japans_Stand-

ardization_Policy_2016. pdf, Feb. 9, 2018.

[21]《国务院关于印发“十三五”推进基本公共服务均等化规划的通知》, http://www. gov. cn/zhengce/content/2017 - 03/01/content_5172013. htm（访问时间：2018 年 2 月 1 日）。

[22]《中共中央 国务院关于开展质量提升行动的指导意见》, http://www. gov. cn/zhengce/2017 - 09/12/content_5224580. htm（访问时间：2018 年 2 月 1 日）。

[23] 王秀香、李丹：《我国图书馆标准规范体系构建研究》，载《图书馆》，2017 年第 9 期，第 9—12 页。

（执笔人：汪东波　沈玉兰　高艳玲　田　颖）

附录一　我国现行图书馆业务工作国家标准和行业标准目录

序号	标准类型	标准号	标准名称	发布年份
1	国家标准	GB/T 3468—1983	检索期刊编辑总则	1983 年
2	国家标准	GB/T 3793—1983	检索期刊条目著录规则	1983 年
3	国家标准	GB/T 6447—1986	文献编写规则	1986 年
4	国家标准	GB/T 11668—1989	图书和其他出版物的书脊规则	1989 年
5	国家标准	GB/T 3304—1991	中国各民族名称的罗马字母拼写法和代码	1991 年
6	国家标准	GB/T 13141—1991	书目信息交换用希腊字母编码字符集	1991 年
7	国家标准	GB/T 13142—1991	书目信息交换用拉丁字母代码字符扩充集	1991 年
8	国家标准	GB/T 3259—1992	中文书刊名称汉语拼音拼写法	1992 年
9	国家标准	GB/T 13418—1992	文字条目通用排序规则	1992 年
10	国家标准	GB/T 15693—1995	印刷型文献价格指数标准	1995 年
11	国家标准	GB/T 2659—2000	世界各国和地区名称代码	2000 年
12	国家标准	GB/T 9999—2001	中国标准连续出版物号	2001 年
13	国家标准	GB/T 12451—2001	图书在版编目数据	2001 年
14	国家标准	GB/T 18730—2002	文献成像应用 在35mm胶片上缩微拍摄非彩色地图	2002 年
15	国家标准	GB/T 6159.6—2003	缩微摄影技术 词汇 第6部分：设备	2003 年
16	国家标准	GB/T 6159.8—2003	缩微摄影技术 词汇 第8部分：应用	2003 年
17	国家标准	GB/T 6160—2003	缩微摄影技术 源文件第一代银－明胶型缩微品 密度规范与测量方法	2003 年

（续表）

序号	标准类型	标准号	标准名称	发布年份
18	国家标准	GB/T 7517—2004	缩微摄影技术 在16mm卷片上拍摄古籍的规定	2004年
19	国家标准	GB/T 17739.3—2004	技术图样与技术文件的缩微摄影 第3部分：35mm缩微胶片开窗卡	2004年
20	国家标准	GB/T 19474.1—2004	缩微摄影技术 图形COM记录仪的质量控制 第1部分：测试画面的特征	2004年
21	国家标准	GB/T 19474.2—2004	缩微摄影技术 图形COM记录仪的质量控制 第2部分：质量要求和控制	2004年
22	国家标准	GB/T 19475.1—2004	缩微摄影技术 开窗卡扫描仪制作影像质量的测量方法 第1部分：测试影像的特征	2004年
23	国家标准	GB/T 19475.2—2004	缩微摄影技术 开窗卡扫描仪制作摄影质量的测量方法 第2部分：质量要求和控制	2004年
24	国家标准	GB/T 19523—2004	缩微摄影技术 16mm与35mm缩微胶片防光片盘与片盘 技术规范	2004年
25	国家标准	GB/T 3792.6—2005	测绘制图资料著录规则	2005年
26	国家标准	GB/T 7518—2005	缩微摄影技术 在35mm卷片上拍摄古籍的规定	2005年
27	国家标准	GB/T 13984—2005	缩微摄影技术 银盐、重氮和微泡拷贝片 视觉密度 技术规范和测量	2005年
28	国家标准	GB/T 19688.1—2005	信息与文献 书目数据目录 第1部分：互借应用	2005年
29	国家标准	GB/T 19688.2—2005	信息与文献 书目数据元目录 第2部分：采访应用	2005年
30	国家标准	GB/T 19688.3—2005	信息与文献 书目数据元目录 第3部分：情报检索	2005年
31	国家标准	GB/T 19688.4—2005	信息与文献 书目数据元目录 第4部分：流通应用	2005年
32	国家标准	GB/T 19688.5—2005	信息与文献 书目数据元目录 第5部分：编目和元数据交换用数据元	2005年

（续表）

序号	标准类型	标准号	标准名称	发布年份
33	国家标准	GB/T 19689—2005	信息与文献 交互式文本检索命令集	2005 年
34	国家标准	GB/T 19729—2005	电子成像 数字数据光盘存储数据验证用介质错误监测与报告技术	2005 年
35	国家标准	GB/T 19730—2005	缩微摄影技术 期刊的缩微拍摄 操作程序	2005 年
36	国家标准	GB/T 19732—2005	缩微摄影技术 透明缩微品阅读器 性能特征	2005 年
37	国家标准	GB/T 19733—2005	缩微摄影技术 透明缩微品阅读器 特性的测量	2005 年
38	国家标准	GB/T 19734—2005	缩微摄影技术 透明缩微品复印机 特性	2005 年
39	国家标准	GB/T 19735—2005	缩微摄影技术 16mm 缩微胶片轮转式摄影机机械与光学特性	2005 年
40	国家标准	GB/Z 19736—2005	电子成像 文件图像压缩方法选择指南	2005 年
41	国家标准	GB/Z 19737—2005	缩微摄影技术 银－明胶型缩微品变质迹象的检查	2005 年
42	国家标准	GB/T 3792. 2—2006	普通图书著录规则	2006 年
43	国家标准	GB/T 5795—2006	中国标准书号	2006 年
44	国家标准	GB/T 7713. 1—2006	学位论文编写规则	2006 年
45	国家标准	GB/T 17739. 2—2006	技术图样与技术文件缩微摄影 第 2 部分：35mm 银－明胶型缩微品的质量准则与检验	2006 年
46	国家标准	GB/T 17739. 5—2006	技术图样与技术文件的缩微摄影 第 5 部分：开窗卡中缩微影像重氮复制的检验程序	2006 年
47	国家标准	GB/T 20163—2006	中国档案机读目录格式	2006 年
48	国家标准	GB/T 20226. 1—2006	缩微摄影技术 缩微胶片 A6 尺寸封套 第 1 部分：16mm 缩微胶片用五片道封套	2006 年
49	国家标准	GB/T 20226. 2—2006	缩微摄影技术 缩微胶片 A6 尺寸封套 第 2 部分：16mm 和 35mm 缩微胶片用其他类型封套	2006 年
50	国家标准	GB/Z 20227—2006	缩微摄影技术 缩微记录的清除、删除、校正或修正	2006 年
51	国家标准	GB/T 20232—2006	缩微摄影技术 条码在开窗卡上的使用规则	2006 年
52	国家标准	GB/T 20233—2006	缩微摄影技术 A6 尺寸开窗卡	2006 年

（续表）

序号	标准类型	标准号	标准名称	发布年份
53	国家标准	GB/T 20493.1—2006	电子成像 办公文件黑白扫描用测试标板 第1部分：特性	2006年
54	国家标准	GB/T 20493.2—2006	电子成像 办公文件黑白扫描用测试标板 第2部分：使用方法	2006年
55	国家标准	GB/T 20494.1—2006	缩微摄影技术 使用单一内显示系统生成影像的COM记录器的质量控制 第1部分：软件测试标板的特性	2006年
56	国家标准	GB/T 20494.2—2006	缩微摄影技术 使用单一内显示系统生成影像的COM记录器的质量控制 第2部分：使用方法	2006年
57	国家标准	GB/Z 20495—2006	电子成像 成功实施电子影像管理涉及的人及组织的问题	2006年
58	国家标准	GB/Z 20648—2006	电子成像 擦除记录在一次写入光学介质上的信息的推荐方法	2006年
59	国家标准	GB/Z 20649—2006	电子成像 在WORM光盘上记录证据文件的电子记录系统的推荐管理方法	2006年
60	国家标准	GB/Z 20650—2006	缩微摄影技术 缩微品的法律认可性	2006年
61	国家标准	GB/T 3792.7—2008	古籍著录规则	2008年
62	国家标准	GB/T 6161—2008	缩微摄影技术 ISO 2号解像力测试图的描述及其应用	2008年
63	国家标准	GB/T 7516—2008	缩微摄影技术 缩微拍摄用图形符号	2008年
64	国家标准	GB/T 8987—2008	缩微摄影技术 缩微摄影时检查负像光学密度用测试标板	2008年
65	国家标准	GB/T 12355—2008	缩微摄影技术 有影像缩微胶片的连接	2008年
66	国家标准	GB/T 12356—2008	缩微摄影技术 16mm平台式缩微摄影机用测试标板的特征及其使用	2008年
67	国家标准	GB/T 16573—2008	缩微摄影技术 在16mm和35mm银－明胶型缩微胶片上拍摄文献的操作程序	2008年
68	国家标准	GB/T 17292—2008	缩微摄影技术 第一代银－明胶型缩微品的质量要求	2008年

（续表）

序号	标准类型	标准号	标准名称	发布年份
69	国家标准	GB/T 17293—2008	缩微摄影技术 检查平台式缩微摄影机系统性能用的测试标板	2008 年
70	国家标准	GB/T 17294. 1—2008	缩微摄影技术 字母数字计算机输出缩微品质量控制 第 1 部分：测试幻灯片和测试数据的特征	2008 年
71	国家标准	GB/T 17294. 2—2008	缩微摄影技术 字母数字计算机输出缩微品质量控制 第 2 部分：方法	2008 年
72	国家标准	GB/T 17739. 1—2008	技术图样与技术文件的缩微摄影 第 1 部分：操作程序	2008 年
73	国家标准	GB/T 17739. 4—2008	技术图样与技术文件的缩微摄影 第 4 部分：特殊和超大尺寸图样的拍摄	2008 年
74	国家标准	GB/T 18405—2008	缩微摄影技术 ISO 字符和 ISO 1 号测试图的特征及其使用	2008 年
75	国家标准	GB/T 18503—2008	缩微摄影技术 A6 透明缩微平片 影像的排列	2008 年
76	国家标准	GB/T 21373—2008	知识产权文献与信息 分类及代码	2008 年
77	国家标准	GB/T 21374—2008	知识产权文献与信息 基本词汇	2008 年
78	国家标准	GB/T 22466—2008	索引编制规则（总则）	2008 年
79	国家标准	GB/T 3179—2009	期刊编排格式	2009 年
80	国家标准	GB/T 3792. 1—2009	文献著录 第 1 部分：总则	2009 年
81	国家标准	GB/T 3792. 3—2009	文献著录 第 3 部分：连续性资源	2009 年
82	国家标准	GB/T 3792. 4—2009	文献著录 第 4 部分：非书资料	2009 年
83	国家标准	GB/T 3792. 9—2009	文献著录 第 9 部分：电子资源	2009 年
84	国家标准	GB/T 3860—2009	文献主题标引规则	2009 年
85	国家标准	GB/T 4894—2009	信息与文献 术语	2009 年
86	国家标准	GB/T 13191—2009	信息与文献 图书馆统计	2009 年
87	国家标准	GB/T 13396—2009	中国标准录音制品编码	2009 年
88	国家标准	GB/T 13417—2009	期刊目次表	2009 年
89	国家标准	GB/T 15418—2009	档案分类标引规则	2009 年
90	国家标准	GB/T 18358—2009	中小学教科书幅面尺寸及版面通用要求	2009 年
91	国家标准	GB/T 23269—2009	信息与文献 开放系统互连 馆际互借应用服务定义	2009 年

（续表）

序号	标准类型	标准号	标准名称	发布年份
92	国家标准	GB/T 23270. 1—2009	信息与文献 开放系统互连 馆际互借应用协议规范 第1部分：协议说明书	2009年
93	国家标准	GB/T 23270. 2—2009	信息与文献 开放系统互连 馆际互借应用协议规范 第2部分：协议实施一致性声明（PICS）条文	2009年
94	国家标准	GB/Z 23283—2009	基于文件的电子信息的长期保存	2009年
95	国家标准	GB/T 23284—2009	缩微摄影技术 16mm 和 35mm 卷式缩微胶片使用的影像标记（光点）	2009年
96	国家标准	GB/T 23285—2009	缩微摄影技术 开窗卡增厚区厚度的测量方法	2009年
97	国家标准	GB/T 23730. 1—2009	中国标准试听作品号 第1部分：试听作品标识符	2009年
98	国家标准	GB/T 23730. 2—2009	中国标准视听作品号 第2部分：版本标识符	2009年
99	国家标准	GB/T 23731—2009	GEDI 通用电子文档交换	2009年
100	国家标准	GB/T 23732—2009	中国标准文本编码	2009年
101	国家标准	GB/T 23733—2009	中国标准音乐作品编码	2009年
102	国家标准	GB/T 24422—2009	信息与文献 档案纸 耐久性和耐用性要求	2009年
103	国家标准	GB/T 24423—2009	信息与文献 文献用纸 耐久性要求	2009年
104	国家标准	GB/T 24424—2009	馆藏说明	2009年
105	国家标准	GB/T 25072—2010	缩微摄影技术 在35mm 缩微胶片上拍摄存档报纸	2010年
106	国家标准	GB/T 25073—2010	缩微摄影技术 彩色缩微胶片 曝光技术及与之相适应的线条原件和连续色调原件的制备	2010年
107	国家标准	GB/T 25100—2010	信息与文献 都柏林核心元数据元素集	2010年
108	国家标准	GB/T 26162. 1—2010	信息与文献 文件管理 第1部分：通则	2010年
109	国家标准	GB/T 26163. 1—2010	信息与文献 文件管理过程 文件元数据 第1部分：原则	2010年
110	国家标准	GB/T 6159. 2—2011	缩微摄影技术 词汇 第2部分：影像的布局和记录方法	2011年
111	国家标准	GB/T 6159. 5—2011	缩微摄影技术 词汇 第5部分：摄影的质量、可读性和检查	2011年

（续表）

序号	标准类型	标准号	标准名称	发布年份
112	国家标准	GB/T 6159. 7—2011	缩微摄影技术 词汇 第 7 部分：计算机缩微摄影技术	2011 年
113	国家标准	GB/T 19110—2011	缩微摄影技术 检查轮转式缩微摄影机系统性能用的测试标板	2011 年
114	国家标准	GB/Z 26822—2011	文档管理 电子信息存储 真实性可靠性建议	2011 年
115	国家标准	GB/T 27702—2011	信息与文献 信息检索（Z39. 50）应用服务定义和协议规范	2011 年
116	国家标准	GB/T 27703—2011	信息与文献 图书馆和档案馆的文献保存要求	2011 年
117	国家标准	GB/T 28220—2011	公共图书馆服务规范	2011 年
118	国家标准	GB/T 2901—2012	信息与文献 信息交换格式	2012 年
119	国家标准	GB/T 17739. 6—2012	技术图样与技术文件的缩微摄影 第 6 部分：35mm 缩微胶片放大系统的质量准则和控制	2012 年
120	国家标准	GB/T 29182—2012	信息与文献 图书馆绩效指标	2012 年
121	国家标准	GB/T 3469—2013	信息资源的内容形式和媒体类型标识	2013 年
122	国家标准	GB/T 30227—2013	图书馆古籍书库基本要求	2013 年
123	国家标准	GB/T 6159. 1—2014	缩微摄影技术 词汇 第 1 部分：一般术语	2014 年
124	国家标准	GB/T 6159. 3—2014	缩微摄影技术 词汇 第 3 部分：胶片处理	2014 年
125	国家标准	GB/T 6159. 4—2014	缩微摄影技术 词汇 第 4 部分：材料和包装物	2014 年
126	国家标准	GB/T 7713. 3—2014	科技报告编写规则	2014 年
127	国家标准	GB/T 15416—2014	科技报告编号规则	2014 年
128	国家标准	GB/T 15737—2014	缩微摄影技术 银 – 明胶型缩微品的冲洗与保存	2014 年
129	国家标准	GB/T 31076. 1—2014	汉文古籍特藏藏品定级 第 1 部分：古籍	2014 年
130	国家标准	GB/T 31219. 2—2014	图书馆馆藏资源数字化加工规范 第 2 部分：文本资源	2014 年
131	国家标准	GB/T 31219. 3—2014	图书馆馆藏资源数字化加工规范 第 3 部分：图像资源	2014 年
132	国家标准	GB/T 31219. 4—2014	图书馆馆藏资源数字化加工规范 第 4 部分：音频资源	2014 年

（续表）

序号	标准类型	标准号	标准名称	发布年份
133	国家标准	GB/T 13190.1—2015	信息与文献 叙词表及其与其他词表的互操作 第1部分：用于信息检索的叙词表	2015年
134	国家标准	GB/T 32153—2015	文献分类标引规则	2015年
135	国家标准	GB/T 31219.5—2016	图书馆馆藏资源数字化加工规范 第5部分：视频资源	2016年
136	国家标准	GB/T 33286—2016	中国机读书目格式	2016年
137	国家标准	GB/T 20225.1—2017	电子文档管理 词汇 第1部分：电子文档成像	2017年
138	国家标准	GB/T 33994—2017	信息与文献 WARC文件格式	2017年
139	国家标准	GB/T 34832—2017	信息与文献 CNMARC的XML表示	2017年
140	国家标准	GB/T 35430—2017	信息与文献 期刊描述型元数据元素集	2017年
141	国家标准	GB/T 35660.1—2017	信息与文献 图书馆射频识别（RFID）第1部分：数据元素及实施通用指南	2017年
142	国家标准	GB/T 35660.2—2017	信息与文献 图书馆射频识别（RFID）第2部分：基于ISO/IEC 15692规则的RFID数据元素编码	2017年
143	国家标准	GB/T 35661—2017	图书冷冻杀虫技术规程	2017年
144	国家标准	GB/T 35662—2017	古籍函套技术要求	2017年
145	国家标准	GB/T 36719—2018	图书馆视障人士服务规范	2018年
146	国家标准	GB/T 36720—2018	公共图书馆少年儿童服务规范	2018年
147	国家标准	GB/T 36748—2018	中国少数民族文字古籍定级	2018年
148	行业标准	建标［2008］74号	公共图书馆建设用地指标	2008年
149	行业标准	建标 108—2008	公共图书馆建设标准	2008年
150	行业标准	建标 160—2012	乡镇综合文化站建设标准	2012年
151	行业标准	WH/T 43-2012	图书馆 射频识别 数据模型 第1部分：数据元素设置及应用规则	2012年
152	行业标准	WH/T 44-2012	图书馆 射频识别 数据模型 第2部分：基于ISO/IEC 15962的数据元素编码方案	2012年
153	行业标准	WH/T 47-2012	图书馆数字资源统计规范	2012年
154	行业标准	WH/T 48-2012	数字对象唯一标识符规范	2012年

（续表）

序号	标准类型	标准号	标准名称	发布年份
155	行业标准	WH/T 50-2012	网络资源元数据规范	2012 年
156	行业标准	WH/T 51-2012	图像元数据规范	2012 年
157	行业标准	WH/T 52-2012	管理元数据规范	2012 年
158	行业标准	WH/Z 1-2012	图书馆数字资源长期保存元数据规范	2012 年
159	行业标准	WH/T 62-2014	音频资源元数据规范	2014 年
160	行业标准	WH/T 63-2014	视频资源元数据规范	2014 年
161	行业标准	WH/T 64-2014	电子连续性资源元数据规范	2014 年
162	行业标准	WH/T 65-2014	电子图书元数据规范	2014 年
163	行业标准	WH/T 66-2014	古籍元数据规范	2014 年
164	行业标准	WH/T 67-2014	期刊论文元数据规范	2014 年
165	行业标准	WH/T 68-2014	学位论文元数据规范	2014 年
166	行业标准	WH/T 69-2014	乡镇图书馆统计指南	2014 年
167	行业标准	JGJ 38-2015	图书馆建筑设计规范	2015 年
168	行业标准	WH/T 70. 1-2015	公共图书馆评估指标 第 1 部分：省级公共图书馆	2015 年
169	行业标准	WH/T 70. 2-2015	公共图书馆评估指标 第 2 部分：市级公共图书馆	2015 年
170	行业标准	WH/T 70. 3-2015	公共图书馆评估指标 第 3 部分：县级公共图书馆	2015 年
171	行业标准	WH/T 70. 4-2015	公共图书馆评估指标 第 4 部分：省级少年儿童图书馆	2015 年
172	行业标准	WH/T 70. 5-2015	公共图书馆评估指标 第 5 部分：市级少年儿童图书馆	2015 年
173	行业标准	WH/T 70. 6-2015	公共图书馆评估指标 第 6 部分：县级少年儿童图书馆	2015 年
174	行业标准	WH/T 71-2015	图书馆参考咨询服务规范	2015 年
175	行业标准	WH/T 72-2015	图书馆数字资源长期保存信息包封装规范	2015 年
176	行业标准	WH/T 73-2016	社区图书馆服务规范	2016 年
177	行业标准	WH/T 74-2016	图书馆行业条码	2016 年

附录二　国际标准化组织 ISO 图书馆相关标准

序号	标准号	标准名称（英文）	标准名称（中文）	发布年份	制定者
1	ISO 8:1977	Documentation—Presentation of periodicals	文献 期刊的表示	1977 年	TC 46
2	ISO 9:1995	Information and documentation—Transliteration of Cyrillic characters into Latin characters—Slavic and non-Slavic languages	信息与文献 从基利耶字符到拉丁字符的转写 斯拉夫语和非斯拉夫语	1995 年	TC 46
3	ISO 18:1981	Documentation—Contents list of periodicals	文献 期刊的目次表	1981 年	TC 46
4	ISO 214:1976	Documentation—Abstracts for publications and documentation	文献 出版物和文献的摘要	1976 年	TC 46
5	ISO 215:1986	Documentation—Presentation of contributions to periodicals and other serials	文献 对期刊和其他连续出版物撰写的描述	1986 年	TC 46
6	ISO 233:1984	Documentation—Transliteration of Arabic characters into Latin characters	文献 从阿拉伯字符到拉丁字符的转写	1984 年	TC 46
7	ISO 233-2:1993	Information and documentation—Transliteration of Arabic characters into Latin characters—Part 2: Arabic language—Simplified transliteration	信息与文献 从阿拉伯字符到拉丁字符的转写 第 2 部分：阿拉伯语 简化转写	1993 年	TC 46

（续表）

序号	标准号	标准名称（英文）	标准名称（中文）	发布年份	制定者
8	ISO 233-3: 1999	Information and documentation—Transliteration of Arabic characters into Latin characters—Part 3: Persian language—Simplified transliteration	信息与文献 从阿拉伯字符到拉丁字符的转写 第 2 部分：波斯语 简化转写	1999 年	TC 46
9	ISO 259: 1984	Documentation—Transliteration of Hebrew characters into Latin characters	文献 从希伯来字符到拉丁字符的转写	1984 年	TC 46
10	ISO 259-2: 1994	Road vehicles—Clock extension peripheral interface（CXPI）—Part 2: Data link and physical layer conformance test plan	道路车辆 时钟扩展外围接口（CXPI）第 2 部分：数据链路层和物理层一致性测试计划	1994 年	TC 46
11	ISO 843: 1997	Information and documentation—Conversion of Greek characters into Latin characters	信息与文献 从希腊字符到拉丁字符的转换	1997 年	TC 46
12	ISO 1086: 1991	Information and documentation—Title leaves of books	信息与文献 图书书名页	1991 年	TC 46
13	ISO 2145: 1978	Documentation—Numbering of divisions and subdivisions in written documents	文献 书面文献的章节编号	1978 年	TC 46
14	ISO 2384: 1977	Documentation—Presentation of translations	文献 译本的描述	1977 年	TC 46
15	ISO 3166-1: 2013	Codes for the representation of names of countries and their subdivisions—Part 1: Country codes	国家及其地区名称代码 第 1 部分：国家名称代码	2013 年	TC 46
16	ISO 3166-2: 2013	Codes for the representation of names of countries and their subdivisions—Part 2: Country subdivision code	国家及其地区名称代码 第 2 部分：地区名称代码	2013 年	TC 46
17	ISO 3166-3: 2013	Codes for the representation of names of countries and their subdivisions—Part 3: Code for formerly used names of countries	国家及其地区名称代码 第 3 部分：国家曾用名代码	2013 年	TC 46

（续表）

序号	标准号	标准名称（英文）	标准名称（中文）	发布年份	制定者
18	ISO 3602: 1989	Documentation—Romanization of Japanese（kana script）	文献 日文的罗马字体（假名手写体）	1989 年	TC 46
19	ISO 5122: 1979	Documentation—Abstract sheets in serial publications	文献 连续出版物的文摘页	1979 年	TC 46
20	ISO 5123: 1984	Documentation—Headers for microfiche of monographs and serials	文献 专著与期刊缩微平片的标题	1984 年	TC 46
21	ISO 5127: 2017	Information and documentation—Foundation and vocabulary	信息与文献 基础和词汇	2017 年	TC 46
22	ISO 6357: 1985	Documentation—Spine titles on books and other publications	文献 图书和其他出版物的书脊标题	1985 年	TC 46
23	ISO 7098: 2015	Information and documentation—Romanization of Chinese	信息与文献 中文的罗马字母拼写法	2015 年	TC 46
24	ISO 7144: 1986	Documentation—Presentation of theses and similar documents	文献 论文和类似文献的表示	1986 年	TC 46
25	ISO 7154: 1983	Documentation—Bibliographic filing principles	文献 书目归档原则	1983 年	TC 46
26	ISO 7275. 1985	Documentation—Presentation of title information of series	文献 连续出版物题名信息的表示	1985 年	TC 46
27	ISO 9984: 1996	Information and documentation—Transliteration of Georgian characters into Latin characters	信息与文献 从格鲁吉亚字符到拉丁字符的转写	1996 年	TC 46
28	ISO 9985: 1996	Information and documentation—Transliteration of Armenian characters into Latin characters	信息与文献 从亚美尼亚字符到拉丁字符的转写	1996 年	TC 46
29	ISO 11940: 1998	Information and documentation—Transliteration of Thai	信息与文献 泰国字符的转写	1998 年	TC 46
30	ISO 11940-2: 2007	Information and documentation—Transliteration of Thai characters into Latin characters—Part 2: Simplified transcription of Thai language	信息与文献 从泰国字符到拉丁字符的转写 第 2 部分：泰语的简化转写	2007 年	TC 46

（续表）

序号	标准号	标准名称（英文）	标准名称（中文）	发布年份	制定者
31	ISO 15919:2001	Information and documentation—Transliteration of Devanagari and related Indic scripts into Latin characters	信息与文献 从梵文字符及相关的印度文字手写体到拉丁字符的转写	2001 年	TC 46
32	ISO 15924:2004	Information and documentation—Codes for the representation of names of scripts	信息与文献 正本名称的表示代码	2004 年	TC 46
33	ISO 2146:2010	Information and documentation—Registry services for libraries and related organizations	信息与文献 图书馆及相关组织的注册服务	2010 年	TC 46/SC 4
34	ISO 2709:2008	Information and documentation—Format for information exchange	信息与文献 信息交换格式	2008 年	TC 46/SC 4
35	ISO 6630:1986	Documentation—Bibliographic control characters	文献 书目管理字符集	1986 年	TC 46/SC 4
36	ISO 8459:2009	Information and documentation—Bibliographic data element directory for use in data exchange and enquiry	信息与文献 用于数据交换和查询的书目数据元素目录	2009 年	TC 46/SC 4
37	ISO 8777:1993	Information and documentation—Commands for interactive text searching	信息与文献 交互式文本检索命令集	1993 年	TC 46/SC 4
38	ISO 10160:2015	Information and documentation—Open systems snterconnection—Interlibrary loan application service definition	信息与文献 开放系统互连 馆际互借应用服务定义	2015 年	TC 46/SC 4
39	ISO 10161-1:2014	Information and documentation—Open systems interconnection—Interlibrary loan application protocol specification—Part 1: Protocol specification	信息与文献 开放系统互连 馆际互借协议规范 第 1 部分：协议规范	2014 年	TC 46/SC 4
40	ISO 10161-2:2014	Information and documentation—Open systems interconnection—Interlibrary loan application protocol specification—Part 2: Protocol implementation conformance statement (PICS) proforma	信息与文献 开放系统互连 馆际互借协议规范 第 2 部分：协议履行一致性声明（PICS）形式	2014 年	TC 46/SC 4

（续表）

序号	标准号	标准名称（英文）	标准名称（中文）	发布年份	制定者
41	ISO 10754:1996	Information and documentation—Extension of the Cyrillic alphabet coded character set for non-Slavic languages for bibliographic information interchange	信息与文献 用于非斯拉夫语书目信息交换的斯拉夫字符代码字符集的扩展	1996 年	TC 46/SC 4
42	ISO 12083:1994	Information and documentation—Electronic manuscript preparation and markup	信息与文献 电子手稿的准备和标记	1994 年	TC 46/SC 4
43	ISO 15511:2011	Information and documentation—International standard identifier for libraries and related organizations (ISIL)	信息与文献 图书馆及相关组织的国际标准标识符	2011 年	TC 46/SC 4
44	ISO 15836:2009	Information and documentation—The Dublin Core metadata element set	信息与文献 都柏林核心元数据元素集	2009 年	TC 46/SC 4
45	ISO15836:2009/Cor 1:2009	Information and documentation—The Dublin core metadata element set—Technical Corrigendum 1	信息与文献 都柏林核心元数据元素集技术勘误 1	2009 年	TC 46/SC 4
46	ISO 15836-1:2017	Information and documentation—The Dublin core metadata element set—Part 1: Core elements	信息与文献 都柏林核心元数据元素集第 1 部：核心元素	2017 年	TC 46/SC 4
47	ISO 17933:2000	GEDI—Generic electronic document interchange	GEDI 通用电子文献交换	2000 年	TC 46/SC 4
48	ISO 18626:2017	Information and documentation—Interlibrary loan transactions	信息与文献 馆际互借事务	2017 年	TC 46/SC 4
49	ISO 20614:2017	Information and documentation—Data exchange protocol for interoperability and preservation	信息与文献 用于互操作和保存的数据交换协议	2017 年	TC 46/SC 4
50	ISO 20775:2009	Information and documentation—Schema for holdings information	信息与文献 馆藏信息的架构	2009 年	TC 46/SC 4

（续表）

序号	标准号	标准名称（英文）	标准名称（中文）	发布年份	制定者
51	ISO 21127:2014	Information and documentation—A reference ontology for the interchange of cultural heritage information	信息与文献 一个文化遗产信息交换的参考本体	2014 年	TC 46/SC 4
52	ISO 23950:1998	Information and documentation—Information retrieval (Z39.50)—Application service definition and protocol specification	信息与文献 信息检索（Z39.50）应用服务定义和协议规范	1998 年	TC 46/SC 4
53	ISO 25577:2013	Information and documentation—MarcXchange	信息与文献 Marc转换	2013 年	TC 46/SC 4
54	ISO 28500:2017	Information and documentation—WARC file format	信息与文献 WARC文件格式	2017 年	TC46/SC 4
55	ISO 28560-1:2014	Information and documentation—RFID in libraries—Part 1: Data elements and general guidelines for implementation	信息与文献 RFID在图书馆中的应用 第1部分：数据元素和实施通用准则	2014 年	TC 46/SC 4
56	ISO 28560-2:2018	Information and documentation—RFID in libraries—Part 2: Encoding of RFID data elements based on rules from ISO/IEC 15962	信息与文献 RFID在图书馆中的应用 第2部分：基于ISO/IEC 15962的RFID数据元素编码	2018 年	TC 46/SC 4
57	ISO 28560-3:2014	Information and documentation—RFID in libraries—Part 3: Fixed length encoding	信息与文献 RFID在图书馆中的应用 第3部分：固定长度编码	2014 年	TC 46/SC 4
58	ISO/TS 28560-4:2014	Information and documentation—RFID in libraries—Part 4: Encoding of data elements based on rules from ISO/IEC 15962 in an RFID tag with partitioned memory	信息与文献 RFID在图书馆中的应用 第4部分：在一个带有分区记忆功能的RFID标签中基于ISO/IEC 15962规则进行数据元素编码	2014 年	TC 46/SC 4

（续表）

序号	标准号	标准名称（英文）	标准名称（中文）	发布年份	制定者
59	ISO 2789: 2013	Information and documentation—International library statistics	信息与文献 国际图书馆统计	2013 年	TC 46/SC 8
60	ISO 9230: 2007	Information and documentation—Determination of price indexes for print and electronic media purchased by libraries	信息与文献 图书馆购买平面媒体和电子媒体价格指数的确定	2007 年	TC 46/SC 8
61	ISO 9707: 2008	Information and documentation—Statistics on the production and distribution of books, newspapers, periodicals and electronic publications	信息与文献 图书、报纸、期刊和电子出版物的生产发行统计	2008 年	TC 46/SC 8
62	ISO/TR 11219: 2012	Information and documentation—Qualitative conditions and basic statistics for library buildings—Space, function and design	信息与文献 图书馆建筑的定性条件和基本统计 空间、功能和设计	2012 年	TC 46/SC 8
63	ISO 11620: 2014	Information and documentation—Library performance indicators	信息与文献 图书馆绩效指标	2014 年	TC 46/SC 8
64	ISO/TR 14873: 2013	Information and documentation—Statistics and quality issues for web archiving	信息与文献 网页存档的统计和质量问题	2013 年	TC 46/SC 8
65	ISO 16439: 2014	Information and documentation—Methods and procedures for assessing the impact of libraries	信息与文献 评估图书馆影响的方法和过程	2014 年	TC 46/SC 8
66	ISO 18461: 2016	International museum statistics	国际博物馆统计	2016 年	TC 46/SC 8
67	ISO/TR 28118: 2009	Information and documentation—Performance indicators for national libraries	信息与文献 国家图书馆绩效指标	2009 年	TC 46/SC 8
68	ISO 4: 1997	Information and documentation—Rules for the abbreviation of title words and titles of publications	信息与文献 出版物标题和标题缩写规则	1997 年	TC 46/SC 9

（续表）

序号	标准号	标准名称（英文）	标准名称（中文）	发布年份	制定者
69	ISO 690:2010	Information and documentation—Guidelines for bibliographic references and citations to information resources	信息与文献 信息资源参考文献和引文指南	2010年	TC 46/SC 9
70	ISO 832:1994	Information and documentation—Bibliographic description and references—Rules for the abbreviation of bibliographic terms	信息与文献 书目描述与参考文献 术语的缩写规则	1994年	TC 46/SC 9
71	ISO 999:1996	Information and documentation—Guidelines for the content, organization and presentation of indexes	信息与文献 索引的内容、组织和表示指南	1996年	TC 46/SC 9
72	ISO 2108:2017	Information and documentation—International standard book number (ISBN)	信息与文献 国际标准书号（ISBN）	2017年	TC 46/SC 9
73	ISO 3297:2017	Information and documentation—International standard serial number (ISSN)	信息与文献 国际标准序列号（ISSN）	2017年	TC 46/SC 9
74	ISO 3901:2001	Information and documentation—International standard recording code (ISRC)	信息与文献 国际标准音像制品编码（ISRC）	2001年	TC 46/SC 9
75	ISO 5963:1985	Documentation—Methods for examining documents, determining their subjects, and selecting indexing terms	文献 检验文献、确定文献主题和选择索引术语的方法	1985年	TC 46/SC 9
76	ISO 7220:1996	Informationand documentation—Presentation of catalogues of standards	信息与文献 标准目录的表示	1996年	TC 46/SC 9
77	ISO 7220:1996/Cor 1:2001	Information and documentation—Presentation of catalogues of standards—Technical Corrigendum 1	信息与文献 标准目录的表示 技术勘误1	2001年	TC 46/SC 9

（续表）

序号	标准号	标准名称（英文）	标准名称（中文）	发布年份	制定者
78	ISO 10324:1997	Information and documentation—Holdings statements Summary level	信息与文献 馆藏说明 简要级	1997 年	TC 46/SC 9
79	ISO 10957:2009	Information and documentation—International standard music number (ISMN)	信息与文献 国际标准音乐编码（ISMN）	2009 年	TC 46/SC 9
80	ISO 15706-1:2002/Amd 1:2008	Information and documentation—Internationalstandard audiovisual number (ISAN) —Part 1: Audiovisual work identifier—Amendment 1: Alternate encodings and editorial changes	信息与文献 国际标准视听资料编码（ISAN）第 1 部分：视听工作标识符修订 1:交替编码和编辑更改	2008 年	TC 46/SC 9
81	ISO 15706-1:2002	Information and documentation—International standard audiovisual number (ISAN) —Part 1: Audiovisual work identifier	信息与文献 国际标准视听资料编码（ISAN）第 1 部分：视听工作标识符	2002 年	TC 46/SC 9
82	ISO 15706-2:2007	Information and documentation—International standard audiovisual number (ISAN) —Part 2: Version identifier	信息与文献 国际标准视听资料编码（ISAN）第 2 部分：版本标识符	2007 年	TC 46/SC 9
83	ISO 15707:2001	Information and documentation—International standard musical work code (ISWC)	信息与文献 国际标准音乐作品代码（ISWC）	2001 年	TC 46/SC 9
84	ISO 17316:2015	Information and documentation—International standard link identifier (ISLI)	信息与文献 国际标准关联标识符（ISLI）	2015 年	TC 46/SC 9
85	ISO 20247:2018	Information and documentation—International library item identifier (ILII)	信息与文献 国际图书馆项目标识符（ILII）	2018 年	TC 46/SC 9
86	ISO 21047:2009	Information and documentation—International standard text code (ISTC)	信息与文献 国际标准文本代码（ISTC）	2009 年	TC 46/SC 9

（续表）

序号	标准号	标准名称（英文）	标准名称（中文）	发布年份	制定者
87	ISO 25964-1:2011	Information and documentation—Thesauri and interoperability with other vocabularies—Part 1: Thesauri for information retrieval	信息与文献 主题词表与其他词表的互操作性 第1部分：用于信息检索的主题词表	2011年	TC 46/SC 9
88	ISO 25964-2:2013	Information and documentation—Thesauri and interoperability with other vocabularies—Part 2: Interoperability with other vocabularies	信息与文献 主题词表与其他词表的互操作性 第2部分：与其他词表的互操作性	2013年	TC 46/SC 9
89	ISO 26324:2012	Information and documentation—Digital object identifier system	信息与文献 数字对象标识系统	2012年	TC 46/SC 9
90	ISO 27729:2012	Information and documentation—International standard name identifier (ISNI)	信息与文献 国际标准名称标识符（ISNI）	2012年	TC 46/SC 9
91	ISO 27729:2012/Cor 1:2013	Information and documentation—International standard name identifier (ISNI)—Technical corrigendum 1	信息与文献 国际标准名称标识符（ISNI）技术勘误1	2013年	TC 46/SC 9
92	ISO 27730:2012	Information and documentation—International standard collection identifier (ISCI)	信息与文献 国际标准集合标识符（ISCI）	2012年	TC 46/SC 9
93	ISO 9706:1994	Information and documentation—Paper for documents—Requirements for permanence	信息与文献 文献用纸 耐久性要求	1994年	TC 46/SC 10
94	ISO 11108:1996	Information and documentation—Archival paper—Requirements for permanence and durability	信息与文献 档案纸耐久性和耐用性要求	1996年	TC 46/SC 10
95	ISO 11798:1999	Information and documentation—Permanence and durability of writing, printing and copying on paper—Requirements and test methods	信息与文献 纸质书写、打印和复制的永久性和耐用性 要求和试验方法	1999年	TC 46/SC 10

（续表）

序号	标准号	标准名称（英文）	标准名称（中文）	发布年份	制定者
96	ISO 11799:2015	Information and documentation—Document storage requirements for archive and library materials	信息与文献 档案馆和图书馆文献的存储要求	2015 年	TC 46/SC 10
97	ISO 11800:1998	Information and documentation—Requirements for binding materials and methods used in the manufacture of books	信息与文献 图书生产中使用的装订方法和装订材料的要求	1998 年	TC 46/SC 10
98	ISO 14416:2003	Information and documentation—Requirements for binding of books, periodicals, serials and other paper documents for archive and library use—Methods and materials	信息与文献 档案馆和图书馆用于图书、期刊、丛书和其他纸质文献装订的要求 方法和材料	2003 年	TC 46/SC 10
99	ISO 16245:2009	Information and documentation—Boxes, file covers and other enclosures, made from cellulosic materials, for storage of paper and parchment documents	信息与文献 用于存储纸质和羊皮纸文献由纤维材料制成的盒子、文件夹和其他附件	2009 年	TC 46/SC 10
100	ISO/TS 18344:2016	Effectiveness of paper deacidification processes	纸张脱酸工艺效果	2016 年	TC 46/SC 10
101	ISO/TR 19814:2017	Information and documentation—Collections management for archives and libraries	信息与文献 档案馆和图书馆的馆藏管理	2017 年	TC 46/SC 10
102	ISO/TR 19815:2018	Information and documentation—Management of the environmental conditions for archive and library collections	信息与文献 档案馆和图书馆馆藏环境条件的管理	2018 年	TC 46/SC 10
103	ISO 13008:2012	Information and documentation—Digital records conversion and migration process	信息与文献 数字记录转换和迁移过程	2012 年	TC 46/SC 11
104	ISO/TR 13028:2010	Information and documentation—Implementation guidelines for digitization of records	信息与文献 记录数字化实施指南	2010 年	TC 46/SC 11

（续表）

序号	标准号	标准名称（英文）	标准名称（中文）	发布年份	制定者
105	ISO 15489-1:2016	Information and documentation—Records management—Part 1: Concepts and principles	信息与文献 记录管理 第1部分：概念和原则	2016年	TC 46/SC 11
106	ISO 16175-1:2010	Information and documentation—Principles and functional requirements for records in electronic office environments—Part 1: Overview and statement of principles	信息与文献 电子办公环境下记录的原则和功能要求 第1部分：概述和原则声明	2010年	TC 46/SC 11
107	ISO 16175-2:2011	Information and documentation—Principles and functional requirements for records in electronic office environments—Part 2: Guidelines and functional requirements for digital records management systems	信息与文献 电子办公环境下记录的原则和功能要求 第2部分：数字记录管理系统指南和功能性需求	2011年	TC 46/SC 11
108	ISO 16175-3:2010	Information and documentation—Principles and functional requirements for records in electronic office environments—Part 3: Guidelines and functional requirements for records in business systems	信息与文献 电子办公环境下记录的原则和功能要求 第3部分：业务系统中记录的指南和功能性需求	2010年	TC 46/SC 11
109	ISO 17068:2017	Information and documentation—Trusted third party repository for digital records	信息与文献 数字记录的可信第三方存储库	2017年	TC 46/SC 11
110	ISO/TR 18128:2014	Information and documentation—Risk assessment for records processes and systems	信息与文献 记录过程和系统的风险评估	2014年	TC 46/SC 11
111	ISO/TR 21946:2018	Information and documentation—Appraisal for managing records	信息与文献 管理记录评估	2018年	TC 46/SC 11
112	ISO 22310:2006	Information and documentation—Guidelines for standards drafters for stating records management requirements in standards	信息与文献 标准中陈述记录管理要求的标准起草人指南	2006年	TC 46/SC 11

（续表）

序号	标准号	标准名称（英文）	标准名称（中文）	发布年份	制定者
113	ISO 23081-1:2017	Information and documentation—Records management processes—Metadata for records—Part 1: Principles	信息与文献 记录管理过程 记录的元数据 第1部分：原则	2017年	TC 46/SC 11
114	ISO 23081-2:2009	Information and documentation—Managing metadata for records—Part 2: Conceptual and implementation issues	信息与文献 记录元数据管理 第2部分：概念与实施问题	2009年	TC 46/SC 11
115	ISO/TR 23081-3:2011	Information and documentation—Managing metadata for records—Part 3: Self-assessment method	信息与文献 记录元数据管理 第3部分：自评估方法	2011年	TC 46/SC 11
116	ISO/TR 26122:2008	Information and documentation—Work process analysis for records	信息与文献 记录的工作过程分析	2008年	TC 46/SC 11
117	ISO/TR 26122:2008/Cor 1:2009	Information and documentation—Work process analysis for records—Technical corrigendum 1	信息与文献 记录的工作过程分析 技术勘误1	2009年	TC 46/SC 11
118	ISO 30300:2011	Information and documentation—Management systems for records—Fundamentals and vocabulary	信息与文献 记录的管理系统 基础与词汇	2011年	TC 46/SC 11
119	ISO 30301:2011	Information and documentation—Management systems for records—Requirements	信息与文献 记录的管理系统 要求	2011年	TC46/SC 11
120	ISO 30302:2015	Information and documentation—Management systems for records—Guidelines for implementation	信息与文献 记录的管理系统 实施指南	2015年	TC 46/SC 11
121	ISO 446:2004	Micrographics—ISO character and ISO test chart No. 1—Description and use	缩微摄影技术 ISO字符和ISO 1号测试图 描述和使用	2004年	TC 171
122	ISO 3272-1:2003	Microfilming of technical drawings and other drawing office documents—Part 1: Operating procedures	技术图纸和其他办公文献图纸的缩微摄影 第1部分：操作规程	2003年	TC 171

（续表）

序号	标准号	标准名称（英文）	标准名称（中文）	发布年份	制定者
123	ISO 3272-2: 1994	Microfilming of technical drawings andother drawing office documents—Part 2: Quality criteria and control of 35 mm silver gelatin microfilms	技术图纸和其他办公文献图纸的缩微摄影 第 2 部分：35mm 银明胶型缩微胶片的质量要求和控制	1994 年	TC 171
124	ISO 3272-3: 2001	Microfilming of technical drawings and other drawing office documents—Part 3: Aperture card for 35 mm microfilm	技术图纸和其他办公文献图纸的缩微摄影 第 3 部分：35mm 缩微胶片的窗孔卡片	2001 年	TC 171
125	ISO 3272-4: 1994	Microfilming of technical drawings and other drawing office documents—Part 4: Microfilming of drawings of special and exceptional elongated sizes	技术图纸和其他办公文献图纸的缩微摄影 第 4 部分：特殊和超长规格图纸的缩微摄影	1994 年	TC 171
126	ISO 3272-6: 2000	Microfilming of technical drawings and other drawing office documents—Part 6: Quality criteria and control of systems for enlargements from 35 mm microfilm	技术图纸和其他办公文献图纸的缩微摄影 第 6 部分：35mm 缩微胶片放大系统的质量要求和控制	2000 年	TC 171
127	ISO 3334: 2006	Micrographics—ISO resolution test chart No. 2—Description and use	缩微摄影技术 ISO 2 号分辨率测试图描述和使用	2006 年	TC 171
128	ISO 4087: 2005	Micrographics—Microfilming of newspapers for archival purposes on 35 mm microfilm	缩微摄影技术 35mm 缩微胶片存档用报纸的缩微摄影	2005 年	TC 171
129	ISO 6148: 2001	Photography—Micrographic films, spools and cores—Dimensions	摄影 缩微胶片 卷轴和轴心 尺寸	2001 年	TC 171
130	ISO 6196-1: 1993	Micrographics—Vocabulary—Part 1: General terms	缩微摄影技术 词汇 第 1 部分：一般术语	1993 年	TC 171

（续表）

序号	标准号	标准名称（英文）	标准名称（中文）	发布年份	制定者
131	ISO 6196-2: 1993	Micrographics—Vocabulary—Part 2: Image positions and methods of recording	缩微摄影技术 词汇 第 2 部分：影像布局和记录方法	1993 年	TC 171
132	ISO 6196-3: 1997	Micrographics—Vocabulary—Part 3: Film processing	缩微摄影技术 词汇 第 3 部分：胶片处理	1997 年	TC 171
133	ISO 6196-4: 1998	Micrographics—Vocabulary—Part 4: Materials and packaging	缩微摄影技术 词汇 第 4 部分：材料和包装	1998 年	TC 171
134	ISO 6196-5: 1987	Micrographics—Vocabulary—Part 5: Quality of images, legibility, inspection	缩微摄影技术 词汇 第 5 部分：影像质量、可读性和检查	1987 年	TC 171
135	ISO 6196-6: 1992	Micrographics—Vocabulary—Part 6: Equipment	缩微摄影技术 词汇 第 6 部分：设备	1992 年	TC 171
136	ISO 6196-7: 1992	Micrographics—Vocabulary—Part 7: Computer micrographics	缩微摄影技术 词汇 第 7 部分：计算机缩微摄影技术	1992 年	TC 171
137	ISO 6196-8: 1998	Micrographics—Vocabulary—Part 8: Use	缩微摄影技术 词汇 第 8 部分：应用	1998 年	TC 171
138	ISO 6196-10: 1999	Micrographics—Vocabulary—Part 10: Index	缩微摄影技术 词汇 第 10 部分：索引	1999 年	TC 171
139	ISO 6198: 1993	Micrographics—Readers for transparent microforms—Performance characteristics	缩微摄影技术 透明缩微品阅读器 性能特征	1993 年	TC 171
140	ISO 6199: 2005	Micrographics—Microfilming of documents on 16 mm and 35 mm silver-gelatin type microfilm—Operating procedures	缩微摄影技术 在 16mm 和 35mm 银－明胶型缩微胶片上拍摄文献 操作程序	2005 年	TC 171
141	ISO 6200: 1999	Micrographics—First generation silver-gelatin microforms of source documents—Density specifications and method of measurement	缩微摄影技术 源文件第一代银－明胶型缩微品 密度规范和测量方法	1999 年	TC 171

（续表）

序号	标准号	标准名称（英文）	标准名称（中文）	发布年份	制定者
142	ISO 6342:2003	Micrographics—Aperture cards—Method of measuring thickness of buildup area	缩微摄影技术 开窗卡 增厚区厚度的测量方法	2003 年	TC 171
143	ISO 7565:1993	Micrographics—Readers for transparent microforms—Measurement of characteristics	缩微摄影技术 透明缩微品阅读器 性能测试	1993 年	TC 171
144	ISO 7761:2004	Micrographics—Single-core cartridge for 16 mm processed microfilm—Dimensions and operational constraints	缩微摄影技术 已处理的 16mm 缩微胶片用的单芯盒 尺寸和操作限制	2004 年	TC 171
145	ISO 8126:2000	Micrographics—Duplicating film, silver, diazo and vesicular—Visual density—Specifications and measurement	缩微摄影技术 银盐、重氮、微泡复制胶片 视觉密度规范和测量	2000 年	TC 171
146	ISO 8127-1:1989	Micrographics—A6 size microfilm jackets—Part 1: Five channel jacket for 16 mm microfilm	缩微摄影技术 A6 尺寸缩微胶片封套 第 1 部分：16mm 缩微胶片用的 5 片道封套	1989 年	TC 171
147	ISO 8514-1:2000	Micrographics—Alphanumeric computer output microforms—Quality control—Part 1: Characteristics of the test slide and test data	缩微摄影技术 字母数字计算机输出缩微品 质量控制 第1部分：测试幻灯片和测试数据的特征	2000 年	TC 171
148	ISO 8514-2:2000	Micrographics—Alphanumeric computer output microforms—Quality control—Part 2: Method	缩微摄影技术 字母数字计算机输出缩微品 质量控制 第2部分：方法	2000 年	TC 171
149	ISO 9878:1990	Micrographics—Graphical symbols for use in microfilming	缩微摄影技术 用于缩微摄影的图形符号	1990 年	TC 171
150	ISO 9923:1994	Micrographics—Transparent A6 microfiche—Image arrangements	缩微摄影技术 A6 透明缩微平片 影像排列	1994 年	TC 171

（续表）

序号	标准号	标准名称（英文）	标准名称（中文）	发布年份	制定者
151	ISO 10197: 1993	Micrographics—Reader-printers for transparent microforms—Characteristics	缩微摄影技术 透明缩微品阅读复印机特征	1993 年	TC 171
152	ISO 10198: 1994	Micrographics—Rotary camera for 16 mm microfilm—Mechanical and optical characteristics	缩微摄影技术 16mm 缩微胶卷用旋转照相机 机械和光学特性	1994 年	TC 171
153	ISO 10550: 1994	Micrographics—Planetary camera systems—Test target for checking performance	缩微摄影技术 平台式摄影系统 检查性能用的测试标板	1994 年	TC 171
154	ISO/TR 10593: 1997	Micrographics—Use of microfilm jackets	缩微摄影技术 缩微胶片封套的使用	1997 年	TC 171
155	ISO 10594: 2006	Micrographics—Rotary camera systems—Test target for checking performance	缩微摄影技术 轮转式摄影系统 检查性能用的测试标板	2006 年	TC 171
156	ISO 11142: 2005	Micrographics—Colour microfilm—Application of the exposure technique to prepare line originals and continuous-tone originals	缩微摄影技术 彩色缩微胶卷 准备线条复制原稿和连续影调原稿的曝光技术应用	2005 年	TC 171
157	ISO 11698-1: 2000	Micrographics—Methods of measuring image quality produced by aperture card scanners—Part 1: Characteristics of the test images	缩微摄影技术 开窗卡扫描仪制作影像质量的测定方法 第1部分：测试影像的特征	2000 年	TC 171
158	ISO 11698-2: 2000	Micrographics—Methods of measuring image quality produced by aperture card scanners—Part 2: Quality criteria and control	缩微摄影技术 开窗卡扫描仪制作影像质量的测定方法 第2部分：质量要求和控制	2000 年	TC 171
159	ISO 11928-1: 2000	Micrographics—Quality control of graphic COM recorders—Part 1: Characteristics of the test frames	缩微摄影技术 图形 COM 记录器的质量控制 第1部分：试验帧的特征	2000 年	TC 171

（续表）

序号	标准号	标准名称（英文）	标准名称（中文）	发布年份	制定者
160	ISO 11928-2:2000	Micrographics—Quality control of graphic COM recorders—Part 2: Quality criteria and control	缩微摄影技术 图形COM记录器的质量控制 第2部分：质量要求和控制	2000年	TC 171
161	ISO 11962:2002	Micrographics—Image mark (blip) used with 16 mm and 35 mm roll microfilm	缩微摄影技术 16mm和35mm卷式缩微胶片用的影像标记	2002年	TC 171
162	ISO 11962:2002/Cor 1:2006	Micrographics—Image mark (blip) used with 16 mm and 35 mm roll microfilm—Technical Corrigendum 1	缩微摄影技术 16mm和35mm卷式缩微胶片用的影像标记技术勘误1	2006年	TC 171
163	ISO/TR 12031:2000	Micrographics—Inspection of silver-gelatin microforms for evidence of deterioration	缩微摄影技术 银-明胶型缩微品损坏迹象的检验	2000年	TC 171
164	ISO/TR 12036:2000	Micrographics—Expungement, deletion, correction or amendment of records on microforms	缩微摄影技术 缩微品上记录的清除、删除、校正或修改	2000年	TC 171
165	ISO 12650:1999	Document imaging applications—Microfilming of achromatic maps on 35 mm microfilm	文献成像应用 在35mm缩微胶片上拍摄非彩色地图	1999年	TC 171
166	ISO 12656:2001	Micrographics—Use of bar codes on aperture cards	缩微摄影技术 开窗卡上条形码的使用	2001年	TC 171
167	ISO 14648-1:2001	Micrographics—Quality control of COM recorders that generate images using a single internal display system—Part 1: Characteristics of the software test target	缩微摄影技术 用单一内部显示系统生成影像的COM记录器的质量控制 第1部分：软件测试标板的特性	2001年	TC 171
168	ISO 14648-2:2001	Micrographics—Quality control of COM recorders that generate images using a single internal display system—Part 2: Method of use	缩微摄影技术 用单一内部显示系统生成影像的COM记录器的质量控制 第2部分：使用方法	2001年	TC 171

（续表）

序号	标准号	标准名称（英文）	标准名称（中文）	发布年份	制定者
169	ISO 24537:2007	Micrographics—Dimensions for reels used for 16 mm and 35 mm microfilm	缩微摄影技术 16mm 和 35mm 缩微胶片用卷筒的尺寸	2007 年	TC 171
170	ISO 6196-10:1999/Cor 1:2004	Micrographics—Vocabulary—Part 10: Index—Technical Corrigendum 1	缩微摄影技术 词汇 第 10 部分：索引 技术勘误 1	2004 年	TC 171/SC 1
171	ISO 11506:2017	Document management applications—Archiving of electronic data—Computer output microform (COM) /Computer output laser disc (COLD)	文献管理应用程序 电子数据存档 计算机输出缩微(COM)/计算机输出激光盘(COLD)	2017 年	TC 171/SC 1
172	ISO/TR 12037:1998	Electronic imaging—Recommendations for the expungement of information recorded on write-once optical media	电子成像 清除记录在一次性写入光盘上的信息的推荐规范	1998 年	TC 171/SC 1
173	ISO 12651-1:2012	Electronic document management—Vocabulary—Part 1: Electronic document imaging	电子文献管理 词汇 第 1 部分：电子文献成像	2012 年	TC 171/SC 1
174	ISO 12651-2:2014	Electronic document management—Vocabulary—Part 2: Workflow management	电子文献管理 词汇 第 2 部分：工作流程管理	2014 年	TC 171/SC 1
175	ISO 12653-1:2000	Electronic imaging—Test target for the black-and-white scanning of office documents—Part 1: Characteristics	电子成像 办公文献黑白扫描用的测试标板 第 1 部分：特性	2000 年	TC 171/SC 1
176	ISO 12653-2:2000	Electronic imaging—Test target for the black-and-white scanning of office documents—Part 2: Method of use	电子成像 办公文献黑白扫描用的测试标板 第 2 部分：使用方法	2000 年	TC 171/SC 1
177	ISO 12653-2:2000/Cor 1:2002	Electronic imaging—Test target for the black-and-white scanning of office documents—Part 2: Method of use— Technical Corrigendum 1	电子成像 办公文献黑白扫描用的测试标板 第 2 部分：使用方法 技术勘误 1	2002 年	TC 171/SC 1

（续表）

序号	标准号	标准名称（英文）	标准名称（中文）	发布年份	制定者
178	ISO 12653-3: 2014	Electronic imaging—Test target for scanning of office documents—Part 3: Test target for use in lower resolution applications	电子成像 办公文献黑白扫描用的测试标板 第3部分：用于低分辨率应用程序的测试标板	2014年	TC 171/SC 1
179	ISO/TR 12654: 1997	Electronic imaging—Recommendations for the management of electronic recording systems for the recording of documents that may be required as evidence, on WORM optical disk	电子成像 需要在WORM光盘上作为证据的文献记录的电子记录系统管理的推荐规范	1997年	TC 171/SC 1
180	ISO 14641-1: 2018	Electronic document management—Design and operation of an information system for the preservation of electronic documents—Specifications	电子文件管理 电子文献保存用信息系统的设计和操作规范	2018年	TC 171/SC 1
181	ISO 14648-2: 2001/Cor 1: 2009	Micrographics—Quality control of COM recorders that generate images using a single internal display system—Part 2: Method of use—Technical corrigendum 1	缩微摄影技术 用单一内部显示系统生成影像的COM记录器的质量控制 第2部分：使用方法 技术勘误1	2009年	TC 171/SC 1
182	ISO/TR 15801: 2017	Document management—Electronically stored information—Recommendations for trustworthiness and reliability	文献管理 电子存储的信息 关于可信度和可靠性的建议	2017年	TC 171/SC 1
183	ISO/TR 17797: 2014	Electronic archiving—Selection of digital storage media for long term preservation	电子归档 用于长期保存的数字存储介质的选择	2014年	TC 171/SC 1
184	ISO/TR 18159: 2015	Document management—Environmental and work place safety regulations affecting microfilm processors	文献管理 影响缩微摄影过程的环境及工作地点安全规则	2015年	TC 171/SC1

（续表）

序号	标准号	标准名称（英文）	标准名称（中文）	发布年份	制定者
185	ISO/TR 18160:2014	Document management—Digital preservation—Analog recording to silver-gelatin microform	文献管理 数字保存根据银－明胶型缩微品进行模拟	2014 年	TC 171/SC 1
186	ISO/TR 18492:2005	Long-term preservation of electronic document-based information	电子文献信息的长期保存	2005 年	TC 171/SC 1
187	ISO/TS 19475-1:2018	Document management—Minimum requirements for the storage of documents—Part 1: Capture	文献管理 文件存储的最低要求 第 1 部分：获取	2018 年	TC 171/SC 1
188	ISO/TS 19475-2:2018	Document management—Minimum requirements for the storage of documents—Part 2: Storage	文献管理 文件存储的最低要求 第 2 部分：存储	2018 年	TC 171/SC 1
189	ISO/TS 19475-3:2018	Document management—Minimum requirements for the storage of documents—Part 3: Disposal	文献管理 文件存储的最低要求 第 3 部分：处理	2018 年	TC 171/SC 1
190	ISO 23868:2008	Document management—Monitoring and verification of information stored on 130 mm optical media	文献管理 储存在 130mm 光学媒体上的信息的监测和验证	2008 年	TC 171/SC 1
191	ISO 29861:2009	Document management applications—Quality control for scanning office documents in colour	文献管理应用 彩色办公文献扫描的质量控制	2009 年	TC 171/SC 1
192	ISO 10196:2003	Document imaging applications—Recommendations for the creation of original documents	文献成像应用 原始文献创作的推荐规范	2003 年	TC 171/SC 2
193	ISO 10244:2010	Document management—Business process baselining and analysis	文献管理 业务流程基线分析	2010 年	TC 171/SC 2
194	ISO/TR 10255:2009	Document management applications—Optical disk storage technology, management and standards	文献管理应用 光盘存储技术、管理和标准	2009 年	TC 171/SC 2

（续表）

序号	标准号	标准名称（英文）	标准名称（中文）	发布年份	制定者
195	ISO 12029:2010	Document management—Machine-readable paper forms—Optimal design for user friendliness and electronic document management systems (EDMS)	文献管理 机读纸质格式 电子文献管理系统及用户友好性优化设计	2010 年	TC 171/ SC 2
196	ISO/TR 12033:2009	Document management—Electronic imaging—Guidance for the selection of document image compression methods	文献管理 电子成像 文献图像压缩方法的选择指南	2009 年	TC 171/ SC 2
197	ISO/TR 14105:2011	Document management—Change management for successful electronic document management system (EDMS) implementation	文献管理 成功的电子文献管理系统实施的变化管理	2011 年	TC 171/ SC 2
198	ISO 14289-1:2014	Document management applications—Electronic document file format enhancement for accessibility—Part 1: Use of ISO 32000-1 (PDF/UA-1)	文献管理应用 获取电子文献格式扩展 第 1 部分：ISO 32000-1（PDF/UA-1）的使用	2014 年	TC 171/ SC 2
199	ISO 14739-1:2014	Document management—3D use of Product Representation Compact (PRC) format—Part 1: PRC 10001	文献管理 产品表示协议格式的 3D 应用 第 1 部分：PRC10001	2014 年	TC 171/ SC 2
200	ISO 17469-1:2015	Document management—Strategy markup language (StratML)—Part 1: StratML core elements	文献管理 策略标记语言（StartML）第 1 部分：策略标记语言核心元素	2015 年	TC 171/ SC 2
201	ISO 18565:2015	Document management—AFP/Archive	文献管理 AFP/档案	2015 年	TC 171/ SC 2
202	ISO 18829:2017	Document management—Assessing ECM/EDRM implementations—Trustworthiness	文献管理 评估 ECM/EDRM 实施 可信度	2017 年	TC 171/ SC 2
203	ISO 19005-1:2005	Document management—Electronic document file format for long-term preservation—Part 1: Use of PDF 1.4 (PDF/A-1)	文献管理 用于长期保存的电子文献格式 第 1 部分：PDF 1.4（PDF/A-1）的使用	2005 年	TC 171/ SC 2

（续表）

序号	标准号	标准名称（英文）	标准名称（中文）	发布年份	制定者
204	ISO 19005-1: 2005/Cor 1: 2007	Document management—Electronic document file format for long-term preservation—Part 1: Use of PDF 1.4 (PDF/A-1) — Technical corrigendum 1	文献管理 用于长期保存的电子文献格式 第 1 部分：PDF 1.4（PDF/A-1）的使用 技术勘误 1	2007 年	TC 171/ SC 2
205	ISO 19005-1: 2005/Cor 2: 2011	Document management—Electronic document file format for long-term preservation—Part 1: Use of PDF 1.4 (PDF/A-1) — Technical corrigendum 2	文献管理 用于长期保存的电子文献格式 第 1 部分：PDF 1.4（PDF/A-1）的使用 技术勘误 2	2011 年	TC 171/ SC 2
206	ISO 19005-2: 2011	Document management—Electronic document file format for long-term preservation—Part 2: Use of ISO 32000-1 (PDF/A-2)	文献管理 用于长期保存的电子文献格式 第 2 部分：ISO 32000-1（PDF/A-2）的使用	2011 年	TC 171/ SC 2
207	ISO 19005-3: 2012	Document management—Electronic document file format for long-term preservation—Part 3: Use of ISO 32000-1 with support for embedded files (PDF/A-3)	文献管理 用丁长期保存的电子文献格式 第 3 部分：支持嵌入式文件的 ISO 32000-1（PDF/A-3）的使用	2012 年	TC 171/ SC 2
208	ISO 19444-1: 2016	Document management—XML Forms Data Format—Part 1: Use of ISO 32000-2 (XFDF 3.0)	文献管理 XML 表格数据格式　第 1 部分：ISO 32000-2（XFDF 3.0）的使用	2016 年	TC 171/ SC 2
209	ISO/TR 22299: 2018	Document management—Digital file format recommendations for long-term storage	文献管理 数字文件格式长期存储建议	2018 年	TC 171/ SC 2
210	ISO 22938: 2017	Document management—Electronic content/document management (CDM) data interchange format	文献管理 电子内容/文献管理（CDM）数据交换格式	2017 年	TC 171/ SC 2

（续表）

序号	标准号	标准名称（英文）	标准名称（中文）	发布年份	制定者
211	ISO/TR 22957:2018	Document management—Analysis, selection and implementation of enterprise content management (ECM) systems	文献管理 企业内容管理（ECM）系统的分析、选择和实现	2018年	TC 171/SC 2
212	ISO 24517-1:2008	Document management—Engineering document format using PDF—Part 1: Use of PDF 1.6 (PDF/E-1)	文献管理 使用PDF的工程文档格式 第1部分：PDF1.6（PDF/E-1）的使用	2008年	TC 171/SC 2
213	ISO 32000-1:2008	Document management—Portable document format—Part 1: PDF 1.7	文献管理 便携式文献格式 第1部分：PDF 1.7	2008年	TC 171/SC 2
214	ISO 32000-2:2017	Document management—Portable document format—Part 2: PDF 2.0	文献管理 便携式文献格式 第2部分：PDF 2.0	2017年	TC 171/SC 2

附录三　国际图书馆协会联合会 IFLA 标准目录

序号	类别	子类	英文名称	中文名称	制定部门	初版制定时间	修订情况
1	业务工作标准	规范描述	List of uniform titles for liturgical works of the Latin rites of the catholic church	天主教教堂拉丁仪式中礼拜著作的规范题目列表	编目专业组	1975 年	1981 年修订一次
2	业务工作标准	规范描述	Anonymous classics: List of uniform headings for European literatures	无名经典：欧洲文学标题规范列表	编目专业组	1978 年	2004 年修订一次
3	业务工作标准	规范描述	Form and structure of corporate headings	企业标题形式和结构	编目专业组	1980 年	无
4	业务工作标准	规范描述	Guidelines for authority records and references (GARR)	规范记录和参考咨询指南(GARR)	编目专业组	1984 年	2001 年修订一次
5	业务工作标准	资源采访与馆藏发展	Serial holdings statements at the summary level: Recommendations	连续出版物馆藏概括说明：推荐	连续出版物和其他连续性资源专业组	1985 年	无
6	业务工作标准	国际机读目录	UNIMARC manual: Bibliographic format	UNIMARC 手册：书目格式	UNIMARC 核心活动专业组	1987 年	1994 年、2008 年、2012 年各修订一次
7	业务工作标准	报纸编目	International guidelines for the cataloguing of newspapers	报纸编目国际指南	连续出版物专业组和报纸工作组	1988 年	无

（续表）

序号	类别	子类	英文名称	中文名称	制定部门	初版制定时间	修订情况
8	业务工作标准	国际机读目录	UNIMARC manual: Authorities format	UNIMARC手册：规范格式	UNIMARC核心活动	1991年	2001年、2009年、2012年各修订一次
9	业务工作标准	分类和标引	Guidelines for subject authority and reference entries	主题规范和参考条目指南	分类和标引组	1993年	无
10	业务工作标准	保存和保护	The legal deposit of electronic publications	电子出版物呈缴	国家图书馆	1996年	无
11	业务工作标准	保存和保护	Guidelines for newspaper preservation microfilming	报纸缩微保存指南	IFLA圆桌会议报纸分会和连续出版物专业组	1996年	无
12	业务工作标准	资源采访与馆藏发展	Basicserials management handbook	基础连续出版物管理手册	连续出版物和其他连续性资源专业组	1996年	无
13	业务工作标准	书目	Anannotated guide to current national bibliographies	现有国家书目注释指南	书目专业组	1997年	无
14	业务工作标准	书目记录功能需求	Functional requirements for bibliographic records final report—Current text	书目记录的功能需求——最终报告（现行文本）	编目专业组	1998年	2007年、2008年，2009年各修订一次
15	业务工作标准	保存和保护	IFLA principles for the care and handling of library material	国际图联图书馆材料保护和处理原则	保存保护核心项目专业组	1998年	无
16	业务工作标准	国际机读目录	Guidelines No. 3 : Guidelines for using UNIMARC for older monographic publications (antiquarian)	指南3：缩微复制品UNIMARC使用指南	UNIMARC核心活动	1998年	无
17	业务工作标准	书目	The final recommendations of the international congress on national bibliographic services (ICNBS), copenhagen, 25 – 27 November 1998	国家书目服务国际会议的最终建议，哥本哈根，1998年11月25—27日	书目专业组	1999年	无

（续表）

序号	类别	子类	英文名称	中文名称	制定部门	初版制定时间	修订情况
18	业务工作标准	分类和标引	Principles underlying subject heading languages (SHLs)	主题标题语言原则	分类和标引组	1999年	无
19	业务工作标准	国际机读目录	Guidelines No. 1: Guidelines for using UNIMARC for component parts	指南1：零部件UNIMARC使用指南	UNIMARC核心活动	1999年	无
20	业务工作标准	国际机读目录	Guidelines No. 2: Guidelines for using UNIMARC for microforms	指南2：缩微复制品UNIMARC使用指南	UNIMARC核心活动	1999年	无
21	业务工作标准	国际机读目录	Guidelines No. 4: UNIMARC minimal level record	指南4：旧专题论文出版物UNIMARC使用指南	UNIMARC核心活动	1999年	无
22	业务工作标准	国际机读目录	Guidelines No. 5: Multi-level description: Encoding options for UNIMARC	指南5：多层次描述：UNIMARC编码选项	UNIMARC核心活动	1999年	无
23	业务工作标准	保存和保护	Guidelines for legal deposit legislation	呈缴本立法指南	国家图书馆	2000年	无
24	业务工作标准	国际机读目录	UNIMARC concise classification format	UNIMARC简明分类格式	UNIMARC核心活动	2000年	无
25	业务工作标准	国际机读目录	Guidelines No. 6: Electronic resources	指南6：电子资源	UNIMARC核心活动	2000年	无
26	业务工作标准	资源采访与馆藏发展	Guidelines for acollection development policy using the conspectus model	馆藏建设政策规范：利用概要模型	资源采访和馆藏发展组	2001年	无
27	业务工作标准	规范描述	Structures of corporate name headings—Final report—November 2000	公司名称标题结构 最终报告 2000年11月	编目专业组	2001年	无
28	业务工作标准	分类与标引	Guidelines for multilingual thesauri	多语言叙词表准则	分类和标引组	2002年	2005年、2009年各修订一次

（续表）

序号	类别	子类	英文名称	中文名称	制定部门	初版制定时间	修订情况
29	业务工作标准	保存和保护	Care, handling and storage of Photographs	照片保护、处理和存储	保存保护核心项目专业组	2002 年	无
30	业务工作标准	保存和保护	Guidelines for the preservation of digital heritage	数字遗产保存指南	国家图书馆	2003 年	无
31	业务工作标准	书目	Sharing of bibliographic information and resources: IFLA bibliographic standards and interoperability	书目信息和资源共享：IFLA 书目标准和协同	书目专业组	2005 年	无
32	业务工作标准	国际机读目录	Guidelines No. 7: Music	指南 7：音乐	UNIMARC 核心活动	2005 年	无
33	业务工作标准	保存和保护	IFLA disaster preparedness and planning: A brief manual	国际图联灾害预防手册	保存保护核心项目专业组	2006 年	无
34	业务工作标准	国际机读目录	Guidelines No. 8: serials and other continuing resources	指南 8：期刊和其他连续性资源	UNIMARC 核心活动	2006 年	无
35	业务工作标准	国际标准书目著录	ISBD: International standard bibliographic description—Consolidated edition	ISBD：国际标准书目著录 统一版本	编目专业组	2007 年	2011 年修订一次
36	业务工作标准	国际机读目录	UNIMARC manual: Holdings format	UNIMARC 手册：馆藏格式	UNIMARC 核心活动	2007 年	无
37	业务工作标准	资源采访与馆藏发展	Gifts for the collections: Guidelines for libraries	图书馆捐赠馆藏管理指南	资源采访和馆藏发展组	2008 年	无
38	业务工作标准	国际机读目录	UNIMARC concise bibliographic format (2008)	UNIMARC 简明书目格式（2008）	UNIMARC 核心活动	2008 年	无
39	业务工作标准	书目	National bibliographies in the digital age: Guidance and new directions	数字时代的国家书目：指南和新方向	书目专业组	2009 年	无

（续表）

序号	类别	子类	英文名称	中文名称	制定部门	初版制定时间	修订情况
40	业务工作标准	国际编目原则	Statement of international cataloguing principles（ICP）	国际编目原则声明	编目专业组	2009 年	2016 年修订一次
41	业务工作标准	书目记录功能需求	Functional requirements for authority data—A conceptual model（FRAD）	规范数据的功能性需求 概念模型（FRAD）	编目专业组	2009 年	无
42	业务工作标准	国际机读目录	UNIMARC concise authorities format	UNIMARC 简明规范格式	UNIMARC 核心活动	2009 年	无
43	业务工作标准	书目记录功能需求	Functional requirements for subject authority data（FRSAD）—A conceptual Model	主题规范数据的功能需求（FRSAD）概念模型	编目专业组	2010 年	无
44	业务工作标准	规范描述	Anonymous classics: A list of uniform titles for chinese works	无名经典：中国著作的规范题目列表	编目专业组	2011 年	无
45	业务工作标准	国际标准书目著录	Full ISBD examples: Supplement to the consolidated edition of the ISBD: International standard bibliographic description	ISBD 实例：ISBD 统一版本的补充：国际标准书目描述	编目专业组	2011 年	2013 年修订一次
46	业务工作标准	资源采访与馆藏发展	Key issues for e-resource collection development: A guide for libraries	电子资源馆藏建设的关键问题：图书馆指南	资源采访和馆藏发展组	2012 年	无
47	业务工作标准	国际标准书目著录	ISBD namespaces	ISBD 命名空间	编目专业组	2012 年	无
48	业务工作标准	视听和多媒体	Guidelines for audiovisual and multimedia materials in libraries and other institutions	图书馆及其他机构视听和多媒体资料指南	视听与多媒体专业组	不详	2004 年修订一次
49	业务工作标准	规范描述	Names of persons: national usages for entry in catalogues	人名：编目入口的国际用法	编目专业组	不详	1996 年第四次修订

（续表）

序号	类别	子类	英文名称	中文名称	制定部门	初版制定时间	修订情况
50	业务工作标准	书目记录功能需求	Definition of FRBRoo: Aconceptual model for bibliographic information in object-oriented formalism （Version 2.4）	FRBRoo 的定义：面向对象的书目信息模型（2.4 版）	编目专业组	2016 年	无
51	业务工作标准	书目记录功能需求	Definition of PRESSoo: A conceptual model for bibliographic information pertaining to serials and other continuing resources （Version 1.3）	PRESSoo 的定义：关于连续出版物和其他连续性资源书目信息的概念模型（1.3 版）	编目专业组	2016 年	无
52	业务工作标准	书目记录功能需求	IFLA library reference model（LRM）	IFLA 图书馆参考模型（LRM）	编目专业组	2017 年	无
53	业务工作标准	国际标准书目著录	Guidelines for translations of the IFLA ISBD namespace in RDF	国际图联 ISBD 在 RDF 中的命名空间之翻译指南	编目专业组	2017 年	无
54	基础标准	缩微技术	Microfilming for digitisation and optical character recognition	缩微数字化和光学特性识别	报纸专业组	2002 年	无
55	基础标准	图书馆建筑和设施	IFLA library building guidelines: Developments & reflections	IFLA 图书馆建筑指南：发展和反思	图书馆建筑和设施专业组	2007 年	无
56	基础标准	图书馆建筑和设施	Key issues in building design: How to get started in planning a project	建筑设计的关键问题：如何开始计划一个工程	图书馆建筑和设施专业组	2009 年	无
57	基础标准	术语	Multilingual dictionary of cataloguing terms and concepts （MulDiCat）	分类术语和概念的多语言词典（MulDiCat）	编目专业组/分类和标引组	2010 年	2012 年修订一次
58	管理标准	图书馆协会管理	Guidelines for the organization structure of associations	图书馆协会组织结构指南	图书馆协会管理专业组	2004 年	无

（续表）

序号	类别	子类	英文名称	中文名称	制定部门	初版制定时间	修订情况
59	管理标准	图书馆协会管理	Guidelines for association programs and services	图书馆协会的计划和服务指南	图书馆协会管理专业组	2004 年	无
60	管理标准	图书馆协会管理	Guidelines for developing policies and procedures for library associations	图书馆协会政策的制定及程序指南	图书馆协会管理专业组	2004 年	无
61	管理标准	图书馆协会管理	Guidelines for financial management of library associations	图书馆协会财务管理指南	图书馆协会管理专业组	2004 年	无
62	管理标准	图书馆协会管理	Guidelines for governing and leading library associations	图书馆协会管理和领导指南	图书馆协会管理专业组	2004 年	无
63	管理标准	图书馆协会管理	Guidelines for library associations operations	图书馆协会运营指南	图书馆协会管理专业组	2004 年	无
64	管理标准	图书馆协会管理	Expanding advocacy in the library community—A guide for developing a government relations without borders	扩大图书馆行业的宣传 跨界发展与政府关系指南	图书馆协会管理专业组	2004 年	无
65	管理标准	珍稀图书与手稿	Guidelines for exhibitions loans	展品租借指南	珍稀图书和手稿专业组	2004 年	无
66	管理标准	珍稀图书与手稿	Guidelines for planning the digitization of rare book and manuscript collections	珍稀图书与手稿数字化规划指南	珍稀图书和手稿专业组	2014 年	无
67	服务标准	文献传递与资源共享	International resource sharing and document delivery: Principles and guidelines for procedure	国际资源分享和文档传输：原则和流程指南	文献传递和资源共享专业组	1978 年	1987 年、2001 年、2009 年各修订一次
68	服务标准	图书馆多元文化服务	Multicultural communities: guidelines for library services	多元文化社区：图书馆服务指南	图书馆的多元文化服务专业组	1982 年	1998 年、2009 年各修订一次
69	服务标准	图书馆特殊需求人群服务	Guidelines for library services to deaf people	聋人图书馆服务指南	图书馆特殊需求人群服务专业组	1991 年	2000 年修订一次

（续表）

序号	类别	子类	英文名称	中文名称	制定部门	初版制定时间	修订情况
70	服务标准	图书馆特殊需求人群服务	Guidelines for library services to prisoners	服刑人员图书馆服务指南	图书馆特殊需求人群服务专业组	1992 年	1995 年、2005 年各修订一次
71	服务标准	图书馆少年儿童服务	Guidelines for library services for young adults	图书馆青少年服务指南	少年儿童图书馆专业组	1996 年	2008 年修订一次
72	服务标准	图书馆特殊需求人群服务	Guidelines for easy-to-read materials	易读材料指南	图书馆特殊需求人群服务专业组	1997 年	2010 年修订一次
73	服务标准	图书馆特殊需求人群服务	Guidelines for library service to braille users	盲人图书馆服务指南	图书馆服务阅读障碍人士专业组	1998 年	无
74	服务标准	教育与培训	Guidelines for professional library / Information education programs	专业图书馆/信息教育项目指南	教育和培训专业组	2000 年	2003 年、2012 年各修订一次
75	服务标准	图书馆特殊需求人群服务	Guidelines for libraries serving hospital patients and the elderly and disabled in long-term care facilities	医院病人及长期看护机构老人和残疾人图书馆服务指南	图书馆特殊需求人群服务专业组	2000 年	无
76	服务标准	图书馆特殊需求人群服务	Guidelines for library services to persons with dyslexia	读写障碍人士图书馆服务指南	图书馆特殊需求人群服务专业组和图书馆服务阅读障碍人士专业组	2001 年	2014 年修订一次
77	服务标准	参考咨询与信息服务	IFLA digital reference guidelines	国际图联数字参考咨询指南	参考咨询和信息服务专业组	2002 年	无
78	服务标准	文献传递与资源共享	Guidelines for best practice in interlibrary loan and document delivery	馆际互借和文献传递的最佳实践指南	文献传递和资源共享专业组	2003 年	无
79	服务标准	图书馆少年儿童服务	Guidelines for children's libraries services	儿童图书馆服务指南	少年儿童图书馆专业组	2003 年	无

（续表）

序号	类别	子类	英文名称	中文名称	制定部门	初版制定时间	修订情况
80	服务标准	终身学习/信息素养	Guidelines for library-based literacy programs	图书馆扫盲项目指南	识字和阅读专业组	2003 年	无
81	服务标准	信息检索	Guidelines for online public access catalogue (OPAC) displays	联机公共目录查询系统(OPAC)演示指南	编目专业组	2005 年	无
82	服务标准	图书馆特殊需求人群服务	Access to libraries for persons with disabilities — Checklist	残疾人图书馆访问 清单	图书馆特殊需求人群服务专业组	2005 年	无
83	服务标准	终身学习/信息素养	Guidelines on information literacy for lifelong learning: Final draft	终身学习的信息能力指南：最终版	信息素养专业组	2006 年	无
84	服务标准	图书馆少年儿童服务	Guidelines for library services to babies and toddlers	婴幼儿图书馆服务指南	少年儿童图书馆专业组	2007 年	无
85	服务标准	图书馆特殊需求人群服务	Guidelines for library services to persons with dementia	痴呆症患者图书馆服务指南	图书馆特殊需求人群服务专业组	2007 年	无
86	服务标准	图书馆少年儿童服务	Web 2.0 and library services for young adults: An introduction for librarians	Web 2.0 和青年人图书馆服务：图书馆员入门	少年儿童图书馆专业组	2008 年	无
87	服务标准	图书馆特殊需求人群服务	Library services to people with special needs section —Glossary of terms and definitions	特殊需求人员图书馆服务 术语表和定义	图书馆特殊需求人群服务专业组	2009 年	无
88	服务标准	图书馆多元文化服务	Multicultural communities: Guidelines for library services: An overview	多文化社区：图书馆服务规范：概观	图书馆的多元文化服务专业组	2011 年	无
89	服务标准	终身学习/信息素养	Using research to promote literacy and reading in libraries: Guidelines for librarians	在图书馆中用研究来促进识字与阅读：图书馆员指南	识字和阅读专业组	2011 年	无

（续表）

序号	类别	子类	英文名称	中文名称	制定部门	初版制定时间	修订情况
90	服务标准	终身学习/信息素养	IFLA guidelines for continuing professional development: Principles and best practices	IFLA 持续性专业发展指导原则和最佳实践	持续性专业发展和职场学习专业组	2016 年	无
91	服务标准	图书馆特殊需求人群服务	IFLA guidelines for library services to people experiencing homelessness	IFLA 图书馆无家可归者服务指南	图书馆特殊需求人群服务专业组	2017 年	无
92	专门图书馆标准	国家图书馆	Guidelines for national libraries	国家图书馆指南	国家图书馆	1987 年	无
93	专门图书馆标准	国家图书馆	National library and informational needs	国家图书馆和信息需求	国家图书馆	1989 年	无
94	专门图书馆标准	移动图书馆	Mobile library guidelines	移动图书馆指南	公共图书馆专业组	1991 年	2010 年修订一次
95	专门图书馆标准	议会图书馆	Guidelines for legislative libraries	议会图书馆指南	议会图书馆研究服务专业组	1993 年	2009 年修订一次
96	专门图书馆标准	国家图书馆	Guidelines for legislation for national libraries services	国家图书馆服务立法指南	国家图书馆	1997 年	无
97	专门图书馆标准	公共图书馆	IFLA Public library service guidelines	IFLA 公共图书馆服务指南	公共图书馆专业组	2001 年	2010 年修订一次
98	专门图书馆标准	学校图书馆	IFLA school library guidelines	IFLA 学校图书馆指南	学校图书馆专业组	2002 年	2015 年修订一次
99	专门图书馆标准	政府图书馆	Guidelines for libraries of government departments	政府部门图书馆指南	政府图书馆专业组	2008 年	无
100	专门图书馆标准	议会图书馆	Guidelines for parliamentary research services	议会研究服务指南	议会图书馆研究服务专业组	2015 年	无

附录四　美国国家信息标准组织（NISO）图书馆相关标准目录

序号	主题	标准号	英文名称	中文名称
1	信息创建和信息管理	ANSI/NISO Z39. 102-2017	STS: Standard stag suite	标准标签套件
2		ANSI/NISO Z39. 18-2005（R2010）	Scientific andtechnical reports—Preparation, presentation, and preservation	科学和技术报告 准备、描述和保存
3		ANSI/NISO Z39. 19-2005（R2010）	Guidelines for the construction, format, and management of monolingual controlled vocabularies	单语受控词表的构建、格式和管理指南
4		ANSI/NISO Z39. 29-2005（R2010）	Bibliographic references	书目参考文献
5		ANSI/NISO Z39. 48-1992（R2009）	Permanence of paper for publications and documents in libraries and archives	图书馆和档案馆出版物和文件的纸张永久性
6		ANSI/NISO Z39. 2-1994（R2016）	Information interchange format	信息交换格式
7		ANSI/NISO Z39. 14-1997（R2015）	Guidelines forabstracts	摘要指南
8		ANSI/NISO Z39. 23-1997（S2015）	Standard technical report number format and creation	标准技术报告编号格式和创建
9		ANSI/NISO Z39. 32-1996（R2012）	Information on microfiche headers	缩微胶片标题信息

（续表）

序号	主题	标准号	英文名称	中文名称
10	信息创建和信息管理	ANSI/NISO Z39. 41-1997 (S2015)	Placement guidelines for information on spines	书脊上的印刷信息
11		ANSI/NISO Z39. 43-1993 (R2017)	Standard address number (SAN) for the publishing industry	出版业标准地址编号
12		ANSI/NISO Z39. 71-2006 (R2011)	Holdings statements for bibliographic items	书目项目的馆藏声明
13		ANSI/NISO Z39. 73-1994 (R2012)	Single-tier steel bracket library shelving	单层钢制图书馆书架
14		ANSI/NISO Z39. 78-2000 (R2010)	Library binding	图书馆装帧
15		ANSI/NISO Z39. 84-2005 (R2010)	Digital object identifier standard	数字对象标识符语法
16		ANSI/NISO Z39. 85-2012	Dublin core metadata element set	都柏林核心元数据元素集
17		ANSI/NISO Z39. 86-2005 (R2012)	Specifications for the digital talking book	数字有声书规范
18		ANSI/NISO Z39. 87-2006 (R2017)	Data dictionary—Technical metadata for digital still images	数据词典 数字静态图像技术元数据
19		ANSI/NISO Z39. 91-200x	Collection description specification	集合描述规范
20		ANSI/NISO Z39. 96-2015	Journal article tag suite	期刊文章标签套件
21		ANSI/NISO Z39. 98-2012	Authoring and interchange framework for adaptive XML publishing specification	自适应 XML 发布规范的编写和交换框架

（续表）

序号	主题	标准号	英文名称	中文名称
22	信息发现和信息交换	ANSI/NISO Z39. 50-2003 (S2014)	Information retrieval: Application service definition & protocol specification	信息检索：应用服务定义和协议规范
23		ANSI/NISO Z39. 74-1996 (R2012)	Guides to accompany microform sets	缩微胶片附属装置指南
24		ANSI/NISO Z39. 83-1-2012	NISO circulation interchange—Part 1: Protocol (NCIP)	NISO 流通交换 第 1 部分：协议
25		ANSI/NISO Z39. 83-2-2012	NISO circulation interchange protocol (NCIP) —Part 2: Implementation profile 1	NISO 流通交换协议 第 2 部分：实施概要 1
26		ANSI/NISO Z39. 88-2004 (R2010)	The open URL framework for context-sensitive services	面向上下文服务的开放链接框架
27		ANSI/NISO Z39. 89-2003 (S2014)	The U. S. National Z39. 50 profile for library applications	美国图书馆应用 Z39. 50 简介
28		ANSI/NISO Z39. 92-200x	Information retrieval service description specification	信息检索服务描述规范
29	信息政策和信息分析	ANSI/NISO Z39. 7-2013	Information services and use: Metrics & statistics for libraries and information providers—Data dictionary	信息服务和使用：图书馆和信息提供者的度量标准和统计 数据字典
30		ANSI/NISO Z39. 93-2014	The standardized usage statistics harvesting initiative (SUSHI) protocol	标准化的使用统计数据收集创新（SUSHI）协议

附录五　英国标准协会（BSI）图书馆相关标准规范

序号	主题	标准号	英文名称	中文名称	发布时间
1	建设标准	BS EN 16893:2018	Conservation of cultural heritage—Specifications for location, construction and modification of buildings or rooms	文化遗产保护 存放或使用文物藏品的建筑物或房间的位置、构造和改建规范	2018 年
2		PD ISO/TR 11219:2012	Information and documentation—Qualitative conditions and basic statistics for library buildings—Space, function and design	信息与文献 图书馆建筑的定性条件和基本统计 空间、功能和设计	2012 年
3	管理标准	PD ISO/TR 19814:2017	Information and documentation—Collections management for archives and libraries	信息与文献 档案馆和图书馆馆藏管理	2018 年
4		BS ISO 21248:2019	Information and documentation—Quality assessment for national libraries	信息与文献 国家图书馆质量评估	2019 年
5		BS ISO 16439:2014	Information and documentation—Methods and procedures for assessing the impact of libraries	信息与文献 评估图书馆影响的方法和程序	2014 年

（续表）

序号	主题	标准号	英文名称	中文名称	发布时间
6		BS ISO 11620: 2014	Information and documentation—Library performance indicators	信息与文献 图书馆绩效指标	2014 年
7		BS ISO 2789: 2013	Information and documentation—International library statistics	信息与文献 国际图书馆统计	2013 年
8		BS ISO 15511: 2011	Information and documentation—International standard identifier for libraries and related organizations (ISIL)	信息与文献 图书馆和相关机构的国际标准标识符	2011 年
9	管理标准	BS ISO 2146: 2010	Information and documentation—Registry services for libraries and related organizations	信息与文献 图书馆和相关组织的注册服务	2010 年
10		PD ISO/TR 28118: 2009	Information and documentation—Performance indicators for national libraries	信息与文献 国家图书馆绩效指标	2009 年
11		PAS 197: 2009	Code of practice for cultural collections management	文化收藏品管理实施规程	2009 年
12		BS ISO 9230: 2007	Information and documentation—Determination of price indexes for print and electronic media purchased by libraries	信息与文献 图书馆购买印刷和电子媒体的价格标准测定	2007 年
13	术标准	BS ISO/IEC 18046-4: 2015	Information technology—Radio frequency identification device performance test methods—Part 4: Test methods for performance of RFID gates in libraries	信息技术 射频识别装置性能测试方法 第 4 部分：图书馆射频识别装置门性能测试方法	2015 年
14		PD ISO/TS 28560-4: 2014	Information and documentation—RFID in libraries—Part 4: Encoding of data elements based on rules from ISO/IEC 15962 in an RFID tag with partitioned memory	信息与文献 图书馆的射频识别装置 第 4 部分：基于 ISO/IEC 15962 规则对具有分区记忆的射频识别装置标签的数据元素编码	2014 年

（续表）

序号	主题	标准号	英文名称	中文名称	发布时间
15	技术标准	BS ISO 28560-2:2014	Information and documentation—RFID in libraries—Part 2: Encoding of RFID data elements based on rules from ISO/IEC 15962	信息与文献 图书馆的射频识别装置 第2部分：基于ISO/IEC 15962规则的RFID数据元素编码	2014年
16		BS ISO 28560-1:2014	Information and documentation—RFID in libraries—Part 1: Data elements and general guidelines for implementation	信息与文献 图书馆的射频识别装置 第1部分：用于实施的数据元素和总体指南	2014年
17		BS ISO 28560-3:2014	Information and documentation—RFID in libraries—Part 3: Fixed length encoding	信息与文献 图书馆的射频识别装置 第3部分：固定长度编码	2014年
18		BS ISO 10161-2:2014	Information and documentation—Open systems interconnection—Interlibrary loan application protocol specification—Part 2: Protocol implementation conformance statement (PICS) proforma	信息与文献 开放系统互联 馆际互借应用协议规范 第2部分：协议实施一致性声明（PICS）形式	2014年
19		BS ISO 10161-1:2014	Information and documentation—Open systems interconnection—Interlibrary loan application protocol specification—Part 1: Protocol specification	信息与文献 开放系统互联 馆际互借应用协议规范 第1部分：协议规范	2014年
20		BS ISO 14416:2003	Information and documentation—Requirements for binding of books, periodicals, serials and other paper documents for archive and library use—Methods and materials	信息与文献 用于档案馆和图书馆使用的图书、期刊、连续出版物和其他文献的装订要求方法和材料	2003年

（续表）

序号	主题	标准号	英文名称	中文名称	发布时间
21	资源标准	PD ISO/TR 19815: 2018	Information and documentation—Management of the environmental conditions for archive and library collections	信息与文献 档案馆和图书馆馆藏环境管理	2018 年
22		BS ISO 20247: 2018	Information and documentation—International library item identifier（ILII）	信息与文献 国际图书馆项目标识符	2018 年
23		BS ISO 18626: 2017	Information and documentation—Interlibrary loan transactions	信息与文献 馆际互借事务	2018 年
24		BS ISO 2108: 2017	Information and documentation—International standard book number（ISBN）	信息与文献 国际标准书号（ISBN）	2018 年
25		BS ISO 3297: 2017	Information and documentation—International standard serial number（ISSN）	信息与文献 国际标准连续出版物编号（ISSN）	2017 年
26		BS ISO 28500: 2017	Information and documentation—WARC file format	信息与文献 WARC 文件格式	2017 年
27		BS 4971: 2017	Conservation and care of archive and library collections	档案馆和图书馆馆藏保存和保护	2017 年
28		BS ISO 5127: 2017	Information and documentation—Foundation and vocabulary	信息与文献 基础和词汇	2017 年
29		BS ISO 11799: 2015	Information and documentation—Document storage requirements for archive and library materials	信息与文献 档案馆和图书馆材料的文档存储要求	2016 年
30		BS ISO 10160: 2015	Information and documentation—Open systems interconnection—Interlibrary loan application service definition	信息与文献 开放系统互联 馆际互借应用服务定义	2015 年

（续表）

序号	主题	标准号	英文名称	中文名称	发布时间
31	源标准	BS ISO 17316:2015	Information and documentation—International standard link identifier (ISLI)	信息与文献 国际标准关联标识符（ISLI）	2015 年
32		BS ISO/IEC 29500-3:2015	Information technology—Document description and processing languages—Office open XML file formats—Part 3: Markup compatibility and extensibility	信息技术 文档描述和处理语言 办公开放 XML 文件格式 第 3 部分：标记兼容性和可扩展性	2015 年
33		BS ISO 21127:2014	Information and documentation—A reference ontology for the interchange of cultural heritage information	信息与文献 文化遗产信息交换的参考本体	2014 年
34		PD ISO/TR 17797:2014	Electronic archiving—Selection of digital storage media for long term preservation	电子存储 用于长期保存的数字存储介质的选择	2014 年
35		BS ISO 25577:2013	Information and documentation—MarcXchange	信息与文献 MarcX 交换	2013 年
36		PD ISO/TR 14873:2013	Information and documentation—Statistics and quality issues for web archiving	信息与文献 网络存储的统计和质量事项	2013 年
37		BS ISO 26324:2012	Information and documentation—Digital object identifier system	信息与文献 数字对象标识符系统	2012 年
38		BS ISO 25964-1:2011	Information and documentation—Thesauri and interoperability with other vocabularies—Part 1: Thesauri for information retrieval	信息与文献 叙词表和与其他词汇表的互操作性 第 1 部分：用于信息检索的叙词表	2011 年
39		BS ISO 16245:2009	Information and documentation—Boxes, file covers and other enclosures, made from cellulosic materials, for storage of paper and parchment documents	信息与文献 用于存放纸张和羊皮纸文件的由纤维素材料制成的盒子、文件盖和其他外壳	2009 年

（续表）

序号	主题	标准号	英文名称	中文名称	发布时间
40	资源标准	BS ISO 8459:2009	Information and documentation—Bibliographic data element directory for use in data exchange and enquiry	信息与文献 用于数据交换和查询的书目数据元素目录	2009年
41		BS ISO 21047:2009	Information and documentation—International standard text code（ISTC）	信息与文献 国际标准文本编码（ISTC）	2009年
42		BS ISO 23081-2:2009	Information and documentation—Managing metadata for records—Part 2: Conceptual and implementation issues	信息与文献 管理元数据记录 第2部分：概念和实施事项	2009年
43		BS ISO 20775:2009	Information and documentation—Schema for holdings information	信息与文献 馆藏信息模式	2009年
44		BS ISO 2709:2008	Information and documentation—Format for information exchange	信息与文献 信息交换格式	2008年
45		BS ISO 12615:2004	Bibliographic references and source identifiers for terminology work	术语工作用参考文献和源标识符	2004年
46		BS ISO 10585:1996	Information and documentation—Armenian alphabet coded character set for bibliographic information interchange	信息与文献 用于书目信息交换的亚美尼亚字母编码字符集	1997年
47		BS ISO 10754:1996	Information and documentation—Extension of the Cyrillic alphabet coded character set for non-Slavic languages for bibliographic information interchange	信息与文献 用于书目信息交换的非斯拉夫语言的西里尔字母编码字符集的扩展	1997年

（续表）

序号	主题	标准号	英文名称	中文名称	发布时间
48	资源标准	BS ISO 5426-2: 1996	Information and documentation—Extension of the Latin alphabet coded character set for bibliographic information interchange—Part 2: Latin characters used in minor European languages and obsolete typography	信息与文献 用于书目信息交换的拉丁字母编码字符集的扩展 第2部分：用于少数欧洲语言和老式活版印刷的拉丁字符	1997年
49		BS ISO 10586: 1996	Information and documentation—Georgian alphabet coded character set for bibliographic information interchange	信息与文献 用于书目信息交换的格鲁吉亚字母编码字符集	1997年
50		BS ISO 11822: 1996	Information and documentation—Extension of the Arabic alphabet coded character set for bibliographic information interchange	信息与文献 用于书目信息交换的阿拉伯字母编码字符集的扩展	1997年
51		BS ISO 832: 1994	Information and documentation—Bibliographic description and references—Rules for the abbreviation of bibliographic terms	信息与文献 书目描述和参考 书目术语缩写的规则	1995年
52		BS 6478: 1984, ISO 7154: 1983	Guide to filing bibliographic information in libraries and documentation	图书馆和文献中的书目信息提交指南	1984年

后 记

《中国图书馆事业发展报告》是我国图书馆界第一套较为完整的事业发展蓝皮书，也是国家图书馆履行全国图书馆发展研究中心职能的一个重要体现。该系列蓝皮书以综合报告和专题报告交替出版的形式，由国家图书馆研究院组织编撰。

本书是该系列蓝皮书中的第四个专题报告，由国家图书馆研究院联合全国图书馆标准化技术委员会秘书处共同组织编撰，从不同专题对我国图书馆标准化事业进行了深入剖析和全面总结，并对我国图书馆标准化工作的未来进行了展望，为业内人士了解我国图书馆标准化工作的概貌提供了参考和借鉴。

参与本书编撰工作的既有来自教育科研机构的专业研究团队，也有长期从事实践工作的图书馆员。全书编撰过程中的组织联络、统筹协调和统稿工作由国家图书馆研究院负责，各章内容撰写的具体分工如下：第一章“图书馆标准与图书馆标准化”，由国家图书馆研究院院长、全国图书馆标准化技术委员会委员兼秘书长申晓娟负责，刘兹恒、张涛、李丹、张若冰、张孝天、王秀香、刘晓慧、蔡泽满参与执笔；第二章“图书馆建设与管理标准化”，由南开大学教授、全国图书馆标准化技术委员会副主任委员柯平负责，袁珍珍、张雅琪、刘旭青、胡银霞、李京胤、裘爽、奚悦、牛佳宁、胡娟、彭亮、邹金汇参与执笔；第三章“图书馆服务标准化”，由东莞图书馆馆长、全国图书馆标准化技术委员会委员兼副秘书长李东来负责，冯玲、李世娟、张利娜、宫平、张文彦、冼君宜参与执笔；第四章“图书馆资源建设与组织标准化”，由中国科学院文献情报中心副主任、全国图书馆标准化技术委员会副主任委员张智雄负责，黄金霞、王昉、汤怡洁、徐雯、丁晓芹、郭进京、彭媛媛、王钧钰、李鑫鑫参与执笔；第五章“图书馆文献信息资源保存与保护标准化”，由上海图书馆副馆长、全国图书馆标准化技术委员会副主任委员周德明负责，余辉、张铁参与执笔；第六章“图书馆标准化工作管理”，由国家图书馆副馆长、全国图书馆标准化技术委员会副主任委员汪东波负责，沈玉兰、高艳玲、田颖参与执笔。文后附录一由国家图书馆研究院田颖整理，附录二、附录三由北京大学教授刘兹恒整理，附录四、附录五由国家图书馆研究院张孝天整理。

自 2017 年 9 月正式启动本书编撰以来，编写组全体成员反复交流沟通，精心锤炼，数易其稿，为本书的最终成稿奠定基础，在此一并致谢！

国家图书馆研究院

2019 年 10 月